우유의 역사

| 일러두기 |

1. 외래어 표기법을 따르되 지역명은 원어의 발음을 살렸다. 예를 들어 브리타니아 대신 프랑스어인 브르디뉴, 가틸로니아 내신 스뻬인어인 카탈부냐로 표기했다.

2. '우유'는 사전적으로 소의 젖만을 의미하나 본서에서는 넓은 의미로 양, 염소, 물소, 말, 당나귀, 낙타 등 착유동물의 젖을 표현하는 뜻으로 사용되었다.

생명의 음료,
우유로 읽는
1만 년 인류문명사

우유의
역사

마크 쿨란스키 지음
김정희 옮김

와이즈맵

세상 그 누구보다 멋진 내 소중한 벗

샬럿 쉬디에게

젖 보채는 눈물로 흐릿해진 눈을 통해 처음 본 세상이나
어머니 젖에 대한 기억이 하나도 없다는 건 얼마나 슬픈 일인가

— 사이트 파이크 아바시야니크^{Sait Faik Abasiyanik}, 《우유^{Süt}》

{ 차례 }

'레시피'에 관하여 10

Part ① 우유와 유제품의 역사

Chapter 1 · 달콤한 첫맛
우유 한 방울로 시작된 세상 17 | 젖과 꿀이 흐르는 땅 21 | 인간은 어떻게 동물의 젖을 먹게 되었을까? 24

Chapter 2 · 유제품의 탄생
기나긴 인공 수유의 역사 34 | 시큼한 우유, 요거트의 시작 38

Chapter 3 · 치즈와 고대 문명
치즈는 언제 처음 생겨났을까? 43 | 고대의 치즈 요리 47 | 치즈에 대한 의심의 눈초리 50

Chapter 4 · 버터 미식가들
그리스도의 하얀 피 56 | 켈트족의 버터 사랑 59 | 북유럽, 버터밀크에 빠지다 67 | 유청의 재발견, 리코타 치즈가 탄생하다 74

Chapter 5 · 사막의 우유

낙타 젖으로 생활한 베두인족 84 ｜ 이슬람 문화와 아랍의 우유 87 ｜
중세 아랍의 요거트 요리 92

Chapter 6 · 우리가 몰랐던 우유

레시피로 읽는 우유의 역사 97 ｜ 말 젖에 의지한 몽골인의 삶 102 ｜
뜨거운 우유인가, 차가운 우유인가 108 ｜ 우유가 제철 음식인 이유 112
｜ 우유와 맥주의 만남 116

Chapter 7 · 치즈의 왕국

파르메산 치즈와 체더 치즈 121 ｜ '치즈 대가리'에서 '낙농 천재'가 되
기까지 126

Chapter 8 · 미국의 우유

아메리카 대륙의 식민지 낙농 134 ｜ 네 마리 소에서 출발한 미국의 낙
농업 139 ｜ 냉장고의 발명이 버터 덕분이라고? 144 ｜ 달콤한 우유
푸딩의 매력 148

Chapter 9 · 누구나 사랑하는 아이스크림

아이스크림에 대한 최초의 기록 155 ｜ 미국의 개성 있는 아이스크림
가게들 163 ｜ 콘에 담고, 토핑도 올리고 175 ｜ 국민 간식을 탄생시
킨 냉동고 186 ｜ 세계 최고의 아이스크림을 꿈꾼 쿠바 195

Part ② 음식일까, 독일까?

Chapter 10 · 죽음을 부르는 우유

동물의 젖은 정말 위험할까? 203 | 구정물 우유를 마시고 죽은 사람들 214

Chapter 11 · 처음으로 깨끗한 우유를 마시다

상하지 않는 병우유의 탄생 226 | 우유 통조림이 생겨난 이유 232

Chapter 12 · 밀크 퀘스천, 생우유 vs 살균 우유

우유는 왜 상하는 걸까? 237 | 파스퇴르의 저온 살균 공법 241 | 살균 우유를 둘러싼 치열한 공방 245

Chapter 13 · 대량 생산 우유의 시대

층이 분리되지 않는 균질 우유의 탄생 252 | 달콤한 연유 레시피 256 | 공장형 낙농산업의 시작 260 | 산업혁명, 치즈를 녹이다 266 | 우유 짜는 여인들이 사라졌다 272 | 생산성을 높인 산업용 젖소 279

Chapter 14 · 우유 요리의 변신

유럽, 크림소스에 빠지다 286 | 라테와 핫 초코, 칵테일까지 300

Part ③ 우유에 관한 진실

Chapter 15 · 티베트 유목민과 야크 ∽∽∽∽∽∽∽∽∽∽∽∽∽∽

고산지대의 젖줄 309 ┃ 일품 야크 요거트 315

Chapter 16 · 미식의 나라, 중국의 우유 ∽∽∽∽∽∽∽∽∽∽

중국에서는 왜 우유가 인기 없었을까? 321 ┃ 수입산 우유에 열광하다 326 ┃ 중국인들의 유당불내증은 사라진 걸까? 335

Chapter 17 · 소를 위한 낙원은 없다 ∽∽∽∽∽∽∽∽∽∽∽∽

힌두교의 신성한 소 337 ┃ 인도의 못 말리는 유제품 사랑 342 ┃ 영국 식민 지배에 우유로 저항하다 356 ┃ 인도가 소 도살을 금지한 진짜 이유 360

Chapter 18 · 세계 각국의 장인 치즈 ∽∽∽∽∽∽∽∽∽∽∽∽

치즈의 왕이 되기 위하여 368 ┃ 양젖으로 만든 명품 치즈, 로크포르와 바스크 375 ┃ 그리스의 자부심, 페타 치즈 383 ┃ 아이슬란드의 요거트, 스키르 388 ┃ 영국 블루 치즈의 흥망성쇠 391

Chapter 19 · 역사상 가장 논란이 많은 음식 ∽∽∽∽∽∽∽∽∽

끝나지 않은 생우유 논쟁 402 ┃ 모유 수유 vs 인공 수유 407 ┃ 어떤 동물의 젖이 가장 좋을까? 414 ┃ 동물 복지와 공장식 농장의 문제 416

Chapter 20 · 남아 있는 과제 ∽∽∽∽∽∽∽∽∽∽∽∽∽∽∽

병든 소와 위험한 우유에 관한 스캔들 429 ┃ GMO 우유는 정말 나쁠까? 437 ┃ 험난한 유기 농업의 길 444

감사의 말 454 ┃ 참고문헌 457 ┃ 사진 출처 469

'레시피'에 관하여

"Si vous n'êtes pas capable d'un peu d'alchémie,
ce n'est pas la peine de vous mettre en cuisine."

"약간의 연금술도 못 부릴 거면, 굳이 뭐 하러 주방에 들어가겠는가."

— 콜레트Colette —

나는 책 구성에 조리법을 넣을 때가 많은데, 요리책을 쓰고 싶은 억눌린 욕구 때문이 아니라 조리법이야말로 값진 유산이라고 믿기 때문이다. 조리법에는 그것을 만든 사회와 그 사회의 질서가 반영돼 있어 그 음식이 식탁에 올랐던 시대의 삶을 말해준다. 내 경우, 결과물이 맛이 있을지는 크게 상관하지 않는다.

하지만 이 책을 쓰려고 조사하면서 취합한 유제품 조리법은 종류가 너무 많아서 맛있게 먹을 수 있는 것만 신기로 했다. 적극적인 독자라면 몇 가지 시도해보기를 권한다. 그런데 나라면 리처드 닉슨Richard Nixon

의 코티지치즈로 만드는 '밀크 워터^{milk water}' 레시피나 몇몇 이유식 레시피는 피하겠다. 우유 토스트도 나한테는 별로였다. 반면 크림 팬케이크와 정켓^{junket}, 실러법^{syllabub}, 포셋^{posset}은 도전해볼 만하다. 인디언 푸딩, 생강 아이스크림, 핫스트로베리 선디, 자메이칸 바나나 아이스크림, 특히 펠레그리노 아르투시^{Pellegrino Artusi}의 카페라테 젤라토는 당신을 온종일 기분 좋게 만들어줄 것이다. 루이 디아^{Louis Diat}의 환상적인 비시수아즈^{vichyssoise}(감자 퓌레와 리크, 치킨 스톡, 크림 등을 넣어 만드는 차가운 수프) 레시피는 꼭 한번 시도해봐야 한다. 그 밖에도 최고의 유제품 조리법으로 꼽을 만한 인도의 레시피를 비롯해 다양한 조리법이 있다.

나는 늘 업데이트되지 않은 원래 레시피를 소개하는데, 괄호 안에 설명을 넣기도 하지만 일부는, 특히 오래된 레시피일수록 좀 모호해서 따라 하기가 쉽지 않다. 카토의 치즈케이크가 그런 경우인데, 많은 사람이 애썼지만 어떤 게 정확한 건지 알아낸 사람은 없는 것 같다. 바꿔 말하면, 당신이 응용한 레시피가 새로운 기준이 될 수도 있다는 얘기다. 상상력을 발휘해 마음껏 변형해라. 스토브나 아이스크림 메이커 같은 현대식 도구들을 활용해라. 최고의 요리는 요리사가 아주 오래된 조리법에 자기만의 비법을 하나 더해서 탄생시키는 경우가 많다. 콜레트 말마따나 연금술을 좀 부려보는 거다.

Part
1

우유와
유제품의 역사

그는 우유의 절반은 응고시켜 가지를 엮어 만든 바구니에 담아 옆에 놔두고,
나머지 반은 그릇에 부어 저녁 식사로 마실 준비를 했다.

— 호메로스Homer의 《오디세이The Odyssey》 중 키클롭스인을 관찰하는 오디세우스

달콤한 첫맛

　우유는 음식이고, 이 책에는 우유를 이용한 조리법 126가지가 소개돼 있으니 틀림없이 음식에 관한 책처럼 보일 것이다. 그러나 우유에는 역사가 있다. 최소한 지난 1만 년은 그래왔다. 우유는 인류 역사상 가장 논란이 많은 음식이다. 덕분에 현대 과학 실험실에 가장 먼저 발을 들였고 모든 먹거리 중에 가장 심한 규제를 받는다.

　사람들은 모유의 중요성, 엄마의 적절한 역할, 우유의 유익한 특성과 해로운 특성, 최상의 우유 공급원, 농사법, 동물의 권리, 생우유 대 저온살균 우유, 생우유로 만든 치즈의 안전성, 정부의 적절한 역할, 유기농 식품운동, 호르몬, 유전자 변형 작물 등에 관해 논쟁을 벌여왔다.

　여기 모두를 위한 음식 논쟁이 있다. 미식가, 요리사, 농학자, 부모, 페미니스트, 화학자, 전염병학자, 영양학자, 생물학자, 경제학자, 동물 애호가들까지 누구나 한마디씩 거들 수 있다.

우유에 관한 한 가지 커다란 오해는 우유를 못 마시는 사람들에게 뭔가 문제가 있다는 인식이다. 하지만 사실 우유를 마실 수 있는 상태가 정상이 아니다. 우리는 유럽인 대부분이 우유를 마실 수 있고, 유럽 중심 세계에 살고 있어서 ― 일부 지역에서는 '유당불내증'이라는 질환 때문에 포기하고 사는 ― 유제품 소비를 일반적인 것으로 생각하는 경향이 있다. 하지만 유당불내증은 모든 포유류의 자연 상태다. 인간은 확실히 기본적인 자연법칙을 무시하고 이유기가 지나서도 젖을 먹는 유일한 포유동물이다. 자연에 사는 대부분의 포유동물 새끼는 신체적으로 먹이를 소화할 준비가 되면 유전자가 개입해 우유 소화 능력을 차단한다. 우유의 당분인 락토오스^{lactose} (젖당, 유당)는 유전적으로 통제를 받는 락타아제^{lactase} (유당분해효소)라는 효소가 장내에 있을 때만 소화가 가능하다. 인간은 대부분 락타아제를 가지고 태어난다. 그게 없는 아기는 모유를 먹을 수 없다. 하지만 아기가 어느 정도 자라면 유전자가 락타아제 생산을 중단시켜 더 이상 우유를 섭취할 수 없게 된다.

그런데 중동, 북아프리카, 인도 아대륙 사람들뿐 아니라 유럽인들에게까지 몸에 무언가 문제가 생겼다. 특정 유전자가 결핍되어 락타아제 생산이 멈추지 않아 성인이 되어서도 우유를 마실 수 있게 된 것이다.

그런 유전자 지도는 혈통이 같은 종족이나 친족 관계를 타고 이동한다. 그래서 대부분의 아프리카 흑인들은 유당불내증이 있지만, 목축을 주로 하는 마사이족은 유당불내증이 없다. 유당불내증이 있는 사람들로 구성된 문화에는 유제품이 없는 경향이 있다. 하지만 마사이족이나 인도인들처럼 낙농 문화를 채택한 사회에는 사람들에게 우유를 소화하는 능력이 남아 있다. 초기 유럽인들에게는 낙농 문화가 있었고 ― 비록 농

작물 재배기간이 짧아 영양을 보충할 식품원이 필요했던 북부 지방에 더 잘 들어맞는 이야기이긴 해도 ─ 락토오스 내성(lactose-tolerant)이 있었다. 그렇다고 락토오스 내성이 전적으로 기후와 관련된 것은 아니다. 파타고니아부터 알래스카까지 상상할 수 있는 모든 기후가 나타나는 두 개의 대륙에 넓게 퍼져 살았던 아메리카 원주민들은 유당불내증이 있었기 때문이다.

지금이야 유럽인들 대부분이 우유를 마시지만, 원래 유럽 대륙의 어느 정도 범위에 유당불내증이 나타났었는지는 정확히 알지 못한다. 불과 수 세기 전만 해도 우유를 거의 마시지 않았기 때문이다. 경질 치즈와 요거트는 인기가 있었지만, 여기에는 유당이 포함되어 있지 않다. 아마 유럽인들이 두 음식을 선호하는 게 그런 이유였는지 모른다. 그러다 그때와 지금 사이 언젠가부터 유럽인들이 우유를 마시기 시작했다. 그리고 그들에게는 언제나 자신들의 일탈을 기준으로 삼는 습관이 있어서 세계 어디를 가든 우유를 얻을 수 있는 착유 동물을 데리고 다녔다.

우유 한 방울로 시작된 세상

우유를 단순히 또 다른 음식쯤으로 생각하는 것은 우리가 사는 은하계를 무시하는 처사다. 비유적으로 하는 얘기가 아니라 문자 그대로 그렇다. 우리 은하(galaxy)는 '은하수(milky way)'라는 별칭이 있는데, '은하, 은하계'를 뜻하는 영어의 '갤럭시galaxy'나 '우유길'을 뜻하는 '밀키웨이milky way' 둘 다 '젖, 우유'를 뜻하는 그리스어 '갈라gala'에서 파생되었다. 그리스 신화에 따르면 은하수는 그리스의 여신 헤라가 헤라클레스

Heracles — 로마 신화에서는 헤르쿨레스Hercules — 에게 젖을 물리는 동안 흘린 우유로 만들어졌다. 우유 방울 하나하나가 한 점의 빛이 되고 별이 되었다. 오늘날 천문학자들이 은하계에 4,000억 개의 별이 있다고 추정하는 걸 생각해보면, 헤라는 엄청난 양의 우유를 흘렸던 게 틀림없다.

수많은 문화에 우유를 주제로 한 이런 창조 신화가 있다. 서아프리카의 풀라니족은 세상이 다른 모든 것이 창조되어 들어 있던 거대한 우유 한 방울로 시작됐다고 믿는다. 노르웨이 전설에 따르면 태초에 서리에서 태어난 이미르Ymir라는 서리 거인이 '아우둠라Audhumla'라는 거대한 암소의 젖을 먹고 살았는데, 이 암소에게서 흘러나온 네 개의 젖 줄기가 네 개의 강을 이뤄 이제 막 태어난 세상에 양분을 공급했다고 한다.

오늘날 이라크 지역에서 발원한 수메르 문명은 문자 언어를 사용한 최초의 문명이자 우유를 얻을 목적으로 가축을 기른 최초의 문명이다. 한 수메르 전설에 따르면, 우루크라는 도시의 샤마슈Shamash라는 제사장이 동물들에게 말을 걸어 니사바Nisaba 여신에게 우유를 주지 말라고 설득했다고 한다. 그의 음모를 알아챈 양치기 형제가 샤마슈를 유프라테스강에 빠트렸는데, 그는 양으로 모습을 바꿨다. 이 계략을 알아챈 형제가 샤마슈를 다시 유프라테스강에 던졌고, 이번에는 소로 모습을 바꿨다. 세 번째 계략도 알아낸 형제가 다시 그를 유프라테스강에 빠트렸더니 이번에는 영양의 일종인 샤무아chamois (알프스 영양)로 모습을 바꿨다. 이 전설은 확실히 우유를 얻을 수 있는 동물을 찾는 과정을 설명하는 전설임이 틀림없다.

이집트 모성의 여신 이시스Isis는 파라오에게 젖을 물리는 모습으로 자주 보이고, 그녀의 남편 오시리스Osiris는 일 년 365일 날이 바뀔 때마다 한 사발씩 우유를 부은 것으로 유명하다. 이시스는 중동 전역에서 인기 있는 신이었는데 주로 커다란 가슴, 소의 머리와 뿔을 단 모습으로 묘사된다. 그리스에서 이시스에 해당하는 다산의 여신 아르테미스[Artemis]는 젖가슴이 수십 개 달린 모습으로 묘사되기도 한다. 이집트인들은 소의 여신 하토르[Hathor]도 숭배했다. 이집트 사원에서 우유는 흔한 공물이었다.

사람들은 아기가 자기에게 젖을 물리는 유모의 성격을 물려받는다고 믿어서 유모를 선택하는 데 매우 신중했다. 또 제우스가 바람둥이인 이유는 크레타섬에서 방탕하기로 유명한 염소의 젖을 빨았기 때문이라고 전한다. 아시리아인들은 같은 유모의 젖을 먹고 자란 아기들을 형제자매로 보고 혼인을 금지했다.

기원전 2세기 또는 3세기경 로마에서 이제 막 엄마가 된 여인 앞으로 보내진 편지에는 이렇게 적혀 있다. "유모는 신경질적이거나 수다스러우면 안 되고 식욕을 조절하지 못해도 안 되며, 예의 바르고 차분하고 경험이 많아야 하는데, 외국인은 안 되고 그리스인이어야 합니다." 이 마지막 요구사항은 고대 그리스에서 자주 언급된다. 1~2세기경 그리스 의사인 소라누스[Soranus]는 그리스 로마 사람들에게 유모는 그리스인이어야 한다고 거듭 강조했다.

힌두교도들은 예나 지금이나 소를 숭배한다. 산스크리트어로 암소는 '아그냐[aghnya]'인데, '도살할 수 없는'이라는 뜻이다. 힌두교에는 비슈누 신이 우유 바다를 휘저어 우주를 창조했다는 창조 신화가 있다.

초기 기독교인들은 이런 소 숭배를 이단으로 간주했지만 그들 종교에서 우유는, 좀 더 정확히 말해 인간의 젖은 여전히 특별한 지위를 차지하고 있었다. 성모 마리아는 가슴을 드러내 젖을 물리는 모습으로 끊임없이 묘사돼왔다. 12세기 기독교의 대표적인 인물 베르나르 드 클레르보$^{\text{Bernard de Clairvaux}}$는 성모 마리이에게 영감을 얻은 인물로 유명한데, 어느 날 그의 앞에 마리아가 나타나 가슴을 눌러 그의 입에 젖 세 방울을 적셨다고 한다.

중세 기독교에는 마리아의 젖을 먹은 사람들 이야기가 넘쳐나고, 심지어 설명할 수 없는 몇몇 사례에서는 그리스도의 젖을 먹는 경우도 등장한다. 적어도 몇몇 예술가들에 따르면 이들은 베르나르처럼 신중하게 딱 세 방울을 마신 게 아니라, 아치 모양으로 뿜어져 나오는 기다란 젖줄기를 받아 마셨다고 한다. 어떤 무지한 수사는 그의 앞에 나타난 마리아가 다정한 목소리로 가까이 부르더니 가슴을 드러내 그에게 한참을 빨게 했는데, 그 뒤로 엄청난 지혜를 얻었다고 한다. 이런 이야기들은 하나같이 아기가 자기에게 젖을 물린 여성의 특성을 물려받는다는 오랜 기독교 신앙을 반영한다.

중세 기독교인들은 젖이 가슴 쪽으로 이동하면서 하얗게 변하는 피라고 생각했는데, 기독교에서 일 년의 절반 이상을 차지하는 축일에 고기와 함께 우유를 금기시했던 이유가 이 때문이다. 똑같은 믿음을 가진 일본 불교도들도 유제품 소비를 피했다. 이들은 몸에서 버터 냄새가 날 정도로 유제품을 먹는다며 서양인들을 깔봤는데, 심지어 20세기까지도 경멸조로 '(버터)누린내 나는 놈들'이라는 의미의 '바타다사쿠$^{\text{バターだ さく}}$'라고 불렀다.

유대인들 역시 유제품 소비를 결코 편하게 여기지 않았다. 출애굽기에 이런 구절이 나온다. "너는 염소 새끼를 그 어미의 젖으로 삶지 말지니라." 이 말은 닭고기를 포함한 어떤 육류도 유제품과 함께 식탁에 올리는 걸 금한다는 의미로 해석돼왔다.

그렇다고는 해도 우유가 건강에 좋다고 주장하는 사람은 늘 있어왔고, 고대도 예외는 아니었다. 쐐기문자로 기록된 수메르의 점토판에는 우유와 요거트처럼 신맛 나는 음료인 라반^{laban}이 병을 쫓는다는 언급이 나온다. 1세기 로마 작가 플리니우스^{Pliny the Elder}(AD 23~79)는 수은을 삼킨 사람은 우유로 해독하는 게 효과적이라고 주장했다.

젖과 꿀이 흐르는 땅

포유동물의 정의는 젖 분비가 핵심이다. 인간이 속한 생물학적 분류 '매멀리아^{mammalia}', 즉 포유강哺乳網은 '유방의'라는 의미의 라틴어 '매멀 ^{mammal}'에서 따왔다. 우리는 젖을 만들어내는 동물이며, 서로의 젖을 공유한다. 비록 인간 외의 동물들은 인간이 개입하지 않는 한 자기 어미의 젖만 먹는 게 보통이지만 말이다.

어쨌든 대다수 포유동물의 젖은 정도가 다를 뿐 인간이 먹을 수 있는 음식이다. 어떤 동물의 젖이 최고인지는 역사적으로 끊이지 않는 논쟁 중 하나다. 인간에게는 인간의 모유가 제일 좋다는 보편적인 합의조차 이루어지지 않은 상태다.

우유마다 지방과 단백질, 유당 함량이 다르고, 각각의 상대적인 장점과 우려되는 유해성 논란이 끊이지 않는다. 수 세기 동안 지방 함량이 높은 우유를 최고라고 여겨와서 지방이 적거나 아예 없는 우유는 사기로 간주했는데, 실상 이런 우유를 파는 게 불법일 때도 있었다. 에어셔 ^{Ayrshire}, 저지^{Jersey}, 건지^{Guernsey} 같은 고지방 우유를 생산하는 품종은 항상 귀한 대접을 받았고, 특히 치즈 제조와 관련해 중요한 자리를 차지했다.

흔히 갓 태어난 새끼에게 먹이기 위해 자연적으로 만들어지는 젖이

저지종

가장 이상적인 음식이라는 얘기를 한다. 그리고 사람들은 인간의 아기나 송아지, 새끼 양에게 필요한 영양소가 똑같지 않다는 걸 이미 오래전부터 알고 있었다. 종이 다르면 젖의 성분도 다르다는 걸 이해는 하고 있었지만, 그런 차이의 수량화는 18세기에 들어서야 이뤄졌다.

각각의 종은 종의 특성에 맞게 필요한 영양분을 채울 수 있도록 설계된 독특한 젖을 만들어낸다. 태어난 직후 지방층을 빨리 쌓아야 생존에 유리한 고래는 그 특성에 맞게 젖의 지방 함량이 34.8퍼센트인데, 이는 지방 함량이 4.5퍼센트인 인간의 젖과 정반대다. 북대서양에 서식하는 바다표범 역시 지방을 빠르게 늘리는 게 관건이다. 회색바다표범의 젖은 53.2퍼센트가 지방으로 모든 모유 중에 지방 함량이 가장 높다. 고래는 고사하고 회색바다표범의 젖을 짜서 옮기는 물류상의 문제는 제쳐두더라도, 이들의 고지방 우유는 인간에게 적합하지 않다.

인간의 아기는 4.5퍼센트의 지방, 1.1퍼센트 미만의 단백질, 6.8퍼센트의 락토오스, 87퍼센트의 물로 구성된 우유를 좋아하고, 또 필요로 한다. 놀라울 것도 없이 인간의 젖에 가장 가까운 젖을 만들어내는 종은 원숭이다. 하지만 어쩌된 일인지 우리는 다른 동물들의 젖을 아기에게 먹인다는 생각은 편하게 받아들이면서도, 그 동물이 생물학적으로 우리와 너무 비슷하지는 않은 걸 선호한다. 아마 원숭이 우유라면 대부분 사회에서 불쾌하게 받아들일 것이다.

우유에는 지방, 단백질, 유당, 물만 들어있는 게 아니다. 콜레스테롤과 리놀레산처럼 고려해야 할 성분들이 있다. 예를 들어 물소 젖은 인도나 필리핀에서는 음료로 마시고 이탈리아 남부에서는 모차렐라 치즈를 만드는 데 사용하는데, 이는 소젖에 비해 지방은 많고 콜레스테롤은 적기 때문이다. 소젖에는 인간의 두뇌 발달에 중요한 리놀레산도 부족하다. 반면 인간의 젖에 비해 단백질은 네 배나 많은데, 대부분이 카세인 형태여서 상업적인 가치는 있을지 몰라도 인간 아기의 발달에는 필요 이상으로 많다.

인간의 젖은 대부분의 다른 젖보다 락토오스 함량이 훨씬 높다. 락토오스는 당이고 따라서 모든 젖은 약간 단맛이 나는데, 인간의 모유는 특히 달콤하다. 인간과 대부분의 다른 포유동물은 단맛을 좋아한다. 아마 태어나서 처음 먹은 음식에서 단맛이 났기 때문일 것이다.

사탕수수와 사탕무가 널리 퍼지기 전까지는 꿀이 인간이 이용할 수 있는 최고의 단맛이었다. 하지만 근소한 차이로 2위가 우유였고, 그게 아마 둘을 섞어 먹는 경우가 흔한 이유였을 것이다. 못해도 구약성서만큼 오래된 인도의 브라만교 경전, 네 편의 베다 중 하나인《리그베다Rigveda》에는 전쟁의 신 인드라Indra가 이렇게 말하는 구절이 있다.

벌의 꿀에 우유를 섞었으니,
빨리 오라. 달려와 마셔라.

구약성서에는 인간, 소, 염소의 젖에 대한 언급이 50번 나오고, 그중 스무 번은 우유와 꿀을 같이 언급하고 있다. 가장 유명한 것은 히브리인들이 신에게 약속받은 '젖과 꿀이 흐르는 땅'이다.

물론 순전히 맛의 측면에서 둘을 같이 언급하기도 했을 것이다. 우유와 꿀은 환상의 조합이다. 요거트에 꿀을 섞으면 단맛과 신맛이 섞여 특히 맛있다. 심지어 이 조합에는 의학적인 동기가 있을지 모른다.

인간은 어떻게 동물의 젖을 먹게 되었을까?

유사 이래 염소와 당나귀의 젖이 인간의 젖과 성분이 가장 비슷해 인간에게 가장 적합하다는 주장이 자주 제기돼왔다. 하지만 그건 전혀 사실이 아니다. 당나귀 젖은 인간의 젖보다 지방 함량이 훨씬 적고, 염소 젖은 단백질 함량이 세 배 많다.

소와 양, 염소, 물소는 위가 네 개고 낙타와 라마는 세 개다. 위가 여러 개인 동물을 반추동물이라고 한다. 소와 양 같은 일부 반추동물들은 풀을 먹는 초식동물이고, 염소와 사슴 같은 일부 반추동물들은 영양가 있는 나무껍질이나 이파리, 잔가지를 먹는다.

'반추하는'이라는 의미의 '루미넌트ruminant'는 '되씹다'라는 뜻의 라틴어 '루미나레ruminare'에서 유래했다. 먹은 음식물은 다시 토해내 되씹어져 네 개의 위 중 하나인 제1위로 가고, 여기서 발효가 일어나 분해된 다음 다른 위로 보내진다. 소는 하루에 여섯 시간에서 여덟 시간을 반추하면서 보내는데, 발효 과정에서 나오는 산으로부터 몸을 보호하기 위해 42갤런(약 160리터)의 체액을 생산한다.

염소와 함께 있는 소와 송아지. 동판화, 장 루이 드마른Jean-Louis Demarne(1752~1829), 작가 소장.

위가 하나인 동물들을 단위동물이라고 한다. 인간처럼 단위로 소화하는 동물이 만들어내는 젖이 우리에게 가장 적합하다고 보는 게 이치에 맞을 것이다. 그래서 지금도 특히 이탈리아에서는 당나귀 우유가 상업적으로 생산되고 건강식품으로 팔린다.

말도 단위동물이지만 암말의 젖은 일부 문화권에서만 인기였는데, 아마 지극히 낮은 지방 함량 때문이었을 것이다. 로마의 박물학자 대大 플리니우스는 이란 및 우랄산맥 남쪽 지역의 유목민족인 사르마트족이 말 젖에 수수를 섞어 일종의 죽을 끓여 먹었으며, 젖만 다른 동물의 것으로 대체하면 다른 문화권에서도 맛있게 먹을 거라고 기록했다.

기원전 5세기, 그리스 역사가 헤로도토스Herodotus는 또 다른 유라시아의 유목민족인 스키타이인들의 식탁이 거의 전적으로 암말의 우유에 의지한다고 적었다. 하지만 유럽인들은 몽골인들이 암말의 젖을 마신다는 마르코 폴로Marco Polo — 유럽에 수많은 음식 트렌드를 도입한 인물로 유명하다 — 의 이야기를 듣고도 그 관습은 따르고 싶어 하지 않았다.

그런데 왜 또 다른 단위동물이자 세계에서 가장 흔한 가축인 돼지의 젖은 결코 유제품으로 쓰이지 않는 걸까? 그건 아마 우리가 문화적, 아니면 심리적인 이유로 육식 동물의 젖을 먹고 싶지 않아서이거나 육식을 하면 우유의 맛이 나빠지기 때문일 것이다. 하지만 돼지는 잡식이기 때문에 인간이 원하는 대로 키울 수 있다. 마음만 먹으면 채식을 시킬 수도 있다는 얘기다. 그렇다면 우리는 새끼를 한 마리에서 세 마리 정도 낳고, 젖통 하나에 젖꼭지가 하나인 동물의 젖을 선호해서 돼지의 젖을 피하는 걸 것이다. 북유럽인들은 한때 순록의 젖을 최고로 쳤으며, 한동안 엘크(큰 사슴) 젖을 편애하기도 했다. 지금은 둘 다 인기가 식었다.

다양한 종류의 젖을 비교하는 건 복잡한 일이다. 하지만 애초에 우유와 관련해 가장 중요한 문제는 단순했다. '젖을 내는 동물 중에 어떤 동물이 가장 길들이기 쉽고 가장 많이 키울 수 있는가?'

모든 증거가 중동, 아마 이라크 아니면 이란의 아시리아 지역에서 동물의 젖을 짜기 시작했다는 걸 가리킨다. 우르Ur라는 도시국가에 살았던 수메르인들은 알-우바이드al-Ubaid 사원 벽에 일꾼들이 소젖을 짜서 커다란 항아리에 붓는 모습을 묘사한 프리즈frieze(방이나 건물의 윗부분에 그림이나 조각으로 띠 모양의 장식을 한 것 −옮긴이)를 만들었다. 하지만 고고학자들이 '알-우바이드의 낙농'이라고 부르는 이 프리즈는 우유를 짠 초기의 모습을 묘사한 게 아닐 것이다. 처음 동물 젖을 짰던 시기에는 아마 항

핀란드 최북단 라플란드 지역에서 순록의 젖을 짜는 모습. 《아트 유니언 스크랩북(The Art-Union Scrap Book)》에 실린 판화, 슬라이Sly와 윌슨Wilson 작품, 1843년, 런던.

아리를 이용하지 못했을 것이기 때문이다. 티그리스강과 유프라테스강 사이에 자리 잡은 이 지역의 문명은 7,000년 전으로 거슬러 올라간다.

고고학적 발견은 인간이 약 1만 년 전부터 동물을 사육했음을 암시하고, 동물 병원균이 1만 년 전부터 천연두, 홍역, 결핵 같은 인간의 질병으로 변이하기 시작했기 때문에 적어도 그 기간만큼 인간과 동물은 가까이 살았을 것이다. 그렇다면 동물의 젖을 짜는 행위도 그때부터 시작된 것일까?

그건 아무도 모른다. 엄마가 죽거나 젖이 충분히 나지 않을 때, 어떤 맥락에서 인간의 젖을 가축으로 기르는 동물의 젖으로 대체할 수 있다

이집트 중왕국 파라오 멘투호테프 2세의 아내 카위트Kawit의 대리석 관에 양각으로 새겨진 소젖을 짜는 남자. 기원전 2061~2010년경, 이집트, 카이로, 이집트 박물관, 베르너 포만 아카이브Werner Forman Archive.

고 결론을 내리게 된 걸까? 엄마의 젖을 동물의 젖으로 대체하는 건 꽤 과감한 조치일 텐데 말이다.

아마 동물의 젖은 처음에는 상품으로 인식되다가 나중에야 사람의 아기에게 먹이기 시작했을 것이다. 우유가 빨리 상하는 더운 기후의 지역에서는 산유(soured milk)로 만든 치즈와 요거트가 일찍부터 발전했을 것이다. 사실 냉동이 가능해지기 전까지 중동에서는 신선한 우유가 거의 소비되지 않았다.

아니면 인간이 다른 포유동물의 젖을 마시는 관행은 수유 중인 동물의 젖을 아기에게 물려 유모처럼 활용했을 때부터 시작되었는지 모른다. 이런 관행은 고대와 중세는 물론, 현대의 유럽 빈곤층 사이에서도 행해졌다. 실제로 얼마나 흔했는지는 알 수 없지만 이집트, 그리스 로마의 신화와 문학작품에 얼마나 자주 등장하는지 놀라울 정도다.

아기를 버리는 일이 흔했던 고대에는 갓난아기가 동물의 젖을 먹고 목숨을 구한 이야기가 무수히 많다. 로마의 상징적인 이야기는 로마의 시조로 알려진 쌍둥이 형제 로물루스Romulus와 레무스Remus가 늑대의 젖을 빠는 모습을 묘사한 것이다.

또 한 가지 수수께끼는 인간이 맨 처음 젖을 짠 동물이 무엇이었냐는 것이다. 소는 거의 확실히 아니었다. 동물의 젖을 짜기 시작한 게 정말 1만 년 전 — 혹은 심지어 8~9만 년 전 — 중동에서였다면, 당시 그 지역이나 다른 어떤 지역에도 젖소는 흔하지 않았기 때문에 틀림없이 다른 어떤 동물이었을 것이다.

솟과에 속하는 모든 소의 조상은 오록스aurochs다. 오록스는 몸집이 크고 힘이 세며, 폭력적이고 공격적이었다. 60센티미터가 넘는 뿔이 달렸고, 어깨높이가 성인 남자 키보다 큰 이 동물은 자신을 사냥하는 인간들을 두려움 없이 공격했으며, 동굴 벽화에 나타나는 빈도가 말해주듯이, 경외심을 불러일으켰다. 암컷은 수컷보다 덜 공격적이었을 테지만, 그렇다 해도 야생 오록스의 젖을 짜는 행위는 북아메리카 평원에서 야생들소의 젖을 짜려고 덤비는 것만큼 실용성이 떨어진다. 둘 중 어느 쪽도 일어날 리가 없었을 거라는 얘기다.

시간이 지나면서 야생 오록스가 인간에게 길들여지기 시작했고, 가축화된 오록스가 급증하면서 야생 오록스가 사라지기 시작했다. 한때 아시아에서부터 유럽에 이르는 넓은 지역에 분포해 살았던 이들은 결국 중앙 유럽의 몇몇 숲으로 서식지가 제한되었다. 그러다 마지막 오록스가 17세기 폴란드에서 죽었다.

오늘날의 소는 중부유럽의 이 마지막 오록스가 아니라 그 사촌 격인 우루스urus가 조상이다. 우루스는 털이 아주 많고, 카이사르에 따르면 거의 코끼리만큼 몸집이 컸다고 한다. 우루스는 유럽, 아시아, 아프리카 일대에 분포했다. 일찍이 가축화되어 켈트족에게 우유를 제공한 우루스종은 작지만 튼튼한 쇼트혼^{Shorthorn}종을 포함한 오늘날 수많은 현대 품종의 조상이 되었다.

염소 애호가들의 주장처럼 인간이 처음 젖을 짜기 시작한 동물이 염소였을까? 아니면 염소의 야생 조상인 가젤이었을까? 후자는 가능성은 있지만, 가젤을 가축으로 기르는 것은 가젤이 곧 염소로 진화해 가축화되지 않은 이상 힘들었을 것이다. 아마 인간이 처음 젖을 짠 동물은 염소의 친척뻘인 양이었을 가능성이 크다. 하지만 지방과 단백질 함량이 높은 양젖은 마시기에는 진하고, 얻을 수 있는 양도 매우 적었다.

어쨌든 수메르인들이 처음으로 많은 수를 가축으로 기른 동물이 양이었고, 그 시기는 약 6,000년 전으로 거슬러 올라간다. 수메르인들에게 양의 가치는 우유를 얼마나 얻을 수 있느냐가 아니라 꼬리가 얼마나 크냐로 평가됐다. 양의 꼬리에서 얻는 풍부한 지방이 식용 기름의 중요한 공급원이었기 때문이다.

수메르인들의 점토판을 근거로 보면, 그들이 기른 양 떼의 전형적인 개체 수는 150마리에서 180마리 사이였다. 많게는 500마리에 달하는 예도 있었다. 양은 보살핌을 잘 받았던 것 같은데, 특히 성직자들이 소유한 양들은 특별한 방목장에서 풀을 먹으며 생활했고 식단에 대추와 빵을 보충해주었다. 결국, 그들이 원하는 건 지방이 풍부한 꼬리였다.

수메르인들은 양보다 그 수는 훨씬 적지만 소와 염소도 키웠기 때문에 그들이 맨 처음 젖을 짜기 시작한 게 어떤 동물인지에 대한 추측을 더욱 부채질했다. 하지만 그 답이 무엇이든 수메르인들이 가축들의 우유 생산량 부족으로 고전했던 건 확실해 보인다. 그들은 소와 들소, 염소와 야생 산양, 암컷 양과 야생 숫양을 끊임없이 교배시켰다.

양치기들은 종류에 상관없이 우유로 버터, 크림, 여러 종류의 치즈를 만들었다. 꿀을 넣은 산유는 기침 치료제로 사용되었다. 하지만 유제품 소비가 보편화된 것은 아니었고, 사원에서 그걸 통제했다.

낙타도 인간이 젖을 얻은 최초의 동물이었을 가능성이 있다. 낙타는 가끔 심술을 부려서 그렇지 키가 커서 젖을 짜기가 수월하다. 또 어디서든 먹을 걸 찾아낸다는 것도 장점이다. 그들은 삭막해 보이기만 하는 사막에서도 다른 동물들은 닿지 못하거나 인간은 알아채지도 못하는 관목 식물을 찾아 배를 채운다. 중동에서는 낙타의 젖을 짜서 먹지만 그 관행이 언제 시작된 건지는 알지 못한다. 플리니우스는 낙타의 젖이 가장 달콤하다는 견해를 밝혔지만, 유당의 함량으로 보자면 그건 사실이 아닐 것이다. 낙타와 가까운 친족 관계인 라마는 오늘날 남아메리카에 우유를 제공하는데, 아마 유럽인들이 그곳에 발을 딛기 전까지는 젖을 짜지 않았을 것이다.

영국 작가 이사벨라 비턴Isabella Beeton이 1861년 출간한 베스트셀러《비턴 여사의 가사 관리법Mrs. Beeton's Book of Household Management》에서 우유에 대해 평가한 대목이 있는데, 지금 봐도 꽤 훌륭하다.

> 사람의 젖은 소젖보다 훨씬 묽다. 당나귀 젖이 어떤 다른 것보다 사람의 젖에 가깝다. 염소젖은 소젖보다 진하고 기름지며, 양젖은 눈으로 보기에 소젖과 같고 다량의 크림을 제공한다. 말 젖은 양젖보다 당 함량이 높다. 낙타 젖은 아프리카에서만 사용된다. 물소 젖은 인도에서 사용된다.

젖소를 이용하기가 쉬워지자 대다수 우유 생산자늘이 다른 동물들을 제쳐두고 젖소를 선택했는데, 그 선택에 논란이 끊이지 않았다. 오늘날 젖소를 숭배하는 인도인들의 아버지 마하트마 간디Mohandas Gandhi는 염소 젖이 건강에 제일 좋다고 생각해 그것만 마셨다. 하지만 젖소는 일을 시키기도 쉽고 산유량도 엄청나다. 염소의 산유량은 보통 하루에 2.8리터, 정말 많이 만들어내는 염소가 3.8리터 정도다. 젖소는 자연적인 상태에서 하루 20리터가량 생산하고, 오늘날 발전한 기술을 사용하는 생산자들은 25리터 이상을 기대할 수 있다. 하지만 몸집이 큰 동물일수록 먹이를 더 많이 줘야 하고, 몸무게 대비 생산량 비율로 따졌을 때 염소의 젖 생산량은 젖소의 5배, 양보다는 4배 많다.

염소는 특히 중동과 북아프리카 지역에서 젖소에 비해 다른 이점이 있다. 염소는 푸른 목초지에서만 먹이를 먹을 수 있는 게 아니고 소라면 굶주릴 만한 곳에서도 먹이를 찾아낸다. 여차하면 잎사귀를 먹으려고 나무에도 오른다.

농부들에게는 평화롭게 지내면서 애착 관계를 형성할 수 있는 동물이 필요했다. 아시리아인들은 기르는 가축이 다정한 태도를 갖게 해달라고 기도를 올리고 그런 마법의 주문을 읊었다.

동물권 활동가들이 혐오하는 방법이지만, 소, 염소, 양 그밖에 다른 동물들에게서 젖을 쉽게 짜는 간단한 요령이 있다. 송아지, 새끼 염소, 새끼 양을 어미와 떨어뜨려 놓고 농부가 젖병으로 우유를 먹이는 것이다. 대부분의 동물권 활동가들은 이렇게 분리된 동물들이 슬픔에 신음한다고 말한다. 일부 농부들도 같은 얘기를 한다. 그렇지 않다고 주장하거나 상관하지 않는 사람들도 있다. 버몬트에서 소규모 염소 농장을 운영하는 브래드 케슬러Brad Kessler는 말한다. "젖은 권력이에요." 송아지를 어미와 분리하는 것은 우유와 관련해 끊이지 않는 논쟁거리 중 하나다.

어미의 젖을 빨게 내버려두면 새끼들은 성장에 필요한 양 이상의 젖을 ― 따라서 농부의 이익도 함께 ― 마셔버린다. 또 매우 독립적으로 자라서 인간을 불신하게 되기도 한다. 하지만 농부가 새끼들에게 먹이를 주면 그 새끼들은 사람에게 진정한 애착을 느끼며 자란다. 소는 염소가 가끔 하듯이 사람과 장난을 치기에는 몸집이 너무 크지만, 코를 농부에게 비비며 따라다닌다. 소는 평온하고 편안하게 사는 걸 좋아하는데, 소를 키우는 농부들이 보통 온화하며 부드럽게 말하는 사람이 많다. 양은 농부들을 무리 지어 따라다니지만 소나 염소가 하는 것 같은 개별적인 행동은 보이지 않는다. 양은 개별적이기보다 무리로 존재하는 것처럼 보이는데, 단수형 명칭이 뚜렷하지 않은 게 아마 그래서일 것이다. 농부와 젖을 내는 동물은 아주 따뜻한 애착 관계를 맺고 즐길 수 있지만, 그 동물의 끝은 결코 좋을 수가 없다. 농부에게는 그 동물이 젖을 만들어내지 못할 때까지 먹일 여력이 없기 때문이다.

유제품의 탄생

기나긴 인공 수유의 역사

고대부터 현대까지 모유 먹는 아기와 인공 수유하는 아기는 늘 있어 왔다. 그리고 그때부터 각각의 상대적인 장단점을 두고 치열한 공방이 끊이지 않았다

오늘날 모유 수유를 지지하는 측에서는 젖이 나지 않는 여성의 수가 상대적으로 적다고 주장한다. 하지만 문명의 시작으로 거슬러 올라가 기록을 보면, 심지어 그때도 모유 수유에 "실패한" 엄마들을 위한 수많은 해결책과 처방이 있었다는 게 분명해진다. 1873년, 독일인 이집트학자 게오르그 에베로스^{George Ebers}가 구입하면서 '에베르스 파피루스^{Ebers papyrus}'라고 불리게 된 기원전 1550년 의학 문서에는 젖이 안 나와 고생

하는 엄마들에게 처방한 약초 요법이 적혀 있다. 처방에는 여성의 등을 기름과 황새치의 따뜻한 뼈로 문지르라고 되어 있다.

어떤 설명할 수 없는 이유로 이 처방이 효과가 없을 때, 파피루스에서 제안하는 두 번째 방법은 유모를 고용하는 것이다. 유모는 인공 수유보다 나은 선택으로 여겨졌다. 수 세기 동안 갓난아기에게 동물의 젖을 먹이는 인공 수유가 알려져 있었지만 늘 그렇게 하는 건 아니었으며 이건 또 다른 지속적인 논쟁거리였다.

기원전 1754년경 함무라비 왕 통치 시절 바빌로니아 법전에 명시돼 있듯이, 유모는 주의 깊게 지켜보고 엄격하게 규제해야 할 대상이었다. 법전에는 유모가 아기를 돌보는 동안 아기가 죽으면 아기를 몰래 바꿔치기하려고 시도해선 안 된다고 못박고 있다. 그런 시도를 하다가 들키면 젖가슴을 자르는 형벌에 처했다.

종종 유모에게 아기를 맡겨놓고 급료로 줘야 할 돈이 없는 가족도 있었다. 이런 경우 법전에는 아기의 가족이 유모에게 아기를 팔 수 있도록 허락하고 있다.

고전 문화가 융성했던 이집트, 그리스, 로마 시대의 법전을 보면 유모가 법적인 계약의 적용을 받는 대단히 존경받는 직업이었다는 게 분명해진다. 전설에 따르면, 나일강 갈대숲에서 아기 모세를 발견한 파라오의 딸은 수유 중인 여성을 고용해 아기에게 젖을 먹이라고 명령했다. 아기 모세에게 동물의 젖을 먹이는 대신 유모를 고용한 것은 그녀가 아기를 특별하게 키우기로 마음먹었다는 증거로 해석돼왔다.

젖 먹는 아기의 묘사는 대부분 아기가 왼쪽 젖가슴을 물고 있는데, 심장과 가장 가까워서 제일 좋은 젖이 나온다고 여겼기 때문이다. 이 믿음은 기독교가 도입되면서 퇴색하기 시작했다. 귀족의 아기에게는 왼쪽 가슴으로만 수유를 해야 했는데, 이렇게 할 수 있었던 이유는 특히 이집트에서는 상류층 아기의 유모가 여럿인 경우가 흔했기 때문이다.

아기를 돌보는 하인을 두는 것 역시 아기에게 동물의 젖을 먹이는 것보다 나은 선택으로 여겨졌다. 날씨가 무더운 지역일수록 우유는 위험했다. 아기에게 먹일 동물의 젖은 박테리아가 생기기 전에 곧바로 아기에게 가져가야 했는데 고대 세계에서는 쉽지 않은 임무였다. 하지만 우리는 그 먼 과거에도 적어도 몇몇 아기들은 모유 대신 다른 우유를 먹었다는 사실을 안다. 고대 이집트인들이 사용하던 기원전 4000년경의 젖병 용기와 기원전 1500년경의 테라코타 젖병이 발굴된 덕분이다.

고대에도 요즘처럼 모유 수유를 원치 않는 여성들이 있었다. 그들이 보통 상류층이었다는 사실은 경제적인 여유가 있는 사람들만 유모를 고용하거나 아기에게 신선한 동물의 젖을 공급할 수 있었다는 걸 암시한다. 많은 사람이 여성의 의무라고 여기는 걸 거부하려면 어느 정도의 사회적인 지위가 필요했던 걸 수도 있다.

파라오 통치하의 이집트에서는 유모가 하렘(이슬람 국가의 각 가정에 손님이나 외부인이 들어가지 못하는 여성들이 거처하는 방)에 거주했고, 좋은 대우를 받았으며 대단히 존경받았다. 중요한 연회와 장례식 참석자 명단에 그들의 이름이 올랐다. 기원전 950년 그리스에서는 상류층 여성들이 하층 계급의 여성을 보모로 고용하는 게 유행이었다. 젖을 먹이는 것 역시 노예의 일일 때가 많았고, 따라서 노예를 소유한 여성들은 아기에게 젖을 물리지 않았다.

그에 반해 과로에 시달리고 영양이 부족해서 젖이 충분히 나오지 않는 가난한 여성들은 인공 수유가 어쩔 수 없는 선택이었을 것이다. 또 출산하다 죽은 여성의 아이나 고아원에 버려진 아이들에게도 젖병으로

키프로스섬 바누스에서 출토된 우유 담는 돌 용기. 기원전 2200~2100년경, 키프로스 박물관 소장.

우유를 먹였을 것이다. 인간의 젖을 동물의 젖으로 대체하는 건 마지막 필사적인 발버둥이었을 것이다.

아기에게 젖을 물린 여성의 형상을 본뜨거나 젖가슴을 잡고 있는 형태의 정교한 컵은 유복한 아기들이 사용했던 수유 컵일 것이다. 가난한 아기들은 보통 동물의 뿔로 우유를 먹였다.

시큼한 우유, 요거트의 시작

그런데 우유는 애초에 아기들에게 먹이거나 음료로 마시기 위해 생산된 게 아니었던 것 같다. 오히려 대단히 불안정한 상태인 우유에 소금을 넣고, 응어리를 만들고, 굳히고, 산화시키고, 발효시켜 영양가 높고 안정적인 다양한 음식을 만들기 위해 생산됐을 것이다.

루이 파스퇴르^{Louis Pasteur}가 유명해지기 수 세기 전, 이미 고대 아시리아인들은 경험을 통해 우유를 상하지 않고 신선하게 유지하는 기술이 끓이는 방법뿐이라는 걸 알았다. 그들은 넓적한 단지에 우유를 부은 후 빵부스러기를 넣고 끓여서 걸쭉하게 만들어 아이들에게 먹였는데, 단지에서 직접 핥아먹었다. 21세기에도 동의하는 사람이 많을 텐데, 당시 사람들은 우유를 끓이면 풍미가 떨어지고 위에 엉긴 찌꺼기와 더껑이만 먹을만하다고 생각했다.

요거트는 우유에 살아 있는 배양균을 넣어 만드는데, 이것도 고대부터 전해져 내려오는 요령이 분명하다. 고대인들은 우유를 끓여서 단지에 담아 천으로 감싼 뒤 서늘한 곳에 놔뒀으며 처음에는 집안에 뒀다가 밤이 되면 바깥으로 옮겼다. 근데 바깥에 둘 때는 온갖 동물들, 특히 요거트라면 사족을 못 쓰는 고양이가 접근하지 못하도록 보호를 단단히 해야 했다. 꾸덕한 질감의 시큼한 요거트는 맛있는 냄새를 풍긴다. 일부 지역에서는 아직도 이런 방식으로 요거트를 만든다.

보존이 잘 되는 유지방인 버터는 염소 가죽에 든 크림을 흔들어 만들었다. 중동에서는 빵을 버터에 찍어 먹는 전통이 있었는데, 절대 발라 먹지는 않았다. 대신 버터는 일 년 내내 명절 음식을 만드는 데 사용됐다. 그러려면 버터에 소금을 넣어야 했는데, 그래야 상하지 않게 보관할 수 있기 때문이다. 소금이 안 들어간 무염 버터는 냉장고가 발명되고 나서야 먹을 수 있게 된 사치품이다. 하지만 냉장고가 발명된 이후, 심지어 최근까지도 미국의 상점들을 비롯한 많은 곳에서 무염 버터를 판매하기 꺼렸는데, 빨리 팔리지 않아 상할 때가 많았기 때문이다.

유제품과 관련된 고대인들의 삶을 보여주는 우르의 프리즈에는 남자들이 버터를 만들기 위해 점토 항아리를 흔드는 모습이 묘사돼 있다. 히타이트족(소아시아 시리아 북부를 무대로 활약했던 인도 유럽계 민족 −옮긴이) 역시 버터를 사용했다. 올리브유의 반값으로 버터를 만들 수 있었기 때문이다. 당시의 올리브유는 아마 품질이 아주 좋았던 것 같다. 그에 비해 버터는 평판이 안 좋았을 뿐 아니라, 약간 상한 상태로 사용하는 경우가 많았을 것이다.

항아리든 염소 가죽이든 흔들어 버터를 만들고 나면 우리가 요즘 버터밀크라고 부르는 액체가 남았다. 그때는 아마 지금보다 맛이 좀 더 고소했을 텐데, 분리 기술이 미숙했기 때문이다. 버터밀크에는 작은 버터 덩어리가 섞여 있을 때도 많았다. 버터밀크가 남아돌면서부터는 가축에게도 먹였고 농부들도 즐겨 마셨다. 시골 사람들이 도시로 이주하면서 도시에 버터밀크가 등장했다.

고대 아시리아인들이 가축과 가축에게서 얻은 우유를 귀하게 여겼다는 것은 한두 세대 이전까지 이어져온 관습에 잘 드러난다. 신에게 간청을 올리는 신도가 살 오른 어린 양을 교회에 헌납하면 교회에서 그 양의 초유로 버터와 치즈를 만들어 자선을 베풀었다. '초유'란 소가 태어나서 처음으로, 보통은 봄에 처음 내는 젖을 말한다.

낙농업이 처음 시작된 지역은 소에게 적합한 기후가 아니었다. 풀이 많이 나는 시원한 기후를 좋아하는 소는 더운 날씨에 맞는 동물이 아니다. 그런데 이런 사실 자체가 고대인들이 다른 동물들의 젖보다 부드러운 우유를 얼마나 더 좋아했는지를 확실히 보여주는 증거가 된다. 젖소는 그때부터 지금까지 그들에게 적합하지 않은 기후의 지역에서 길러지고 있다. 출산은 대개 봄에 이루어지고, 따라서 가축들은 중동의 뜨거운 기후 조건 중에서도 최악인 봄과 여름에 젖을 생산한다. 방금 짜서 양동이에 받은 젖에는 몇 분 안에 치명적인 박테리아가 자라기 시작한다. 특히 양동이가 깨끗하지 않으면 문제는 더 심각한데, 초기에는 아마 그런 경우가 많았을 것이다.

중동과 지중해 연안 사람들은 젖을 가능한 한 빨리 유제품으로 바꾸는 방법을 써서 이 문제를 해결했다. 현대에 들어서야 사용하게 된 단어지만, 가장 흔히 만들었던 게 바로 '요거트'다. 인류 최초의 요거트 애호가들 중 한 부류인 페르시아인들은 요거트를 '마스트^{mast}'라고 불렀는데 이 단어는 관용구에도 자주 등장할 정도로 페르시아 문화의 중심을 차지했다. 남의 일에 신경 쓰지 말라는 표현인 "보로 마스테토베잔^{Boro mastetobezan}"은 번역하자면 "네 요거트나 드세요." 정도의 의미다. 무언가가 정말 무서울 때 하는 "마스트루 세피드 쇼드^{Mast-roo sefid shod}"라는 말은 "하얗게 질린 요거트"라는 의미다. 요거트는 음료로 마시거나 숟가락으로 떠먹거나 고기 요리에 넣어 자작하게 끓이거나 소스로 부어 먹었다.
　요거트 음료는 세계 어디서나 인기가 좋았고, 지금도 그렇다. 나라마다 이름도 가지각색이다. 소금과 민트를 첨가하는 이란의 요거트는 '두그doogh', 설탕과 소금을 넣는 인도 요거트는 '라씨lassi', 아랍의 요거트는 '라반'이다.

옛 페르시아어로 '두그'는 우유를 의미했다. 하지만 당시 우유는 보통 약간 상해서 시큼한 맛이 나는 상태로 마셨을 것이고, 그래서 결국 이 단어가 '묽은 요거트'를 의미하는 단어가 됐다. 요즘은 두그를 탄산수로 만든다. 20세기 페르시아인들은 '알리의 샘(Ali's Spring)'을 뜻하는 '체슈메흐 알리Cheshmeh-Ab-e Ali' 지역에서 나는 샘물로 만든 두그를 병에 담아 팔기 시작했다. 알리는 예언자 무함마드Muhammad의 일곱 번째 사위였는데, 이 지역명은 그가 테헤란 외곽의 메마른 산기슭에 물이 솟으라 명령했던 데서 유래한 것으로 짐작된다.

페르시아에서는 두그를 햇볕에 말리기도 한다. 그렇게 만든 '카시크kahshk'는 가루로 빻아 물을 넣고 반죽해 둥근 모양으로 만든다. 카시크는 지금도 일종의 양념으로 쓰이는데, 수프나 스튜에 넣어 조리하면 요거트의 톡 쏘는 신맛을 낼 수 있다.

치즈와 고대 문명

애초에 어쩌다 우유가 죽은 동물의 내장, 그것도 하필이면 우유를 빠르게 분리시키는 위 내벽에 닿게 되었는지 출처 불분명한 이야기가 넘친다. 제일 유명한 이야기는 유목민들이 동물 위장으로 만든 주머니에 우유를 담아 여행을 했는데, 목적지에 도착해 보니 딱딱하게 굳어 있더라는 것이다. 동물의 위에서 우유 응고 작용을 일으키는 물질은 '레닛 rennet'이라고 알려져 있다. 우유 단백질은 음전하를 띠어, 자석의 음극 두 개를 가까이 대면 서로 밀어내는 것과 같은 방식으로 서로 결합하지 못한다. 그런데 여기에 레닛을 넣으면 레닛에 든 효소가 우유 단백질로부터 음전하를 가져가 우유 단백질들이 결합해 커드 curd (우유에 생기는 응고물로 치즈를 만드는 데 쓰인다 –옮긴이)가 형성되기 시작한다.

치즈를 만들기 위해서는 구멍이 숭숭 뚫린 나무틀에 커드를 붓고 액체 ─ 유청이라고 부르는 영양가 높은 탁한 물 ─ 가 85퍼센트가량 빠질 때까지 무거운 물건으로 며칠 동안 눌러놓아야 한다. 레닛은 유청과 함께 빠진다. 유청은 보통 가축들에게 먹였고 지금도 그렇게 한다. 사람도 유청으로 여러 음식을 만들어 먹었는데, 지금도 마찬가지다. 고대 페르시아인들은 유청을 휘저어 햇볕에 말려서 '콰라게로qaraqorut'라는 걸 만들었다.

유청을 제거하고 남은 단단한 치즈는 소금물에 재우는 브라인 과정을 거쳐 세계에서 가장 오래된 치즈 중 하나인 그리스의 페타 같은 치즈가 된다. 이후, 치즈 숙성에 적합한 서늘하고 습한 장소가 많았던 유럽에서 훨씬 정교하고 다양한 수많은 치즈 공법이 개발됐다.

치즈는 언제 처음 생겨났을까?

낙농가에서 결국 다른 동물들이 아닌 소, 염소, 양의 젖에 정착했다는 사실은 초기 낙농가에 치즈 생산이 중요했다는 점을 시사한다. 셋 중에 어떤 우유가 치즈 만들기에 가장 적합한지에 관한 논쟁은 아직 끝나지 않았지만, 이들의 젖이 치즈 만들기에 좋다는 점에는 대체로 의견이 모아진 상태다. 언제부터 치즈를 만들기 시작했는지는 명확하지 않다. 치즈보다는 버터와 요거트가 만들기 쉽기 때문에 아마 그것들을 더 일찍부터 만들기 시작했을 것이다. 고대인들이 커드를 먹었다는 기록은 있지만 그들이 말하는 게 정확히 무엇을 의미하는지는 불분명하다. 성서에는 버터나 커드라고 짐작되는 음식에 관한 언급이 숱하게 나온다.

하지만 커드일 가능성이 더 큰데, 지중해 지역에서는 버터가 거의 필요 없었기 때문이다. 그들에게는 이미 올리브 오일이 있었다. 올리브 오일은 잘 상하지 않고, 태우지 않고도 높은 온도로 가열할 수 있으며, 그때나 지금이나 건강에 더 좋다고 여겨졌다. 심지어 지금도 북아프리카, 그리스의 대부분 지역, 프랑스의 지중해 연안, 스페인, 그리고 이탈리아의 대부분 지역에서는 — 분명 전부는 아니다 — 올리브 오일이 지배적이고 버터는 드물게만 사용된다. 요즘은 그리스에서도 가끔 버터로 오믈렛을 만들지만 최근까지도 올리브 오일만 사용했다.

불가리아인들의 조상이자 그리스 북부에 살았던 트라키아인들은 버터를 먹었다. 심지어 더 북쪽의 게르만족도 버터를 즐겨 먹었다. 버터는 서늘한 기후일수록 잘 만들어지고, 게르만족은 소금 넣은 버터를 완벽하게 만들었다고 알려져 있다.

일본 불교도들이 서양인들을 '누린내 나는 놈들'이라고 불렀던 것처럼, 그리스인들은 트라키아인들을 '버터 먹는 놈들(butter eaters)'이라고 부르며 경멸했다. 그리스인들은 양과 염소젖을 먹는 사람들로, 소젖으로 만든 커드를 '부티로스 boutyros'라고 불렀고, 소를 키우고 그 젖으로 버터를 만들어 먹는 사람들을 별종 취급했다. 로마인들은 버터를 화상에 잘 듣는 연고라고만 생각했지, 먹을 만한 음식이라고 여기지 않았다. 플리니우스는 직설적으로 버터는 "야만스러운 종족들이 먹는 가장 좋은 음식"이라고 썼다.

고대 이집트인들과 마찬가지로 메소포타미아인들과 히타이트인들도 소, 염소, 양의 젖으로 치즈를 만들었다. 그리스인들 역시 치즈를 만들었고, 4,000년 전 컵에 소와 염소 모양이 새겨진 것으로 미루어, 고대 크레타인들 역시 우유를 마시고 치즈를 만들었던 것 같다.

그리스 신화를 보면 아폴로^{Apollo}의 아들 아리스타이오스^{Aristaios}가 치즈를 처음 만들었는데, 이는 그리스인들이 치즈 만드는 걸 중요시했다는 걸 암시한다. 그리스인들은 우유를 가열했다가 천천히 식혀서 일종의 빽빽한 고형 크림을 만들었고, 이 크림에 꿀을 섞어 사냥해서 잡은 새와 곁들여 냈다. 이들도 페르시아인들처럼 꿀과 섞거나 혹은 그냥 먹기 위한 요거트와 '코리온^{khórion}'이라고 하는 일종의 우유 푸딩을 만들었다.

그리스에서 산유를 이용해 요거트와 비슷하게 만든 '옥시골라^{oxygola}'는 질감이 꽤 단단했다고 한다. 이걸 만들고 남은 유청은 소금을 첨가해 항아리에 밀봉했다. 또 '멜카^{melca}'라는 것은 끓인 우유에 식초를 넣고 따뜻한 곳에서 하룻밤 굳혀 만들었다. 기원후 1세기경 미식가로 유명한 마르쿠스 가비우스 아피키우스^{Marcus Gavius Apicius}가 남긴 멜카 조리법이 있다. 기본적으로는, 또 우유와 꿀의 조합이다.

> 멜카에 꿀과 소금물을 넣고 섞거나 소금 기름과 다진 고수를 넣어 섞는다.

고대 그리스인들이 무화과 수액으로 레닛을 만들어 사용했다는 사실을 보면, 우유를 동물 내장에 담았다가 우연히 레닛을 발견하게 됐다는 이야기의 타당성이 흔들린다. 무화과 수액은 숙성 치즈와 경질 치즈를 만드는 데에 사용됐는데, 아테네 시장에서는 이런 치즈들을 '생치즈(부드럽고 산뜻한 치즈)'와 따로 판매했다.

호메로스가 심심찮게 언급하는 치즈 제조는 농장에서 일상적으로 하는 일이었다. 이미 자기 시대 이전의 구전 역사를 서사시 형태로 편찬한 호메로스는 보릿가루, 꿀, 프람노스산 와인(맛이 강하고 진한 고급 포도주),

염소젖으로 만든 치즈를 넣은 음식을 두 번 언급했다 치즈는 스파르타인 식단의 중심이기도 했다. 소년들은 통과의례로 남의 집에 들어가 잡히지 않고 치즈를 훔쳐야 했다.

곡류와 유제품을 섞어 만드는 일종의 죽은 그리스와 로마에서 흔한 음식이었다. 그리스인들은 30리터가 넘는 솥을 길에 내놓고 우유와 곡물을 섞어 죽을 만들었다.

파스타의 전신인 '트락타tracta'는 곡물가루와 물을 반죽해 공, 끈, 납작한 모양 등 다양한 형태로 만들어졌다. 이 트락타는 우유에 넣어 조리할 때가 많았다. 아피키우스는 트락타를 넣어 우유를 걸쭉하게 끓여 만드는 양고기 소스 조리법을 소개했다.

> 우유 1섹스타리우스(약 0.5리터)와 물 약간을 깨끗한 냄비에 넣고 천천히 끓인다. 말린 트락타 세 덩이를 작게 부숴서 우유에 넣는다. 타지 않게 물을 부으며 젓는다. 다 되면 양고기 위에 붓는다.

아피키우스는 트락타를 넣어 걸쭉해진 우유로 만드는 닭 요리 레시피도 소개했다.

> 닭이 익으면 육수에서 건져내 새 솥에 담고 우유와 약간의 소스, 꿀, 물을 최소한으로 넣고 약한 불로 천천히 끓이다가, 트락타를 부숴서 천천히 넣고 타지 않게 계속 젓는다. 여기에 닭을 넣는다.

우유에 곡물가루를 넣어 걸쭉하게 만드는 이 소스는 후에 프랑스 전통 요리의 중심이 되었다.

고대의 치즈 요리

고대 로마인들 역시 치즈를 만들고 요리에 사용했다. 흔히 '대★ 카토'라고 불리는 마르쿠스 포르키우스 카토^{Marcus Porcius Cato}는 기원전 234년에서 149년까지 살았는데, 지나치게 사치스러워지는 로마의 분위기에 반대하는 농업 보호주의자 보수 정치인이었다. 그가 쓴 《농업론^{De Agricultura}》은 현존하는 가장 오래된 라틴어 산문 완결본이다. 그는 《농업론》에서 몇 가지 레시피를 소개하고 있다. 부드러운 생치즈 '무스타셰이^{mustacei}'는 라드(고기 기름)와 발효되지 않은 포도즙으로 간단하게 만들 수 있다.

> 무스타셰이 만드는 방법은 이렇다. 고운 밀가루 1되^升(약 9리터)에 포도즙을 붓는다. 아니스, 커민(향신료), 기름 2파운드(약 900그램), 치즈 1파운드(약 450그램), 월계수 잔가지를 갈아 넣는다. 모양을 만들어 월계수 잎 위에 놓고 굽는다.

카토의 가장 유명한 레시피는 종교의례 때 신에게 바치는 공물로 사용됐던 일종의 치즈케이크 '플라켄타^{placenta}'다.

플라켄타를 만드는 방법은 다음과 같다. 베이스를 만들 밀가루 2파운드(약 900그램), 밀가루 4파운드(약 1.8킬로그램)와 에머밀(층을 만들기 위해 사용하는 껍질을 제거한 곡물가루. 카토는 이걸 '트락타'라는 라틴어 단어로 부른다) 빻은 가루 2파운드를 준비한다.

- 에머밀 가루에 물을 붓는다. 완전히 부드러워지면 그릇에 담아 남은 물을 따라낸다. 잘 불은 에머밀을 손으로 주물러서 풀어주고 다 되면 천천히 밀가루 4파운드를 섞어 반죽해 시트를 만든다. 바구니에 담아 말린다.
- 잘 마른 시트를 가지런히 놓는다. 반죽으로 시트를 만들 때 기름 묻힌 천으로 누르고, 빙 둘러 닦아 기름을 바른다.
- 다 되면 불을 피워 단지를 데운다. 밀가루 2파운드에 물을 붓고 반죽한다. 완성된 반죽으로 얇은 베이스를 만든다.
- 물에 산유가 아닌 신선한 양젖으로 만든 치즈 14파운드(6.35킬로그램)를 넣는다. 그대로 담가두고, 물을 3번 갈아준다(치즈는 소금물에 보관하기 때문에 염분을 제거해야 했다). 물에서 꺼내 꼭 짜고 손으로 말린다. 적당히 마르면 깨끗한 그릇에 담아 손으로 주물러 최대한 잘게 으깬다. 잘게 으깬 치즈를 깨끗한 체에 부어 손으로 누르면서 걸러내 그릇에 담는다. 여기에 꿀 4.5파운드(2킬로그램)를 넣고 잘 섞는다.
- 1피트(30센티미터) 가량의 공간이 있는 깨끗한 탁자에 베이스를 올린다. 이 베이스를 기름 바른 월계수 잎들 위에 올려 플라켄타를 만들 것이다.
- 먼저 베이스에 시트 한 장을 올리고 그 위에 치즈와 꿀을 섞은 것을 바른 뒤, 다시 그 위에 시트를 올린다. 혼합물을 다 쓸 때까지 이 과정을 반복하고 맨 위를 시트로 덮는다. 불을 미리 피워 놓고, 베이스 가장자리를 위로 올려 전체를 감싼다. 이걸 단지에 넣어 불에 올린 다음 뚜껑을 덮고, 그 위에 숯을 놓고 단지 주위에도 숯을 두른다. 다 익으면 1갤런짜리 플라켄타 완성이다.

로마에서는 부자든 가난한 사람이든 모두 치즈를 먹었다. 로마시 안에서 생산되는 치즈만 해도 경질, 연질, 훈제 등 굉장히 다양했을 뿐 아니라 제국 각지에서 그 밖의 치즈들을 들여왔다.

훈제를 좋아하는 로마인들은 치즈는 물론, 고기, 소시지 등의 온갖 음식을 훈제로 요리해 먹었다. 로마의 일곱 개 언덕 중 하나인 카피톨리노 언덕까지 이어지는 로만 포럼 옆 계곡에 자리한 벨라브룸에서 염소젖으로 만드는 훈제 치즈가 특히 인기였다. 이 치즈는 따뜻하게 데워 먹거나 구워 먹기도 했다.

로마인들이 먹었던 치즈 하나하나의 정확한 특성을 알 수는 없지만, 그들이 남긴 몇 가지 조리법을 보면 고대 로마인들도 오늘날 우리와 거의 같은 방식으로 치즈를 만들었다는 사실을 알 수 있다. 1세기경 농업에 관해 광범위한 저술 활동을 했던 콜루멜라Columella도 치즈 만드는 법을 자세히 기록했다. 먼저 우유 5쿼트(약 5리터)에 레닛 1페니웨이트(약 1.5그램)를 넣는다. 우유는 응어리가 생길 때까지 약한 불로 데우고, 광주리를 통해 거른 다음 틀에 넣어 눌러놓는다. 소금을 첨가하거나 소금물에 담근다. 이 방법은 지금도 치즈를 만들 때 사용된다.

그리스인들처럼 로마인들도 무화과로 레닛을 만들었다. 아티초크로도 만들고 양, 염소, 당나귀, 토끼 내장으로도 만들었다.

로마인들은 숙성 치즈와 훈제 치즈 못지않게 생치즈도 좋아했다. 커드는 하루만 지나면 소금에 절이고 타임같이 그 지역에서 나는 허브나 으깬 잣으로 양념했다. 때로는 소젖을 짜기 전에 먼저 양동이에 양념을 넣기도 했다.

치즈는 선물로도 주고받았으며 올리브, 달걀, 빵, 꿀, 가끔은 전날 남은 음식과 함께 표준적인 아침 식단을 구성했다. 또 점심과 저녁에도 먹고 가끔 애피타이저로 먹었으며 때로는 디저트로도 먹어서 소화가 잘 안 됐다고 한다.

치즈에 대한 의심의 눈초리

신선한 우유는 농장에서만 마실 수 있었기 때문에 주로 농사꾼의 자식들이나 근처에 사는 소작농들이 소금을 쳐서 먹거나 달콤한 빵과 같이 먹었다. 신선한 우유가 하층민 음식으로 인식된 게 이 때문이었다. 우유는 무식하고 천박한 농부들이나 마셨지, 모든 계층의 성인들 사이에서 우유를 마시는 건 아주 드문 일이었다.

다른 문화의 열등함을 자주 언급했던 로마인들은 우유를 지나치게 먹는 것을 미개하다는 증거로 받아들였다. 기후에 영향을 많이 받는 우유는 보존 기간이 남부 유럽보다 북부 유럽에서 훨씬 길었기 때문에 북유럽 사람들이 우유를 훨씬 많이 소비했다. 이 때문에 고대 남부 유럽에서는 무슨 일만 있으면 유제품을 많이 먹는 게 북부인들의 본성이 야만적이라는 증거라며 그들을 경멸하는 문화가 형성됐다. 율리우스 카이사르Julius Caesar는 자신이 점령한 브리튼섬에서 북부인들이 우유와 고기를 얼마나 많이 먹는지 보고 경악했다. 그리스 학자 스트라보Strabo는 켈트족이 우유를 과도하게 많이 마시며 과식이 일상이라고 비방했다. 로마 역사가 타키투스Tacitus는 게르만족의 천박하고 단조로운 식단을 묘사하면서 그들이 "응고된 우유"를 좋아하는 점을 지적했다.

동고트에서 망명 생활을 하던 6세기 그리스인 안티무스Anthimus는 신선한 우유는 마시지 않는 게 건강에 이롭다고 경고했다.

이질을 앓는 사람에게는 염소젖에 불에 달군 돌을 넣어 따뜻하게 덥혀서 준다. 우유가 끓으면 돌을 꺼낸다. 잘 발효된 흰 빵을 잘게 잘라 우유에 넣고 불에서 천천히 조리한다. 청동 냄비 말고 점토 항아리를 사용한다. 우유가 끓고 빵이 충분히 풀어졌으면 환자에게 숟가락으로 떠먹게 한다. 우유는 이렇게 먹는 게 영양 면에서 더 낫다. 우유만 먹으면 몸을 곧장 통과해 몸에 남는 게 거의 없다.

안티무스는 생치즈, 특히 꿀에 찍어 먹는 생치즈는 몸에 해롭고 숙성 치즈는 신장에 결석을 유발해 건강에 몹시 안 좋다고 믿었다. 그는 "굽거나 끓인 치즈를 먹은 사람은 다른 독이 필요 없다."고 썼다. 치즈에 대해 경고한 사람은 그가 처음도, 마지막도 아니었다. 의학의 아버지로 불리는 기원전 5세기 그리스의 히포크라테스 Hippocrates 역시 치즈에 대해 경고했다.

치즈가 모든 사람에게 똑같이 해로운 건 아니어서 부작용 없이 마음껏 먹을 수 있는 사람도 있다. 맞는 사람한테는 치즈가 정말 영양가 있는 음식이다. 하지만 그렇지 않은 사람들은 끔찍한 고통을 경험하는데⋯

그러니까 치즈의 건강상 이점에 대한 논쟁은 2,500년 전에 시작된 셈이다. 수많은 사람이 의견을 제시했다. 1세기경 《의학에 관하여De Medicina》를 저술한 아울루스 코르넬리우스 켈수스Aulus Cornelius Celsus에 따르면, 숙성 치즈는 "위에 해로운 나쁜 즙"을 함유하고 있다. 15세기 피렌체 르네상스 절정기에 음식 작가로 활동했던, 흔히 플라티나Platina라고 알려진 바르톨로메오 사키Bartolomeo Sacchi는 생치즈가 점액질(phlegmatic, 히포크라테스가 발견한 사람을 구분하는 네 가지 기질인 담즙질, 다혈질, 점액질, 우울질 중 하나 ─옮긴이)인 사람들을 제외하면 대단히 건강에 좋지만, "숙성 치즈는 소화가 잘 안 되고 영양가도 없으며 위장에 좋지 않고 담즙, 통풍, 늑막염, 결석을 유발한다."고 했다. 하지만 식후에 소량의 치즈를 먹는 건 소화에 도움이 된다고 덧붙였다.

치즈에 대한 의심은 가신 적이 없다. 19세기 프랑스 작가 알렉상드르 뒤마 Alexandre Dumas는 이렇게 썼다. "치즈는 우유에서 가장 진한 부분이고 가장 농축된 형태며, 따라서 중요한 식품인 것은 분명하지만 지나치게 먹으면 소화가 힘들다." 오늘날 영양학자들도 치즈는 지방과 콜레스테롤 함량이 높아서 너무 많이 먹으면 안 된다고 경고한다.

어떤 동물의 우유가 제일 건강에 좋은지를 놓고 줄기차게 벌어졌던 논쟁에서 안티무스는 염소를 꼽았지만, 기원전 1세기 로마 작가 마르쿠스 테렌티우스 바로 Marcus Terentius Varro는 양의 편을 들었다. 3세기 그리스의 유명한 의사였던 갈레노스 Galenos는 제일 영양가 높은 건 염소젖이지만 약효는 소젖이 더 뛰어나고 환자들이 우유를 마시면 위안을 얻는다고 생각했다. 또 그는 제일 달콤한 건 양젖이라고 칭찬했다. 로마의 부유층 여성들은 당나귀 젖이 주름을 없애주고 피부를 하얗게 해준다고 생각해 화장품 대용으로 썼다.

대개는 소에서 짠 우유를 ― 넓게는 그 우유로 만든 치즈까지 ― 한참 뒤처진 3등으로 생각했다. 하지만 로마 제국 말기에는 인기가 높아졌다. 아피키우스의 일부 레시피에는 소젖으로 만든 치즈를 콕 집어서 명시해놓은 경우도 있다.

일반적으로 우유는 치아에 나쁘다고 여겨졌다. 요즘은 우유에 칼슘함량이 높아서 치아 건강에 좋다고 생각하지만, 칼슘이 건강에 얼마나 좋은지는 또 다른 오랜 논쟁거리다. 우유가 치아에 해롭다는 로마인들

　　　　　　　　　　　　　　　　　　　　　　　　―― 우유의 역사

의 생각은 여러 세기에 걸쳐 계속됐다. 17세기 영국 의사 토비아스 베너Tobias Venner는 그의 독자들에게 우유를 먹으면 와인이나 도수 높은 맥주로 입을 헹구라고 조언했다.

안티무스는 우유를 몸에 이롭게 마시는 유일한 방법이 갓 짜낸 우유를 아직 따뜻할 때 마시는 거라고 주장했다. 이 생각은 냉장고가 등장하기 전까지 오랫동안 지속됐다. 사람들은 우유를 직접 농장에 가서 마시는 걸 선호했고, 때로는 사람들이 있는 곳으로 동물을 데려오기도 했다. 20세기까지도 런던에서 아바나에 이르는 수많은 도시에 소를 끌고 다니며 집집마다 우유를 배달하는 사람들이 있었다.

많은 이들이 우유는 빈속에 마셔야 한다고 믿었는데, 위에 음식이 있으면 우유가 응고를 일으켜 위험할 수 있다고 생각했기 때문이다. 이 문제에 대한 갈레노스의 해결책은 우유를 반드시 꿀에 타서 마시는 것이었지만, 모두에게 효과가 있는 건 아니라고 인정했다. 그는 또 우유에 소금이나 민트 같은 걸 넣어도 좋다고 덧붙였다.

우유에 관한 갈레노스의 수많은 저술은 르네상스 시대 음식 작가 플라티나를 포함해 이후 많은 사람에게 영향을 미쳤고, 플라티나는 다시 그 이후 수 세기 동안 후대 사람들에게 영향을 줬다. 예를 들어 식사 마지막에 우유를 마시지 말라는 플리티나의 충고는 한 세기가 지나 스페인의 의학 저술가 프란시스코 누녜스 데 오리아Francisco Núñez de Oria가 되풀이했다. 우유를 마시는 것에 대한 플라티나의 견해는 갈레노스의 의견을 반영하고 있다.

（우유는） 여름보다 봄이 낫고, 가을이나 겨울보다 여름이 낫다. 젖에서 막 짠 따뜻한 우유를 빈속에 마셔야 하고, 위에서 소화되는 동안 다른

음식은 먹지 말아야 한다. 봄과 여름에 시사의 맨 처음에 거느를 마시는 게 가장 덜 해롭고, 보통 하듯이 식사를 마치고 마시면 곧바로 상하거나 채 소화가 덜 된 다른 음식을 아래로 쓸어간다. 또 우유를 마신 다음에는 위에서 흔들려 상하지 않도록 차분하게 있어야 한다. … 하지만 우유를 지나치게 마시는 건 삼가야 하는데 시력을 떨어트리고, 신장과 방광에 결석을 유발하기 때문이다.

로마인들의 글에는 유제품의 과도한 섭취를 경계하는 내용이 자주 나오는데 특히 1~2세기 로마인들이 유제품을 지나치게 좋아했기 때문이었다. 이들은 '샐러드'라는 뜻의 '모레툼moretum'이라는 치즈 스프레드를 즐겨 먹었다. 이름에서 알 수 있듯이 이 스프레드에는 치즈보다 채소가 많이 들어간다. 그 채소가 하필 마늘이긴 하지만 말이다. 1세기 후반에 쓰여진 〈모레툼〉이라는 제목의 시 ─ 작가가 누구인지는 역사가들 사이에서 논쟁거리다 ─ 는 모레툼 만드는 과정을 묘사하고 있다. 치즈의 양은 나와 있지 않지만, 치즈와 섞기 전에 통마늘 네 쪽을 갈라 껍질을 벗기고 찧으라고 돼 있다. 모르긴 몰라도 아주 알싸한 마늘 치즈 스프레드였을 것이다.

연기가 날카롭게 남자의 코를 찌르고
남자는 이른 식사를 불평하며
고개를 돌린다.
손등으로 눈을 닦으며
미친 듯이 피어나는 쓸모없는 연기에
욕을 퍼붓고 작업을 계속한다.

─ 우유의 역사

예전에 적어둔 그대로는 아니지만

천천히 부드럽게 원을 그리며 막자로 갈아낸다.

이제 올리브오일 몇 방울 떨어뜨리고

그 위에 얼마 안 남은 식초를 조금 뿌린다.

다시 한 번 섞어서

두 손가락으로 절구를 빙 둘러 훑어내고

이제 마지막으로 동그랗게 뭉쳐서

다른 것들과 곁들여 담으면

샐러드에 꼭 맞는 요리가 완성된다.

이런 조합이라면 소화기가 얼마나 놀랐을지 짐작하고도 남겠다.

버터 미식가들

그리스도의 하얀 피

기독교는 중동에서 시작돼 나중에야 북유럽 낙농 국가들에 전파됐지만 언제나 우유를 신성하게 여기는 종교였다. 초기 교회의 영성체에서는 그리스도의 피를 상징하는 음료로 우유를 마셨다.

여러 권위자에 따르면, 그리스도의 피를 나타내기 위해 와인보다 우유를 사용하는 게 더 논리적이었다. 우유는 피가 하얗게 변한 거라고 믿었기 때문이다. 이 믿음은 기독교가 생기기 훨씬 전부터 있었는데, 초기 기독교에서 그걸 채택했다. 198년 초기 기독교 신학자인 클레멘트(Clement of Alexandria)는《교육자Paedagogus》라는 글에서 기독교 의례에 우유를 사용하는 것에 대해 몇 가지 의견을 피력했다. 그는 모유가 달콤하게 정제된 피이며, 정액은 휘저어 거품이 인 피라고 생각했다.

그는 고린도 전서 3장 2절("내가 너희를 젖으로 먹이고 밥으로 아니하였노니 이는 너희가 감당하지 못하였음이거니와 지금도 못하리라" — 옮긴이)에서 바울이 자신의 가르침을 우유와 고기, 즉 음식에 비유했다고 지적하며 이렇게 썼다. "생명의 말씀은 젖으로 표현되기도 했다." 클레멘트는 불멸에 이르는 수단으로 식욕을 뚝 떨어트리는 제안을 했는데, 우유와 와인을 섞는 것이었다. 와인이 우유를 응고시키면 유청을 빼낼 수 있듯이, 남자든 여자든 욕정이나 불순한 생각들을 없애면 영생으로 인도할 수 있다는 취지였다.

와인과 우유를 섞는 게 왜 의례로 확립되지 않았는지는 쉽게 짐작할 수 있다. 340년 교황 율리오 1세의 비난에도 불구하고, 종교의식에서 와인 대신 우유를 사용하는 예법은 끈질기게 살아남았다. 마찬가지로 첫 영성체를 받는 아기에게 꿀을 탄 우유를 먹이는 관행도 중세까지 계속됐다. 의례에 사용되는 음식은 저마다 의미가 있었다. 빵은 그리스도의 몸, 와인은 그리스도의 피, 젖과 꿀은 약속의 땅을 나타냈다.

기독교와 젖의 연관성은 중동에서조차 완전히 사라진 적이 없었다. 베들레헴에는 성모 마리아가 예수를 보살피다가 젖을 한 방울 떨어트렸다는 동굴이 있다. 불임이거나 젖이 나지 않는 여성들은 그곳에 가서 신에게 도움을 청했다.

교황 율리오 1세가 의례에서 우유 사용을 금지한 바로 그 시기에 유제품을 사랑하는 야만인들 사이에 기독교가 전파되고 있었던 것은 우연의 일치가 아닐 것이다. 우유를 — 그리고 버터를 — 사랑하는 아일랜드인들의 수호성인 브리지다Saint Brigid는 아기 때 흰색과 붉은색이 섞인 소의 젖을 먹었다고 전해지며, 북부 신생기독교 지역에서 낙농가들과

〈젖 먹이는 성모 마리아〉. 암부로조 로렌체티|Ambrogio Lorenzetti, 1311~1348년경, 시에나, 이탈리아, 산 베르나르디노 교회(Oratorio di S. Bernardino).

소, 소젖 짜는 여인들의 추앙을 받았다.

중세 초에는 알프스 같은 일부 지역을 제외하고는 대부분 소보다 염소와 양을 선호했고, 선선한 기후에서도 쉽게 상하고 불안정한 액체 상태의 우유는 좀처럼 상품화되지 않았다. 치즈와 버터가 유제품의 중심이었고, 크림은 거의 언제나 버터로 만들어 썼다. 버터를 만들고 남은 버터밀크도 인기가 좋았다.

고대와 중세에는 버터를 땅에 묻어 살짝 발효시켰다. 아일랜드에서는 이탄 습지(이끼 등의 식물이 습지에 퇴적되었으나 완전히 탄화되지 못하고 쌓여 만들어진 습지로, 주로 고위도 지방의 춥고 습한 지역에 많이 나타난다)에 묻었다. 유제품 생산이 산업화되기 이전의 버터는 크림을 얼마나 잘 저었느냐에 상관없이 순전한 지방으로 이루어진 게 아니었다. 심지어 요즘 나오는 버터도 대개는 75퍼센트에서 85퍼센트의 지방으로 이루어져 있다. 프랑스산 버터는 미국산 버터보다 페이스트리가 더 잘 만들어지는데, 지방 함량은 높고 수분 함량은 낮기 때문이다.

켈트족의 버터 사랑

켈트족이 유제품을 즐겨 먹는다는 스트라보의 관찰은 오늘날까지도 유효하다. 하지만 그들은 로마를 점령한 버터 먹는 야만인들에 포함되지 않았다. 그 승리는 고기와 우유와 치즈를 먹고, 끊임없이 새 목초지를 찾아다니는 지칠 줄 모르는 프랑크족, 반달족, 고트족의 것이었다.

켈트족은 다뉴브강 상류에서 발원했으며, 기원전 5세기경에는 북유럽의 많은 영토를 지배했다. 하지만 시간이 지나면서 조상들의 본거지였던 유럽의 대서양 끄트머리로 밀려났는데, 그곳은 낙농업을 하기에 더없이 적합한 장소였다. 이들은 오늘날 스코틀랜드, 아일랜드, 웨일스, 맨섬, 프랑스의 브르타뉴 연안 그리고 문화적 연관성이 적은 스페인 북서부에 정착했다. 이들은 버터로도 유명하다. 아일랜드인들은 우유에 카라긴carraigín 또는 아일랜드 이끼라고 알려진 해초를 넣고 끓인 뒤 꿀을 넣어 달콤하게 먹었다.

로마의 제국주의를 모델로 삼았던 영국인들은 로마인들처럼 아일랜드인들이 버터를 지나치게 사용하는 것을 두고 야만적이라고 비웃었다. 엘리자베스 1세 통치 시절, 아일랜드 총독 비서를 역임하며 그곳에서 많은 시간을 보낸 피인스 모리슨「ynes Moryson」은 아일랜드인들이 "그 고약한 버터를 덩어리째 삼킨다."고 기록했다.

지리학자이자 지도 제작자인 알베르 주뱅(Albert Jouvin de Rochefort)은 좀 더 너그러운 관점으로 1672년 자신의 여행책에 "프랑스의 다른 어떤 지역도 마찬가지겠지만, 브르타뉴에서 버터는 고대의 문화적 전통이나 부의 중심이다."라고 썼다. 브르타뉴에 사는 켈트족, 혹은 그냥 브레통 사람들은 적어도 북부에서는 스스로 버터를 좀 먹는다고 생각하는 프랑스인들보다 버터를 훨씬 많이 먹고 치즈는 훨씬 적게 먹는다.

버터 미식가들인 이들은 버터를 사기 전에 샘플을 손으로 집어 맛보는 달갑지 않은 습관이 있었다. 켈트족, 특히 브레통 사람들은 어디에든 소금을 넣는 것으로도 유명하다. 당연히 버터도 예외가 아니고, 소금을 얼마나 많이 넣고 적게 넣느냐에 대한 확고한 견해가 있었다. 이들은 목각으로 된 버터 틀을 사용했는데, 결혼식이나 장례식에는 특별한 모양으로 장식한 버터를 가져왔다.

버터에 대한 켈트족의 크나큰 사랑은 그들이 만드는 수많은 버터케이크를 보면 확연히 드러난다. 이 케이크는 버터의 풍미를 최대한 살려 간단하게 만든다. 브르타뉴 버터케이크는 특히 두 가지가 유명한데 켈트어의 브르타뉴 방언으로 '버터케이크'를 의미하는 '퀸 아망kouign amann'과 프랑스어로 '브르타뉴 케이크'라는 의미의 '갸또 브레통gâteau breton'이다. 더 전통에 가까운 건 갸또 브레통인데 브르타뉴에서 주로 사용하는 메밀가루가 들어가고 달걀이 많이 쓰이며, 퀸 아망보다 버터가 더 많이 들어가고, 켈트족의 전통 케이크처럼 무쇠팬에 굽는다. 하지만 1863년 파리 만국박람회 이전 기록은 전혀 찾아볼 수 없는데, 1863년은 이브르네 스코르디아Yves-René Scordia가 퀸 아망을 처음으로 만든 시기다.

그러나 버터케이크는 쇼트브레드와 함께 브르타뉴에서 이런 버전의 음식들이 만들어지기 훨씬 전부터 수 세기 동안 먹어온 음식이다. 대표적인 예가 아일랜드 스콘이다. 스콘은 전통적으로 그리들griddle(크고 두꺼운 철팬)로 구웠는데, 옛 켈트족이 전형적으로 쓰던 조리도구이며 스콘은 아마 스코틀랜드에서 전해졌을 것이다. '스콘scone'이라는 단어는 게일어에서 유래했다.

갸또 브레통과 비슷하지만 밀가루를 쓰고 크기를 작게 만드는 케이크 레시피를 소개한다. 지금은 북아일랜드에 속하는 다운주의 플로렌스 어윈Florence Irwin이라는 여성의 레시피다. 20세기 초, 그녀는 다운주를 돌며 가정학을 가르치면서 학생들이 알고 있는 전통 레시피들을 직접 만들어보고 기록했다. 이 켈트족 표준 레시피에 사용된 버터 ─ 아마 가염 버터일 텐데 ─ 의 양과 버터밀크를 가미하는 방식을 눈여겨봐라. 이 케이크는 작아도 풍부한 버터 맛을 충분히 느낄 수 있는데, 어윈은 케이크를 구운 당일에 잘라서 버터를 추가로 발라서 먹으라고 권한다. 이건 따뜻할 때 먹어야 제맛이다.

재료: 밀가루 1파운드(약 450그램), 버터 4~6온스(113~170그램), 설탕 2온스(57그램), 소금 약간, 베이킹소다 작은 티스푼 가득, 타르타르 크림, 버터밀크 약간.

마른 재료들을 체로 거른다. 버터를 가능한 한 가볍게 살살 주무른다. 칼을 이용해 반죽을 섞는다. 밀가루를 묻힌 조리대에 놓는다. 아주 가볍게 반죽한다. 반죽을 1인치의 절반 또는 4분의 3 두께로 밀어서 편다. 둥글게 자른다. 버터밀크를 바른다. 뜨거운 오븐에서 반죽이 부풀어 갈색이 될 때까지 굽는다.

켈트족의 버터케이크는 원래 효모를 넣지 않고 그리들에 구웠을 것이다. 갸또 브레통은 무쇠팬에 굽는데, 원래 사용하던 그리들을 연상시키기 때문이다. 유럽 대부분 지역에서 화덕은 가정용이 아니었다. 그래서 요리를 구우려면 제빵사에게 가져가야 했는데, 프랑스어 형용사 '블랑제boulangèr'는 제빵사에게 가져갔던 이런 스튜와 고기파이들을 의미한다. 그런데 스코틀랜드 가정에는 '거들girdles (번철, 주물팬)'이라고 부르는 그리들이 있었다. 원래 그리들은 판판한 돌이었는데, 영국에서는 이걸 '굽는 돌(bakestone)'이라고 불렀으며, 이 판판한 돌 아래 불을 지펴 사용했다. 그러다 나중에 이 돌을 금속으로 만든 게 그리들이다. 지금도 켈트족이 사는 몇몇 지역에서는 위에서 말한 아일랜드 스콘의 원조인 핫케이크(drop scones)와 ─ 웨일스와 켈트 사람들은 여전히 돌 위의 케이크, '파이스 아 리 만pice ar y maen'이라고 부르는 ─ 웰시 케이크welsh cakes 같은 작은 케이크를 구울 때 그리들을 사용한다. 그리들에 조리하는 음식은 밀가루가 아니라 주로 메밀이나 보리, 그리고 귀리를 사용한다. 스코틀랜드에도 귀리 비스킷 (oatcakes)이 있는데, 보통은 버터가 아니라 우유로 만들어서 버터와 함께 식탁에 올린다.

웰시 케이크는 점토 항아리에 보리와 우유를 넣고 섞어서 걸쭉한 반죽을 만들고 작은 접시 크기의 뜨거운 그리들에 붓는다. 3분의 1인치 (0.8센티미터) 정도 두께로 구우면 부드러운 케이크가 완성된다. 완성된 케이크는 버터와 함께 식탁에 올린다.

어디서 많이 들어본 것 같다고? 맞다. 팬케이크다. 팬케이크는 우유나 가끔 버터밀크로도 만드는 그리들 케이크다. 1세기 로마 요리사 아피시우스Apicius는 아주 얇은 팬케이크를 만들어 꿀과 함께 냈다. 브르타뉴에도 팬케이크가 있는데, 이것 역시 두께가 얇고 라틴어로 '동그랗게 말린'이라는 의미의 '크레이프crêpes'라고 불리는 걸로 보아 로마에서 유래했을 것이다. 웨일스와 브르타뉴 버전을 비롯한 유럽의 모든 팬케이크는 밀가루와 우유 반죽을 그리들에 부어서 만들었지만, 원래 버전의 크레이프는 메밀로 만들었다.

유럽인들이 언제부터 팬케이크를 만들기 시작했는지는 확실하지 않지만 15세기 이전이었던 것만은 분명하다. 1615년, 영국에서 팬케이크가 큰 인기였을 때, 셰익스피어와 동시대 시인인 저베이스 마컴Gervase Markham이 출판한 요리책 겸 가정서 《영국의 주부The English Huswife》가 엄청난 베스트셀러였다. 이 책에서 그는 우유가 아니라 물로 만든 팬케이크가 더 섬세하다고 잘못 언급했다. "팬케이크 반죽을 신선한 우유나 크림으로 만드는 사람들이 있지만, 그렇게 만들면 팬케이크가 질기고, 물리고, 바삭해진다." 책은 잘 팔렸지만 영국인들은 여전히 우유로 팬케이크를 만들었다.

팬케이크를 물로 반죽한다는 발상은 가난에서 비롯된 것인지도 모른다. 18세기 농부인 윌리엄 엘리스William Ellis는 농업, 가정 관리, 요리에 관한 글을 쓰는 인기 작가였다. 그는 1750년 《시골 주부를 위한 살림 안내서Country Housewife's Family Companion》에 이렇게 썼다.

가난한 사람들을 위한 물로 팬케이크 만드는 법

살림이 가난하고 낮에 일하는 남편을 둔 수많은 아내가 더 좋은 재료를 사용할 형편이 안 될 때 이렇게 팬케이크를 만든다. 우유가 있긴 하지만 우유 대신 물로 밀꽃(밀가루를 뜻하는 'wheat flour'를 '밀꽃(wheat flower)'으로 잘못 표기한 원문을 그대로 옮김)을 반죽했는데, 일반적으로 우유는 가족들을 위해 포리지를 만들 때 쓰는 게 더

엘리스는 이 레시피에 이어 '부자들을 위한 팬케이크 만드는 법'도
실었다. 이 두 번째 레시피는 우유 대신 크림과 많은 양의 버터를 사용
하고, 설탕을 잔뜩 뿌린다. 이는 신선한 우유란 가난한 도시 사람들에게
사용하기 힘든 사치품이었다는 걸 암시한다. 18세기 영국 상류층 사람
들은 자기들이 먹는 음식이 가능한 한 기름지고 풍성하기를 원했고, 이
런 면에서 물로 반죽한 팬케이크는 소박한 음식이었다.

이 풍성한 식단의 선두주자이자 산업화 이전 마지막 영국 요리의 주
역은 해나 글라세Hannah Glasse였다. 그녀가 낸 책들의 인기가 얼마나 대단
했던지, 시인 겸 평론가인 새뮤얼 존슨Samuel Johnson 박사는 해나 글라세가
실제 인물이 아니며 남자 작가의 필명이 분명하다고 주장했다. 하지만
해나는 실존하는 여성이었으며, 크림과 버터를 아낌없이 써서 요리했
다. 로마인들은 이 모든 요리에 들어가는 유제품에 질겁을 했겠지만 아
낌없이 쓴다는 점은 좋아했을 것이다. 1747년에 출간된 《쉽고 간단한
요리 기술The Art of Cookery Made Plain and Easy》에서 그녀는 우유를 넣은 팬케이크
조리법 하나와 크림을 넣는 조리법 다섯 가지를 소개했다. 그중 하나를
여기에 싣는다. 글라세의 모든 조리법이 그렇듯, 독창적이지는 않으며
다른 사람들도 이미 크림으로 팬케이크를 만들고 있었다.

> ## 맛있는 팬케이크
>
> 크림 0.5파인트(0.28리터), 요리용 셰리주 0.5파인트, 잘 풀어진 달걀노른자 18개, 소금 약간, 설탕 0.5파운드(약 227그램), 잘게 부순 계피, 메이스, 육두구를 조금씩 넣고, 팬에 얇게 굽힐 정도의 밀가루를 넣고 섞어서 신선한 버터로 굽는다.

스코틀랜드에서 선택한 곡물은 귀리였다. 다음 레시피는 1755년 스코틀랜드 여성 엘리자베스 클리랜드 Elizabeth Cleland가 남긴 것이지만, 조리법은 수 세기 전부터 쓰이던 것이다(18세기 이전의 스코틀랜드 레시피는 기록된 게 거의 없다). 이 조리법에 사용된 레몬필 lemon peel (레몬 껍질을 삶아 설탕에 조려 만든 향신료 -옮긴이), 오렌지, 육두구, 설탕은 아마 18세기에 추가된 걸 것이다. 또 원래 팬케이크는 일반 팬이 아니라 그리들에서 굽고, 버터가 들어가지 않았을 것이다.

클리랜드는 그녀의 책에 일곱 가지 팬케이크 레시피를 소개해놓았다. 몇 개는 스코틀랜드 계량 단위를 사용했는데, 클리랜드가 스코틀랜드의 모든 측량 단위를 영국의 것으로 대체하라고 명령하는 영국과 스코틀랜드 1707년의 연합법(Act of Union 1707)을 무시한 것은 스코틀랜드에 대한 애국심 때문이었을 것이다. 그녀는 몇 가지 단위를 바꿨지만 양과 관련된 것은 그러지 않았다. 쵸핀 chopin은 1퀴트(약 1.14리터), 머치킨 mutchkin은 1파인트(0.56리터), 질 gill은 4분의 1파인트(0.14리터)다.

> ### 오트밀 팬케이크
> 우유 1쵸핀(약 1.14리터)을 끓여 오트밀 가루 1머치킨(약 0.56리터)을 섞는다. 곡물가루에 우유를 조금씩 부어가며 섞어야 한다. 잘 섞은 우유를 저어가며 끓인다. 약간 걸쭉해지면 식혀서 달걀 6개를 풀고 설탕, 육두구, 강판에 간 레몬, 소금 약간을 넣는다. 재료를 잘 섞은 뒤 버터 녹인 팬에 1스푼 가득 반죽을 올려 굽는다. 완성된 뜨거운 팬케이크는 버터, 오렌지, 설탕을 섞어서 함께 낸다.

대부분의 켈트 문화권 국가들이 그렇듯이, 중세 시대 아일랜드에서도 유제품 중심으로 식단이 구성됐다. 하지만 유제품은 가난한 사람들이 늘 구할 수 있는 식재료가 아니었다. 가축은 부자들만 소유하고 있었고, 진귀한 보물처럼 이탄 습지에 묻어 숙성한 버터는 특히 귀하고 비쌌다.

중세 아일랜드 문학에서는 우유를 칭송한다. 11세기 아니면 10세기나 9세기까지 거슬러 올라가는 — 연대는 확실하지 않다 — '아일베의 구애(Tochmarc Ailbe)' 이야기에는 우유를 "신선해도 좋고 묵어도 좋으며, 걸쭉해도 좋고 묽어도 좋다."고 묘사한다. 가난한 사람들은 아마 가능한 한 많은 음식에 쓰려고 우유에 물을 섞어 사용했을 것이다. 우유를 그냥 마시는 일은 거의 없고, 보통은 레닛으로 응고시켜 치즈를 만들거나 든든한 식사용으로 허브와 곡물을 넣고 끓여 포리지(곡물과 귀리, 오트밀 등을 잘게 빻은 뒤 물과 우유를 넣어 끓인 죽 요리 —옮긴이)를 만들었을 것이다.

켈트족은 경질 치즈와 연질 치즈 둘 다 만들었다. 단단한 치즈는 여행이나 저장이 목적이었다. 그런데 이 치즈는 보통 단단한 게 아니었던 것 같다. 12세기 아일랜드 이야기 '메드브의 무참한 죽음(Aided Meidb)'

에서는 푸르바이데라는 남자가 여왕 메드브의 암살을 계획한다. 여왕은 매일 어느 섬에 있는 샘에서 목욕을 했는데, 푸르바이데는 샘 근처 바닥에 알맞은 높이로 막대를 박아 알맞은 길이로 끈을 잡아맨 다음, 본토에 자기가 몸을 숨길 지점까지 끈을 연결했다. 그런 다음 알맞은 길이의 끈과 알맞은 높이의 막대를 이용해 놀라울 정도로 정확히 맞힐 수 있을 때까지 매일 새총 쏘는 연습을 했다. 마침내 어느 날 여왕이 샘에 나타나 이마가 훤히 드러나도록 머리만 내민 채 목욕을 했다. 안타깝게도 완벽한 돌을 찾을 시간이 없었던 푸르바이데는 맨 먼저 손에 잡힌 딱딱한 치즈 조각을 줄에 걸어 여왕을 향해 쐈다. 목표물에 명중했고, 여왕은 죽었다.

북유럽, 버터밀크에 빠지다

로마인들의 말에 따르면 북쪽의 야만인들은 머그잔이 넘치도록 우유를 들이켰다. 카이사르도 북부인들이 먹는 고기와 우유의 양에 경악했지만, 사실 그들은 우유를 알뜰하게 소비하고 있었다. 우유는 아무 때나 쉽게 구할 수 있는 게 아니라 귀한 음식이었고, 보통은 치즈를 만들거나 허브를 넣어 육수를 내는 데 사용했다. 또 그런 육수는 보통 에일이나 물로 만들었기 때문에 아마 우유가 들어간 육수는 특별한 음식이었을 것이다.

이 야만인들에게는 우유가 너무 중요해서 소가 젖을 더 이상 내지 않는 건 그 가정에 위기가 닥쳤다는 의미였다. 대부분 가정에는 소가 한두 마리밖에 없었다. 게다가 소는 유지 비용이 많이 드는 동물이다.

스코틀랜드인, 특히 북부의 하이랜드 지역에 사는 스코틀랜드인들은 고기보다 유제품에 더 관심이 많았다. 원래 그들은 양을 키웠는데 양털을 얻는 게 주목적이었지만 젖도 중요했다. 하지만 양은 젖을 많이 만들어내지 않는다. 그래서 나중에 소를 키우기 시작하고부터는 짐을 나르고 농사일을 하는 것뿐 아니라 우유를 얻는 데도 소를 이용했다. 더 이상 일을 할 수 없거나 젖을 내지 않는 소만 도살했다는 사실로 미루어 스코틀랜드인들은 아마 질 낮은 고기를 먹었을 것이다. 질 좋은 고기는 부자들만 먹을 수 있었다. 버터는 사고파는 상품이었으며 소작농이 지주에게 버터로 지대를 내는 '버터 임대(rent-butter)'도 있었다. 스코틀랜드인들은 양들을 상처로부터 보호하기 위해 일 년에 두 번 버터와 타르를 섞어 양들을 소독했다.

스코틀랜드에서는 수 세기 동안 양젖으로 만든 작은 치즈를 해초나 재로 감싸는 게 일반적이었다. 이들이 나중에 알게 된 소젖 치즈는 18~19세기가 되어서야 만들기 시작했다.

스코틀랜드 셰틀랜드 제도에는 북유럽식 이름이 붙은 다양한 유제품 요리가 있었는데, 이는 이 지역 어부들이 유제품 요리가 풍부했던 스칸디나비아 사람들에게 조리법을 배웠다는 걸 암시한다. '블론드blaund'는 버터밀크에서 걸러낸 유청을 살짝 발효시킨 것으로 거품이 있었다. 노르웨이에서는 '스토펜stoppen'이라고 부르는 '스트라바strabba'는 응고된 우유에 과일을 섞어 거품이 날 정도로 휘저은 것이었다. '클록스kloks'는 응고된 우유에 계피를 넣어 만들었는데, 이걸 노르스름해질 때까지 가열하면 오늘날의 연유와 비슷했다고 한다.

셰틀랜드에는 전통적인 유제품 음식이 많다. '비스트beest'는 초유에 물을 조금 섞은 음료다. 이걸 가열해 일종의 치즈를 만들거나 설탕, 소금, 캐러웨이 씨앗을 넣어 푸딩을 만들 수도 있다. 이 사람들은 버터밀크를 너무 좋아해서 버터를 만들지 않는 겨울에는 감자 물을 일부러 상하게 만들어 버터밀크 대용으로 썼다.

이들은 우유가 늘 부족해서 공급을 늘리는 방법을 계속 모색했다. 그중 하나가 켈트족처럼 우유를 물로 희석하는 것이었다. 당시 이 방법을 쓰는 건 사기로 간주했지만 우유 공급을 늘리기 위해서는 어쩔 수 없는, 공공연하게 벌어지는 일이었다.

스코틀랜드 가정에서도 우유의 양을 늘리기 위해 거품 우유, 또는 게일어로 '옴한omhan'이라는 걸 만들었다. 한쪽 끝에 소 꼬리털을 붙인 십자 모양의 거품 막대를 양 손바닥으로 잡고 우유에 거품이 날 때까지 손바닥을 비비는 방식이었다. 이렇게 하면 우유 한 잔을 거의 두 잔으로 만들 수 있었다. 유청으로 거품을 내기도 했는데, 스코틀랜드 북부 고지에 사는 가난한 사람들은 힘든 시기를 거의 이 고단백 음료로 버텼다.

스코틀랜드를 비롯한 수많은 국가의 우유 부족은 18세기까지 지속됐는데, 이때부터는 낙농업이 가족 단위의 생계 활동이 아닌 상업으로 바뀌었다. 그리고 마침내 우유를 포함한 유제품들이 적당한 가격의 상품이 됐다.

버터밀크와 유청은 스코틀랜드 어디서나 인기 음료였다. 스코틀랜드의 수도 에든버러 사람들은 버터밀크에 열광했다. 버터를 많이 먹는 사람들이 버터밀크를 좋아하는 게 당연해 보일지 몰라도, 그게 꼭 그렇지만은 않다. 치즈를 만들면 엄청난 양의 유청이 남지만 치즈 만드는 사람이라고 해서 누구나 유청을 마시는 건 분명 아니다. 치즈 만드는 사람들 대부분은 남은 유청을 가축, 특히 돼지에게 먹였다. 이 관행은 지금도 이어지고 있고, 많은 낙농가에서 돼지를 기르는 이유도 이것 때문이다.

앵글로색슨 사회에서는 여성 노예들이 여름에 유청을 마셨는데 아마 치즈를 만드는 시기여서 유청이 남아돌았기 때문일 것이다. 목동들도 유청이나 버터밀크를 받았는데, 심지어 1066년 노르만 정복 이후에는 노동자들에게 보수로 주는 일도 흔했다. 아일랜드에서도 농장 일꾼들에게 임금의 한 형태로 유청을 지급했다.

뭐가 됐든 일꾼들이 먹는 음식은 급이 낮다고 여겨졌기 때문에 16세기까지도 영국에서는 유청과 버터밀크를 높이 평가하지 않았다. 1615년, 시인 저베이스 마컴은 버터밀크를 가난한 사람들에게 나눠주라고 권했다.

> 유능한 주부가 버터밀크를 가장 유용하게 활용하는 방법은 하루하루 먹을 음식이 절실하게 필요한 이웃에게 주는 거다. 그들은 세속의 살림살이에서나 신성한 장소에서나 그걸 유용하게 활용할 방법을 찾아낼 것이다.

유청에 대해서는 이렇게 썼다. "유청의 일반적인 사용법은 버터밀크와 다르지 않다. 노동자들에게 좋은 음료이기 때문에 뒀다가 가난한 사람들에게 주거나 커드를 만들거나 마지막에는 돼지한테 영양식으로 주면 된다."

스코틀랜드인들이 20세기까지 즐겨 먹던 음식이 있는데, 크림과 유청을 거품 막대로 휘저어 걸쭉해지면 구운 오트밀 위에 뿌려 먹는 거였다. 9세기에 바이킹이 아이슬란드에 정착한 이래로 유청은 아이슬란드의 중요한 생산물이었다. 아니면 그보다 앞서 켈트족 수도사들이 그 섬에 자리 잡았을 때부터 그랬는지 모른다.

풍부한 어장으로 둘러싸여 있지만 나무나 열매, 곡식, 풀, 채소를 찾아보기 힘든, 바위와 화산과 빙하로 이루어진 땅 아이슬란드는 먹을 수 있는 것이 버려지는 그런 곳이 아니었다. 바위투성이인 지형은 양을 치기에는 적당했지만 소를 방목할 목초지는 제한적이었다. 원래 아이슬란드 유제품은 처음부터 양젖으로 만들었다.

가장 유명한 아이슬란드 소설가이자 노벨문학상 수상자인 하들도르 락스네스Halldór Laxness의 《독립한 민중Independent People》에는 농부의 아내 로사가 남편에게 소를 키우자고 하는 장면이 나온다. 그녀의 남편이자 주인공인 비야르투르는 아내의 이 말에 그녀가 신경쇠약에 걸렸다는 걸 확신한다. "초원이 어딨다고?" 그가 따져 묻자 아내는 넓고 푸른 초원을 발견했다고 말한다. "그 초원에서 열심히 갈퀴질을 하면서 우유 생각을 했어요."

아이슬란드에는 소가 겨울을 날 만큼 풀이 무성한 땅이 거의 없다는 게 현실이었다. 생존할 수 있는 유일한 소는 바이킹이 들여온 흰색과 갈색이 섞인 종뿐이었다. 이 소들은 그 척박한 땅에서 유난히 잘 자라는 아이슬란드의 질긴 풀을 먹고도 훌륭한 젖을 만들었다. 심지어 지금도 아이슬란드의 이 소들은 그곳에 사는 양이나 말, 사람과 마찬가지로 바이킹 혈통의 직계 후손들이다.

원래는 양젖으로 만들다가 나중에 소젖으로 만들게 된 스키르skyr는 부산물의 부산물이다. 아이슬란드인들은 버터를 만들기 위해 크림을 분리하고 남은 탈지유를 약간 발효시킨 다음 농축해서 요거트와 비슷한

아이슬란드의 젖 짜는 여인. 《모든 나라 사람들: 오늘날의 삶과 과거 이야기(People All Nations: Their Life Today and the Story of Their Past)》 4권. 조지아에서 이탈리아까지. JA 해머튼JA Hammerton 편집, 에듀케이셔널 북 컴퍼니Educational Book Company 발행, 1922년, 런던.

독특한 음식을 만들었다. 스키르는 요거트보다 훨씬 진하지만 만드는 과정이 훨씬 복잡하고 품이 많이 든다.

스키르를 만들 때 탈지유의 수분이 응고되면서 상당량의 유청이 만들어진다. 그런데 원래는 스키르를 만들고 남은 게 유청이 아니라, 유청을 얻으려다가 만들게 된 게 스키르였다. 처음에는 스키르에 아이슬란드 이끼를 넣고 끓여서 일종의 죽처럼 만들어 먹었는데, 아이슬란드에는 곡식이 거의 나지 않기 때문이었다.

스키르라는 이름은 '자르다'라는 의미의 '스케로아^skeroa' 또는 '나눈다'는 의미의 '스킬리아^skilia'에서 유래한 것으로 보인다. 스키르를 만들었다는 기록은 14세기로 거슬러 올라가는데, '커드'라고 언급된 스키르의 이전 버전은 아마 지금만큼 부드럽진 않았을 것이다. 아이슬란드 국립박물관에는 19세기 고고학자들이 발견한 1,000년 전 스키르일 것으로 추정되는 유제품들이 전시돼 있다. 아이슬란드 역사와 문학의 출발점이라고 할 수 있는 아이슬란드 영웅 전설에도 스키르가 언급된다. 9세기에서 10세기 사이에 만들어졌지만 13세기에 와서야 기록된 '에길의 사가(Egil's Saga)'에는 에길과 그의 부하들이 스키르일 것으로 짐작되는 커드를 먹는 장면이 나온다.

하지만 중세에는 스키르보다 유청의 수요가 훨씬 많았다. 아이슬란드인들은 유청으로 '미사^mysa'라는 음료를 만들어 마셨다. 10세기가 배경이지만 14세기에 기록된 '크로카 레프의 사가(Króka-Refs saga)' — '교활한 레프의 전설(The Saga of Ref the Sly)'이라는 의미다 — 에는 왕이 이런 말을 한다. "아이슬란드에는 미사라는 음료가 있소."

아이슬란드에는 곡식이 나지 않기 때문에 다른 북유럽 지역들처럼 맥주를 만들 수 없었다. 대신 시큼한 맛의 유청이 아이슬란드를 대표하는 음료로 자리 잡았다. 뚜껑에 구멍이 숭숭 뚫린 통에 유청을 담고 미사를 넣어 발효시킨다. 한동안 스키르의 불순물 같은 것들이 몽글몽글 거품을 내면서 구멍 사이로 올라와 제거된다. 신선한 유청만 남은 통을 밀봉한다. 이 신선한 유청은 시간이 지날수록 시큼해졌다. 이 음료는 짧게는 몇 달에서 길게는 몇 년까지 보관했다.

발효된 미사는 '시라^syra'라는 술로 변한다. 물에 시라를 조금 섞으면 '블란다^blanda'라는 음료가 된다. 여기에 허브나 베리를 넣기도 하고, 때로는 유청을 보관한 통에 타윈 흰 자루를 넣기도 했다. 시라는 여러 세기 동안 아이슬란드를 대표하는 음료였다. 어부들은 바다에 나가기 전에 시라를 마셨다. 시라가 없을 때는 물에 시큼한 맛을 내는 허브를 넣어 시라를 대신했다.

가난한 아이슬란드인들에게는 곡식만 부족한 게 아니라 소금도 구하기가 힘들었다. 상업용 생선은 소금에 절이지 않고 그대로 바람에 말렸다. 아이슬란드에는 바다 소금을 만들 강렬한 햇빛조차 부족했다. 하지만 유청은 음식을 보존하는 용도로도 사용할 수 있었다. 버터는 시라에 보관했기 때문에 짠맛 대신 시큼한 맛이 났다. 고기, 생선, 야채 등의 다양한 식재료와 함께 순대(Blood sausages)도 시라에 보관했다. 그래서 이들의 요리는 대부분 짠맛이 아니라 시큼한 맛이 났다. 가난한 사람들이 무에서 유를 창조하는 능력이 뛰어나다는 걸 뒷받침하는 대표적인 예로, 이들은 양의 뼈를 시라에 넣어뒀다가 결국 삭으면 시큼한 고칼슘죽을 만들어 먹었다. 또, 다른 문화였다면 소금을 쳤을 음식에 시라를 살짝 첨가해 풍미를 살렸다.

유청의 재발견, 리코타 치즈가 탄생하다

수많은 문화권에서 유청으로 치즈를 만들었는데 이것이야말로 보존의 승리였다. 누구나 돼지에게나 먹일 쓸모없는 부산물이라고 여겼던 것을 맛있는 음식으로 재탄생시켰으니 말이다. 제일 유명한 유청 치즈는 이탈리아의 리코타 ricotta 치즈인데, '다시 데우다(recooked)'를 뜻하는 '리코타'라는 이름에 그 경제성이 잘 드러나 있다. 우유를 데워서 치즈를 만들고, 남은 유청을 다시 고온으로 끓여서 리코타를 만들었다. 고대 그리스 자료에 리코타일 수도 있는 치즈에 대한 묘사가 있지만, 일반적으로 리코타 치즈의 기원은 중세 시칠리아섬이라고 알려져 있다. 당시 시칠리아에서는 리코타 치즈를 '잠마타루zammatàru'라고 불렀는데, 이는 '낙농가'라는 의미의 시칠리아 방언으로 '소'를 뜻하는 아랍어 '잠마za'ama'에서 유래했다. 이런 기원에도 불구하고 오늘날 이탈리아 최고의 리코타 치즈는 양젖으로 만드는 게 보통이다. 일부 역사가들은 리코타 치즈가 아랍인들이 시칠리아섬을 점령했던 9세기에서 11세기 사이에 개발됐을 것으로 추정하는데, 어쨌든 시칠리아의 리코타 치즈는 아랍인 의사 이븐 부틀란Ibn Butlan이 라틴어로 번역한 책에 언급했던 11세기까지 거슬러 올라간다.

르네상스 시대의 음식 작가 플라티나는 리코타 치즈를 이렇게 묘사한다.

> 색이 하얗고 맛은 나쁘지 않다. 생치즈나 중간 정도로 숙성된 치즈보다는 건강에 안 좋고, 숙성 치즈나 짠맛이 강한 치즈보다는 건강에 좋다고 생각된다. 다양한 채소 라구ragout(고기와 채소에 갖은양념을 하여 끓인 음식-옮긴이)에 넣어 조리한다.

대부분의 나라에서 유청을 마시는 건 유행이 지났지만, 19세기까지는 주로 건강상의 이유로 유청을 마셨다. 플라티나는 유청을 약처럼 마시라고 권하면서 "간과 혈액을 식혀주고 몸에서 독을 정화하는 방법이기 때문"이라고 했다. 1846년 런던에서 '숙녀'라는 필명의 작가가 펴낸 유대 음식 요리책《유대 요리 안내서The Jewish Manual》에는 세 가지 유청 음

리코타 만들기. 《중세의 건강서적(Tacuinum Sanitatis)》, 원제는 《타킴 에 시하Taqwim es siha》 '건강 지키기 (The preservation of health)'에서 발췌, 종이에 그림, 이라크 의사 이븐 부틀란 지음, 1445~1451년경, 파리, 프랑스 국립도서관 소장.

료로 플레인, 와인, 타마린드(콩과에 속하는 열대식물로 새콤달콤한 맛을 내며 다양한 요리에 쓰인다 ―옮긴이)를 소개하고 있다. 전부 '병약자들을 위한 레시피'라는 제목의 장에 포함돼 있다. 아마 그 당시 런던 사람들은 이를 시중에서 구할 수 없어서 우유로 직접 만들어야 했을 것이다. 세 가지 레시피를 소개한다.

먼저, 플레인 레시피다.

> 우유에 응어리가 생길 정도의 레몬즙이나 식초를 끓는 우유에 붓고, 체에 깨끗하게 거른 다음 뜨거운 물을 붓고 단맛을 추가한다.

다음은 와인이 들어가는 레시피다.

> 우유 1파인트(0.56리터)를 소스 팬에 부어 가열하고, 끓으면 우유에 응어리가 생길 만큼 화이트 와인을 넣는다. 응어리가 생기면 체로 거르고, 끓는 물을 조금 넣고 단맛을 더한다.

마지막으로, 타마린드를 사용하는 레시피다.

> 우유 2파인트(1.12리터)에 타마린드 3온스(85그램)를 넣고 끓이다가, 응어리를 걸러내고 식힌다. 아주 상쾌한 음료가 완성된다.

《유대 요리 안내서》 중 병약자들을 위한 장에는 우유가 들어가는 다양한 조리법이 소개돼 있다. '원기 회복에 좋은 우유(restorative milk)'에는 부레풀이 들어가는데, 부레풀은 물고기의 부레를 말린 것으로 보통 젤라틴 대용으로 쓴다. 고대를 떠올리게 하는 우유 포리지 레시피도 있다.

> 물을 전혀 넣지 않고 신선한 우유만으로 고운 죽을 만든다. 걸쭉해지면 걸러서 흰 설탕을 넣어 단맛을 낸다. 이 요리는 영양가가 높고 살을 찌우기에 그만이다.

당시 사람들은 보리를 선호했지만 이 책의 저자는 어떤 곡물로 죽을 만드는지 명시해놓지 않았다. 하지만 살을 찌우는 조리법이야 얼마나 많겠는가?

콘월을 비롯한 잉글랜드 서쪽 지역에서 크림을 전부 버터 만드는 데 쓴 건 아니었다. 클로티드 크림 clotted cream 도 그들의 전통 음식이었다. 최초의 기록은 16세기이지만 아마 그보다는 더 오래됐을 것이다. 원래 클로티드 크림은 크림을 오래 보존하는 방법을 찾다가 개발됐다. 신선한 크림은 금방 상하지만 병에 든 클로티드 크림은 2주 동안 보관할 수 있다.

클로티드 크림은 버터를 만들 때처럼 신선한 우유를 크림이 위로 뜰 때까지 여덟 시간가량 놓아둔다. 요즘은 이 과정을 분리 기계로 하지만, 과거에는 아침에 짠 우유를 오후 늦게까지 놔두거나 오후에 우유를 짜면 아침까지 놔뒀다. 그런 다음 얕은 황동 냄비나 도기 팬에 우유를 담아 약한 불에 올려 크림에 거품이 일 때까지 몇 시간 동안 천천히 조린다. 이걸 차갑게 식혀서 크림만 떠내면 일반 크림보다 훨씬 진한 클로티드 크림이 완성된다.

유럽의 많은 지역에 로마인들이 가장 건강한 우유라고 추천했던 신선한 응유를 먹는 전통이 있었다. 콘월에서는 그 응유를 '정켓'이라고 불렀다. 1742년 해나 글라세의 책 《완벽한 제과사 The Compleat Confectioner》에 실린 정켓 레시피다.

—— 우유의 역사

새 우유 1쿼터(1리터)와 크림 1파인트(0.56리터)를 준비한다. 한 곳에 담아 따뜻하게 데우고, 좋은 레닛 1스푼을 넣은 뒤, 찬물에 적셨다가 꽉 짠 헝겊으로 덮어놓는다. 유청이 다 없어질 때까지 고형물을 모아서 크림과 함께, 아니면 크림 없이 차려 낸다.

'새 우유'라는 표현이 눈에 띈다. 신선한 우유를 굳혀서 하는 요리는 우유가 신선할수록 맛이 좋아진다는 걸 경험으로 터득했다는 걸 알 수 있다.

해나 글라세는 이 정켓 레시피를 응용한 '스톤 크림stone cream'이라는 레시피도 소개하고 있다.

진한 크림 1.5파인트(약 0.85리터)에 육두구 약간과 계피 한 조각, 등화수(orange flower water, 오렌지꽃에서 채취하여 증류시킨 향료 −옮긴이) 6큰술을 넣고 입맛에 맞게 단맛을 맞춘다. 걸쭉해질 때까지 끓여서 부은 다음, 차갑게 식을 때까지 계속 젓다가 레닛 1작은술을 넣고 컵이나 유리잔에 담는다. 사용하기 3~4시간 전에 완성해놓는다.

하루 묵힌 치즈로 디저트를 만드는 전통 − 본래 정켓을 만들 때 쓰던 방식 − 은 유럽의 수많은 옛 문화에서도 나타난다. 스코틀랜드에서도 정켓을 만들었는데, '해팃킷hattit kit' 혹은 '해티드킷hatted kit'이라고 불렀다. 해티드킷이라는 이름은 바느질 도구를 의미하는 게 아니라 응유를 의미하는 '코애귤레이션coagulation'의 폐어다. 해팃킷은 언제나 버터밀크로 만들고, 원래는 농장에서 만들었다. 버터밀크를 냄비에 담아 소에게 가서 바로 짠 젖을 섞으면 버터밀크가 응고되기 시작한다. 나중에 이것이 버터밀크 대신 레닛을 쓰고 갓 짠 우유 대신 진한 크림을 쓰는 방식으로 바뀐 것이다.

1977년 스코틀랜드 여성 농촌 협회(The Scottish Women's Rural Institutes)에서 소개한 레시피는 두 가지 방식이 섞여 있다. 여기서도 소젖을 꼭 냄비에 바로 받아야 하는 건 아니지만, 그렇게 하는 게 제일 좋은 방법이기는 하다고 지적하고 있다.

> 버터밀크 2파인트(약 1.13리터)를 불에 살짝 데운다. 따뜻해진 버터밀크를 냄비에 담아 소에게 가져간다. 거기에 1파인트(0.56리터) 정도의 젖을 짜서 받는다. 이때, 전체 양에 맞는 비율로 레닛을 미리 넣어 놓는다. 굳을 때까지 잠시 놓아둔 뒤에, 고형물을 체에 올리고 고형물이 어느 정도 탱탱해질 때까지 유청을 눌러서 수분을 뺀다. 식탁에 올리기 전에 설탕과 육두구를 뿌리고, 진한 크림을 조금 넣어 마찬가지로 육두구 가루와 설탕을 뿌린 뒤 고형물과 부드럽게 섞는다.

치즈로 만든 디저트를 바스크어(스페인 북동부, 프랑스 남서부, 프랑스와 에스파냐 국경인 피레네산맥 지방에서 쓰는 언어 −옮긴이)로 '마미아^{mamia}'라고 한다. 스페인어로는 '응유' 혹은 '커드'라는 의미의 '쿠아하다^{cuajada}'라고 부른다. 바스크에서는 이런 디저트들을 양젖으로 만드는데, 그들은 뭐든지 양젖으로 만든다. 바스크인들이 소젖을 사용한 것은 현대에 와서의 일이다. 지금도 가끔은 소젖으로 치즈를 만들지만, 그래도 마미아는 양젖으로만 만든다.

바스크인들은 마미아를 만들 때 먼저 양젖에 소금 한 꼬집을 넣고 불에 올린다. 끓으면 불에서 내려 온도가 화씨 85도(섭씨 약 30도)까지 식으면 레닛 한 티스푼을 넣는다. 그런 다음 주걱으로 세차게 휘저어 컵에 붓는다. 전통적으로는 나무 컵을 사용했지만 요즘은 작은 도기 컵을 많이 쓴다. 시원한 곳에서 굳히고(냉장고에 넣어놓으면 이 과정에 걸리는 시간을 줄일 수 있다), 하루가 지나면 먹을 수 있다. 위에 꿀을 뿌린다. 양젖에 단맛을 더해 맛이 신선하고 담백하다.

마미아를 하루 정도 뒀다가 먹는 게 아니라면, 다 완성되기 전의 양젖 치즈처럼 낼 수 있다. 카탈루냐에서는 마미아와 비슷한 '마토mató'라는 생치즈에 꿀이 들어가고, 꿀을 곁들여 낸다. 요즘은 소젖으로도 만들지만 전통적으로는 염소젖으로 만들었다.

16세기 영국에는 레닛은 안 들어가지만 비슷한 방식으로 만드는 포셋posset과 실러법syllabub이 인기였다. 둘 다 우유를 기본으로 하는데, 포셋은 장식적인 금속이나 도자기 그릇에 뜨겁게 담아내고 실러법은 장식적인 유리그릇에 차갑게 담아낸다. 실러법은 아마 잉글랜드 튜더 왕조 때 처음 만들어졌을 텐데, 튜더 왕조처럼 스코틀랜드에 진출해 인기를 누렸다. 응유의 일종인 포셋은 실러법보다 먼저 만들어졌는데 그 시기가 중세까지 거슬러 올라간다. 나중에는 포셋에 과일 껍질과 셰리주를 넣어 먹었다.

1755년 엘리자베스 클리랜드의 실러법 레시피에는 전통적인 해티킷 레시피처럼, 착유 동물에게 가서 직접 짠 젖을 사용하라고 되어 있다. 신선한 우유는 최대한 빨리 사용해야 한다는 확신을 엿볼 수 있는 대목이다. 소에게서 방금 짠 따뜻한 우유는 거품이 아주 많은데, 실러법과 포셋 위에 거품을 올리는 게 여기서 비롯된 것인지 모른다.

소에서 갓 짠 우유로 실러법 만들기

와인이나 시더(사과술), 또는 스트롱 에일 strong ale(알코올 함량이 5.4~6.8퍼센트인 영국 맥주 – 옮긴이)에 단맛을 가미해 그릇에 담고, 소에게 가져가 최대한 빨리 젖을 짜서 받는다. 주방으로 가져와 곧바로 데워서 찻주전자에 붓는다.

클리랜드는 일반적인 레시피 두 개를 더 소개해놓았다.

단단한 실러법(Solid Sillabubs)

아주 진한 크림 1쵸핀(약 1.14리터)에 말라가 백포도주(달콤한 셰리와인처럼 알코올 도수를 18퍼센트 이상으로 높인 강화 포도주) 4분의 3파인트(0.43리터)를 넣고, 강판에 간 레몬, 비터오렌지 2개 분량의 즙을 넣고, 입맛에 맞게 단맛을 낸다. 15분 동안 잘 휘저어 스푼으로 떠서 유리잔에 담는다.

색 포셋 Sack Posset 또는 스노우 포셋 Snow Posset

계피와 육두구를 넣은 크림 또는 우유 1쵸핀을 끓인다. 달걀노른자 10개를 풀어서 약간 차가운 우유와 섞는다. 그걸 천천히 크림과 섞어 손이 델 정도로 뜨거워질 때까지 잘 저어가며 끓인다. 입맛에 맞게 단맛을 내고, 그릇에 약간의 설탕과 육두구를 넣은 색(셰리와인) 1머치킨(0.56리터)을 붓는다. 색이 담긴 그릇을 물이 담긴 냄비에 넣어 중탕으로 데우고, 색이 뜨거워지면 한 손에는 크림을, 다른 한 손에는 달걀흰자를 높이 들고 부은 뒤, 불을 켠 상태에서 전부 젓는다. 손이 델 정도로 뜨거워지면 불을 끄고, 덮어서 식탁으로 가져가기 전에 잠시 그대로 놓아둔다. 달걀흰자는 색을 조금 넣어 거품을 내야 한다.

클리랜드가 명확하게 밝히고 있진 않지만, 흰자는 포셋 위에 올리는 거품을 말하는 것으로 짐작된다.

18세기에 대단한 인기를 누렸던 또 하나가 디저트 크림인데, 그냥 향을 낸 진한 휘핑크림이었다. 클리랜드는 복잡함의 정도가 다양한 여덟 가지 크림 레시피를 소개해놓고 있다. 가장 인기 있는 것 중 하나가 스티플 크림 steeple cream ('steeple'은 '뾰족탑'을 의미한다 −옮긴이)이었는데, 뾰족탑처럼 생긴 고깔 모양 때문에 그런 이름이 붙었다.

사막의 우유

낙타 젖으로 생활한 베두인족

　요즘 사람들은 우유와 관련된 문화라고 하면 오늘날의 미국이나 과거의 북유럽을 떠올린다. 하지만 사막의 유목민이었던 베두인족만큼 우유에 의존해 살아간 문화는 어디에도 없었다. 현재 베두인족은 전통적인 생활방식에서 많이 멀어져 채 10퍼센트가 안 되는 사람들만 유목 생활을 이어가고 있다. 하지만 다른 아랍인들과 달리 베두인족은 수 세기 동안 사막의 유목민으로 살았다. '베두인bedouin'이라는 말 자체가 '사막에 사는 사람들'이라는 뜻이다. 예언자 무함마드의 종교를 처음 받아들인 여러 부류의 사람들 중에서도 베두인족은 아랍 세계에서 대단히 존경받는 독실한 수니파 이슬람교도들이었다. 그렇지만 그들은 모스크를 짓지 않았다. 다른 것도 마찬가지였다. 베두인족은 그 무엇도 짓지 않았다. 그들은 탁 트인 사막에서 메카가 있는 쪽을 향해 기도를 올렸고, 씻는 것과 관련한 종교의례에는 물 대신 모래를 사용했다. 그들은 그들만의 언어로 말하고 그들만의 관습을 따르며 어느 나라에도 속하지 않고 끊임없이 이동했다.

베두인족의 식단은 거의 전적으로 우유로만 구성될 때가 많았다. 그 우유는 가장 귀중한 재산인 낙타에게서 얻었다. 그들은 낙타와 함께 살고, 낙타털로 만든 텐트를 쳤으며, 낙타 옆에서 잠들고, 낙타를 타고 이동하며, 낙타의 젖을 짰다. 세계 곳곳의 유목민들이 우유를 먹고 살지만 낙타는 사막 환경에 적합한, 드물게 몸집이 큰 포유동물이다. 그들은 인간이 먹을 것으로 인식하지 못하는 먹이를 먹는다. 바위와 모래뿐인 황량한 사막을 터벅터벅 걷다가 갑자기 딴 길로 새 바위 주변을 어슬렁거리다가 어느새 낙타가시나무를 찾아내 우적우적 씹는다.

낙타가 찾아 머는 먹이는 젖을 민들기에 이상적이지 않아 보인다. 예를 들어 낙타가 끝이 뾰족뾰족하고 염분기 있는 덤불, 더 정확하게는 갯능쟁이(atriplex)를 먹으면 ― 갯능쟁이속에 속하는 식물들은 토양에서 염분을 흡수한다 ― 젖에서 아주 짠맛이 난다. 하지만 베두인족은 우유가 짜도 아무렇지 않게 마시는데, 낙타에게는 소금기 있는 식물이 필요하기 때문이다. 낙타는 소금 섭취량이 줄면 젖의 양도 준다. 소금기 없는 의외의 먹이를 먹으면 다른 희한한 맛이 난다. 그런 걸 먹고도 낙타는 단백질과 지방이 풍부한 젖을 만든다. 게다가 물이 부족할 때도 젖을 묽게 해 새끼에게 먹이고 자기 목동 가족에게도 수분을 공급해준다. 이런 식으로 낙타의 젖은 환경 조건이 어떠냐에 따라 맛이나 성분이 달라진다. 어떨 때는 염소, 양, 소의 젖보다 지방과 단백질이 훨씬 많지만, 또 어떨 때는 훨씬 적어진다.

베두인족은 보통, 사람이 낙타 젖을 쓸 수 있도록 젖을 헝겊으로 가려 두는데, 새끼들의 접근을 막기 위해서다. 낙타 젖을 짤 때는 한쪽 무릎 위에 반대쪽 발을 올리고, 그 무릎 위에 사발을 얹어 젖을 받는다. 엉거주춤하게 균형을 잡아야 하는 자세인데 이는 젖이 높이 있기 때문이다.

일부 아랍인들은 낙타 젖을 염소 가죽이나 낙타 가죽으로 만든 주머니에 넣어 라반, 즉 요거트를 만들었지만, 끊임없이 이동하는 베두인족은 신선한 우유를 마셨다. 따뜻하게 마실 수 있기 때문에 젖에서 곧바로 받아먹는 방법을 선호했다. 그들은 이 우유를 '데운(cooked)' 우유라고 불렀다.

이슬람 문화와 아랍의 우유

17세기 아라비아반도에 살던 아랍인들이 북쪽으로는 이라크와 시리아, 서쪽으로는 모로코와 스페인이 있는 대서양 연안, 동쪽으로는 페르시아(이란)까지 뻗어나갔다. 아랍 제국은 역사상 가장 큰 제국 중 하나가 됐고, 지배 엘리트 계층인 아랍인들은 문화, 언어, 전통이 다르고 수적으로도 그들보다 월등히 많은 인구 집단을 다스렸다. 하지만 이 거대한 제국을 하나로 묶는 공통된 맥락은 이슬람이라는 종교와 문화였다.

무함마드의 계시 《코란Qur'an》에는 아기들은 두 살 때까지 모유를 먹어야 한다는 구체적인 지침이 있었다. 따라서 아랍 제국 초기에는 인공 수유를 하는 아기가 거의 없었다. 하지만 긴 수유 기간은 산아제한의 한 형태였고, 일부 종교 지도자들은 대가족을 장려했기 때문에 결국 그 지침은 논쟁거리가 됐다.

부모들은 아기가 수유기인 두 살 전에 죽으면 천국에서 젖을 먹을 거라고 확신했다. 이슬람 신자들은 무함마드가 어머니의 배에서 수월하게 나와 모유를 먹었다고 믿었는데, 그리 놀라운 일도 아닌 것이 사람들은 그가 할례를 받은 상태로 태어났다고도 믿었기 때문이다. 그러다 15세기 후반에 그와 정반대로 무함마드가 아주 힘들게 태어났으며 모유를 몇 달밖에 먹지 못했다고 주장하는 사람들이 나타났다. 이 주장을 계기로 그가 유모의 젖을 먹고 자랐는가에 대한 문제가 제기됐다.

이슬람 율법은 유모를 허용하고 있는데, 신자들은 아기가 젖을 통해 유모의 특성을 물려받는다는 전통적인 믿음을 근거로 보았다. 무함마드는 정신적으로 불안정한 징후를 보이는 유모를 쓰는 걸 금지했다. 중세 최고의 의사로 추앙받는 10세기 페르시아 궁정 의사 이븐 시나^{Ihn Sīnā}는 유모가 갖춰야 할 필수적인 자질에 대해 할 말이 많았다. 유모가 육체적으로나 정신적으로 불편하면 다 나을 때까지 아기에게 인공 수유하는 걸 허용했다. 하지만 중세 이슬람 세계에서 이런 사례는 찾아보기 힘들고 젖병이나 다른 수유 용기도 발견된 게 거의 없다.

스페인 코르도바 출신의 유명한 12세기 유대인 의사이자 신학자인 마이모니데스^{Maimonides}는 이슬람교 스승인 아베로에스^{Averroes}의 영향을 받은 것처럼 보인다. 그는 자신의 책《여성에 관한 서^{Book of Women}》에서 엄마들은 모유 수유를 하는 2년 동안 성관계를 하면 안 된다고 적고 있다. 또 쌍둥이를 기르는 엄마들은 한 아이는 직접 모유를 먹이고 다른 아이는 유모를 고용해야 한다고도 밝혔다. 아기들에게는 동물의 젖을 먹이지 않았다.

아랍 제국에서는 신선한 우유, 산유, 치즈를 비롯해 수많은 유제품이 요리에 사용됐다. 그중 고대 그리스인들이 '피리에이트^{pyriate}'라고 불렀던 '리바^{liba}'는 젖이 분비되는 시기 초반(임신 말기부터 분만 후 며칠 간)에 짜낸 초유로 만들었다. 노르스름한 색에 점성이 있는 초유는 색깔이나 질감이 우유처럼 보이지 않는다. 갓 태어난 아기에게 먹일 목적으로 엄마의 몸에서 만들어지는 이 초유는 항체를 비롯해 단백질, 백혈구, 비타민, 아연이 많이 함유된 것에 비해 열량은 매우 낮은데, 지방과 락토오스가 거의 없기 때문이다. 초유는 갓난아기가 질병에 걸리지 않게 보호해주고, 체중은 약간 줄더라도 중요한 기본 요소들을 얻는 데 확실히 도움이 된다. 엄마의 신체에서 초유를 만들어내는 기간은 3일이다. 오늘날 서양에서는 초유를 '액체로 된 황금'이라고도 부른다.

아랍인들은 리바를 만들 때 우유와 초유를 섞었는데, 같은 비율로 섞거나 우유를 3분의 2 비율로 섞었다. 14세기 요리책《우아한 요리들이 만개한 정원Kitab Zahr al-Hadiqafi al-At'ima al Aniqa》에는 농부들이 이따금 초유로만 리바를 만들기도 했지만, 우유를 섞어 만드는 법을 알게 되기 전까지는 맛이 좋지 않았다고 언급하고 있다. 리바는 재료를 섞고 끓여서 밤새 밖에 놔두는데 아침이 되면 굳어 있었다. 분만 직후에만 나오고 갓 태어난 새끼들을 위해 남겨둬야 할 때가 많은 초유를 얻을 수 없는 사람들은 달걀흰자 몇 개와 노른자 하나로 가짜 리바를 만들어 먹었고, 이는 기본적으로는 설탕이 안 들어간 커스터드였다.

'비라프biráf'는 따뜻한 밤 동안 밖에 두고 약간 신맛이 나게 만든 우유였다.《우아한 요리들이 만개한 정원》에 따르면, 그냥 먹거나 꿀이나 시럽, 설탕을 추가해 먹을 수 있었다. 의사들은 비라프를 먹고 나서 마르멜로(모과와 비슷한 열매, 잼 만드는 데 씀 –옮긴이)를 빨아먹거나 식초와 오늘날 미국인들에게 마르멜로 시럽이라고 알려진 마르멜로 향 시럽으로 만든 음료를 마시기를 권한다는 조언도 덧붙여놓았다.

아랍인들은 '할루미halumi'라는 치즈를 먹었다. 염소젖이나 양젖에 타임을 넣고 양이 3분의 1로 줄어들 때까지 끓인다. 그런 다음 식히고 레닛을 넣어 섞은 다음, 신선한 타임과 껍질 벗긴 감귤류 과일을 올려 층층이 쌓는다. 그 위로 끓인 우유를 부은 후 올리브오일을 부어 공기와의 접촉을 차단한다. 스트링 치즈처럼 늘어나는 할루미 치즈는 지금도 아랍인들이 즐겨 먹는데, 타임보다는 민트를 주로 넣는다.

평범한 음식이었던 요거트는 수분을 빼서 '칸바리스qanbaris'라는 진한 크림을 만들기도 했다. 일종의 연질 치즈인 '시라즈shiraz'는 요거트에 레닛을 넣어 만들었다. 여기에 보리나 밀을 섞어 죽을 만들기도 했다.

20세기에 스페인 학자들이 13세기 이슬람 왕조 치하의 스페인과 모로코에서 작자 미상의 필사본을 발견했는데, 그 필사본을 통해 아랍인들이 유제품을 사용했다는 사실이 확인됐다. 필사본에 있는 레시피 하나를 소개한다.

부드러운 치즈로 만든 라피스 Rafis

화덕에서 꺼낸 깨끗한 빵에서 단단한 겉 부분을 뗀 나머지를 으깨듯 치댄 후, 소금을 넣지 않은 신선하고 부드러운 치즈와 약간의 버터를 섞은 것에 넣는다. 모양을 만들고, 정제버터를 녹여서 그 위에 붓고, 꿀도 원하는 만큼 거품 없이 올린다.

정제버터를 사용하는 점에 주목해라. 정제버터는 아랍어로 스멘smen이라고 하는데, 이 필사본에 자주 언급되지 않는 것으로 보아 중세 시대에 흔히 쓰는 단어는 아니었을 것이다. 북아프리카와 중동 일부 지역에서는 지금도 스멘을 쓴다. 인도에서도 광범위하게 쓰이는데, 기ghee라고 부른다. 정제버터는 무더운 지역에서 버터를 다루는 영리한 방법이었다. 수분이 제거된 지방은 보존 기간이 긴 깨끗한 기름이 되기 때문이다. 정제버터는 땅에 묻어 숙성시켜 사용하기도 했다. 아랍인들보다 먼저 북아프리카에 거주했던, 모로코 남부 지역의 베르베르족은 딸의 생일이 되면 스멘이 담긴 항아리를 밀봉해 땅에 묻었다가 결혼식 때 파내서 사용했다. 모로코에서는 스멘을 보통 양젖으로 만들지만 소젖으로 만드는 게 더 낫다고 여겨진다.

아마 사실이 아닐 테지만, 스페인 학자들이 발견한 13세기 필사본 이후 모로코 요리에 관한 두 번째로 오래된 책은 1958년 제트 기노도[Zette Guinaudeau]가 펴낸 소책자라는 주장이 있다. 의사의 아내인 그녀는 페스(모로코 북부에 위치한 도시)의 요리에 관해 썼다. 그녀가 스멘을 만드는 방법은 이렇다.

> 버터가 녹으면 위에 뜨는 불순물을 거르면서 15분 정도 끓인 다음, 카비아(옹기 항아리) 위에 고운 헝겊을 올려 끓인 버터를 거른다. 응어리가 생기기 전에 나무 주걱으로 저어가며 소금을 약간 넣는다. 버터를 녹인 냄비 바닥에는 희멀건 잔여물이 남는데, 버터를 부을 때는 (그 고형물이 바닥에 남아 있게) 국자로 떠낸다.

아랍인들에게는 수 세기 전부터 커드나 치즈를 만들고 남은 시큼한 유청을 마시는 전통이 있다. 기노도 부인은 잘 알려져 있듯이 라반에 대해서도 서정적으로 표현해놓았다.

라반이요!… 라반! 날씨가 좋아지자마자 페스의 거리 여기저기서 들려온다. 부자들과 가난한 사람들, 도시 사람들과 농부들까지. 누구나 즐기는 라반은 거리 상점에서 지나가는 이들 누구에게나 제공된다. 당신도 언젠가는 무더운 6월의 어느 날 긴 소풍을 마치고 올리브 나무의 어스름한 그늘에서 살짝 시큼한 이 유청을 마시며 갈증을 푸는 기쁨을 꼭 느껴봐야 한다.

중세 아랍의 요거트 요리

1326년, 종교적인 분위기의 학식 있는 집안에서 자란 이븐 바투타^{Ibn} Battuta는 아랍 제국 서쪽 끝에 있는 고향 탕헤르를 떠나 독실한 이슬람교 도라면 평생 한 번은 거친다는 메카 순례길에 올랐다. 하지만 그는 메카에서 여정을 멈추지 않고, 그 뒤로 27년 넘게 이슬람 제국의 구석구석을 누비며 7만 5,000마일 이상을 여행했다.

바투타는 여행 중에 우유를 자주 접했는데, 신선한 우유는 드물었고 보통은 신맛이 나는 우유였다. 오늘날 에티오피아 북부에 있었던 아비시니아^{Abyssinia}라는 곳에서 그는 신선한 우유에 넣고 끓인 플랜틴(바나나의 일종으로 요리에만 쓰임)과 응유를 대접받았는데, 플랜틴과 응유가 각각 다른 요리로 나왔고, 그가 일기장에 적어둘 만큼 특이한 식사였던 게 분명하다. 말리(지금은 멸망한 서아프리카의 제국)에서 그는 술탄이 자신에게 선물을 보냈다는 말을 듣고 희귀한 직물이나 고급 의상, 말 — 또는 그가 일기에 적은 것처럼 "말들" — 을 상상했는데, 받고 보니 "빵 세 조각과 튀긴 생선 한 조각, 그리고 사워밀크"가 전부였다. 말리에서는 탕헤르에서보다 우유와 생선이 훨씬 귀했던 게 분명하다. 바투타는 "나는 그들의 단순함, 그리고 이런 사소한 것들에 두는 가치를 생각하며 미소 지었다."고 적었다.

중세 아랍 요리에 관한 최고의 자료 중 하나는 1226년 바그다드 필사본인데, 당시는 그 도시가 아직 정치와 문화의 중심지였던 때다. 30년 뒤 바그다드는 몽골족에 의해 파괴되었다. 이 요리책의 저자는 '무함마드 이븐 알-하산 이븐 무함마드 이븐 알-카림 알-카티브 알-바그다디 Muhammad Ibn al-Hasan Ibn Muhammad Ibn al-Karim al-Katib al-Baghdadi (아랍인의 이름은 기본적으로 '자신의 이름+아버지 이름+민족+출신지'로 구성되며, 'Ibn'은 '~의 아들'이라는 뜻이다 ―옮긴이)'다. 이 이름에 담긴 모든 정보에도 불구하고 우리는 그가 바그다드 출신이라는 사실 외에 아는 게 거의 없다.

이 바그다드 요리책을 보면 이슬람교도들이 유대인들의 식단 제한을 상당 부분 받아들이면서도, 고기와 유제품을 섞지 말라는 제한은 개의치 않았던 게 분명함을 알 수 있다. 이슬람 세계에서는 고기에 요거트를 넣고 조리하는 음식이 흔했다. 또 이런 레시피들을 보면 요거트를 꼭 페르시아 우유라고 부르는데, 이는 아랍인들, 적어도 중세 시대에 바그다드에 살던 아랍인들은 요거트가 페르시아에서 유래했다고 생각했다는 걸 보여준다. 대부분의 역사가들은 이 초기의 요거트가 시큼한 맛이 나는 요거트였다고 생각하지만 일부는 레닛으로 걸쭉하게 만든 요거트였을 거라고 보기도 한다.

바그다드 요리책에 실린 레시피 하나를 소개한다.

마디라Madira

(이 이름은 '응어리진'이라는 의미의 '마디르madir'에서 유래했다)

지방이 많은 고기를 중간 크기로 자른다. 닭이라면 4등분한다. 냄비에 넣고 소금 약간과 물을 붓는다. 끓는 동안 위쪽 거품을 걷어낸다. 거의 다 익으면 양파 큰 것 몇 개와 나바테아산 리크leek(부추의 일종)의 껍질을 벗기고, 끝은 잘라내고 소금물에 씻은 다음, 물기를 없애고 냄비에 넣는다. 말린 고수, 커민, 매스틱mastic(아랍 음식에 흔히 사용되는 솔향이 나는 향신료), 계피를 곱게 갈아 넣는다. 수분이 증발하고 기름만 남으면 국자로 고기를 떠서 큰 그릇에 담는다. 이제 페르시아 우유를 필요한 만큼 냄비에 붓고, 소금에 절인 레몬(소금물에 보관한)과 신선한 민트를 넣는다. 끓으면 불에서 내려 젓는다. 끓는 게 잦아들면 고기와 허브를 다시 넣는다. 뚜껑을 덮고 넘친 걸 닦아내고 불 위에 놔뒀다가 내린다.

요거트가 아랍 세계에서 유래했다는 증거는 페르시아의 보라니borani에서 찾을 수 있다. 보라니는 요거트로 만든 인기 만점 요리로 보통 가지로 만드는데, 얼마 지나지 않아 이라크, 아프가니스탄, 파키스탄, 아르메니아, 조지아까지 전파됐다. 이 요리는 요거트를 무척 좋아했던 9세기 사산왕조 페르시아의 여제 보란Boran ('푸란도흐트Borandukht'라는 이름으로도 알려져 있다)의 이름을 따서 지었다. 그녀는 남편 칼리프 알마문al-Ma'mun을 사랑했고 군사작전에도 동행했다고 전해진다. 또 스타일에 대한 감각이 뛰어난 것으로도 유명했다. 거대한 궁전과 모스크들이 그녀에 의해 그리고 그녀를 기리기 위해 지어졌다. 하지만 안타깝게도 가지 요리를 향한 그녀의 열정 말고는 우리에게 남은 게 없다. 보라니는 그것과 전혀 관련 없는 인도의 비리야니biryani와 혼동되곤 하는데, 비리야니는 페르시아어로 '볶은'을 의미하는 단어에서 유래했다.

오늘날 가지 보라니와 비슷한 가장 오래된 조리법이 14세기《익숙한 음식 조리법Kitab Wasf al-Atima al-mu'tada》에 나오는데, 이 요리책은 카이로에서 인쇄됐을지 모르지만 바그다드 요리가 주를 이루고 있다.

참기름이나 신선한 꼬리 지방으로 가지를 볶은 뒤 껍질을 벗겨 넉넉한 그릇에 담는다. 찧은 하리사harisa(고추와 향신료를 갈아 만든 소스 ─옮긴이)처럼 될 때까지 국자로 가지를 으깬다. 찧은 마늘과 소금을 조금 넣고 페르시아 요거트를 부어 잘 섞는다. 갈아놓은 살코기로 미트볼을 만들고 꼬리 지방에 구운 뒤 가지와 요거트 위에 올린다. 곱게 빻은 말린 고수와 계피를 뿌려 풍미를 더한다.

요거트와 채소, 요거트와 고기, 요거트와 생선 조합의 요리는 인기가 좋았다. 아래 근대와 요거트 요리도《익숙한 음식 조리법》에 나온다. 레시피에서는 근대에 소금을 넣고 끓이지만, 실제 아랍에서는 보통 나트론 natron — 사막에서 발견되는 천연 중탄산나트륨인 베이킹소다 — 을 다른 소금과 섞어서 쓴다. 이렇게 하면 재료 본연의 색깔이 더 선명해진다.

'실로 비라반 Silo bi-Laban**', 근대와 요거트**

큰 근대 줄기에서 잎을 잘라낸다. 줄기를 손가락 4개 크기(3인치, 약 7.6센티미터)로 잘라서 씻는다. 소금물에 넣고 익을 때까지 끓인다. 물에서 건져내 바구니에 넣어 말린다. 물기가 마르면 마늘을 넣고 끓인 요거트에 근대를 넣고, 약간의 니겔라('커 민cumin'과 관련은 없지만, 흔히 '블랙 커민black cumin'이라고 불리는 아시아에서 나는 한해살 이풀의 검은 씨앗이다. 오늘날 가장 잘 알려진 용도는 아르메니아 스트링 치즈다)와 민트 잎 을 골고루 뿌린다.

같은 책에 실린 소금에 절인 생선과 요거트, '사마크 말리 비라반samak malih bi-laban'은 완벽한 사막 요리다.

소금에 절인 생선을 씻어서 중간 크기로 잘라 굽는다. 구운 생선을 마늘을 넣은 요거 트에 넣는다. 니겔라와 곱게 간 계피를 뿌리고 뜨겁게 또는 차갑게 먹는다.

아랍 제국에서 인기 있는 또 다른 요거트 음식 카마크 리잘kamakh rijal은 소금 넣은 요거트를 햇볕에 구워지게 놔두는 방식으로 만든 것이다. 주 로 도시에 사는 사람들이 지붕에서 만들었다. 카마크 리잘은 치즈처럼 몇 달 동안 숙성시키는데, 심지어 치즈처럼 쿰쿰한 냄새가 날 때까지 두 기도 했다. 소금이 음식이 부패하는 걸 막아줘서 몇 달 동안 계속 숙성시

킬 수 있다. 신선한 우유를 매일 섞어서 완성되면 부드럽고 짠 치즈같이 된다. 톡 쏘는 맛이 나는데, 추천하는 대로 양젖으로 만들면 특히 그렇다.

아랍인들은 신선한 우유와 쌀로도 요리했다. 이 레시피는 13세기 바그다드 요리책에 실린 것이다.

루카미야Rukamiyah

우유에 쌀을 넣고 끓이다가 걸쭉해지면 국자로 떠낸다. 그 위에 꼬리 지방에 구운 고기를 올리고 케밥 식으로 양념을 한다. 계피를 뿌린다.

신선한 우유를 주재료로 하는 아랍 요리는 드물었지만 《익숙한 음식 조리법》에 '루크하미야rukhamiyya' 또는 '대리석 무늬(marbling)'라 부르는 게 나온다. 여기엔 설탕이 들어가는데, 이는 아랍인들이 처음으로 설탕을 사용하는 거였다.

쌀 1쿼트(약 1.14리터), 우유 3파운드(1.36킬로그램), 생강 한 뿌리, 실론 계피 하나, 유향수 4분의 1디르함(화폐 단위, 은화, 약 0.78그램) 무게를 준비한다. 준비한 우유의 절반-즉, 1.5파운드(680그램)-을 냄비에 넣고 실론 계피, 생강, 유향수를 넣는다. 물(우유를 실수로 '물'이라고 적은 것 같은데, 다른 데서는 한 번도 언급되지 않기 때문이다)과 다른 것들이 끓으면 쌀을 씻어 냄비에 넣고, 약한 불에서 남은 우유 1.5파운드를 조금씩 붓는다. 적당한 불에서 우유를 조금 붓고 잠깐 젓고, 조금 붓고 잠깐 젓고를 반복한다. 석탄불이 제일 좋다. 좋은 냄새가 나면 밤새도록 연기 속에 매달아 둔다. 훈제 냄새가 나는 음식은 리크 한 주먹을 가져다가 양쪽 끝을 잘라내고 묶어서 냄비를 연기 속에 매달아 두는 동안 음식 위에 늘어놓는다. 국자로 뜰 때 참기름을 넣고 설탕을 뿌린다.

우리가 몰랐던 우유

레시피로 읽는 우유의 역사

유제품 중심으로 식단을 구성했던 중세 유럽인들에게는 유제품 중에서도 특히 치즈가 중요했다. 우유를 사용하기는 했지만 마시는 건 어쩌다 있는 일이고 조리용으로 활용할 때가 훨씬 많았다.

14세기 프랑스 샤를 5세 궁정 요리사 기욤 티렐^{Guillaume Tirel}은 '타이유방^{Taillevent}'이라는 별명으로 더 유명한데, 그가 쓴 요리책은 프랑스 상류층을 위한 최고급 요리, '오트 퀴진^{haute cuisine}'을 집대성했다는 평가를 받는다. 우유는 그가 쓰는 주재료는 아니었지만 조리 과정에 예상치 못한 방식으로 등장할 때가 많았다.

타이유방은 우유와 생선을 같이 조리하지 않았다. 엄격하게 지켜지진 않았지만 중세의 금기 같은 것이었다. 유대인들은 유제품을 고기와 함께 조리하는 것을 더 우려했다. 유제품 없이 못 사는 네덜란드인들은 청어와 사워크림을 같이 요리해 먹었다. 하지만 우리가 아는 한 타이유 방과 그의 황실 고객들은 생선과 유제품을 절대 섞지 않았다. 중세 유럽 레시피에서는 이 조합을 거의 찾아볼 수 없다. 딱히 이유는 없지만 지금 도 그에 대한 불안이 남아 있다. 이탈리아에서 해산물 파스타에 치즈를 갈아 넣는다? 이건 미식의 측면에서 재앙에 가깝다.

타이유방이 우유의 커드와 라돈^{lardon}으로 만든 요리가 있는데, 돼지 뱃살로 만드는 미국의 베이컨과 달리, 돼지 가슴살을 훈제한 라돈을 얇 고 길게 썰어 사용했다. 타이유방이 이 요리를 처음 만든 건 아니었다. 비슷한 요리가 더 이른 시기의 독일 필사본에서 발견됐다. 대신 그 레시 피에는 생선으로 조리하는 선택지가 있었는데, 생선과 유제품 조합의 금기를 깬다는 점에서 특이하다. 생선으로 조리하는 방식은 종교 축일 을 염두에 둔 것으로 보인다.

라돈을 넣은 우유

끓는 우유에 달걀노른자를 몇 푼 뒤 소량의 숯불(약한 불)에 올려둔다. 고기를 넣고 싶은 사람은 (즉, 축일이 아니면), 라돈 2~3조각을 잘라 우유에 넣거나, 생선을 넣고 싶으면 라돈 대신 생선을 넣는다. 와인과 베르쥐^{verjus} (덜 익은 포도로 만든 즙으로, 신맛이 강하고 중세 요리에 식초 용도로 자주 쓰였다)를 넣어 우유가 응고되면 불에서 내리고 흰 헝겊으로 거른 뒤에 가장자리를 위로 모아 짠다. 클로브 버드$^{clove buds}$ (정향나무 싹)를 조금 넣고 3일 동안 물기를 뺀 뒤에 색깔이 날 때까지 볶다가 위에 설탕을 뿌린다.

— 우유의 역사

타이유방의 이런 레시피도 있다.

프로방스 우유

소스 팬에 우유를 데운다. 다른 팬을 불에 올리고 달걀노른자를 푼 뒤 뜨거운 우유 4분의 1컵을 천천히 부으며 젓고 나머지 우유도 마저 섞는다. 걸쭉해질 때까지 끓인다. 끓는 물에 달걀을 깨트려 수란을 만들어 조심스럽게 소스에 넣는다. 그릇에 담아 구운 빵을 곁들여 낸다.

타이유방의 레시피는 1393년 부르주아 주부들을 위한 안내서 《파리에서의 살림법 Le Ménagier de Paris》 같은 후대의 성과에 영향을 미쳤다. 그의 레시피를 다양하게 변형하고 개선한 것도 많았다. 예를 들어 《파리에서의 살림법》에서는 프로방스 우유에 생강과 사프란을 더한다.

14세기 프랑스에도 가금류 요리에 쓰는 일종의 밀크 소스가 있었다. 도딘^{dodine}이라고 하는 이 소스는 닭을 구울 때 나오는 육즙으로 만들었다. 앞서 나온 포리지와 뒤에 나올 푸딩처럼, 도딘도 원래는 우유로 만드는 게 아니었다. 1420년 사부아 궁정 요리사 쉬퀴아르 아미즈코^{Chiquart Amizco}가 큼직한 수탉과 칠성장어 요리에 쓰려고 만들었던 도딘은 치즈로 만든 것이었다. 또, 이 레시피는 적어도 8세기까지 거슬러 올라가는 그 유명한 연질 치즈 브리^{brie}가 15세기까지도 안정적으로 식탁에 오른 음식이었다는 사실을 보여준다. 레시피에 언급된 크램폰^{crampone} 치즈는 오르베뉴에서 유래했는데, 그뤼에르^{gruyère} 치즈와 비슷하다.

수탉(capons, 거세한 8개월 이하의 수탉. 살이 부드럽고 연한 게 특징이다 -옮긴이)을 쇠꼬챙이에서 빼고, 질 좋은 깨끗한 냄비와 체를 준비한다. 은접시나 팬에 모인 닭과 칠성장어 육즙을 체로 거른다. 도딘을 만들기에 육즙이 부족해 보이면 질 좋은 소고기로 육수를 낸다. 흰 생강과 파라다이스 paradise(멜레구에타 고추 melegueta pepper 라고도 부르는 후추처럼 생긴 씨앗)를 조금 넣고, 베르쥐 적당량과 소금으로 간을 한다. 싱싱한 파슬리 잎을 다진다. 탁자에 빵을 놓고 굽기 좋은 크기로 자른다. 질 좋은 크램폰 치즈나 브리 치즈, 아니면 구할 수 있는 최고의 치즈를 준비한다. 구운 빵을 각각 3조각으로 잘라 접시에 놓고, 그 위에 치즈를 얹은 다음 소스를 끼얹는다. 빵을 내갈 준비가 끝나면(즉, 치즈와 소스 올린 빵을 접시에 담았으면) 다른 접시에 '필그림 카폰 Pilgrim Capons('순례자 수탉'이라는 의미다 -옮긴이)'을 담는다.

이보다 앞선 14세기 중반에 한 무명의 작가가 쓴 《모든 요리의 위대한 요리사 Le Grand Cuisinier de Toute Cuisine》에 나오는 도딘은 큰 전환점을 맞고 있었다.

하얀 도딘

소의 신선한 우유를 준비한다. 구운 고기 아래쪽만 닿을 정도로 우유를 붓고 하얀 가루(달콤한 향신료) 약간과 달걀노른자 2~3개를 넣고 끓인다. 우유를 거르고, 설탕과 소금을 조금씩 넣고, 파슬리 잎을 약간 넣고 끓인다. 원하면 마조람(말려서 사용하는 향신료로, 특유의 단맛이 나고 주로 고기 요리에 쓰인다 -옮긴이)을 조금 넣는다. 그 위에 구운 고기를 올린다.

무언가가 시작되고 있었다. 유럽에서 설탕을 사용하기 시작한 것이다. 꿀을 넣어 단맛을 낸 요리는 이전에도 몇몇 있었지만, 식사 마지막에 나오는 달콤한 음식 형태의 디저트는 보편화된 관습이 아니었다.

14세기 프랑스와 영국에서는 우유와 설탕을 조합하는 경향이 늘어나고 있었다. 16세기에 이르자 부자들의 사치품이었던 설탕이 값싼 생활필수품으로 자리를 잡았다. 특히, 콜럼버스가 인류 역사상 가장 심각한 범죄 중 하나인 흑인 노예무역을 통해 설탕을 들여오면서 가격을 떨어트렸던 1493년 이래로 그런 경향이 뚜렷해졌다.

파이는 보통 짭짤한 음식이지, 달콤한 음식이 아니었다. 1584년 A.W.라는 약자를 쓰는 익명의 저자가 출간한 《요리책A Book of Cookrye》에는 양고기, 닭고기, 우족, 송아지 고기로 만드는 파이 레시피가 소개돼 있다. 심지어 이 책에 소개된 치즈타르트는 달지 않았다. 하지만 그게 오래전부터 치즈타르트를 만들던 방식이었다. 타이유방은 이미 두 세기 전에 치즈타르트 레시피를 소개했었다. 다음은 A.W.의 레시피다.

치즈타르트 만드는 법

잘 치댄 반죽을 가능한 한 얇게 민다. 치즈를 잘라 저며서 달걀노른자와 함께 절구에 넣고 반죽처럼 될 때까지 으깬다. 적당한 그릇에 담은 뒤 정제버터를 넣고, 그걸 반죽 안에 넣은 뒤 적당한 크기로 자른 덮개로 감싸고 굽는다. 다 되면 식탁에 낸다.

A.W.는 모과, 사과, 딸기 등의 과일 파이 레시피도 소개했다. 과일은 최초의 디저트 중 하나였고, 구운 과일과 설탕으로 단맛을 낸 과일이 그 뒤를 이었다. 달콤한 파이가 디저트로 인기를 모은 건 16세기에 와서의 일이었다.

A.W.의 달콤한 크림 타르트 레시피도 있다. 이건 새로운 종류의 요리였는데, 달콤한 유제품은 꿀을 넣은 요거트나 실러법처럼 전에도 있었

지만 설탕과 달걀로 만든 파이, 푸딩, 커스터드, 크림 같은 종류의 유제품 디저트는 아니었다. 다음은 A.W.의 크림 타르트 레시피다.

크림 타르트 만드는 법

크림과 달걀을 같이 휘저어 체로 유청을 거르고 몰캉한 고형물에 생강, 설탕, 사프란 약간으로 간을 한 다음, 꽃(원문 그대로 표기했다. 밀가루를 뜻하는 'flour'을 꽃을 의미하는 'flower'로 잘못 썼다)을 반죽해서 화덕에 넣어 수분을 날린다. 반죽 안에 고형물을 채운 뒤 다시 화덕에 넣어 건조시키고, 꺼내서 설탕을 뿌려 식탁에 낸다.

말 젖에 의지한 몽골인의 삶

중세 유럽인들은 우유에 관한 한 항상 조심스러웠다. 어떤 동물의 젖이 건강에 제일 좋은지를 두고 끊임없이 논쟁을 벌였다. 타이유방은 소젖을 자주 사용했지만, 《파리에서의 살림법》에서는 환자나 회복 중인 사람은 소젖을 피해야 한다고 경고했다. 이 책에서 주장하는 최고의 젖은 사람의 것이었고, 그다음이 당나귀, 양, 염소 순이었다. 하지만 1066년 이후 잉글랜드를 통치했던 노르만인들은 염소젖을 좋아하지 않았다.

희한하게도 대부분의 유럽인은 당나귀 젖은 대단히 높이 평가하면서도 당나귀 젖과 질이 비슷한 말 젖에는 관심이 없었다. 말을 소유하고 키웠지만 어미 말의 젖은 망아지에게 양보했다. 그들은 아시아인들이 말 젖을 쓴다는 걸 알고 있었다. 호메로스가 스키타이족을 두고 "말 젖을 먹는 사람들"이라고 언급했었고, 헤로도토스도 중앙아시아 사람들의 말 젖 마시는 관습에 대해 글을 남겼다. 하지만 외국의 관습을 언급

── 우유의 역사

하는 글들이 종종 그렇듯, 긍정적인 묘사는 아니었다. 첫 부분에 중앙아시아인들이 말 젖을 특별한 간식으로 즐기려고 크림을 걷어낸다는 부분까지는 좋았다. 하지만 곧 한 노예가 말 젖을 짜는 동안 시각 장애가 있는 다른 노예가 말의 유방을 팽창시키기 위해 속이 빈 뼈로 만든 대롱을 암말의 생식기에 꽂고 분다고 썼다.

몽골 지역을 여행했던 초기의 유럽인들은 그곳의 문화건 우유건 좋게 말하는 게 아무것도 없었다. 그들은 몽골인들을 야만의 전형이라고 생각했다. 1246년, 몽골 궁전을 방문했던 수도사 카르피네(Giovanni de Pian del Carpine)는 몽골을 혐오스러운 사탄의 나라라고 불렀다. 그는 몽골인들이 "메뚜기들처럼 떼로 휩쓸고 다니고" 사람들을 무참히 도륙하고 마을과 정원을 쑥대밭으로 만든다고 묘사하면서 피를 마신다고 덧붙였다. 그들이 타는 덩치 큰 말도 야만적이라고 생각했다. 포로로 붙잡힌 죄수들은 노예로 전락해 끔찍한 학대를 당한다고 전했다. "그들은 암말을 혹사하듯이 포로들을 학대했다." 몽골인들이 말 젖을 마시면 말 젖을 마시는 건 야만 행위가 됐다.

1254년부터 1256년까지 몽골을 방문했던 피렌체의 프란체스코 수도회 수사 기욤 드 뤼브룩(William of Rubruck) 역시 몽골인들을 좋게 평가하지 않았다. 그는 자기 말들을 텐트 가까이에 두는 족장들의 야영지를 이렇게 묘사했다. "족장들은 오랫동안 회의를 하는데 정오까지 그곳에서 머물렀고 말 젖을 마시기 시작하면 저녁때까지 얼마나 많이 마시는지, 정말 어디서도 보기 힘든 광경이었다." 유제품이 식단의 중심이라고 생각하는 유럽인들도 그렇게 온종일 우유를 들이켜지는 않았을 것이다. 그 정도의 우유 소비는 유럽인들에게 상상할 수 없는 일이었다.

뤼브룩은 몽골인들이 전례 없는 수준의 우유 기반 사회를 살고 있다는 걸 재빨리 간파했다. 몽골인들 텐트 입구에는 펠트로 만든 젖동 모양의 상징이 걸려 있었다. 암말은 몸집도 크고 젖 짜는 데 비협조적일 때가 많은 데다가 하루에 다섯 번 이상 젖을 짜야 했다. 하지만 하루에 만들어내는 양은 몸집에 비해 상당히 적어서 마리 당 2리터 정도였다. 뤼브룩은 말 젖 짜는 장면을 이렇게 묘사했다.

> 그들은 땅에 박힌 말뚝 두 개에 긴 끈을 묶어서 세 시간 정도 간격으로 젖을 짤 암말과 암말의 새끼를 묶어놓는다. 근처에 새끼가 있으면 어미가 젖을 짜는 동안 얌전히 있기 때문이다. 망아지가 젖을 먹으려고 거칠게 굴면 어미에게 데려가 잠깐 젖을 물렸다가 다시 떼어놓는다. 그리고 다시 계속 젖을 짠다.

대부분 문화에서는 소젖 짜는 일이 여성들의 몫이었던 반면, 말 젖 짜는 일은 꽤 힘들어서 남자가 해야 했다.

뤼브룩은 몽골인들이 분유 만드는 걸 보고 이렇게 기록했다. 그들은 "수분이 완전히 날아갈 때까지 (우유를) 끓이기 때문에 소금을 넣지 않고도 오랫동안 보관할 수 있다."

갓 짠 말 젖은 강력한 설사약 효과가 있어서 일반적으로는 마실 수 없다고 본다. 뤼브룩은 이들이 말 젖으로 버터 만드는 법을 묘사했는데, 가죽에 우유를 넣고 한쪽 끝이 사람 머리만 한 속이 빈 막대로 휘젓는 방식이었다. 버터를 만들고 남은 시큼한 액체는 음료처럼 마셨는데 아마 버터밀크였을 것이다.

뤼브룩은 또 말 젖이 응고되지 않는다는 사실에 기초해 만들어지는 두 가지에 대해서도 언급했다. 말 젖의 이러한 특징은 유럽인들이 말 젖을 이용하기에 불리한 점이었을 텐데, 단백질 응고가 일어나지 않으면 치즈를 만들 수가 없기 때문이다. 하지만 응고되지 않기는 유럽인들이 좋아하는 당나귀 젖도 마찬가지다. 게다가 당나귀는 젖을 조금밖에 내지 않는다. 몽골인들은 우유의 더 진한 부분이 밑으로 가라앉을 때까지 말 젖을 저었다. 우유가 분리되면 아래쪽에 가라앉은 하얀 찌꺼기는 노예들에게 주고, 위쪽의 깨끗한 액체(유청)는 주인들이 마셨다. 이들은 맑은 유청을 발효시켜 음료로 마셨는데, 이 음료를 마셔본 뤼브룩과 마르코 폴로는 둘 다 약간의 취기를 느꼈다고 기록했다. 이에 더해 뤼브룩은 처음 마실 때 톡 쏘는 시금털털한 맛의 충격을 극복해야 한다면서 "마시고 나면 땀이 뻘뻘 나고, 오줌이 마렵다."고 썼다.

쿠미스koumiss라고 하는 이 알코올음료는 가족 텐트 안에 있는 커다란 가죽 들통에 넣어두고 사람이 들락거릴 때마다 발효가 잘 되라고 한 번씩 저어줬다. 뤼브룩이 축제일이라고 언급한 5월 9일은 몽골인들이 새해의 첫 쿠미스를 축하하는 날이었다. 땅에 쿠미스를 몇 방울 뿌려 그 무리의 모든 백마를 축복했다.

이미 그 전부터 몽골인 식단의 기본이었던 쿠미스는 그들이 티베트 불교로 개종하면서 생선과 말고기를 먹지 않게 된 16세기 후반 이후로 더욱 공고해졌다. 몽골인들이 20세기 대영제국이 탄생하기 전까지 동유럽과 아시아 대부분 지역에 이르는 역사상 가장 큰 제국을 건설할 수 있었던 결정적인 요인은 기본적으로 먹지도, 쉬지도 않고 오랜 시간 말을 탈 수 있었던 기병대의 전력 덕분이었다. 그들은 소젖으로 만든 쿠미스, 말린 응유, 분유를 늘 가지고 다니며 영양을 보충했다.

지금은 분유가 흔하지만 13세기 유럽인들에게는 호기심의 대상이었다. 마르코 폴로는 분유에 대해 이렇게 적었다.

또 그들은 우유를 건조시킨 가루로 일종의 반죽을 만들어 늘 휴대하고 다닌다. 음식이 필요하면 그걸 물에 넣고 녹을 때까지 데워 마신다. 만드는 방법은 이렇다. 우유를 끓여 지방이 위로 뜨면 걷어내 버터를 만든다. 이걸 걷어내지 않으면 우유가 응고되지 않는다. 남은 우유를 햇볕에 말린다. 원정을 떠날 때는 모든 남성이 이 말린 우유 10파운드(약 4.5킬로그램) 정도를 챙기는데, 아침에 0.5파운드(약 230그램)를 가죽 주머니에 넣고 원하는 만큼 물을 붓는다. 말을 타고 달리는 동안 반죽과 물이 뒤섞여 일종의 죽(pap, 이 단어는 나중에 우유를 주재료로 하는 이유식을 의미하게 된다)이 되면, 저녁 식사 준비가 끝이다.

몽골족의 모든 남성은 계급에 상관없이 황제에게 암말을 바쳐야 자신과 가족이 먹을 유제품을 자족할 수 있었다. 그게 기마 문화였고 지금도 그들은 그 문화를 유지하고 있다. 수많은 남성이 말을 탄 채 일하고 여행을 떠난다. 심지어 열차 선로 옆에서 지휘봉을 들고 일하는 신호수들도 말을 타고 있다. 그리고 지금도 그들은 쿠미스를 마신다.

13세기 말, 그러니까 뤼브룩보다는 나중이지만 이븐 바투타보다는 앞선 시기에, 마르코 폴로가 몽골을 방문했다. 그는 몽골인들이 쿠미스를 마신다는 것과 쿠빌라이 칸Kublai Khan이 쿠미스를 얼마나 좋아하는지, 그 통치자가 개인 소유의 특별한 백마들을 어떤 식으로 관리해 우유를 공급받는지에 대한 기록을 남겼다. 사실 마르코 폴로가 우유에 관해 그렇게 많은 기록을 남겼다는 점이 흥미로운데, 유럽에 수많은 음식 문화를 전파한 인물로 유명한 그이지만 음식 작가로서는 그리 훌륭하지 않았기 때문이다. 그는 차의 존재를 까맣게 몰랐는데, 나중에 차는 영국과 유럽에서 선풍적인 인기를 끌었다. 또 그가 이탈리아에 파스타를 들여왔다는 유명한 이야기는 전혀 사실이 아니다. 더 이른 시기 로마의 트락타 레시피와 이탈리아와 아랍의 파스타 레시피를 확인할 수 있기 때문이다. 하지만 기욤 드 뤼브룩처럼 마르코 폴로도 쿠미스에 푹 빠졌던 것 같다.

이븐 바투타는 말리 사람들보다 몽골 사람들과 더 잘 지낸 게 분명하다. 몽골의 황제는 그에게 양 몇 마리와 말 한 필, 쿠미스가 담긴 커다란 가방을 선물로 보냈다.

유럽인들이 신선한 우유를 마시는 걸 불안해하는 데는 그만한 이유가 있었다. 1307년 몽펠리에대학 학장이자 유명한 왕실 의사였던 아르노 드 빌라노바Arnau de Vilanova가 카탈루냐인들의 건강법에 관해 쓴《건강법칙Regiment de Sanitat》에는 우유에 대한 경고가 담겨 있다. "갓 짠 신선한 우유는 곧바로 소비해야 하고, 이상한 맛이 나거나 악취를 풍기면 안 된다. 그렇지 않은 우유를 4분의 1리터 정도 마시는 건 괜찮다." 12세기 영국 작가 알렉산더 네캄Alexander Neckam은 "졸이지 않은 생크림을 딸기랑 같이 먹는 건 … 시골 사람들의 만찬이다. 하지만 그런 만찬은 자칫 목숨을 위협할 수도 있다."고 말했다. 우유를 마신 뒤에는 우유의 해로운 성분을 없애기 위해 꿀로 입을 헹궈야 한다는 조언도 자주 했다. 정확한 이유를 아는 사람은 없었지만 우유를 먹고 탈이 나거나 심지어 죽는 사람도 있었다는 걸 알 수 있다. 대다수는 신선한 우유를 마시는 위험을 감수하지 않았을 테지만 실제로 누군가는 그렇게 했을 거라는 게 놀랍다.

우유는 피와 마찬가지로 액체였고, 많은 사람이 우유를 피라고 믿었다. 그래서 가톨릭에서는 붉은 고기와 함께 유제품 섭취를 금했다. 종교 축일에는 모든 유제품을 먹을 수 없었다. 7세기까지 이런 날이 꾸준히 늘었고 중세 이래로 비슷하게 유지되고 있다. 지금은 수요일, 금요일, 토요일과 부활절 전 40일이 이런 날에 속한다. 전부 합하면 일 년의 절반 이상 붉은 고기와 유제품을 못 먹는 셈이다.

1500년, 프랑스 3대 성당 중 하나가 있는 노르망디 루앙이라는 도시에 조리용 기름이 부족해졌다. 대주교는 붉은 고기와 유제품을 먹을 수 없는 사순절에 버터를 먹을 수 있도록 허락하면서 이 특별 허가를 원하는 지방 교구로부터 수수료를 받았고, 면죄부를 판 돈으로 대성당의 탑하나를 추가했다. 12세기부터 짓기 시작한 루앙 대성당에 16세기 초 뒤늦게 추가된 탑이 바로 이 '버터탑(butter tower)'이다.

뜨거운 우유인가, 차가운 우유인가

시간이 지나면서 사그라든 우유에 관한 몇 안 되는 논란 중 하나는 우유가 뜨거운 음식인지 차가운 음식인지였다. 중세에는 이 주제로 많은 논의가 있었는데, 온도와는 무관한 관념적인 문제였다. 지금도 중국에서는 이런 관념이 통용된다. 음식은 '뜨거운 것'과 '차가운 것'으로 나눌 수 있었는데, 사람의 몸은 두 종류의 음식에 각각 다르게 반응하기 때문에 건강을 위해서는 적절한 균형을 맞추는 게 중요했다. 뜨거운 음식은 성욕을 불러일으켰다. 붉은 고기는 '뜨거운' 음식이었고, 이것이 종교 축일에 고기를 금한 근본적인 이유였다.

찬 음식과 뜨거운 음식의 구분은 간단했다. 붉은 고기는 뜨겁다. 물고기나 물에서 사는 것은 차갑다. 그래서 고래 고기는 차가운 붉은 고기로 간주했다. 비버는 뜨거운 축에 속했지만 꼬리는 차가웠는데, 꼬리를 물속에 늘어뜨린 채 통나무에 앉아 있을 때가 많았기 때문이다. 즉, 비버 꼬리나 고래 고기는 축일에 먹을 수 있었다. 결국 유럽의 바다에서 고래 떼의 씨가 말랐다.

우유는 좀 복잡한 문제였다. 뜨겁다고 생각하는 사람들이 있는가 하면 차갑다고 하는 사람들도 있었고, '미지근하다'는 특별한 범주로 분류하는 사람들도 있었다. 우유가 하얗게 변한 피라고 믿는 사람들은 우유도 피처럼 뜨거운 성질을 띤다고 여겼다. 하지만 갈레노스를 비롯한 몇몇 이들은 피가 우유로 변하면 뜨거운 성질을 잃는다고 주장했다. 심지어 갈레노스는 우유가 위험할 정도로 차가운 음식이라고 말했다. 우유가 미지근하다고 주장하는 사람들은 우유로 만든 유제품 성질이 제각각이라고 말해 문제를 훨씬 복잡하게 만들었다. 우유가 미지근하다거나 뜨겁다고 주장하는 사람들은 아기나 노인들은 몸이 차기 때문에 우유를 마시는 게 이롭다고 봤다. 반면, 평균적인 나이의 성인에게는 위험한 음식이라고 했다. 몸이 약하거나 아프거나 우울증을 앓는 사람에게 우유를 권하는 것 역시 경솔한 짓이었다.

중세 유럽에서는 아기에게 동물의 젖을 먹이는 걸 권장하지 않았다. 고대와 마찬가지로 일부 여성들은 모유 수유를 할 수 없거나 하지 않았고, 거의 언제나 그들의 해결책은 유모였다. 영어로 작성된 12세기의 한 문서에 이런 내용이 있다. "우리 인종 여성들은 사랑하는 자신의 아기에게조차 젖을 빨리 떼버리고, 부유층 여성들은 젖 물리는 걸 혐오한다." 14세기 의사 베르나르(Bernard of Gordon) 역시 유모를 권장했는데, "요즘 여성들은 지나치게 예민하거나, 너무 도도하거나, 불편한 걸 좋아하지 않기 때문"이라고 언급했다.

처음에는 아기를 유모의 집에 맡기는 방식으로 젖을 먹였지만 11세기 이후로는 유모를 입주 가정부로 고용하기 시작했다. 보통 입주 가정부는 집안의 다른 하인들보다 급료를 많이 받았다. 엄마는 유모에게 무슨 일이 생겼을 때만 가끔 아기에게 젖을 먹였다.

처음에는 상류층 여성들만 유모를 썼다. 그러다 상점을 운영하는 중산층 여성들이 등장하면서 그들도 유모를 고용하기 시작했다. 특히 이탈리아에서 이런 현상이 두드러졌다. 나라마다 다른 '당국'이 나서서 이상적인 유모의 자질에 대한 다양한 개념을 내놨다. 14세기 초 인기를 끌었던 의학 논문 〈의술의 장미Rosa Medicinae〉는 당시 잉글랜드 의사였던 존(John of Gaddesden)이 썼지만, 갈레노스나 이븐 시나, 아베로에스 같은 과거의 걸출한 인물들의 조언을 엮은 책이었는데, 유모는 "갈색 머리에 첫째 아이가 사내여야 한다."고 충고했다. 그는 또 '폐병'이라고 부르던 결핵 환자들도 유모의 젖이나 동물의 젖에서 직접 우유를 먹는 게 좋다고 설명했다. 이 치료법은 수 세기 동안 결핵 환자를 치료하는 방법으로 사용돼왔다. 그러나 역설적이게도 소의 결핵이 우유를 통해 사람에게 전염될 수 있다는 사실은 아직 알려지지 않았었다.

중세 유럽에서는 젖병 수유가 드물었다. 동물의 젖을 먹고 자란 아기는 사람 젖을 먹고 자란 아기보다 지적 능력이 떨어진다고 믿었기 때문이다. 하지만 유모도 단점이 있었다. 유모가 늘 정직한 건 아니었고 몰래 술을 많이 마시는 사람도 더러 있었다. 젖이 잘 나지 않으면 대신 염소젖을 먹이기도 했다.

아기가 유모의 특성을 물려받는다는 유럽인들의 믿음은 동물의 젖을 먹은 아이는 야생의 짐승처럼 자랄 거라는 믿음으로까지 확대됐다.

예를 들어 염소젖을 먹고 자란 아기는 염소처럼 발이 튼튼해질(sure-footed) 거라고 생각했다.

의학 역사가였던 발레리 필데스Valerie Fildes는 아기에게 동물의 젖을 물리는 관행이 프랑스에서 좀 더 흔했던 이유가 프랑스인들에게는 그런 믿음이 별로 없었기 때문이라고 주장했다. 철학자이자 작가인 미셸 드 몽테뉴Michel de Montaigne는 1580년 프랑스 남서부에 있는 자신의 고향 도르도뉴에서 관찰한 바를 적었다. "이 동네에서는 엄마가 아기에게 젖을 물릴 수 없을 때 염소를 데려다가 도움받는 일이 흔하다."

17세기 영국의 일기작가 새뮤얼 피프스Samuel Pepys는 1667년 케임브리지대학교의 명문 칼리지 중 한 곳을 이끄는 카이유스Cayus 혹은 카이우스Caius 박사의 사례를 소개하면서, 고령인 그 박사가 여성의 모유만 먹고 산다고 적었다. 1655년 토머스 모펫Thomas Moffet 박사의 《건강증진Health Improvement》이라는 책에도 카이유스가 언급되는데, 여기서는 그가 모유를 먹을 때 유모의 가슴에서 직접 빨아 먹었다고 돼 있다. 첫 번째 유모는 성질이 유난히 나빴는데 카이유스도 성질이 나빠졌고, 성격이 좀 괜찮은 유모로 바꾸자 그의 성격도 좋아졌다는 것이다. 유럽에서는 노인이나 환자가 사람의 모유를 먹는 게 드문 일이 아니었다.

대신 인공 수유는 드물었다. 오늘날 많은 역사학자가 당시 여성들이 내렸던 이런 결정이 남편들이 주는 엄청난 부담감 때문이었다고 확신한다. 사실 모유 수유를 둘러싼 모든 문제는 여성의 신체에 관한 결정을 대신 내리려고 들었던 남성들의 문제이자, 오늘날 낙태 문제의 초기 버전이었다.

우유가 제철 음식인 이유

타이유방은 소젖으로 장스^{jance}라는 소스를 만들었는데, 어떤 요리에 어떻게 쓰는지는 제시하지 않았다. 장스는 유럽 전역에서 인기였고 주로 가금류 요리에 곁들였다. 장스는 종류가 매우 다양하지만 한 가지 공통점은 생강 맛이 주를 이룬다는 것이다. '장스'라는 단어는 아마 생강을 뜻하는 '진저^{ginger}'에서 유래했을 텐데, 생강은 대체로 포르투갈이 주도권을 쥐고 있던 향신료 무역에서 가장 귀한 상품 중 하나였다. 타이유방의 우유 장스 소스 레시피는 다음과 같다.

> **소젖으로 만드는 장스**
> 생강은 으깨고, 달걀노른자는 풀어 놓고, 우유를 끓여서 다 같이 섞는다.

이런 소스는 타이유방이 만들기 전부터 있었다. 1290년 작자를 알 수 없는 《13세기의 특징에 관한 논고 ^{Traité du XIIIe Siècle}》에 나오는 내용이다.

> 수탉과 암탉의 살코기는 여름과 겨울에 와인 소스에 굽는 게 좋은데, 마늘과 계피와 생강으로 맛을 내고 아몬드(우유)나 양젖을 섞는다.

사실 이건 양젖 장스였다. 이 시기에 남아 있는 거의 모든 조리법 모음에는 장스 레시피가 빠지지 않는데, 보통은 소젖으로 만들었기 때문에 양젖은 특이한 시도였다.

신선한 우유의 위험성과 그 많은 축일에 사용할 수 없다는 불편함 때문에 사람들은 대체물을 찾아야 했다. 제일 나은 게 아몬드 우유였다. 위의 레시피에서 '아몬드나 양젖'을 선택한 이유가 그래서였다. 아몬드 우유는 축일에 우유 대용으로 쓰였다.

아몬드 우유는 아몬드를 갈아서 가루로 만들고, 끓인 물에 가루를 불려 그걸 걸러서 만들었다. 아몬드 우유 선택지를 제시하는 레시피는 15세기와 16세기에 나타나기 시작했지만 이미 16세기 말에는 유럽 요리에서 자취를 감추기 시작했다. 아몬드 우유를 사용하지 않게 된 이유는 무엇일까? 변질된 우유의 위험성이나 우유의 해로운 특성은 분명 달라진 게 없었다. 사실 영국 가정에서는 아몬드 우유를 더 이상 사용하지 않았지만 영국의 열대 지방 식민지들, 그중에서도 특히 자메이카인들은 아몬드 우유와 거의 같은 방식으로 만드는 코코넛 우유 제조법을 터득해나가고 있었다.

아몬드 우유로부터 멀어진 가장 큰 이유는 종교개혁이었던 것으로 보인다. 개신교는 축일에도 음식 제한을 하지 않았고, 제한이 사라지자 아몬드 우유를 사용할 필요가 없어진 것이다.

동물의 젖을 구하기가 훨씬 쉬워진 것도 또 다른 이유였다. 중세 유럽에서는 염소, 양, 소의 수가 상대적으로 적었고, 낙농가도 가족 단위의 소규모로 운영됐다. 낙농업이 상기업으로 조직화된 건 18세기에 들어서의 일이다. 농부들은 많으면 소 두세 마리, 적으면 한 마리를 소유한 게 고작이었고, 당연히 남들한테 팔 우유도 많지 않았다. 이들의 관심은 고기였지 우유가 아니었다. 소를 기르는 목적은 송아지를 얻는 것이었다. 요즘은 광고 문구에 넣을 일이지만, 이때 소는 전부 풀을 먹었다. 하지만 소가 많아야 세 마리뿐이라 오늘날 소 떼를 방목하는 정도의 광활한 목초지는 필요치 않았다.

그 역사가 중세까지 거슬러 올라가는 서머싯의 유명한 치즈는 토끼풀을 먹고 자란 소젖으로 만들었다. 소들이 풀을 뜯는 들판에 클로버가 지천이었다. 눈이 많이 오는 스웨덴이나 노르웨이보다는 목초지가 많은 잉글랜드나 네덜란드가 소를 키우기에 더 좋은 환경이었고, 그것이 두 나라가 대표적인 낙농 국가가 된 이유 중 하나다. 하지만 잉글랜드, 그것도 심지어 서머싯에서조차 겨울에는 소들이 보기 딱할 만큼 병약해졌다. 일부는 죽기도 했다. 나눠 마실 여분의 우유가 있는 사람은 아무도 없었다.

게다가 중세의 유럽과 이후 상당한 시간이 지나서까지도 — 잉글랜드 사람들이 '하얀 고기'라고 불렀던 — 우유는 제철 음식이었다. 모든 포유동물이 그렇듯, 젖소도 새끼를 낳을 때까지 젖을 내지 않는다. 출산은 보통 봄에 하는데, 따뜻한 날씨에 자란 싱싱한 풀을 먹으며 봄과 여름 내내 많은 양의 우유를 생산한다. 하지만 겨울에는 풀이 자라지 않는다. 게다가 젖소는 생후 2년, 즉 생애 약 3분의 1을 송아지로 사는데, 바꿔 말하면 그 긴 기간 동안 우유를 전혀 생산하지 못한다는 얘기다.

젖소가 젖을 분비하는 기간을 최대한으로 이용하기 위해 일반적으로는 한 해의 열 달 동안 젖을 짠다. 하지만 이건 타이밍의 문제이기도 한데, 소의 임신 기간이 약 9개월이고 출산 전 약 2개월의 건유기가 있기 때문이다. 소가 봄에 좋은 풀을 먹을 수 있다는 이점을 이용하려면 농부는 출산 시기를 잘 조정해야 했다.

젖의 분비 기간이 겨울까지 연장된 소라도 젖의 양이 많지 않으며 따라서 젖을 풍부하게 내는 시기는 봄과 여름뿐이었다. 신선한 버터는 제

소젖 짜기는 농장의 여러 가지 일 중 하나였다. 동판화, 장 루이 드마른 Jean-Louis Demarne(1752~1829), 작가 소장.

철에만 먹을 수 있었고, 그 외에는 전부 가염 버터만 먹었다. 소금을 넣지 않은 '5월의 버터(May butter)'라는 것도 있었지만 치료를 목적으로 한 의료용으로만 쓰였다.

우유를 제철에만 먹을 수 있다는 사실은 우유가 봄과 여름에만 누릴 수 있는 기쁨이라는 특별한 정서를 만들어냈다. 하지만 그건 불행히도 가장 상하기 쉬운 따뜻한 시기에 우유가 생산된다는 의미이기도 했다.

도시에 가까운 입지는 상하기 쉬운 상품을 다루는 판매자의 명백한 이점이기 때문에 대부분의 낙농가는 도시 근방에 있었다. 농부들은 소를 끌고 도시에 가서 우유를 팔았다. 특히 런던에서 이런 모습이 흔했다. 농부가 거리를 돌아다니며 소리를 지르면 여자들, 주부나 하인들이 양동이나 다른 용기를 가지고 나와 걸어 다니는 우유 저장고에서 직접 짜낸 거품이 인 따뜻한 액체를 받아 갔다. 이런 판매 방식은 장점이 많았다. 우유는 더없이 신선했고, 손님들은 관리가 잘 된 건강한 소인지 확인할 수 있었다.

우유와 맥주의 만남

런던을 확장하면서 원래 하나의 마을이었던 햄스테드 히스^{Hampstead Heath}나 세인트 제임스 공원(St. James's Park), 링컨스 인 필즈^{Lincoln's Inn Fields} 같은 공원을 조성해 그곳에서 소들이 풀을 뜯어 먹는 걸 허용했다. 특히 세인트 제임스 공원은 우유의 품질이 좋기로 유명해서 돈 많은 런던 시민들이 사람을 보내 우유를 받아 갔다. 하지만 우유의 방문 판매가 줄어드는 현상은 도시에 유통되는 우유의 품질 저하의 시작을 알리는 신호였다. 공원에서 젖 짜는 여성들이 젖을 짜주면, 우유를 사러 온 여성들은 기다란 막대를 어깨에 두르고 양쪽 양동이에 우유를 받아 마을을 가로질러 힘겹게 날라야 했다. 양동이 위를 따로 덮는 게 없어서 집까지 가져가는 동안 검댕이나 나뭇가지, 도시의 온갖 지저분한 것들이 우유에 내려앉을 수 있는 건 물론이었고, 젖을 짜는 사이에 양동이를 씻는 것도 흔한 일이 아니었다. 비슷한 맥락에서, 마을이나 도시 근처에 낙농가가 들어서면서 뚜껑을 덮지 않은 채 양동이나 짐 바구니에 우유를 담아 당나귀로 운반하는 일도 다반사였다. 몇몇 역사가들은 16세기 도시민들 사이에 우유의 위상이 낮아졌다고 지적했다. 고대 로마인들처럼 우유가 가난한 사람들이 먹는 음식이라고 생각하기 시작한 것이다. 아마 잔가지, 벌레, 먼지 등이 둥둥 떠다니는 상태로 배달되는 우유의 허술한 위생 관리가 그 이유였을 것이다.

1615년 마컴이 출간한 《영국의 주부》는 적절한 유제품 관리법을 알려주는, 영어로 쓰인 최초의 책이었다. 그가 강조한 것은 청결이었다. 하지만 남자들이 여자들을 가르치려고 할 때 흔히 그렇듯이, 위생에 관한 이 주제도 여성을 판단하려는 충동으로 뒤죽박죽이 됐다.

농가에서 배달된 우유를 관리하는 과정에서 가장 중요한 것은 우유를 보관할 장소를 깨끗하고 쾌적하게 유지하는 주부의 청결함이다. 그곳은 티끌만큼의 먼지도 있어서는 안 된다. 왕자의 잠자리도 못 쫓아올 만큼, 눈으로든 코로든 시큼한 냄새나 불결함이 허용되지 않는다.

한편 물은 우유보다도 덜 깨끗한 게 보통이었다. 가장 안전한 음료는 맥주였다. 수많은 북유럽 문화에서 우유와 맥주를 섞었던 게 이 때문이었을 것이다. 북유럽 국가에서는 오래전부터 이런 생각을 해왔다. 포셋의 초기 버전은 우유와 맥주를 주재료로 썼고 네덜란드와 스코틀랜드를 포함한 몇몇 국가에서는 귀리 포리지를 만들 때 에일이나 우유, 아니면 둘 다를 넣고 끓이는 경우가 흔했다. 지금은 스웨덴 남부에 속하지만 과거에는 덴마크에 포함됐던 스카니아, 할란드, 블레킹에 지방에서는 맥주와 우유가 아침, 점심, 저녁 식탁의 흔한 메뉴였다. 맥주는 알코올 함량이 아주 낮아서 '작은 맥주'라고 불리는 종류였다. 작은 맥주와 우유를 같은 양으로 섞은 음료 한 잔과 흑빵(dark bread, 통밀로 만든 검은 빵) 한두 조각이 가난한 남자들의 일반적인 식사였다. 청어에 맥주나 우유를 곁들이는 것도 흔한 아침 식사였다. 우유는 신선한 전유, 가끔 탈지유, 어떨 땐 산유도 먹었다.

　우유와 에일을 섞어 먹는 식습관은 이후로도 지속됐다. 1875년 우유의 역사가 깃든 장소, 링컨스 인 필즈의 존 헨리 존슨John Henry Johnson이 유청과 유당, 홉으로 만든 가벼운 도수의 맥주에 대한 특허를 신청했다. 하지만 그 맥주를 만든 건 그가 아니라 다른 사람들이었다. 아니면 그가 만든 건 사람들이 '밀크 스타우트milk stout'라고 부르던 것과 비슷한 혼합 음료였다. 어쨌거나 밀크 스타우트에 사용되는 우유의 유일한 성분은 유당이었는데, 1946년 영국 정부는 유당이 사람들이 우유에서 기대하는 건강상의 이점을 제공하지 않는다고 판단해 '밀크 스타우트'라는 이름에서 '밀크'라는 단어를 사용할 수 없다고 결정했다.

치즈의 왕국

고대 그리스와 로마에서는 신선하고 부드러운 치즈가 인기였는데 유럽에서도 그 인기는 여전했다. 그런 치즈는 원래 염소젖이나 양젖으로 만드는 게 보통이었지만 중세 말에 접어들면서 소젖으로 대체하는 경향이 생겨났다. 처음에는 커드를 무거운 것으로 눌러 압착하고 지역에서 나는 허브를 조금 넣어 짧게 숙성시켜 만들었다. 그러다 시간이 지나면서 방법이 점점 세련되고 정교해졌다. 1615년 저베이스 마컴의《영국의 주부》에 나오는 레시피다.

> **신선한 치즈 만드는 법**
>
> 맛 좋은 신선한 치즈를 만들기 위해 소에서 짠 우유 1포틀(0.5갤런, 약 1.9리터)과 크

크림치즈도 인기였다. 요즘 사람들도 크림치즈는 자주 먹지만 너무
산업화되어 원래 그게 뭐였는지, 어떤 맛이었는지 잊은 듯하다. 그 역
사가 적어도 15세기까지 거슬러 올라가는 크림치즈는 스코틀랜드, 잉
글랜드, 프랑스를 비롯해 수많은 국가에서 큰 인기였다. 아래는 1727년
엘리자 스미스Eliza Smith의 《완벽한 주부들The Compleat Housewive》에 나오는 크
림치즈 레시피다. 이 책은 18개의 판본으로 인쇄됐는데, 대부분 그녀가
죽고 난 이후에 나왔다. 이 책은 식민지 미국에서 인쇄된 최초의 요리책
이었다. 레시피 제목을 '여름 크림치즈'라고 붙인 점이 흥미롭다. 여름
은 우유 3파인트(약 1.7리터)를 소에게서 직접 짤 수 있는 시기였다.

여름 크림치즈 만드는 법

소에서 갓 짠 신선한 우유 3파인트(약 1.7리터)를 준비하고, 발효되지 않은 크림 5파
인트(약 2.84리터)를 연기가 나지 않을 정도로 약한 불에서 끓여 우유에 붓고 미지근
하게 식힌다. 이후 레닛 1스푼을 넣고 잘 되면(굳으면), 그 위에 체를 들고 커드를 조
심스럽게 떠서 체에 담아 치즈 도마에 올린 다음, 그 위에 2파운드(약 0.9킬로그램)
무게를 올린다. 유청이 빠지도록 3시간가량 그대로 두고, 이제 더 작아진 커드를 헝
겊으로 조심스럽게 감싸 그 위에 치즈 도마를 올리고, 4파운드(약 1.8킬로그램) 무게
를 얹는다. 밤이 되기 전까지 2시간마다 마른 헝겊으로 갈고, 다음 날 아침에 부스러

지지 않게 조심한다. 커드를 하루 동안 소금에 절인 후, 젖은 헝겊으로 감싸놓고 적당히 숙성될 때까지 매일 갈아준다.

양젖이나 염소젖으로 치즈를 만들던 것이 소젖으로 바뀐 이유는 부분적으로 치즈 제조업자들의 관점이 상업적으로 바뀌면서 상하지 않게 운송할 수 있고 좀 많이 먹어도 탈이 나지 않는 치즈를 생산하고 싶어 했기 때문이었다. 즉, 소젖으로 숙성시킨 경질 치즈여야 했다는 의미다. 군인들에게도 이런 치즈가 필요했다. 1642~1646년 제1차 잉글랜드 내전 당시 군인들에게 지급됐던 전투식량에 대한 자세한 기록이 남아 있다. 윌트셔에 주둔했던 의회파 군인 200명에게는 치즈 5,300파운드(약 2,400킬로그램)와 버터 400파운드(약 180킬로그램)가 지급됐고, 보병은 하루에 치즈 16파운드(약 7킬로그램), 버터 8.5파운드(약 4킬로그램), 빵 13파운드(약 6킬로그램), 맥주 40파인트(약 23리터)를 배급받았다. 맥주는 체력 유지에 아주 중요한 것으로 여겨졌다.

파르메산 치즈와 체더 치즈

얼마 후, 어떤 치즈 하나가 국제 치즈 무역을 주름잡기 시작했다. 지금도 사람들이 즐겨 먹는 파르메산 치즈였다. 파르메산 치즈에 관한 최초의 기록 중 하나는 1344년 피렌체의 코뮌(중세 유럽에 있었던 주민자치단체)에서 파르메산 치즈 구매 내역을 기록해놓은 장부다. 하지만 이 치즈는 그보다 훨씬 이전부터 있었을 것으로 추정된다.

이 치즈는 피렌체 출신 작가 조반니 보카치오 Giovanni Boccaccio가 1357년 그의 유명한 소설집 《데카메론 Decameron》에서 파르메산 치즈를 갈아 만든 산이 있는데, 거기 사람들은 빈둥빈둥 살면서 마카로니와 라비올리만 만들어 먹는다는 환상을 언급하면서 유명해졌다. 그는 이 가상의 산을 이탈리아에서 멀리 떨어진 "바스크인들의 땅"에 있는 곳으로 설정했다. 하지만 이 치즈가 이미 남유럽에서 유명하지 않았다면 그가 이런 언급을 하지는 않았을 것이다.

파르메산 치즈는 파르미자노 레자노 parmigiano-reggiano라고도 부르는데, 이탈리아 북부의 파르마 Parma와 레조 에밀리아 Reggio Emilia 사이 풍부한 초록 목초지에서 생산돼왔고 지금도 그렇기 때문이다. 포강을 따라 드넓게 펼쳐진 이곳이 바로 이탈리아의 에밀리아 로마냐주다. 만약 어딘가에서 버터로 만든 파스타 요리를 본다면, 그 요리는 올리브 오일보다 버터를 주로 사용하는 에밀리아 로마냐의 요리라고 생각하면 맞을 것이다.

파르메산 치즈를 만들려면 우선 오후 늦게 짠 우유를 실온에 밤새도록 놔둬야 한다. 아침에 우유에 생긴 더껑이를 걷어내 그 크림으로 버터를 만든다. 지방을 걷어내고 남은 탈지유를 그날 아침에 짠 신선한 우유와 섞는다. 거기에 레닛과 전날 치즈를 만들면서 나온 유청을 조금 추가한다. 이걸 낮은 온도로 40분 동안 가열해 응고가 일어나면 커드와 유청을 분리한다. 남은 유청은 그 지역에서 키우는 돼지들에게 먹였다. 이 돼지들로 만드는 게 바로 이탈리아에서 유명한 또 다른 하나인 프로슈토 디 파르마 prosciutto di Parma 햄이다. 심지어 지금도 이 이름을 사용하려면 파르메산 유청을 먹인 돼지로 만들어야 한다.

파르메산 치즈는 커다란 원통형으로 만들어졌으며, 2년에서 3년의

우유의 역사

숙성 기간을 거쳤다. 이 치즈의 명성은 수그러들지 않았다. 보카치오가 산더미처럼 쌓인 갈아놓은 파르메산 치즈를 언급한 지 두 세기가 지나 르네상스 시대의 음식 작가 플라티나도 이 치즈의 품질을 높이 평가했다. 영국의 해군 행정관이자 일기 문학의 개척자로 유명한 새뮤얼 피프스는 런던 대화재(1666년 9월 2일부터 6일까지 런던을 휩쓸었던 화재 −옮긴이) 때 자신이 가지고 있던 파르메산 치즈를 뒤뜰에 묻은 덕분에 무사히 지킬 수 있었다고 주장했다.

　미국의 제3대 대통령 토머스 제퍼슨^{Thomas Jefferson}은 버지니아로 파르메산 치즈를 들여왔다. 제퍼슨 시대에 이탈리아에서 파르메산 치즈를 수입하는 건 드문 일이 아니었다. 18세기 잉글랜드 서식스주 루이스에서 셰프로 활동하던 윌리엄 베럴^{William Verrall}은 1759년 자신의 요리책에 얼마 안 가 '마카로니 앤 치즈'라고 알려지게 될 레시피를 소개했다. 베럴은 프랑스 셰프 밑에서 수학했는데, 분명 이탈리아 음식에 대해 잘 모르는 상태에서 파르메산 치즈에 대해 배웠던 것 같다. 그가 레시피를 소개하기 전 해놓은 설명에는 "크림이 든 마카롱" ― 설탕, 달걀노른자, 크림, 버터가 잔뜩 들어간 음식 ― 과 비교해 이 마카롱은 "달콤한 비스킷 같은 종류가 아니라 베르미첼리^{vermicelli} (아주 가느다란 이탈리아식 국수 −옮긴이) 같은 일종의 밀가루 반죽인데, 그것과 비교하면 아주 굵다."고 되어 있다.

파르메산 치즈로 만든 마카롱

이걸 만들 때도 먼저 마카롱을 물에 끓이는데, 소금 약간, 육수(국물) 1국자, 파 조금, 다진 파슬리, 후추, 육두구를 넣는다. 몇 분 동안 끓이다가 저번처럼 오목한 그릇에 붓고, 레몬이나 오렌지를 짜서 즙을 뿌린다. 곱게 간 파르메산 치즈를 아주 수

북하게 올린 뒤, 저번처럼 적당한 색이 날 때까지 같은 시간(15분) 동안 익혀 뜨겁게 식탁에 낸다.
프랑스에서는 치즈로 만든 이런 식의 요리를 많이 차려 내는데, 가리비나 굴, 아니면 즐겨 먹는 다양한 앙트르메(곁들이는 요리)를 같은 식으로 조리해 짭조름한 화이트 소스와 함께 내는 것뿐이다.

국제적으로 유명한 또 다른 소젖 치즈인 체더는 목초지가 많은 잉글랜드 서머싯 지방의 체더 마을에서 만들기 시작했다. 하지만 파르메산과 달리 체더의 원산지는 법적으로 보호된 적이 없다. 체더는 파르메산만큼 오래된 것은 아니어도 역사가 최소한 16세기 이전까지는 거슬러 올라가고, 아마 그 이전부터 있었을 것이다. 원래 '체더cheddar'라는 단어는 마을 이름을 딴 것이었지만 곧 치즈 만드는 과정을 의미하는 것으로 바뀌었다. '체더링cheddaring'은 일부 유청이 걸러진 커드를 잘라서 쌓고, 압착 과정이 진행되는 동안 10분마다 자리를 바꿔가며 다시 쌓는 과정을 말한다. 이 과정을 거치면 체더가 대단히 부드러운 질감의 치즈가 된다.

파르메산과 마찬가지로 체더 역시 아주 커다랗게 만드는 치즈이지만, 그중에서도 빅토리아 여왕의 결혼 선물로 만든 지름 9피트(약 2.75미터), 무게 1,250파운드(약 570킬로그램)의 체더 만큼 큰 치즈는 거의 없었다. 서머싯에서는 체더를 '협동조합 치즈'라고 부르는데, 체더치즈 하나를 만들기 위해서는 그 교구의 농장 전체에서 생산하는 우유가 필요했기 때문이다. 여왕에게 선물한 체더는 교구 두 곳에서 생산된 우유가 들어갔다. 체더치즈는 숙성 기간도 1년에서 2년 정도가 필요하기 때문에 이 치즈를 만드는 건 시간과 돈이 정말 많이 드는 작업이었다.

"커드 자르기", 〈일러스트레이티드 런던 뉴스The Illustrated London News〉, 1876년 11월 4일 자.

현지에서 판매되는 체더는 '트러클truckle'이라고 부르는 원통형 소형 치즈였고, 큰 체더는 장거리 운송을 염두에 두고 만든 것이었다. 체더라는 개념도 수출되어 대부분의 영국 식민지에서 체더를 만들었다. 아일랜드, 캐나다, 미국, 오스트레일리아에도 체더치즈가 있지만, 서머싯 체더의 '고소한' 풍미를 내는 체더는 드물다. 그리고 그걸 알아차리는 사람 역시 드문 것 같다.

엘리자 스미스가 《완벽한 주부들》에 체더치즈 레시피를 소개했는데 그녀의 레시피는 농장이 있어야 한다는 게 문제이긴 하지만 사람들이 체더를 어디서나 만들 수 있는 치즈라고 생각하는 데 기여했다. 치즈 생산자들의 관점이 상업적으로 바뀌기 시작하긴 했어도 아직 치즈 제조는 보통 가족 단위로 하는 활동이었기 때문에, 17세기와 심지어 18세기 요리책에도 다양한 치즈 레시피를 소개하는 경우가 많았다. 주부들을

위한 스미스의 요리책에는 레닛과 버터, 예닐곱 종류의 치즈 레시피가
실려 있다.

체더치즈 만드는 법

아침에 소 12마리에서 짠 우유와 전날 밤 같은 양의 우유로 만들어놓은 크림을 준비
해 레닛 3큰술을 넣는다. 응고되면 부숴서 유청을 뺀다. 유청을 빼고 남은 커드를 다
시 부수고 신선한 버터 3파운드(약 1.36킬로그램)를 섞어 눌러놓는다. 1시간 이상 자
주 뒤집어주면서 커드를 감싼 헝겊을 갈아준다. 처음에는 갈 때마다 빨아서 젖은 헝
겊으로 감쌌다가 마지막에는 마른 헝겊 2~3장으로 감싸고, 치즈 두께에 따라 그 상
태로 30시간에서 40시간 동안 눌러놓는다. 헝겊을 벗겨 치즈를 유청으로 씻어내
고 마른 헝겊에 올려서 말린 뒤, 선반에 두고 자주 뒤집어준다.

'치즈 대가리'에서 '낙농 천재'가 되기까지

유제품을 가장 많이 소비하는 사람들은 북유럽과 알프스, 특히 스위
스 사람들이었다. 로마는 몰락했어도 이웃 국가들에 대한 우월감은 잃
지 않은 남유럽 사람들은 여전히 그들을 우유나 마셔대는 야만인들이
라고 깔봤다. 남유럽 사람들도 당연히 치즈를 먹고 우유도 마셨지만, 북
유럽인들의 소비량에 비할 바는 아니었다. 특히 네덜란드인들은 우유,
치즈, 버터를 끊임없이 먹어대는 아둔하고 우스꽝스러운 사람들로 찍혔
다. 심지어 네덜란드와 인접한 벨기에의 플랑드르 사람들조차 그들을
'케스코폰kaaskoppen', 즉 '치즈 대가리들'이라고 부르며 비웃었다. 북유럽
인들, 특히 잉글랜드 사람들 역시 유제품을 먹는 습관 때문에 네덜란드

젖 짜는 시간. 1649년 파올루스 포테르Paulus Potter의 회화를 존 고드프리John Godfrey가 판화로 새긴 작품, 〈아트 저널The Art Journal〉, 1856년.

인들을 얕잡아 봤다. 어느 팸플릿에는 "네덜란드인은 뚱뚱하고 원기 왕성한 다리 둘 달린 벌레"라고 표현하기도 했다.

단순히 '치즈 대가리' 이상이었던 중세 네덜란드인들은 포리지의 열혈 애호가들이기도 해서, 프랑스나 잉글랜드 사람들이 '밀'을 의미하는 라틴어 '프루멘툼frumentum'이라고 부르던 것을 아주 맛있게 변형한 요리를 많이 먹었다. 그들은 전형적으로 하루에 최소한 한 번은 포리지를 먹었는데, 아침이나 점심, 저녁으로 먹기도 하고 에피타이저, 주요리, 디저트로도 먹었다.

1560년에 출간된《뉴웬의 요리책 Nyuwen Coock Boek》에는 따라 해볼 만한 네덜란드 포리지 레시피가 실려 있다.

> 밀을 물에 끓인 후 물은 따라낸다. 우유에 달걀노른자, 설탕, 사프란을 넣고 끓이다가 밀을 넣고 한동안 끓인다.

달걀노른자를 넣고 끓이는 건 우유를 덩어리지게 하려고 네덜란드인들이 즐겨 쓰는 방법이었다. 포리지가 시리얼 쪽이 아니라 달콤한 커스터드나 푸딩에 가까워지고 있었다.

네덜란드인들은 우유, 치즈, 포리지 외에 버터도 즐겨 먹었다. 상류층 사람들은 식탁에 하우다 마을에서 생산하는 델프트 delft 버터와 그 밖에 다른 몇몇 지방에서 만든 여러 종류의 버터를 차려놓고 즐기는 걸 자랑스러워했다.

네덜란드인들도 다른 북유럽인들처럼 라드보다 버터로 조리하는 걸 선호했다. 또 아침으로 유청이나 버터밀크를 즐겨 먹었다. 심지어 가난한 가정에서도 아침은 버터밀크와 빵이었다.

버터가 안 들어가는 네덜란드 음식은 뭐가 있을까? 버터는 쓸 수 있는 어디에나 들어갔다. 전통 고기찜 '후츠폿 hutsepot'에도 버터를 썼다. 아래는 1652년에 네덜란드 도르드레흐트 출신 얀 반 베버비크 Jan van Beverwijck라는 의사가 쓴 레시피다.

양고기나 소고기를 씻어서 적당한 크기로 자른다. 채소나 파스닙 또는 속을 채운 건자두 몇 개 또는 레몬이나 오렌지, 시트론(레몬과 비슷하게 생겼지만 훨씬 크고, 보통 껍질만 먹는다) 즙 아니면 신맛이 강하고 깨끗한 식초 1파인트(약 0.56리터)를 넣어 잘섞은 후 약한 불에 올린다. 생강과 녹인 버터를 넣으면 맛있는 후츠폿이 준비된다.

후츠폿은 완성하는 데 네 시간 정도 소요된다.

16세기 막강한 군사력을 키워가고 있던 네덜란드 해군은 수병 한 사람당 매주 치즈 반 파운드, 버터 반 파운드, 빵 5파운드를 지급했다. 역사학자 사이먼 샤마Simon Schama는 1636년 선원 100명을 태운 네덜란드 함선 한 척의 식량으로 치즈 450파운드(약 200킬로그램)와 버터 1.25톤이 필요했을 것으로 계산했다. 치즈와 버터를 넉넉하게 공급받는 건 모든 네덜란드인의 권리였다.

프랑스인들은 요즘 그들이 '프렌치 프라이' 농담을 하듯이(프랑스인들과 벨기에인들은 감자튀김이 서로 자신들 요리라고 주장하면서 앞에 붙는 '프렌치French'를 두고 의견이 분분한데, 문제의 감자튀김은 과거 네덜란드 영토에 속했던 벨기에 사람들이 겨울을 나기 위해 물고기 튀김 대신 먹었던 음식이다 -옮긴이) '플랑드르 농담'을 했는데, 감자튀김이 아니라 네덜란드인들이 소비하는 막대한 양의 버터를 비웃는 것이었다. 다른 나라 사람들의 조롱이야 그렇다 쳐도, 네덜란드 보건 당국 역시 네덜란드인들이 건강에 해로울 정도로 버터를 많이 먹는다고 끊임없이 불평했다. 특히 많은 이들이 걱정하는 건 버터와 치즈를 같이 먹는 네덜란드인들의 식습관이었다. 17세기 중반, 네덜란드 화가 파울루스 포테르Paulus Potter는 이런 글을 썼다.

버터를 곁들인 치즈는 악이라네

악마가 우리에게 바라마지 않는

하지만 대부분의 네덜란드인은 유제품이 좋은 식단의 기본이라고 믿었다. 17세기 의사 헤이먼 야콥스^{Heijman Jacobs}는 "달콤한(신선한) 우유, 신선한 빵, 질 좋은 양고기와 소고기, 신선한 버터와 치즈"를 섭취하라고 조언했다. 네덜란드의 유명한 정물화 화가들은 화면 구성에 치즈를 자주 등장시켰다.

네덜란드인들은 정말 다양한 치즈를 만들었다. 양젖으로도 만들었지만 소젖으로 만드는 게 더 많았다. 심지어 카세움 니몰켄^{caseum nymolken}, 즉, 초유로도 치즈를 만들었다. 봄에 만드는 치즈, 커민을 넣은 치즈, 커드에 약간의 유청을 섞는 코티지치즈도 있었다. 영국 치즈, 프랑스 브리 치즈, 파르메산 치즈를 모방한 치즈도 만들었다. 16세기에는 이탈리아식 리코타 치즈도 만들기 시작했다.

네덜란드는 치즈 시장이 있는 수많은 도심을 거점으로 효율적인 치즈 유통 시스템을 갖추고 있었다. 작은 나라였고, 사람들은 대부분 농장 아니면 농장 근처, 그것도 아니면 치즈 시장 근처에 살았다. 하우다 치즈^{Gouda cheese}(네덜란드어로 '하우다^{how-da}'라고 읽는데, 스페인어 '호따^{jota}'와 같은 연구개음 'h' 소리가 난다)는 이 치즈를 팔던 시장이 있던 마을 이름을 딴 것이다. 하우다 치즈에 관한 최초의 기록은 1184년 것인데, 최초의 기록이라는 게 으레 그렇듯, 아마 하우다 치즈는 그 이전부터 있었을 것이다. 네덜란드의 치즈 제조 시점은 확실히 그것보다는 한참 전으로 거슬러 올라간다. 율리우스 카이사르에 따르면, 기원전 57년 네덜란드 땅

— 우유의 역사

을 밟은 로마인들은 네덜란드인들이 치즈를 먹는다는 걸 알게 됐다. 치즈를 뜻하는 네덜란드어 '카스kaas'는 라틴어 '카세우스caseus'에서 왔는데, 이 때문에 몇몇 역사가들은 네덜란드인들이 로마인들에게 경질 치즈 제조법을 배웠다고 결론지었다. 로마의 군인들은 행군 때 경질 치즈를 배급받았다.

하우다는 소젖으로 만드는 숙성 치즈인데, 커다란 통에 든 커드를 젓고 자르는 고된 노동이 요구되는 일이었음에도 다른 수많은 치즈처럼 여성들이 도맡아 했다. 하루에 두 번 짠 우유를 따뜻한 상태로 가져와 소의 레닛과 직접 배양한 젖산균으로 응고시켰다.

오늘날 대부분의 하우다는 고도로 산업화된 공장에서 만들어지지만, 소에서 짠 우유를 저온 살균하지 않고 12세기 때 만들던 방식을 거의 그대로 재현해 만드는 농장도 몇 군데 있다. 이 치즈에는 농부들의 하우다 치즈라는 의미의 '부렌카스boerenkaas' 라벨이 붙는데, 도매업자들이 농장에서 취합해 판매한다.

네덜란드는 13세기에 치즈를 수출하기 시작했다. 16세기에는 영국, 프랑스, 독일, 스칸디나비아. 스페인, 포르투갈에 하우다 치즈를 수출할 정도로 생산량이 많았다.

네덜란드는 13, 14세기에 걸쳐 둑을 쌓고 운하를 만들어 물길을 돌리고, 그 땅을 메워 바다를 육지로 개간하는 간척 기술을 크게 발전시켰다. 이 기술 덕분에 목축과 영토 정비에 극적인 향상이 이루어졌다. 그리고 이들의 미래를 예측할 수 있는 커다란 조짐이 네덜란드 북서쪽, 북해와 인접한 프리슬란트주 홀란트Holland (암스테르담과 로테르담을 중심으로 각각 노르트홀란트와 자위트홀란트로 나뉜다 —옮긴이)에서 구체화되고 있었

네덜란드 서쪽 노르트홀란트주 동부의 도시 호른의 치즈 시장. 1880년에 발행된 프랑스 인기 여행 전문 주간지 〈르 투어 뒤 몽드Le Tour du Monde〉 발췌. 원작자 페르디난두스Ferdinandus는 이 잡지의 인기 일러스트레이터였다.

다. 자신들만의 언어를 가진 유일한 지역인 프리슬란트 농부들이 젖을 더 많이 생산하는 소를 개발하기 위해 시도한 이종교배에 엄청난 성공을 거두고 있었던 것이다.

　16세기 중반부터 17세기 중반 사이에 네덜란드산 소의 가치가 4배로 뛰었다. 네덜란드인들은 목초지를 경작하는 제일 좋은 방법뿐만 아니라 소에게 가장 좋은 먹이가 뭔지도 이해하기 시작했다. 덕분에 프리슬란트, 플랑드르, 홀란트에서 우유 생산량이 엄청나게 증가했다. 네덜란드 소는 이웃 국가들의 소에서 짠 우유 생산량의 두 배 이상을 생산했고, 유럽 대부분의 국가보다 네덜란드의 생산량이 더 많았다.

　처음에는 눈에 띄지 않았지만, 네덜란드를 바라보는 유럽인들의 인식에 커다란 변화가 일어나고 있었다. 1590년대에 스페인의 통치에서 벗어난 네덜란드는 신성 로마 제국의 일개 국가에서 예술, 과학, 공학 분야에서 천재성을 발휘하는 독립 공화국으로 빠르게 전환하고 있었다. 아침에 눈 떠보니 네덜란드가 국제 무역의 패권국이자 세계를 선도하는 해양 강국, 경제 대국이 되어 있는 형국이었다. 갑자기 치즈 대가리가 찬란한 빛을 발하고 있었다.

유럽 곳곳에서 네덜란드인들의 그런 천재성이 대체 어디서 온 것인지에 대한 논쟁과 글이 이어졌다. 그런 논쟁을 주도하는 사람 중에는 한때 자신이 그들을 우유나 마시고 치즈나 먹어대는 멍청이라고 생각했다는 사실을 순순히 인정하는 사람들도 있었다. 유럽인들은 또 네덜란드 낙농장의 천재적인 요소들 ─ 더 좋은 목초지, 더 좋은 품질의 소, 해수면보다 낮은 저지대에서의 소 사육 능력 ─ 을 주목하기 시작했다. 이젠 네덜란드의 낙농업까지 눈이 부셨다.

심지어 낙농 업계에도 커다란 변화의 물결이 일렁이고 있었다. 네덜란드, 영국, 프랑스, 스페인, 포르투갈 할 것 없이 우유를 마시는 사람들은 모두 뻔뻔스러운 탐욕과 모험심에 이끌려 저 머나먼 땅, 두 개의 거대한 대륙으로, 인간이 동물의 젖을 짜지 않는 곳으로 긴 항해를 떠나기 시작한 것이다.

미국의 우유

아메리카 대륙의 식민지 낙농

유럽인들이 들여오기 전까지만 해도 아메리카 대륙에는 젖소나 축우가 없었다. 염소와 양을 많이 키우기는 했지만 젖을 짜지는 않았다. 북아메리카에 서식하는 들소를 길들이거나 젖을 짜려는 시도도 하지 않았다. 낙타하고 비슷한 남아메리카의 라마는 젖이 좋고 가축으로 기르기도 쉽지만, 그 거대한 선진 문명 잉카 제국 주위에 서식하는데도 아무도 젖을 짜지 않았다. 길들여 가축으로 키우더라도 이동 수단으로 쓰기 위한 것이었고, 더 작은 품종인 알파카는 울을 얻으려고 키웠다. 북쪽 끝 알래스카의 브룩스산맥부터 남쪽 끝 파타고니아까지 낙농업이라는 게 없었다. 거의 모든 사람이 유당에 내성이 없었다.

── 우유의 역사

아메리카 대륙에 사는 사람들은 다른 포유동물들처럼 자식에게 자신의 젖을 먹였다. 사실 인간 외의 동물의 생사가 달렸을 때는 여성들이 나서서 젖을 물리기도 했다. 일부 캐나다 부족들과 수족 연합의 푸마족, 아마존강 유역의 몇몇 부족들의 기록으로 남아 있다. 하지만 이런 관행이 아메리카 대륙에서만 행해졌던 건 아니었다. 고대 로마를 포함해 유럽과 아시아에서도 마찬가지였다. 뉴기니 고지대 여성들이 새끼 돼지에게 젖을 먹였다는 기록이 있고, 유럽인들이 도착하기 이전 하와이에서는 강아지에게 젖을 먹였으며, 남아메리카의 가이아나 여성들이 사슴에게 젖을 먹였다는 기록도 있다. 여자들은 자신들의 생존에 중요한 동물들에게 젖을 먹였고, 젖 분비를 촉진하고 가슴의 붓기를 완화하는 효과도 얻었다.

유럽인들은 아메리카 대륙에 첫발을 디딘 직후 소를 들여왔다. 우유 없이는 살 수 없었고, 어떤 착유 동물을 데려올지 논의하지도 않았다. 배에 실어 그 먼 길을 데려올 거라면 마리당 젖을 제일 많이 생산하는 동물을 데려오는 게 누가 봐도 당연했기 때문이었다.

아메리카로 건너온 다양한 국적의 유럽인들에게는 두 가지 공통점이 있었다. 하나는 소고기와 유제품을 먹는다는 것이고 다른 하나는 신대륙에서의 삶을 구대륙에서의 삶과 최대한 비슷하게 꾸리기를 바란다는 것이었다. 이것이 그들이 아메리카 원주민들과 그들의 문화를 단순한 걸림돌로 바라본 커다란 이유였다. 그들은 옥수수와 칠면조 같은 몇 가지 지역 생산물을 먹는 데에 적응하긴 했지만, 대체로 가능한 한 빨리 유럽의 음식을 운반해 왔다.

크리스토퍼 콜럼버스Christopher Columbus는 아메리카를 향한 두 번째 항해에서 지금은 도미니카 공화국에 속하는 산토도밍고에 소들을 하역했다. 이 소들은 유럽 품종과 다르게 생겼는데, 인도 쪽 혈통을 이어받은 품종이었던 것으로 보인다. 아마 아랍인들이 스페인으로 들여와 그곳에서 유럽 혈통과 교배됐을 것이다. 1525년 스페인 선단도 멕시코 베라크루스 항구에 소들을 내려놓았다. 이 소들이 결국 멕시코 전역으로 퍼져 텍사스 지역 롱혼Longhorn종의 기원이 된 것으로 여겨진다. 스페인인들은 카나리아 제도부터 남아메리카에 이르는 지역에도 소를 들여왔다. 얼마간의 양과 염소도 있었다.

신대륙에서 소를 키우는 걸 하루아침에 성공한 건 아니었다. 소는 모기의 공격을 받았고 교전 중에는 원주민들에게, 먹을 게 없을 때는 굶주린 농부들에게 죽임 당했다. 유제품이 남아메리카인들 식단의 중심이 되기까지 한 세기가 넘도록 고초를 겪었다. 하지만 결국 대륙의 서쪽 해안에 정착한 선교사들이 자체 생산한 우유와 채소로 어느 정도 생활이 가능해졌고, 원주민 여성들에게도 치즈와 버터 만드는 법을 가르쳤다.

역시 스페인인들에 의해 북아메리카로 처음 운송된 소들이 플로리다, 조지아, 캐롤라이나로 퍼져나갔다. 영국인들은 1580년에 새로운 식

── 우유의 역사

민지 로아노크섬(Roanoke Island)에 첫 번째 소들을 내려놓았다. 하지만 사 년 뒤 이들이 다시 식량을 싣고 돌아왔을 때는 소도, 식민지의 흔적도 찾을 수 없었다. 1606년 이들이 버지니아에 세운 두 번째 식민지 제임스타운에는 배 세 척에 140명이 넘는 이주민을 싣고 갔지만 소는 데려가지 않았다. 당시 영국에는 버터 수출을 금하는 법이 있었는데, 이주민들에게는 한동안 배편으로 치즈와 버터를 공급했다. 그러다 혹독한 환경을 이기지 못한 이주민들이 다 죽어가는 몰골로 귀국길에 오르려던 중 마침 1610년, 새로운 총독 토머스 델라웨어 경^{Lord Thomas Delaware}이 더 많은 수의 새로운 이주민과 식량, 젖소를 싣고 체서피크에 도착해 식민지를 구했다.

델라웨어는 제임스타운 식민지가 살아남으려면 낙농업을 발전시켜야 한다고 믿었다. 1611년 영국에 돌아온 그는 자신을 총독으로 임명한 버지니아사^社에 다음과 같은 보고서를 제출했다. "소는 이미 개체 수가 많이 늘었고, 현지 목초지에 잘 적응하고 있습니다. 눈이 많이 쌓였던 지난겨울은 소들에게 혹독한 계절이었지만, 스스로 찾아낸 풀 외에 다른 보살핌 없이 잘 번성해 출산 준비를 하는 소도 여럿입니다."

그가 글을 이었다. "영양가 높고 기운을 북돋아 주는 우유가 여느 음식 못지않게 우리 이주민들의 건강에 유익하다는 점은 의심할 여지가 없습니다. 토머스 데일 경^{Sir Thomas Dale}과 토머스 게이츠 경^{Sir Thomas Gates}이 소 100마리를 실어와 버지니아에 특별 공급을 해주신다면 신이 기뻐하실 것입니다."

버지니아 식민지의 새로운 부총독 토머스 데일은 낙농업에 대해 현대적인 관점을 갖고 있었다. 요즘은 소에게 풀을 먹이는 게 진보적이지만, 17세기 초만 해도 풀 외에 보조 사료를 먹인다는 발상이 진보적이었다. 그는 소가 질 좋은 목초지에서 특별한 보살핌을 받아야 한다고 믿으면서도, 음식을 보충하고 쉴 곳도 마련해줘야 한다고 생각했다. 데일은 앞으로 아메리카 합중국이 될 땅에 처음으로 소가 들어갈 축사를 지었다. 건초용 작물을 기르고 수확해 소들이 먹을 겨울 식량을 비축했다. 버지니아를 계엄령으로 통치한 그는 특별한 이유 없이 소를 죽인 사람을 사형에 처했다.

하지만 1616년 그가 200마리가 넘는 소를 남기고 식민지를 떠나자 그의 아이디어 대부분이 폐기됐다. 축사는 창고로 쓰였고 소들에게는 더 이상 쉴 곳도, 겨울에 먹을 꼴도 없었다. 버지니아와 뉴잉글랜드 식민지화의 핵심 인물인 존 스미스John Smith 선장은 소 사육보다 여성들과의 공적(애니메이션 영화 〈포카혼타스Pocahontas〉는 그의 일화를 바탕으로 만든 것이다 -옮긴이)으로 더 유명했다. 그는 소가 알아서 풀을 뜯게 내버려 둬야지 사람이 먹이를 주는 건 터무니없는 일이라고 생각했다.

버지니아 회사는 데일 없이도 낙농업의 중요성을 깨닫기 시작했다. 버지니아 소 가격이 영국 소 가격의 두 배였기 때문이다. 그들은 새로운 정착민 100명당 암송아지 20마리를 운송하는 정책을 채택했다. 1629년경 버지니아 정착민 인구는 2,000명이 넘었고, 소는 5,000마리 정도였을 것으로 추산한다. 1619년 버지니아 민주주의 의회가 성립되면서 남아 있는 몇 안 되는 데일의 아이디어 중 하나인, 소 무단 도축 금지가 법으로 채택되었다. 1673년 버지니아에 혹독한 추위가 덮쳐 소 수천 마리가 쉴 곳도 먹을 것도 없이 속수무책으로 죽어나갔다. 그럼에도 불구하고 미국의 낙농업 관행은 바뀌지 않았고, 19세기까지 대부분의 소가 축사나 보조 사료 없이 지내야 했다. 소에게 먹이를 주는 문제에 대한 논쟁은 끊이지 않았다.

네 마리 소에서 출발한 미국의 낙농업

논리적으로 보자면, 1620년 영국 이주민들이 영국에서는 북버지니아라고 부르고 존 스미스는 뉴잉글랜드라고 불렀으며 원주민들은 매사추세츠라고 부르던 곳에 정착했을 때, 버지니아 제임스타운의 성공과 실패에서 뭔가 배운 게 있을 거라고 가정하는 게 맞을 것이다. 하지만 그들은 버지니아 정착민들이 깨달았던 것과 정확히 같은 것을 깨닫기 위해 그들과 똑같은 과정을 거쳐 굶주려야 했다.

1620년 뉴잉글랜드 플리머스에 상륙한 사람들은 버지니아에 정착한 사람들과 부류가 달랐다. 그들은 신권정치에 대한 자신들의 생각을 실험해볼 장소를 찾던 종교적 극단주의자들이었다. 그들은 식량 공급 같은 자잘한 일은 거의 신경 쓰지 않았고, 가져온 식량도 아주 적었을 뿐 아니라 숙련된 농어민도 부족했고, 농사나 어업에 필요한 기구도 챙겨오지 않았다.

버터는 적어도 초기에는 넉넉하게 공급된 몇 안 되는 음식 중 하나였는데, 이는 17세기 초 영국에서 버터의 위상을 짐작해볼 수 있는 대목이다. 하지만 새 식민지 총독 윌리엄 브래드퍼드^{William Bradford}가 버터의 중요성을 제대로 인식하지 못했던 게 분명한데, 그는 영국에서 출항할 자금이 부족하다는 걸 알게 되자 "제일 남아도는 것"이라며 버터 대부분을 팔아서 차액을 메꿨다.

이 식민지 개척자들은 그렇게 항구세를 내고 부족한 식량과 농사나 어업에 관한 지식 없이 미지의 땅으로 출항했다. 한 필그림^{pilgrim}(1620년 메이플라워호를 타고 매사추세츠의 플리머스 식민지에 정착한 영국인들을 '필그림'이라고 부른다 -옮긴이)은 이렇게 적고 있다. "주님께 간구하오니 우리의 노력을 축복하시고 우리의 미음을 평화와 사랑으로 구속하시어 평안하게 하옵소서."

어쨌든 그들에게 적어도 약간의 유제품이 있었던 건 분명하다. 신대륙에 도착한 지 두 달 하고도 열흘이 지난 11월 26일에 남자 여섯이 무장은 단단히 했지만 식량이라고는 네덜란드 치즈가 전부인 채로 코드 곶(Cape Cod) 탐험에 나섰기 때문이다.

이 정착민들은 일부 원주민들의 도움에도 불구하고 신대륙에서 나는 첫 번째 겨울을 심하게 굶주려야 했다. 원래 101명 또는 102명이던 구성원 중 절반이 목숨을 잃었다.

그해 3월 그들은 남은 식량으로 인디언 추장 사모셋Samoset에게 비스킷, 버터, 치즈, 야생 오리를 대접했다. 전하는 바에 따르면 사모셋은 영국 낚싯배에서 맛봤던 유제품을 좋아했다고 한다. 마침내 1624년 3월에 영국 선박 채리티호가 황소 한 마리와 어린 암소 세 마리를 싣고 도착했고, 그때부터 뉴잉글랜드의 낙농 산업이 시작됐다. 그 뒤로 배가 도착할 때마다 다양한 품종 ─ 검은 소, 붉은 소, 흰색과 붉은색이 섞인 소 ─ 의 소가 점점 많아졌다. 검은 소는 초기 켈트족 소의 후손인 아일랜드 인기 품종 케리Kerry였을 것으로 짐작된다.

1639년, 보스턴 최초의 정착민들이 30마리의 소와 함께 도착했다. 그 뒤로 계속 소를 들여와 보스턴의 낙농 문화를 발전시켰다. 1650년경 뉴잉글랜드 식민지에서는 버터와 치즈를 수출하고 있었다.

초기 네덜란드 정착민들은 뭐가 달라도 달랐다. 1624년 첫 번째 수송선을 타고 뉴욕 북아메리카 식민지를 건설하러 온 정착민들은 양과 돼지는 물론 소까지 데려왔다. 1625년에는 그보다 더 많은 소와 양, 말, 돼지가 도착했다. '소(cow)', '양(sheap)', '말(horse)' 같은 이름의 배들은

─── 우유의 역사

가축을 운송하기 위해 특별하게 설계된 것이었다.

　지금의 거버너스섬(Governors Island)에 도착한 소들은 좋은 목초지가 있는 맨해튼으로 신속하게 이송됐다. 그럼에도 불구하고 이 식민지의 종교 지도자 요나스 미카엘리우스^{Jonas Michaelius}는 우유와 버터가 부족해서 소가 더 필요하다는 서신을 암스테르담에 보냈다. 프리슬란트로부터 흰색과 검은색이 섞인 소가 추가로 도착했다. 1639년에는 앞으로 '뉴네덜란드^{New Netherlands}'라고 부를 곳에 정착하길 원하는 사람에게는 집, 헛간, 농기구, 말 네 필, 소 네 마리, 양, 돼지가 제공되었다. 6년이 지나면 소 네 마리를 돌려줘야 할 의무가 있었지만, 그때쯤이면 이미 그보다 많은 새끼를 쳤을 게 틀림없었다.

　1989년 네덜란드계 미국인 음식 작가 피터 G. 로즈^{Peter G. Rose}가《감각적인 요리사^{The Sensible Cook}》라는 제목으로 번역 출간한《데 페르스탄디히 콕크^{De Verstandige Kock}》는 1667년 네덜란드에서 처음 출판됐는데, 뉴네덜란드 식민지의 대표적인 요리책이 되었다. 다음은 이 책에 실려 있는 크림과 달걀이 들어가는 포리지 레시피다.

달걀노른자 12개, 크림 1파인트를 준비해 달걀을 체로 거르고 크림과 잘 섞는다. 장미수와 설탕을 적당량 넣고 불에 올려 걸쭉해질 때까지 부드럽게 젓되, 끓지 않게 주의한다. 내용물이 끓으면 분리된다.

　마찬가지로 달걀이 듬뿍 들어가는 다양한 커스터드 레시피도 있다. 다음은 레몬 커스터드 만드는 법이다.

레몬즙을 짜고 달걀노른자 8개, 흰자 4개 분량을 준비한다. 흰 빵 0.5스타이버(2.5 센트 정도의 값인데, 0.5스타이버만큼의 빵이 어느 정도 양인지 말하기 어려우므로 작은 덩어리 정도로 생각하면 될 것이다)를 갈고, 가당 우유 1파인트와 같은 양의 설탕을 넣어 너무 세거나 약하지 않게 끓인다

버터밀크를 사용해 사과 소스를 만드는 법도 있는데, 사과 우유라고 부른다.

아흐텐Aeghten(신 사과의 일종) 사과 껍질을 벗기고 씨를 제거해 냄비에 넣고 버터와 장미수를 넣는다. 포리지처럼 부드러워질 때까지 끓이면서 숟가락으로 계속 으깨주고, 밀가루 약간과 버터밀크 적당량을 넣는다. 무발효 크림처럼 될 때까지 끓인 다음 설탕과 흰 빵을 넣는다.

버터밀크는 북아메리카 식민지에서는 인기였지만 남아메리카에서는 대부분 돼지에게 먹였다. 코티지치즈도 만들었다. 원래는 가정에서 소비하려고 만들었는데 점점 인기를 끌더니 결국 미국인 식단의 중심이 됐다. 사실 '인기'라는 표현은 적당하지 않은데, 다이어트 음식으로 유명해져서 좋아하지도 않는데 건강을 위해 억지로 먹는 사람이 많았기 때문이다. 1968년 리처드 닉슨Richard Nixon이 대통령 선거에 출마했을 때, 그의 선거운동 관리자들은 그를 더 인간적이고 사랑스럽게 보이게 만들 기회를 노리고 있었다. 닉슨은 제일 안아주고 싶지 않은 정치인 중 한 명이었고, 태도가 뻣뻣한 데다 툭하면 성질을 부릴 때도 많았으며 예

상치 못한 순간에 엉뚱한 방향으로 가버리는 경향도 있었기 때문이었다. 오리건에서 선거운동을 하는 동안, 닉슨은 지역 방송에 출연해 일반인들에게 질문을 받았다. "체중 관리는 어떻게 하시나요?"라는 질문에 닉슨은 코티지치즈를 먹는 게 한몫한다고 말했다. 그러면서 그걸 좋아하지는 않는다고 털어놨다.

전 코티지치즈를 물릴 정도로 먹어요. 근데 그걸 좀 괜찮게 먹을 수 있는 법을 배웠죠. 그렇게 먹으면 적어도 코티지치즈 맛은 안 나거든요. 할머니한테 배운 비법이에요. 할머니는 91세까지 사셨는데, 코티지치즈에 꼭 케첩을 뿌려 드셨죠.

하지만 코티지치즈라고 해서 지방 함량이 꼭 낮아야 하는 건 아니다. 뉴욕시 월도프 애스토리아Waldorf Astoria 호텔의 스위스 출신 셰프 오스카 처키Oscar Tschirky는 19세기 후반 뉴욕에서 가장 유명한 주방장이었는데, 코티지치즈 만드는 법에 대해 아래와 같이 조언했다. 일반적으로 유청을 일부만 제거해 코티지치즈를 만드는 간단한 방법하고는 거리가 멀다.

코티지치즈를 더 진하게 만드는 방법이다. 주전자에 버터밀크와 시큼해진 우유를 같은 양으로 부어 불에 올리고, 끓기 직전까지 가열해 리넨 주머니에 부어 다음 날까지 유청을 뺀다. 응고된 것을 주머니에서 꺼내 단단한 정도에 따라 크림이나 버터를 넣고, 소금을 첨가해 오렌지 크기의 공 모양으로 둥글려 완성한다.

냉장고의 발명이 버터 덕분이라고?

부패는 여전한 문제였다. 17세기와 18세기 미국에서는 우유와 크림을 양동이에 담아 우물에 내려 시원하게 유지했고 버터와 치즈는 서늘한 지하실에 보관했다.

버터는 산패가 문제였다. 1869년 캐서린 비처 Catherine Beecher가 출간한 《미국 여성의 가정 American Woman's Home》은 그녀보다 더 유명했던 노예해방론자이자 소설가 해리엇 비처 스토 Harriet Beecher Stowe와 공저로 돼 있기는 하지만 대부분 그녀가 혼자 썼는데, 상한 버터가 어떻게 음식 전체를 망치는지 묘사한 부분이 있다.

상한 버터와 관련해 절망스러운 점은 그 버터로 조리한 모든 음식을 먹을 수 없게 된다는 것이다. 반으로 자른 빵을 입에 넣었다가 그 떨떠름한 맛에 고개를 돌리고, 소고기를 한 점 베어 물었다가 똑같은 독이 들었다는 걸 깨닫는다. 채소는 괜찮겠지, 생각하겠지만 버터에 볶은 완두콩도 본연의 순수한 맛을 잃은 건 마찬가지다. 버터는 옥수수 요리에도, 서코태시 succotash(옥수수와 콩, 그밖에 다른 재료를 넣어 만드는 요리 ─옮긴이)에도, 호박 요리에도 들어간다. 비트가 버터 속에서 헤엄치고, 양파 위에도 뿌려져 있다. 배고프고 비참해진 당신은 디저트로 위로받아야겠다고 생각한다. 하지만 페이스트리도 상한 버터의 저주를 피하지 못했으며, 그 저주에서 자유롭지 못한 케이크도 쓴맛이 나기는 마찬가지다. 절망에 빠진 당신은 당장이라도 울부짖고 싶은 심정이 된다. 문득 지난 석 달 동안 당신의 예민한 아내와 네 명의 어린 자식들이 이 식탁에서 식사를 했다는 생각이 스친다. 이 일을 어쩐단 말인가.

안 그래도 끔찍한 상황이지만 앞으로도 희망이 보이지 않는다는 게 더 문제다. 이 집주인은 이미 오래전부터 그걸 사용해온 습관 때문에 이 문제를 발견할 가망이 없기 때문이다.

"버터가 싫으세요, 선생님? 돈도 더 주고 산 거예요. 시장에서 제일 좋은 거랍니다. 정말 많은 것 중에 고르고 고른 거예요."

당신은 말문이 막히지만, 그렇다고 덜 절망스러운 건 아니다.

수많은 요리책이 모호한 해결책을 제시했다. 1867년 애너벨라 P. 힐 Annabella P. Hill의 《힐 부인의 실용적인 남부 요리법과 레시피 Mrs. Hill's Southern Practical Cookery and Receipt Book》에서는 이런 방법을 추천한다.

고약한 냄새가 나는 버터나 라드를 쓸 수 있게 만들려면, 다비의 예방 액을 병에 나온 지시대로 사용하면 된다. 크림으로 버터를 꼼꼼히 발 라 깨끗한 병에 넣는다.

다비의 예방액은 미국 식물학자 존 다비 John Darby가 개발했는데, 그에 따르면 이 만병통치약에는 탄산칼륨(수산화칼륨)의 차아염소산염, 탄산 소다와 소금의 혼합물이 들어 있었다. 이 제품은 남부에서 광범위하게 사용됐다.

수많은 국적의 사람들이 버터 문제에 의견을 제시했다. 1861년 처음 발행된 엘레나 몰로흐베츠 Elena Molokhovets의 《젊은 주부들에게 주는 선물 A Gift to Young Housewives》은 혁명 이전 러시아 귀족들의 대표적인 요리책이었 다. 그녀는 상한 버터를 "교정하는" 다양한 레시피를 소개했다.

상한 버터는 물을 여러 번 갈아가며 깨끗하게 씻습니다. 당근을 갈아서 헝겊으로 꽉 짠 즙과 소금을 넣습니다. 완전히 섞일 때까지 저으세요.
당근즙은 버터에 아주 섬세하고 기분 좋은 맛을 더해주지만 상차림 직전에 섞는 게 좋은데, 이 버터의 맛은 며칠 동안만 유지되기 때문입니다.

미국에서 냉장고를 만들려는 첫 번째 시도가 버터를 신선하게 유지하기 위한 목적에서였다는 사실이 의미심장하다. (1853년 스코틀랜드 출신 제임스 해리슨James Harrison이 온전히 작동하는 최초의 냉장고를 개발해 맥주를 차갑게 하는 데 사용했던 것과 견줄 만하다.) 1803년, 메릴랜드의 토머스 무어Thomas Moore가 삼나무로 만든 원통형 상자 안에 주석으로 만든 사각형 통을 끼워 넣고 원통과 주석통 사이를 얼음으로 채운 다음, 얼음이 녹지 않게 원통을 모피로 감쌌다. 그는 자신이 냉장고라고 이름 붙인 — '냉장고'라는 단어가 최초로 사용되었다 — 그 상자에 버터를 담아 메릴랜드에 있는 그의 농장에서 20마일(약 32킬로미터) 거리의 조지타운 시장으로 가져갔다. 시장에서 그의 단단하고 신선한 버터는 큰 반향을 일으켰고 사람들은 기꺼이 더 비싼 값을 지불하고 그의 버터를 사갔다. 하지만 무어는 냉장고 산업을 일으켜보겠다는 궁극적인 목표에는 실패했다. 사람들이 버터는 사고 싶어 했지만, 냉장고를 사고 싶어 하지는 않았기 때문이었다(토머스 제퍼슨이 한 대 사긴 했다).

부패가 유일한 문제는 아니었다. 1863년 19세에 결혼해 29세에 넷째 아이를 낳다가 사망한 영국 여성 이사벨라 비턴이 영어 역사상 가장 널리 읽힌 요리책 중 하나인 《비턴 여사의 가사 관리법》을 출판했다. 그녀는 버터가 아주 "좋은 풍미"를 낼 수 있다고 지적했다. 하지만 그건 전적으로 소가 무엇을 먹느냐에 달렸고, 어떤 소의 젖은 버터를 만들어도 "맛이 없다."고 덧붙였다.

버터와 치즈는 농장에서 여성들이 만들었다. 그건 시간이 오래 걸리는 고된 육체노동이었다. 리사 스미스Lisa Smith는 18세기에 그 과정을 이렇게 묘사했다.

젖을 짜자마자 걸러서 냄비에 붓고, 30분 정도 자주 저어주며 크림처럼 되면 팬이나 그릇에 담는다. 우유의 지방을 아주 깨끗이 걷어내고, 크림은 도기 그릇에 담는다. 바로 휘저어 버터를 만들 게 아니라면 열두 시간 후에 삶아 소독한 깨끗한 냄비에 한 번 옮겨 담고, 냄비에 가라앉은 우유는 버린다. 버터를 휘저을 때 서너 번 물로 헹구고, 입맛에 맞게 소금으로 간해서 잘 치대는데, 소금 간 후에는 헹구지 않는다. 다음 날 아침까지 냄비에 담아 선반에 잘 뒀다가 다시 치대서 손가락 세 개 정도 두께로 층을 만들고, 그 위에 소금을 약간 뿌린다. 냄비가 가득 찰 때까지 이 과정을 반복하며 버터를 켜켜이 담는다.

"휘젓고", "치대고", "다시 치대고"가 이 레시피에서 죽도록 힘이 드는 부분이다.

요람 흔드는 동작을 이용해 버터를 휘젓는 장치가 개발됐다. 균형 막대 한쪽 끝은 요람에, 다른 쪽 끝은 버터 교반기에 걸려 있는 구조였다. 엄마가 두 손으로 다른 일을 하면서 — 아마도 — 한쪽 발로 요람을 까딱까딱 흔들기만 하면 버터가 휘저어지는 원리였다.

"버터 휘젓기", 〈일러스트레이티드 런던 뉴스〉, 1876년 11월 4일 자.

달콤한 우유 푸딩의 매력

남북전쟁이 끝난 이후까지 제임스타운과 플리머스 사람들이 먹는 미국 음식은 기본적으로 영국의 것이었다. 그래서 사람들은 체다 외에 다른 치즈는 거의 만들지 않았고, 만들었다 해도 아마 월트셔 치즈였을 것이다. 식민지였던 시기에 미국인들은 저베이스 마컴, 해나 글라세, 특히 엘리자 스미스 ― 그녀의 책은 그녀가 죽은 지 십 년이 지난 1742년에 버지니아 윌리엄즈버그에서 출판됐다 ― 가 쓴 당대에 인기 있는 요리책들을 따라 했다. 스미스의 책 미국 판본에는 몇 가지 내용이 추가됐는데, 방울뱀에 물렸을 때 처치법과 '독 치료법'도 포함돼 있었다. 이 치료법들은 카이사르라는 이름의 흑인 노예가 이 책의 출판업자에게 제공한 것이었는데, 그는 이 치료법을 대가로 자유와 남은 평생 100파운드를 보장받았다.

소위 '최초의 미국 요리책'이라고 불리는 책이 독립 전쟁 이후 1796년 코네티컷주 하트퍼드에서 출간됐다. 저자인 어밀리아 시몬스^{Amelia Simmons}는 아마 미국인일 거라고 짐작은 되지만 출생지를 비롯해 거의 알려진 바가 없다. 그녀는 자신을 "미국 고아"라고 설명하고 있는데, 책 속표지에 "이 나라에서 채택된" 것이라고 주장하고는 있지만, 그녀의 레시피 대부분은 분명 영국식이었다. 하지만 소에게서 직접 우유를 짜라고 하는 그녀의 실러법 레시피에는 미국식으로 보이는 사이더^{cider}(사과로 만든 술 –옮긴이)가 들어간다.

소에서 짠 우유로 맛있는 실러법 만드는 법

사이더 1쿼트(약 1리터)에 2번 정제한 설탕을 넣고 육두구를 갈아 넣은 뒤, 여기에 소젖을 짜서 받는다. 적당하다고 생각하는 양이 되면, 만들고자 하는 실러법 양에 비례해 반 파인트나 그 이상의 무발효 크림을 섞는다.

시몬스는 크림 레시피 네 개를 소개했는데, 이는 50페이지밖에 안 되는 분량을 고려하면 상당한 것이었다. 크림은 오늘날 우리가 무스라고 부르는 것에 더 가까운데, 18세기식이었다. 엘리자 스미스는 그녀의 책에 15가지 크림 레시피를 실었고, 해나 글라세는 16개를 실었다. 시몬스는 "고급 크림"과 레몬, 산딸기, "거품 낸" 크림을 선택했다. 그녀의 고급 크림 레시피다.

> 크림 1파인트(0.568리터)를 준비해 입맛에 맞게 단맛을 내고, 육두구를 조금 갈아 넣는다. 등화수와 장미수 각각 1큰술과 와인 2큰술을 넣는다. 달걀 4개와 흰자 2개를 섞어서 불에 올리고 한 방향으로 저으며 걸쭉하게 만든다. 컵을 준비해 담아낸다.

몇몇 영국식 크림과 비교하면 꽤 간단한 레시피다. 엘리자 스미스도 시몬스와 같은 생각을 했는데, 그녀가 "희게 만든 크림(blanched cream)"이라고 부르는 크림은 아마 시몬스의 레시피를 응용한 것일 거다.

> 구할 수 있는 가장 진한 무발효 크림 1쿼트(약 1.14리터)에 고운 설탕과 등화수로 간을 해서 끓인다. 달걀흰자 20개에 차가운 크림을 조금 넣고 찌꺼기(treddles, 똥이나 아마 먼지를 의미하는 걸까?)를 건져낸다. 불에 얹은 크림이 끓으면 달걀을 넣고 걸쭉한 커드가 될 때까지 잘 젓는다. 다 되면 체(hair sieve, 둥근 나무틀에 말총으로 된 망을 끼워 만든 체로, 여러 세기 동안 흔히 쓰던 주방 도구였다)로 거른다. 식을 때까지 주걱으로 잘 쳐서 접시에 담는다.

요크셔 출신 가정부 엘리자베스 래펄드 Elizabeth Raffald가 1769년에 낸 《경험 많은 영국 가정부The Experienced English Housekeeper》에는 독특하고 흥미롭게 변형한 크림 레시피가 있다. 그녀는 그걸 '퐁파두르Pompadour' 크림이라고 불렀다.

> 달걀흰자 5개를 쳐서 거품을 내고 프라이팬에 옮겨 담아 등화유 2큰술과 설탕 2온스를 넣어 3~4분 정도 부드럽게 저어주고, 접시에 담는다. 잘 녹은 버터를 그 위에

—— 우유의 역사

시몬스 역시 푸딩만 따로 떼어 내용을 구성했는데, 이는 17세기와 18세기, 심지어 19세기 요리책에서도 흔히 볼 수 없는 방식이었다. 그녀의 책에는 29개의 푸딩 레시피가 실려 있다. 엘리자 스미스는 56개를 소개했다. 영국의 격동기였던 17세기에 왕당파와 가톨릭 신자들을 위해 요리했던 로버트 메이Robert May는 1660년에 《성공한 요리사The Accomplisht Cook》를 출간하고 1680년에 재출간했다. 찰스 2세의 궁정과 왕정복고 시대 요리에 관한 최고의 작품으로 인정받는 이 요리책에는 50가지 푸딩 레시피가 실려 있다.

결국 푸딩은 우유를 주재료로 하는 디저트가 됐지만, 원래는 우유로 만들지도 않았고 디저트도 아니었다. 초기의 푸딩은 보통 고기 또는 고기로 만든 소시지로 만들었다. 쇠기름, 버터, 송아지 고기, 양고기, 건과일이 일반적인 재료로 쓰였고, 이 재료들을 양의 위나 장에 채워 넣었다. 영국에서는 지금도 순대를 '검은 푸딩(black pudding)'이라고 부른다. 1660년 로버트 메이의 '와인과 내장으로 만든 푸딩' 레시피에서 '내장'은 소시지 껍질을 의미한다.

푸딩에 접차 우유와 크림을 넣기 시작했다. 일례로 A.W.의 엘리자베스 1세 시대식 '돼지 간으로 만든 화이트 푸딩'이 있다.

간은 미리 삶아 준비하고, 절구에서 으깨어 크림과 함께 거른 후, 달걀노른자 6개를 넣고 페니 번 penny bun (1페니짜리 롤빵) 반 개를 넣는다. 거기에 작은 건포도, 대추야자, 정향, 말린 육두구 껍질, 설탕, 사프란과 쇠기름(소고기)을 넣는다.

1720년대 에드워드 키더 Edward Kidder 의 우족 푸딩은 소시지 형태였지만 크림이 들어갔다.

송아지 족 2개를 아주 작게 자르고, 흰 페니 번 1개를 갈아 크림 1파인트와 끓여낸 것과 섞는다. 쇠기름 반 파운드, 달걀 8개, 건포도 한 줌, 달콤한 향신료와 설탕 한 작은 자루, 등화수와 뼈 2개의 골수를 빌 쿠알 veal cual (동물 내장의 겉에 있는 레이스 같은 지방층으로 파테 pâté 나 폴스미트 forcemeat, 냄새를 없애기 위해 허브와 향신료를 첨가하고 양념한 다진 고기 –옮긴이에 지금도 사용된다)에 넣는다. 겉에 달걀 반죽을 바른 후 천을 적셔 덮고 묶는다. 냄비가 끓으면 넣어 2시간 정도 삶은 후 접시에 담아 아몬드 슬라이스와 시트론에 굴리고, 베르쥐 설탕 한 자루와 녹인 버터를 끼얹는다.

곧 푸딩은 우유나 크림, 달걀, 설탕만 들어가면 무엇이든 될 수 있었다. 보리, 기장, 귀리, 쌀로 만든 푸딩, 상상할 수 있는 모든 종류의 과일 푸딩, 밤, 베르미첼리, 감자, 시금치 푸딩 등이 있었다. 가장 오래되고 가장 인기 있었던 푸딩 중 하나가 속성 푸딩(hasty pudding)이었다. 속성 푸딩은 우유, 설탕, 당밀, 향신료를 넣고 만드는데, 뉴잉글랜드에서 인디

── 우유의 역사

언 푸딩으로 알려진 것과 같은 디저트이며, 영국 푸딩은 밀가루를 사용하고 뉴잉글랜드 푸딩은 옥수숫가루를 사용한다는 점만 다르다. 뉴잉글랜드 푸딩은 인디언과 아무런 관련이 없지만 ― 정착민들이 단순히 전통적인 영국 푸딩을 따라한 요리였다 ― 옥수숫가루는 인디언과 연관된 재료였다. 다음은 어밀리아 시몬스의 세 가지 인디언 푸딩 레시피 중 하나다.

> 따끈하게 데운 우유 3파인트에 옥수숫가루 1파인트를 넣고 소금으로 간을 한 후 식힌다. 달걀 2개와 버터 4온스(약 113그램), 설탕이나 당밀, 향신료를 충분히 넣는다. 오븐에서 2시간 반 정도 굽는다.

또 다른 오래된 푸딩이 '자두 푸딩(plumb pudding)'이다. 철자가 이상한 이유는 '자두(plum)'를 의미하는 게 아니라 건과일, 특히 건포도(raisins)와 씨 없는 작은 건포도(currants)를 지칭하는 단어이기 때문이다. 이 푸딩에 관한 기록은 14세기까지 거슬러 올라가지만, 아마 그보다 상당히 더 오래됐을 것이다. 이 푸딩은 로버트 메이의 와인과 내장으로 만든 푸딩과 거의 비슷하다. 아래는 어밀리아 시몬스의 '끓인 자두 푸딩 레시피'다.

> 밀가루 3파인트, 소금 약간, 달걀 6개, 자두(건포도) 1파운드, 설탕 반 파운드, 쇠기름 1파운드, 우유 1파인트를 모두 섞어 튼튼한 천에 넣고, 밀가루를 뿌려 3시간 동안 끓인다. 달콤한 소스와 곁들여 낸다.

푸딩은 20세기까지 풍성한 식탁에 빠지지 않는 요리였다. 아일랜드 작가 제임스 조이스^{James Joyce}의 단편 〈망자^{The Dead}〉는 "거대한 푸딩"으로 마무리되는 한낮의 화려한 만찬을 중심으로 이야기가 전개되는데, 접시에 푸딩을 담아 기다란 식탁에 자리한 수많은 손님에게 건네며 그 위에 산딸기나 오렌지 젤리 아니면 잼을 숟가락으로 떠서 올렸다. 1914년 그의 단편집 《더블린 사람들^{The Dubliners}》이 처음 출판된 무렵에도 푸딩은 여전히 만찬에 빼놓을 수 없는 음식이었다.

누구나 사랑하는 아이스크림

아이스크림에 대한 최초의 기록

'호모 에렉투스가 불을 사용하기 시작한 때가 언제인가'라는 질문에 역사가들은 일반적으로 60만 년 전이라고 보지만 고작 1만 2,000년 전이라고 보는 사람들도 있고 100만 년 전이라고 주장하는 사람들도 있다. 그에 비해 얼음이나 추위를 이용하는 건 진행이 훨씬 더뎠다.

인간이 찬 것보다 뜨거운 걸 훨씬 먼저 추구했던 이유를 설명하는 수많은 이론이 있다. 그중 하나는 불이 얼음보다 만들기 쉬웠기 때문이라는 것이다. 하지만 기후가 영하권인 지역에서는 그 말이 사실이 아니다. 또 다른 하나는 뜨거운 건 생명을 연상시키지만 차가운 건 죽음을 연상시키기 때문에 인간이 차가운 것에 덜 끌렸다는 주장이다.

인류 역사 초기에는 적어도 그 비용을 감당할 수 있는 부자들이라면 산악빙하나 언 호수의 얼음 같은 자연의 냉기를 쉽게 채집해 저장할 수 있었을 것이다. 하지만 여러 세기 동안 인간은 얼음과 눈을 거둬들이지 않고 그냥 주위에 두고 살았다. 차가움의 본질을 설명하고자 하는 광범위한 논쟁은 있었지만 그게 어디서 비롯되는 것인지에 관한 이해는 거의 없었다. 유럽인들이 주장했던 이론 하나는 모든 냉기가 잉글랜드 북쪽 어딘가에 있는 '툴리^{Thule}'라는 미지의 섬에서 온다는 것이었다. 아리스토텔레스는 모든 냉기의 근원이 물이라고 믿었다. 이 이론은 17세기에 아일랜드 화학자 로버트 보일^{Robert Boyle}이 물을 포함하지 않은 물질이 냉각될 수 있다는 사실을 관찰하고 나서야 틀린 가설이었다는 게 입증됐다. 또 보일은 물줄기에서 가장 차가운 부분은 중심이 아니라 표면이라는 사실도 입증했다. 이것이 공기가 냉기의 원천이라는 이론을 이끌었지만, 보일은 이 이론마저 반증했다.

인간이 얼음을 채집해 사용했다는 최초의 증거가 4,000년 전 당시에는 메소포타미아였고 지금은 시리아인 유프라테스강둑 위 '마리'라고 하는 마을에서 나왔다. 1933년 그곳에서 발견된 서판에는 "과거의 어떤 왕도 짓지 않았던" 얼음창고에 대한 묘사가 나온다. 서판에는 또 그 구조물에 보관한 얼음은 귀족들이 와인을 차갑게 하는 데에만 쓰는데도 너무 빨리 소진되어 하인들이 채우느라 고생이었다고 묘사되어 있다.

구약의 잠언에는 다음과 같은 구절이 있다. "충성된 사자는 그를 보낸 이에게 마치 추수하는 날의 얼음냉수 같아서 능히 그 주인의 마음을 시원하게 하느니라." 이것은 솔로몬의 말이었기 때문에, 그가 무더운 날 얼음이나 눈으로 음료를 차갑게 식히는 관행을 알고 있었다는 결론이

나온다. 11세기 중국에도 얼음창고가 있었다. 이집트인들은 레바논에서 얼음을 운반해 왔다.

초기의 얼음창고는 건물이 아니라 땅에 구멍을 파 톱밥으로 마감한 구덩이였다. 그리스, 로마, 아랍인들은 눈더미로 와인을 차갑게 하는 방법을 확실히 알고 있었다. 플리니우스는 최초의 얼음통을 발명했다고 전해지며, 2세기 로마인들은 '메클라mecla'라고 부르던 얼린 우유 음식을 즐겼다. 메클라가 유제품을 얼린 최초의 음식이었을 가능성이 있기 때문에 그게 어떤 음식이었는지 모른다는 건 참 안타까운 일이다. 하지만 중국에서 한 세기나 혹은 그보다 더 앞서 우유와 쌀을 얼린 요리를 만들었을 가능성도 있다.

마찬가지로 한 세기 전에 우유로 만들진 않았지만 얼리거나 얼음으로 차갑게 한 음료는 많았다. 네로Nero Claudius Caesar 황제는 노예들이 산에서 가져온 눈에 과일, 과일즙, 꿀을 섞어 마셨다. 최초의 '이탈리안 아이스Italian ices'였던 셈이다.

터키에도 얼린 과일 음료가 있었는데 '소르베sorbet'라고 불렀다. 페르시아에서는 '샤르바트sharbate', 아랍에서는 '샤럽sharûb'이라고 불렀다. 이런 것들은 보통 유제품으로 만든 게 아니었지만, 셔벗에는 우유가 들어갔다. 17세기 나폴리 왕실 요리사 안토니오 라티니Antonio Latini는 1692년 자신의 요리책에 '소르베타 디 라테sorbetta di latte' 레시피를 소개했다. 우유와 물을 같은 양으로 넣고, 거기에 설탕, 설탕에 절인 시트론, 호박을 섞어 얼렸다. 수분 함량이 높아 셔벗에 가까워 보이긴 해도, 이게 최초의 이탈리안 아이스크림이었을지 모른다.

음식 역사와 관련해 내가 제일 좋아하는 신화 두 개는 모두 아이스크림 이야기다. 하나는 마르코 폴로가 등장하고 다른 하나는 카트린 드 메시스^{Catherine de' Medici}가 얽힌 이야기인데, 이 두 사람 이름이 나오면 음식 역사가들 머릿속에는 늘 빨간 경고등이 켜진다. 이들과 관련한 잘못된 이야기가 너무 많기 때문이다. 첫 번째 이야기는 마르코 폴로가 중국에서 아이스크림 레시피를 이탈리아로 가져와 이탈리아인들이 아이스크림 만드는 법을 배웠다는 것이다. 두 번째는 카트린 드 메시스가 이탈리아에서 프랑스로 올 때 아이스크림 만드는 사람들을 데려와 프랑스인들에게 방법을 가르쳤다는 것이다. 하지만 둘 다 가능성은 없어 보인다.

중국 당나라(618~907년)에는 아이스크림이나 그 비슷한 얼린 디저트가 있었고, 아이스크림은 아마 중국 문화의 황금기인 8세기에 시작되었을 것이다. 이게 맞다면 아이스크림은 중국에서 최초로 시작된 것들, 이를테면 종이, 화약, 나침반, 인쇄술 같은 인상적인 목록에 추가되어야 한다. 하지만 어떤 이야기에는 중국인들이 몽골인들로부터 얼린 디저트에 관해 알게 됐다고 나온다. 마르코 폴로가 13세기에 중국을 방문하는 동안 아이스크림을 보거나 먹었을지는 몰라도, 이탈리아에는 14세기 아니 심지어 15세기에도 아이스크림 만드는 데 관심을 가졌다는 기록이 없다.

1533년, 이탈리아에서 가장 막강한 권력을 지녔던 가문의 딸 카트린 드메시스는 훗날 프랑스의 왕 헨리 2세가 될 예정인 오를레앙 공작(Duke of Orleans)과 결혼하기 위해 프랑스에 왔다. 당시 두 사람은 14살 동갑이었다. 전설에 따르면 맛있는 음식을 잘 챙겨 먹고 싶었던 이 어린 신부는 이탈리아 요리사와 요리 전문가들로 구성된 엄청난 규모의 수행단을 데리고 왔다고 한다. 그녀는 프랑스에 아이스크림만 소개한 게 아니라 포크, 아티초크, 다른 수많은 이탈리아의 아이템들을 들여왔다고 전해진다. 하지만 주로 그녀가 죽고 나서 한참 뒤인 19세기에 프랑스 음식이 이탈리아화되는 현상에 관해서는 아무도 그녀의 공을 인정하거나 탓하지 않는다는 점을 주목할 만하다.

프랑스와 이탈리아는 카트린의 시대까지 수 세기 동안 온갖 아이디어들을 교환해왔고, 만약 이탈리아인들이 아이스크림을 먹었다면 프랑스인들도 아이스크림을 알고 있었을 것이다. 또 16세기 카트린이 떠나온 피렌체에는 아이스크림 만드는 사람이 없었다. 하지만 무엇보다 가장 큰 문제는, 꼼꼼하기로 유명한 영국 음식 역사학자 엘리자베스 데이비드 Elizabeth David 의 지적처럼, 기록에 따르면 그 어린 신부는 프랑스에 올 때 이탈리아인들을 데려오지 않았다. 그녀의 모든 수행원은 그녀를 데려오기 위해 프랑스에서 피렌체로 보낸 프랑스인들로 구성돼 있었다.

16세기에는 프랑스인들과 이탈리아인들 모두 얼음과 눈을 좋아했고 음료를 차갑게 만들어 먹었으며, 얼음 조각상으로 테이블을 장식했다. 피렌체 사람들은 자신들의 저택에 얼음창고를 지었다. 피티 궁전(Pitti Palace)에는 눈으로 온도를 낮추는 와인 저장고가 있었다. 카트린이 프랑스에 간 지 수십 년 뒤인 16세기에, 피렌체의 프란체스코 1세 데 메디치(Francesco I de' Medici)이 얼린 우유에 끓인 포도를 부어 마셨었다고 한다. 엘리자베스 데이비드는 프란체스코가 — 아이스크림에 가까운 조합인 — 얼린 우유에 달걀노른자를 섞어 마시기도 했다고 주장하는 기록을 찾았지만, 그게 사실인지는 확인하지 못했다.

유럽의 아이스크림 등장과 관련된 모든 것은 이탈리아에서 시작됐다. 또 원래 아이스크림은 귀족들만을 위한 것이었다. 17세기 초, 아이스크림을 무척 좋아했다고 알려진 영국의 찰스 1세는 귀족들에게조차 아이스크림 조리법이 알려지는 걸 원하지 않았다고 한다. 물론 이 이야기는 마르코 폴로나 카트린에 얽힌 이야기만큼이나 사실이 아닐 것이다. 메디치가※ 이야기가 그렇듯이, 이 이야기는 찰스 1세가 죽고 나서도 한참 뒤인 19세기에 처음 등장했다. 그는 또 자신의 비밀을 철저하게 지켰던 게 분명한데, 프랑스에서 망명 생활을 하던 찰스 2세가 영국으로 돌아왔던 1660년까지 아이스크림에 관한 기록이 전혀 없기 때문이다.

같은 해, 찰스 2세는 당시 세인트 제임스 공원 동쪽 담 너머 바로 옆에 영국 최초의 얼음창고를 지었다. 또 1671년 공식 문서에는 처음으로 '아이스크림'이라는 단어를 사용해 찰스 2세에게 아이스크림을 제공했다는 언급이 나온다.

아이스크림을 파리에 소개한 사람은 이탈리아인이었다. 1686년 프란시스코 프로코피오 데이 코텔리 Francesco Procopio dei Coltelli라는 사람이 옛 코메디 거리(rue de l'Ancienne Comédie)에 프로코프(Café Procope)라는 카페를 열었다. 이곳은 현재 파리에서 가장 오래된 레스토랑이다. 프로코피오는 파리의 리모나디에 limonadier(청량음료 제조업자) 또는 아이스 레몬에이드 제조나 판매 허가가 있는 250명 중 한 사람이었다. 그의 점포는 일반 대중에게 아이스크림을 판매한 첫 번째 가게이기도 하다.

하지만 아이스크림이 프랑스 왕족에게 소개된 것은 그보다 훨씬 이전이었을 것이다. 몇몇 사람들은 1660년대에 L. 오디제 L. Audiger라는 리큐어 liqueur(증류하여 만든 주정에 과일, 과즙, 약초 등의 성분을 넣고 설탕, 포도당, 꿀, 시럽 등의 감미료를 넣은 혼성주 −옮긴이) 제조업자가 루이 14세와 그의 궁정에 아이스크림을 댔다고 믿는다. 그리고 L. 오디제보다 한 세대 어리면서, 루이 14세의 동생 필립 2세의 요리사였던 프랑수아 마샬로^{François Massialot}가 1691년과 1702년에 요리책《왕실과 부르주아 요리서^{Le Cuisinier Roïal et Bourgeois}》와 《잼, 리큐어, 과일에 관한 새로운 지침^{Nouvelle Instructions for les confitures, les liquours et les fruits}》을 출간했는데, 여기에 — 그는 비록 프로마주 랑글루아즈^{fromage à l'angloise}, 즉 '치즈'라고 불렀지만 — 아이스크림 레시피가 포함돼 있다. 아마 그는 자신의 조리법이 치즈를 만드는 방법과 비슷한 점에 주목했던 것 같은데, 혼합물이 어는 동안 휘젓는 방식을 알지 못해서 아이스크림의 밀도가 높았기 때문이다. 다음은 그의 프로마주 레시피다.

> 무발효 크림 1쵸핀(약 1.14리터)과 같은 양의 우유에 가루 설탕 0.5파운드와 달걀노른자 3개를 넣고 섞어서 묽은 죽처럼 될 때까지 끓인다. 불에서 내려 얼음 틀에 붓고 3시간 동안 얼음에 둔다. 다 얼었으면 틀에서 꺼낸다. 좀 쉽게 빼내려면 틀을 살짝 데우거나 뜨거운 물에 잠깐 담근다. 콩포티에(얕은 그릇)에 담아낸다.

마샬로는 발명가는 확실히 아니었고 파리에 아이스크림을 최초로 도입한 사람도 아니었지만, 유명한 발명품이 있었다. 그는 프랑스에서 가장 유명한 유제품 디저트 중 하나인 크렘브륄레^{crème brûlée}를 처음 만들었다. 이 요리는 커스터드 위에 태운 설탕을 얇게 얹어서 먹는 것이었는데, 설탕 덮인 커스터드를 불에 달군 쇠막대로 그을려 완성했다. 크렘브륄레의 인기가 치솟자 파리의 아이스크림 제조자들이 바닐라에 캐러멜을 얹은 크렘브륄레 아이스크림을 만들기 시작했다.

아이스크림을 프로마주라고 부르는 사람들도 있었다. '누벨 퀴진^{nouvelle cuisine}'이라는 용어를 만들어 낸 18세기 유명한 셰프 므농^{Menon}은 그가 프로마주 글라세 아 라 크렘fromages glacés à la crème, 즉 치즈라고 부르는 일련의 아이스크림을 만들었는데, 파르메산 치즈의 쐐기 모양을 비롯해 다양한 모양의 치즈 틀에 부어 완성했다.

당시 프랑스에는 특별한 아이스크림도 많았다. 그중에서 비스퀴 드 글라스biscuit de glace는 아이스크림을 얼리기 전에 건조한 케이크 부스러기와 섞고 화려한 금속 접시나 종이 냅킨에 올려 냈다. 므농은 이 요리를 좋아했는데 접시에 담아 완성된 모습이 멋지다고 생각해서였다.

이탈리아에서 가장 유명한 아이스크림 가게이자 지금은 세계에서 가장 오랜 시간 영업 중인 카페는 베니스 산 마르코 광장에 위치한 플로리안Florian이다. 이 카페는 1720년에 개장했다.

또 다른 이탈리아인 프랑수아 자비에 토르토니François Xavier Tortoni가 1798년 파리에 아이스크림 파는 카페를 열었다. 그곳의 특별 메뉴는 그의 카페처럼 자신의 이름을 딴 토르토니였는데 마카롱, 럼, 크림으로 만든 토르토니는 므농의 비스퀴 드 글라스를 우아하게 변형한 것이었다.

1750년, 단순히 뒤뷔송Dubuisson이라고만 알려진 파리의 한 카페 주인이 자신이 처음으로 일 년 내내 소르베, 빙과, 아이스크림을 제공한 사람이라고 주장했다. 그가 실제로 처음은 아니었을지 몰라도 분명 최초의 한 사람이기는 했다. 18세기와 19세기에 이르러 한때 여름에만 먹던 얼린 디저트들이 점점 다른 계절에도 보이기 시작했다. 의사들은 이런 음식이 건강에 아주 좋다고 여겨 환자들에게 처방했다. 아이스크림에 들어가는 엄청난 크림과 강렬한 단맛의 소르베에 포함된 무지막지한 설탕량을 고려한다면 오늘날 의사들은 대부분 동의하지 않을 것이다. 그리고 그 한 세기 전만 하더라도 동의하지 않는 의사들이 있었을

— 우유의 역사

것이다. 당시에는 얼린 음식이나 음료가 마비를 일으킨다고 믿었기 때문이다(반대로, 얼린 음식과 음료가 마비를 치료할 수 있다고 믿었던 때도 있었다). 히포크라테스는 눈과 얼음을 먹으면 기침감기에 걸릴 수 있다고 경고했다.

뒤뷔송은 얼린 디저트를 일 년 내내 판매하겠다고 결심한 이유가 의사들의 처방 때문이었다고 언급했다. 특히 이탈리아 의사들이 이런 디저트의 건강상 이점을 강조했다. 뒤뷔송은 눈이 적게 내리는 따뜻한 겨울에 이탈리아에서 전염병이 더 빨리 퍼진다는 마자리니Mazarini라는 의사의 말을 인용하면서, 차가운 음식이 질병 예방에 도움이 된다고 말했다. 또 다른 이탈리아 의사 필리포 발디니Filippo Baldini는 1775년 소르베티 sorbetti를 주제로 한 책을 출판했는데, 각 장에서 소르베티의 한 가지 맛을 다뤘다. 조리법을 싣지는 않았지만 계피가 특히 건강에 좋다고 주장했다. 그는 1784년에 책을 재출간하면서 파인애플을 다룬 장을 추가했는데, 건강에 관한 새로운 발견을 해서가 아니라 단순히 파인애플맛이 대인기였기 때문이었다.

미국의 개성 있는 아이스크림 가게들

미국에 아이스크림을 소개한 사람이 누구인지는 알려지지 않았지만, 미국의 초대 대통령 조지 워싱턴George Washington이 아이스크림의 열렬한 애호가로 잘 알려져 있다. 그가 죽은 뒤 마운트버넌(조지 워싱턴의 농원 저택이 있는 도시)에 남은 그의 유품 중에 뚜껑 달린 아이스크림 냉동 냄비 열 개가 발견됐다. 조지 워싱턴의 먼 친척인 메리 랜돌프Mary Randolph가

1824년에 《버지니이의 주부들The Virginia Housewife》이라는 요리책을 내며 그 시대의 유행에 따라 다양한 크림과 푸딩 레시피는 물론이고 바닐라, 라즈베리, 코코넛, 복숭아, 시트론, 아몬드 등 여섯 가지 아이스크림 레시피를 실었다. 아이스크림은 노예를 소유한 가정에서 만들었던 게 분명한데, 그녀는 디저트에 관해 많은 조언을 했다. "형태를 잡지 않은 아이스크림은 손잡이 달린 유리잔에 담아서 내야 한다." 아이스크림을 얼리는 것에 대해서도 조언했다.

> 일부 게으른 요리사들은 크림이 든 냉동고를 얼음과 소금이 든 관에 넣어 얼음창고에 넣어두는데, 그렇게 해도 분명 얼긴 하지만 수분이 가라앉은 상태로 얼어버리기 때문에 내용물이 분리돼 크림을 망친다.

메리 랜돌프는 아이스크림을 만들 때 커스터드가 어는 동안 휘저어야 한다는 걸 이해하고 있었다.

> 냉동고는 내용물이 어는 동안 계속 움직이고 있어야 하고 백랍(pewter, 주석, 납, 놋쇠, 구리 등의 합금 −옮긴이)으로 만든 것이어야 하는데, 그래야 주석으로 만든 것보다 구멍 사이의 마찰로 인한 마모가 덜 일어나고 소금물을 넣어도 크림을 덜 상하게 할 수 있다.

맞는 말이기는 하지만 랜돌프와 그녀의 동시대 사람들은 백랍에 들어가는 납의 위험성을 알지 못했다.

다음은 랜돌프의 복숭아 아이스크림 레시피다. 첫 부분이 이 요리의 결정적인 비법이다.

── 우유의 역사

완전히 익어 말랑한 복숭아의 껍질을 벗기고 씨를 뺀 후, 도자기 그릇에 담는다. 설탕을 약간 뿌리고 은수저로 잘게 자른다. 충분히 익은 복숭아라면 부드럽게 잘 으깨질 것이다. 복숭아 양만큼 크림이나 고지방 우유를 추가한다, 설탕을 더 넣고 얼린다.

메리 랜돌프의 사촌인 토머스 제퍼슨은(버지니아의 이 랜돌프가家 사람들은 짝을 멀리서 찾지 않았다. 그녀는 조지 워싱턴과 마사 워싱턴Martha Washington, 존 마셜John Marshall과도 친척 관계이며, 그녀 자신도 또 다른 랜돌프와 결혼했다) 프랑스에서 아이스크림 제조법을 가져왔다고 말한 것으로 전해진다. 그가 미국 최초의 친불파親佛派였다는 사실을 생각하면 그리 놀라운 일도 아니다. 그가 프랑스 요리를 얼마나 좋아했던지, 패트릭 헨리Patrick Henry(미국 정치가, 독립 운동가. "자유가 아니면 죽음을 달라."라는 말로 유명하다 – 옮긴이)는 그가 "조국의 음식을 저버렸다."며 그를 비판하기도 했다.

제퍼슨이 제일 좋아하는 아이스크림 맛은 바닐라였다. 프랑스에서 바닐라빈을 알게 된 그는 200개를 가져와 대부분을 아이스크림 만드는 데 썼다. 그가 프랑스에 있는 친구들에게 보낸 편지 중에는 바닐라빈을 보내달라는 부탁도 있었다. 미국에 바닐라빈을 들여온 사람이 제퍼슨이라는 말도 있지만 당시 유럽에서 바닐라빈의 인기를 고려할 때, 그건 의심스러운 주장이다. 한 편지에 그가 미국에서는 바닐라빈을 구할 수 없다고 불평하는 말을 쓰긴 했지만 말이다. 그래도 잘못된 음식 신화 순위로 따지자면 제퍼슨은 마르코 폴로나 카트린 드 메시스보다는 한 수 아래다.

제퍼슨은 스펀지케이크 위에 아이스크림을 얹고 그 위에 살짝 구운 머랭을 올려 먹는 걸 좋아했다. 이 요리는 미국과 프랑스에서 약간씩의 변형과 다른 이름으로 있어왔디. 프랑스에서는 이걸 노르웨이 오믈렛이라고 부르는데, 노르웨이가 추운 지방에 있기 때문이다. 19세기 후반, 델모니코스Delmonico's 레스토랑의 셰프 출신이자 뉴욕에서 가장 유명한 셰프 중 한 사람인 찰스 랜호퍼Charles Ranhofer가 가차 없이 과시하기 좋아하는 백만장자들이 화려한 궁전에서 만찬을 즐길 때 내놓았던 요리가 있었다. 그는 1898년 《미식가The Epicurean》라는 요리책을 내면서 40가지의 아이스크림 레시피와 함께, 이 단순한 요리를 만드는 절망적일 만큼 복잡한 레시피를 실었다. 그는 뜨겁기도 하고 차갑기도 한 이 요리에 '알래스카-플로리다Alaska-Florida'라는 이름을 붙였다.

잘 치댄 바닐라 사보이 비스킷(레디핑거류의 스폰지 비스킷 – 옮긴이) 반죽을 준비한다. 지름 2.5인치, 깊이 1.5인치 크기의 틀에 버터를 바른다. 전분이나 밀가루를 뿌리고 반죽을 3분의 2 정도 채운다. 구운 케이크를 틀에서 꺼내 바닥을 둥그렇게 도려낸다. 움푹하게 만든 케이크에 살구 마멀레이드를 채운다. 제시된 모양(콘 모양)의 아이스크림 틀을 준비해, 생바나나 아이스크림과 생바닐라 아이스크림을 반반씩 채운다. 단단히 얼면 틀에서 빼내 준비한 비스킷 위에 올린다. 아이스박스나 지하 저장실에 넣어둔다. 달걀흰자 12개와 설탕 1파운드를 섞어 머랭을 쳐서 준비한다. 음식을 내기 몇 분 전에 작은 도일리 페이퍼(가장자리에 레이스 무늬가 있는 종이 – 옮긴이) 위에 아이스크림을 얹은 비스킷을 올리고, 구멍을 통해 머랭을 짜내는 주머니(모양 깍지를 고정시켜 사용하는 짤주머니)로 케이크 아래부터 위쪽으로 머랭을 입히는데, 위쪽으로 갈수록 두께를 줄여나간다. 뜨겁게 예열한 오븐에서 2분 정도 구워 머랭에 색을 내며 밝은 황갈색이 되면 꺼내 곧바로 식탁에 내간다.

필라델피아의 유명한 음식 작가 세라 타이슨 로러Sarah Tyson Rorer가 1912년 《아이스크림, 빙과, 얼린 푸딩, 모든 사교활동에 함께하는 다

— 우유의 역사

과 《Ice Creams, Water Ices, Frozen Puddings, Together with Refreshments for All Social Affairs》라는 요리 책을 펴냈는데, 이 책에서 그녀는 '알래스카-플로리다'를 간단한 방법 으로 만드는 레시피를 소개해 미국에서 큰 인기를 끌었다. 그녀는 이걸 '알래스카 베이크Alaska Bake'라고 부른다.

바닐라 아이스크림을 필요에 따라 1 내지 2쿼트 만든다. 아이스크림이 얼면 벽돌 모 양 틀에 담는다. 틀의 양면을 편지지로 덮고 바닥과 위를 잘 고정시킨다. 전체를 유 산지로 감싸 얼음과 소금 속에 넣어 얼린다. 식탁에 내기 전 적어도 2시간은 얼린다. 서빙할 때 달걀흰자 6개로 거품을 낸 머랭에 설탕 6큰술을 체 쳐서 넣고, 수분이 마 르고 부드러워질 때까지 잘 섞는다. 틀에서 아이스크림을 꺼내 접시에 올리고, 접시 는 스테이크 보드나 두꺼운 도마에 올린다. 케이크에 당의를 입힐 때처럼 별 모양 깍지를 낀 짤주머니로 머랭을 짜서 아이스크림을 덮거나 전체에 펴 바른다. 윗부분 을 빠르게 장식하고 설탕을 수북하게 뿌린다. 가스 그릴의 버너 아래에 넣거나 뜨겁 게 달궈진 석탄 또는 장작 화덕 쇠살대에 넣어 머랭에 연한 갈색을 내서 재빨리 식 탁으로 가져간다. 접시 아랫부분만 잘 보호하면 아이스크림이 녹을 염려는 없다. 윗 부분의 머랭이 절연체 역할을 해주기 때문이다.

보스턴 요리 학교의 관리자였다가 이후 교장이 된 패니 파머Fannie Farmer는 일하는 여성들을 위해 요리를 단순화하려고 노력한 사람이었는 데, '알래스카 베이크'가 나온 지 6년 뒤에 '베이크드 알래스카Baked Alaska' 라는 더 간단한 버전의 레시피를 소개했다.

미국 최초의 아이스크림 동네는 아마 뉴욕이었을 것이다. 1776년 최 초의 아이스크림 가게가 뉴욕에 문을 열었고, 미국 독립혁명 기간 중 영 국군에 점령당한 뉴욕에 수많은 아이스크림 가게가 생겨났다. 뉴욕에는 아이스크림 가게와 이이스크림을 파는 과자점은 물론이고 아이스크림 공원도 있었다.

　1790년대에 프랑스 최고의 음식 작가 중 한 명이자 그 명성을 꾸준히 이어갔던 장 앙텔름 브리야 사바렝Jean Anthelme Brillat-Savarin은 3년 동안 미국에 살았다. 그는 프랑스 망명자들의 삶에 관심이 많았는데, 당시 미국에는 프랑스 혁명 이후 혼란을 피해 도피한 프랑스인이 많았다. 그러다 우연히 "1794년과 1795년 사이에 뉴욕에서 아이스크림 가게를 열어 그 상업 도시 주민들에게 빙과와 셔벗을 팔아 큰돈을 번" 조셉 콜레트 선장(Captain Joseph Collet)을 알게 됐다. 그러면서 그는 한때, 여성들이 본능적으로 미식가가 되기가 더 쉬운데 그게 자신을 돋보이게 해준다는 걸 알기 때문이라고 지적한 바 있던 작가답게 성차별적인 논평을 한마디 덧붙였다. "얼린 음식이 주는 즐거움보다 새로운 기쁨을 어디서도 찾지 못했던 사람들은 다름 아닌 숙녀들이었다. 그걸 음미하면서 그들이 짓는 살짝 찡그린 표정을 보는 것만큼 재밌는 게 또 있을까." 성차별적인 부분은 그렇다 치더라도, 태어나서 처음으로 얼린 디저트를 맛보는 사람의 첫 반응을 지켜보는 건 정말 재밌을 것이다.

　1797년 브리야 샤바렝은 프랑스로 돌아왔지만 콜레트 선장은 뉴욕에 남아 카페가 딸린 커머셜 호텔을 개장했다. 그리고 그는 1835년에 시내 화재로 유명한 식당을 잃었던 스위스의 델모니코 형제에게 호텔을 팔았다. 1824년, 델모니코 형제는 ─ 한 사람은 와인 상인이었고 다른 사람은 제빵사였다 ─ 업무 지구의 중심부인 윌리엄스 거리에 자신들의 이름을 딴 카페를 개장했다. 이후 그곳은 아이스크림뿐 아니라 케이크, 초콜릿, 거품 없는 핫초코, 쿠바산 시가(와인 상인을 하는 델모니코는 아바나산産 담배 무역도 했다)로 이름난 세련된 유럽식 분위기를 내는 장소로 유명해졌다. 그리고 뉴욕의 비즈니스 런치가 시작된 곳도 이 카페에서였다.

비슷한 시기에 필라델피아에서도 아이스크림이 인기였는데, 특히 ─ 남편 조지 워싱턴의 아이스크림을 향한 열정을 공유한 게 분명한 ─ 마사 워싱턴Martha Washington이 좋아했던 숙박시설 중 하나인 '그레이스 페리 앤 가든Grays Ferry and Gardens'이 유명했다. 필라델피아에서 아이스크림이 처음으로 제공된 게 1782년 6월 15일 프랑스 선교회에서 조지 워싱턴을 특별 손님으로 초대했을 때라는 주장이 있다. 필라델피아에서 일반 대중에게 처음으로 아이스크림을 팔았다고 알려진 가게는 1800년 프랑스인 피터 보쉬Peter Bossu가 운영하는 곳이었다.

1818년, 엘리너 파킨슨Eleanor Parkinson이 남편의 선술집 옆에 과자점을 열었다. 과자점과 거기서 파는 아이스크림이 너무 불티나게 팔려서 결국 부부는 선술집을 닫았다. 파킨슨의 카페는 필라델피아를 아이스크림으로 명성을 얻게 해준 곳으로 지목되기도 한다. 엘리너는 자신의 요리책에 이 명성을 홍보하면서 다음과 같이 말했다. "필라델피아는 이 환상적인 조합의 음식으로 오랫동안 독보적인 명성을 누려왔다." '오랫동안'이라는 말은 상대적인 표현이다.

1820년대에 백악관에서 근무했던 흑인 요리사 어거스트 잭슨Augustus Jackson이 직접 개발한 아이스크림 공법을 바탕으로 1832년 자신의 고향인 필라델피아에 아이스크림 가게를 열었다. 그때 이후 필라델피아는 흑인이 운영하는 아이스크림 가게가 많은 곳으로 유명해졌다. 잭슨의 아이스크림은 최고였다고 전해지며 특히 맛이 다양하기로 유명했다. 아이스크림은 주로 여름에 먹는 음식이었기 때문에, 뉴욕과 마찬가지로 필라델피아의 수많은 아이스크림 가게가 야외 카페였다.

미국 아이스크림 역사에서 불명예스러운 순간에 '미친 앤서니' 웨인 장군(General 'Mad Anthony' Wayne)이라는 이름이 등장한다. 그는 백인 정착민들의 터전을 마련하기 위해 중서부 넓은 지역에서 쇼니족, 레나페족, 마이애미족 인디언들을 몰아낸 사람으로 유명하다. 그는 오늘날 오하이오주 털리도 바로 외곽에서 벌어진 폴른 팀버스 전투(Battle of Fallen Timbers)에서 결정적인 승리를 거둔 후, 군인들에게 부대가 "동부를 떠난 뒤로 본 적이 없는" 특별 간식, 아이스크림을 제공했다.

1843년 아이스크림 산업은 낸시 존슨^{Nancy Johnson}이라는 48세 여성이 손잡이로 돌리는 방식의 아이스크림 제조기를 발명한 것을 계기로 획기적인 전환기를 맞았다. 이 기계는 나무 원통 안에 금속 원통이 들어 있는 형태로, 금속 원통에 얼릴 아이스크림을 넣고 금속 원통과 나무 원통 사이에 얼음을 채워 넣는 방식이었다. 아이스크림이 어는 동안 나사로 고정된 뚜껑에 있는 구멍을 통해 연결된 손잡이를 잡고 내용물을 돌렸다. 금속 원통은 심지어 두 칸으로 나뉘어 있어서 두 가지 맛을 한 번에 얼릴 수 있었다. 이 기계는 수십 년 동안 아이스크림 제조기의 표준이 됐고, 얼음창고를 갖춘 대저택에서나 먹던 특별 간식을 대중들의 인기 상품으로 바꿔놓았다. 하지만 안타깝게도 사업보다는 공학에 더 소질이 있었던 존슨은 이 발명품으로 큰돈을 벌지는 못했다.

1853년 런던에서 윌리엄 풀러^{William Fuller}라는 사람이 이와 비슷한 제빙기를 발명했다. 풀러의 특허는 존슨의 특허보다 늦었지만, 명부에 '제빙기'가 이름을 올린 시기는 존슨의 발명보다 한 해 앞선 1842년이었다. 풀러는 또 다양한 아이스크림 레시피를 보유하고 있었는데, 대부분 달

갈노른자가 아주 많이 들어가는 것이었지만, 유독 흰자가 들어가는 레시피 하나가 있었다.

1843년 존슨이 아이스크림 제조기를 발명한 것과 같은 해에, 런던의 또 다른 인물 토머스 마스터스Thomas Masters가 자신이 최초의 아이스크림 제조기 발명가라고 주장하고 나섰다. 그가 만든 장치의 장점은 지지대에 고정돼 높이 들어 올려져 있어서 사용자가 허리를 굽힐 필요가 없다는 것이었다. 1848년에 아이스크림 제조기 세 개가 더 발명됐는데, 그 중에는 전문가들이 한 번에 많은 양을 만들 수 있도록 설계된 수동식 장치도 있었다.

이 모든 기계의 원리는 같았다. 휘젓지 않고 그냥 얼린 아이스크림은 빽빽하고 단단해서 먹을 수 없었다. 아이스크림의 부드러운 질감은 어는 동안 공기가 주입되도록 크림을 휘젓는 동작에서 비롯되는 것이었다.

1844년, 런던의 아이스크림 제조기 발명가 마스터스가 《아이스 북 — 얼음과 관련된 모든 것의 역사, 그리고 레시피The Ice Book: A History of Everything Connected with Ice, with Recipes》라는 제목으로 요리책을 냈다. 다음은 책에 실린 오병감伍秉鑑(차 무역으로 세계에서 손꼽히는 부자가 된 중국 상인 – 옮긴이)의 차茶 아이스크림 레시피다.

크림 1파인트(약 0.56리터), 설탕 0.5파운드(약 225그램), 홍차 1온스 또는 한 잔을 만들기에 충분한 양을 준비해 섞어서 얼린다. 1쿼트(약 1.14리터) 분량이다.

다음은 생강 아이스크림 레시피다.

> 제일 싱싱한 생강 6온스(약 170그램)를 절구에 찧는다. 레몬즙과 설탕 1파운드(약 450그램), 크림 1파인트(약 0.56리터)를 준비한다. 잘 섞어서 체로 거른 후 얼린다. 1쿼트 분량이다.

　미국에서 아이스크림은 빠르게 성장하는 산업이 됐는데, 무엇보다 그 이유는 우유를 파는 것보다 수익성이 좋았기 때문이다. 남북전쟁 당시 북부와 남부를 통틀어 가장 인기였던 여성 잡지 〈고디의 여성을 위한 책 Godey's Lady's Book〉에는 정기적으로 아이스크림 레시피가 실렸다. 1850년에 이미 그들은 "(아이스크림) 없는 파티는 빵 없는 아침 식사나 고기 없는 저녁 식사나 마찬가지다."라고 썼다. 고디나 다른 대부분의 19세기 레시피들은 보통 독자들에게 단순히 아이스크림을 얼리라는 말로 조리법을 마무리하곤 했다. 하지만 얼리는 것이야말로 아이스크림의 핵심이었다. 다음은 1860년대 고디의 얼린 커스터드 레시피다.

> 우유 1쿼트, 달걀 5개, 설탕 0.5파운드를 준비한다. 달걀과 설탕을 잘 풀어서 섞고, 우유를 끓여 달걀과 설탕 섞은 것에 부으며 동시에 저어준다. 다시 불에 올리고 타지 않게 계속 젓는다. 걸쭉해지면 불에서 내려 중간 굵기의 체로 거르고 식혀서 향을 첨가하면 얼릴 준비가 된 것이다.

　다음은 1862년 고디의 파인애플 아이스크림 레시피다.

—— 우유의 역사

잘 익어 즙이 풍부한 파인애플을 작게 잘라 으깨서 즙을 짜낸다. 도자기 그릇에 담아 그 위에 설탕을 뿌리고 한동안 재운다. 설탕이 완전히 녹으면 즙을 걸러 질 좋은 크림 1쿼트와 섞고, 각설탕을 1파운드(약 450그램) 좀 안 되게 넣는다. 크림을 잘 섞어서 일반 아이스크림과 같은 방법으로 얼린다.

1871년, 남부인인 메리 버지니아 호즈 터훈Mary Virginia Hawes Terhune이 매리언 할런드Marion Harland라는 필명으로 쓴 베스트셀러《가정주부의 상식 Common Sense in the Household》에서 '직접 얼린 아이스크림' 만드는 법을 소개했다. 레시피를 보면 얼음이 정말 중요한 재료라는 걸 알 수 있다. 또 크랭크crank(왕복운동을 회전운동으로 바꾸거나 그 반대의 일을 하는 기계 장치 –옮긴이)나 비슷한 장치 없이 아이스크림을 직접 얼리는 게 얼마나 힘든 일인지 확실히 보여준다.

맛이 진한 우유 1쿼터(약 1.14리터)
달걀 8개–흰자와 노른자를 분리해서 가볍게 친다.
설탕 4컵
무발효 크림 5파인트(약 2.8리터)
바닐라나 다른 향신료 5큰술, 혹은 바닐라빈 1개를 반으로 갈라 커스터드에 넣고 끓인 후 그대로 식힌 것.

• 우유를 끓기 직전까지 데우고, 노른자를 가볍게 쳐 설탕을 넣어 잘 섞는다. 여기에 뜨겁게 데운 우유를 조금씩 부어가며 잘 섞는다. 이제 거품 낸 흰자를 넣고, 다시 불에 올려 들통이나 소스 팬으로 중탕한다. 약 15분 정도, 아니면 걸쭉한 커스터드가 될 때까지 계속 저으며 끓인다. 그릇에 담아 식힌다. 차게 식으면 크림과

섞는다. 빈을 사용하지 않았다면 향을 첨가한다.

- 비둘기 알보다 작게 쪼갠 얼음을 다량 준비한다. 작을수록 좋다. 두꺼운 포대나 두 겹으로 접은 카펫 사이에 얼음을 넣고 충분히 감싼 후 쇠망치나 나무망치로 치면 원하는 크기의 알갱이로 만들기가 좀 더 수월하다. 이렇게 하면 얼음을 낭비하거나 손으로 만질 필요가 없다.

- 카펫이나 포대의 끄트머리를 모아 잡고 바깥쪽 통에 원하는 만큼 붓는다. 깊고 둥근 통 안에 보통의 구식 수직형 냉동고(금속 원통)가 든 것을 사용한다. 그 주위를 잘 감싼다. 얼음을 넣을 때는 잘게 쪼갠 얼음을 한 층 깔고, 그 위에 암염岩鹽을 넣는다. 일반 소금은 안 된다. 이 순서를 반복하면서 통을 채우고 냉동고 뚜껑을 덮기 전에 남은 소금을 조심스럽게 제거해 크림에 섞이지 않게 한다. 긴 나무 국자나 납작한 막대(나는 이 용도로 하나 만들었다)로 커스터드를 5분 정도 쉬지 않고 저어준다. 뚜껑을 닫고, 얼음을 채우고 그 위에 소금을 넣고, 통을 다 채울 때까지 꾹꾹 눌러 담는다. 전체를 담요나 카펫으로 여러 겹 감싸서 1시간 놓아둔다.

- 덮어 놓은 걸 걷어내고 냉동고 바깥을 조심스럽게 닦아낸다. 냉동고 바닥과 옆면에 커스터드가 두껍게 얼어 있는 걸 볼 수 있을 것이다. 끝이 얇은 국자나 긴 조각칼로 커스터드를 깨끗이 떼어낸다. 떼어낸 커스터드가 다시 부드러우면서 단단한 질감의 반죽처럼 될 때까지 세차게 오랫동안 휘젓는다. 아이스크림의 부드러움은 이 단계에서 결정된다. 뚜껑을 닫고 얼음과 소금을 더 채우고, 소금물(얼음과 소금이 녹은 물)을 따라낸다. 카펫을 두 겹으로 펼쳐서 얼음으로 냉동고를 완전히 파묻어 감싸고 3~4시간 놓아둔다. 냉동고가 뜰만큼 물이 생기면 비워내고 얼음과 소금을 다시 채우는데, 냉동고는 열지 않는다. 2시간 후에 얼음에서 냉동고를 꺼내 뚜껑을 열고 끓는 물에 적신 수건으로 아랫부분을 감싸면, 단단하면서 결이 촘촘한 입에서 살살 녹는 크림 기둥을 꺼낼 수 있다.

얼음과 소금을 이용해 무언가를 얼리는 기술은 오래된 것이다. 1589년 이탈리아 자연 철학자 잠바티스타 델라 포르타Giambattista della Porta는 초석과 얼음을 사용해 와인을 얼렸다고 썼다. 나폴리 출신인 그는 '신비학 교수(Professor of Secrets)'로 알려져 있었는데, 마술 비슷한 시연을 하곤

했다. 스페인 통치하의 나폴리 종교재판에서 심문받은 적도 있었다. 그가 마법의 영약이라고 부르는 것에 와인을 넣어 차갑게 만든 것도 심문의 내용 중 하나였다. 하지만 그는 1589년 자신의 책에서 다른 비밀들과 함께 얼리는 묘기의 비밀을 밝혔다. 소금은 물보다 어는점이 낮아 얼음에 소금을 뿌리면 소금 때문에 얼음의 어는점이 낮아진다. 얼핏 보기에 얼음이 녹는 것처럼 보이지만 얼음이 물로 바뀌는 동안 차가운 온도가 유지되고, 사실상 액상 얼음이 만들어져 아이스크림 제조기를 돌리기가 훨씬 쉬워진다. 나중에 나오는 냉동고는 관을 타고 이동할 수 있는 냉각수를 만드는 데 이 기술을 사용했다.

아이스크림 전성시대를 알리는 신호탄 격으로 아이스크림 레시피만 수록한 최초의 책이 1768년 프랑스에서 출간됐다. 성을 밝히지 않은 '에디 선생(Monsieur Edy)'이 쓴 이 책은 아이스크림 레시피로만 구성된 200페이지 분량의 요리책이었다.

콘에 담고, 토핑도 올리고

소다수 판매점은 필라델피아 6번가와 체스트넛 스트리트 모퉁이에서 시작됐다. 프랑스인인 상점 주인 엘리아스 뒤랑Elias Durand은 원래 나폴레옹 군대에서 약제사를 하던 사람이었다. 1825년 개업 당시 그는 원래 약국을 할 의도였는데 가게에서 파는 소다수에 손님이 몰리면서 약국보다는 사람들이 삼삼오오 모여 소다수를 즐기며 담소를 나누는 장소가 됐다. 그러다 손님들이 소다수에 이것저것 맛을 첨가하기 시작했고, 소다수와 생크림의 조합이 유행하게 됐다. 1874년에 로버트 M. 그린^{Robert M. Green}이 자신의 가게에서 소다수에 아이스크림을 올린 메뉴를 팔기 시작했다. 그의 수입이 하루 6달러에서 600달러로 크게 증가했다. 아이스크림소다의 탄생이었다.

　필라델피아 치즈 스테이크, 필라델피아 크림치즈 등 음식에 도시 이름을 붙여 브랜드화하기를 좋아하는 도시, 필라델피아가 아이스크림으로 유명세를 더했다. 1912년 세라 로러가 자신의 요리책에 '필라델피아 아이스크림'이라는 명칭을 사용했다. 로러는 필라델피아 요리 학교(Philadelphia Cooking School)의 설립자일 뿐 아니라, 미국 가정주부들을 대상으로 한 월간지 〈레이디스 홈 저널^{Ladies' Home Journal}〉의 설립자 중 한 명이자 음식과 영양에 관한 영향력 있는 작가였다. 그녀의 필라델피아 아이스크림은 달걀이나 점도를 높이는 재료를 전혀 사용하지 않으며 원료도 가장 신선한 것만 사용한다고 주장했다. 뭐 그럴 수 있으면 그렇게 했다는 의미다. 그녀는 이따금 통조림 과일도 썼고 질 좋은 크림을 구할 수 없을 때는 통조림 연유를 사용하는 걸 추천하기도 했다. 생크림에 달걀을 넣지 않고 휘저을 때 거품이 생기는 걸 방지하려면, 크림 절반을 끓기 직전까지 데웠다가 식혀서 나머지 절반과 섞으라는 팁도 제공했다. 그러면서 달걀이 안 들어간 필라델피아 아이스크림은 아주 천천히 얼려야 한다는 점을 강조했다. 그녀는 아주 다양하고 때로 흥미로운 맛의 아이스크림 레시피를 소개하고 있다. 다음은 그녀의 사과 아이스크림 레시피다.

시큼한 큰 사과 4개
크림 2쿼터

설탕 0.5파운드
레몬즙 1큰술

크림 반에 설탕을 모두 넣고 설탕이 완전히 녹을 때까지 저어가며 데운다. 완전히 식으면 얼리고 레몬즙과 껍질을 깎아서 갈아둔 사과를 추가한다. 냉동을 끝내고 다른 용기에 담아 숙성시킨다.
사과는 반드시 마지막에 깎아 크림에 직접 갈아 넣어야 한다. 접시에 갈아놓았다가 공기와 접촉하게 되면 갈변해 아이스크림 색을 망친다.

미시간주 투 리버스에서 에드 버너스[Ed Berners]라는 남성이 아이스크림 가게를 운영했는데, 믿기지는 않지만 자주 언급되는 이야기에 따르면 1881년 조지 할라우어[George Hallauer]라는 손님이 아이스크림에 초콜릿 소스를 뿌려달라고 부탁했다고 한다. 그때까지만 해도 아이스크림에 초콜릿 소스를 뿌린다는 생각을 해본 사람은 아무도 없었을 것이다. 아무튼 투 리버스에 사는 많은 사람이 그걸 따라 했고, 곧 아이스크림과 사과주스, 아이스크림과 초콜릿 땅콩(이걸 '초콜릿 피니'라고 부른다), 아이스크림과 수많은 다른 토핑의 조합이 생겨났다. 이 이야기는 미국 저널리즘 역사상 가장 존경받는 인물 중 한 명인 헨리 루이 멩켄[H. L. Mencken]이 그의 유명한 책《미국어[The American Language]》에 다시 언급하면서 유명해졌다. 하지만 그는 들은 이야기를 전한 것일 뿐 조사를 해본 건 아니었다. 출생 기록에 따르면 1881년에 18살이었던 에드 버너스가 정말 아이스크림 가게를 운영했을까?

바로 옆 매니토웍이라는 마을에서 조지 기피[George Giffy]가 아이스크림에 토핑은 얹는 유행에 합류했는데, 전하는 말에 따르면 일요일에만 토

핑을 얹었다고 한다. 한 소녀가 일요일이 아니라는 이유로 그 간식을 서
절당하자, "오늘은 '일요일(Sunday)'이어야만 해요."라고 우긴 끝에 아
이스크림을 받았고, 그때부터 그 아이스크림이 '선디^{sundae}'라는 이름으
로 불렸다. 철자가 'y' 대신 'e'로 바뀐 이유를 설명할 만한 이야기를 생
각해낸 사람은 아직 없지만, 언젠가는 나오리라 기대해본다.

  한편에서는 그 이유를 설명하는 이야기를 이미 알고 있다고 주장하
는 사람들이 있다. 그들에 따르면, 독실한 기독교 신자들이 아이스크림
같은 경박한 음식에 '주일(일요일)'이라는 이름을 붙인 걸 기분 나빠해서
상인들이 손님을 잃지 않으려고 철자를 바꿨다는 것이다. 일리노이주
에번스턴의 지역 역사가들은 — 선디라는 음료를 처음 만든 건 아니지
만 — 이 철자를 처음으로 바꿔서 부르기 시작한 곳이 그 지역의 '가우
드 약국(Garwood's Drugstore)'이라고 주장하기도 한다.

  각자 자기들 지역이 아이스크림 선디의 탄생지라고 주장하는 이 위
스콘신 마을들의 신경을 거스르는 곳이 있는데, 바로 뉴욕의 이타카다.
이타카 지역 역사가들은 이걸 기록으로 남기기 위해 많은 노력을 기울
여왔다. 그들 이야기에 따르면, 1892년 4월 3일 일요일에 존 스콧^{John}
^{M. Scott}이라는 목사가 예배 후 늘 하던 대로 플랫앤콜트 약국(Platt & Colt
Pharmacy)을 방문했다. 교회 회계 일을 맡아보는 약국 주인 체스터 플
랫^{Chester C. Platt}을 만나기 위한 목적이었다. 두 사람은 일요일마다 이곳에
서 만났다. 플랫은 이날 디포레스트 크리스티앙^{DeForest Christiance}이라는 종
업원에게 아이스크림 두 개를 가져다 달라고 했는데, 그가 이 얼린 간식
에 체리 시럽과 설탕에 졸인 체리를 추가했다. 이걸 본 스콧이 여기에
'체리 선데이(Cherry Sunday)'라는 이름을 붙였다는 것이다.

  특히 미국 중서부 지역에서 온갖 종류의 선디가 만들어지기 시작했

—— 우유의 역사

다. 1934년 만국박람회에 뜨거운 메이플 시럽과 딸기를 얹은 선디가 등장했다. 캔자스시티 유니언 스테이션의 웨스트포트실室 셰프 마시엘Maciel이 여기서 영감을 받아 만든 메뉴가 '핫 스트로베리 선디'라고 한다. 레시피는 다음과 같다.

반으로 자른 딸기 1파인트
자메이카(다크) 럼 4큰술
여과 꿀 4분의 3컵
레몬즙 4큰술
오렌지 껍질 1개 분량 채 썬 것
바닐라 아이스크림 1쿼트

딸기를 1시간 동안 럼주에 담가놓는다. 작은 냄비에 꿀, 레몬즙, 오렌지 껍질을 넣고 천천히 끓인다. 오렌지 껍질을 건져낸다. 향을 낸 꿀에 딸기와 럼 혼합물을 잘 섞고 불에서 내린 후 아이스크림에 얹어 곧바로 낸다.

아이스크림 샌드위치는 지난 세기에 접어들 무렵 뉴욕시 보워리의 이름을 알 수 없는 한 아이스크림 행상이 발명했다고 알려져 있다. 그는 아이스크림 샌드위치를 개당 1페니(1센트)에 팔았다. 하지만 수많은 나라의 수많은 문화에서 웨이퍼wafer(얇고 바삭하게 구운 과자 — 옮긴이)부터 빵까지 온갖 재료로 다양한 아이스크림 샌드위치를 만들었기 때문에 어떤 게 최초인지는 말하기 어렵다.

네모난 아이스크림을 반죽에 담갔다가 재빨리 튀겨내는 알래스카 파이Alaska Pie가 최초로 만들어진 곳이 1893년 시카고 만국박람회였다는 주장에 도전장을 낸 사람은 아무도 없다. 더 이상 그걸 먹는 사람이 없어서일 테지만, 알래스카 파이는 아마도 1920년 아이오와주 오나와에서 덴마크 이민자인 기독교인 켄트 넬슨Kent Nelson이 발명한 에스키모 파이Eskimo Pie의 전신이었을 것이다. 넬슨은 초콜릿으로 감싼 그 간식을 '아이-스크림 바I-Scream Bar'라고 불렀다. 그는 초콜릿을 만들어 팔던 러셀 스토버Russell Stover와 사업을 합치기로 했는데, 스토버의 제안으로 아이-스크림 바에서 에스키모 파이로 이름을 바꿨다. 1922년에 하루에 100만 개를 팔았다고 주장하는 넬슨은 에스키모 파이로 부자가 됐다. 그는 1992년에 99살의 나이로 세상을 떠났다.

아이스크림콘에 얽힌 이야기도 무수히 많다. 1895년 이탈리아에서 뉴욕으로 이주해온 이탈로 마르키오니Italo Marchiony라는 남성이 월스트리트에서 손수레를 끌고 다니며 레몬 아이스와 아이스크림을 팔았다. 처음에는 작은 유리잔에 담아 팔았는데 걸핏하면 깨지는 데다가 계속 씻어야 하는 게 문제였다. 그는 대안으로 와플을 구워 채 식기 전에 모양을 잡아 '먹을 수 있는 컵'을 만들었다. 아이스크림은 날게 돋친 듯 팔렸고 얼마 안 가 손수레가 40대를 넘어섰다. 먹는 컵을 만드는 속도가 수요를 따라잡지 못하자, 그는 호보컨에 있는 공장에서 생산하는 방법을 찾았다.

진짜 아이스크림콘을 발명한 사람은 1904년 세인트루이스 만국박람회에서 페르시안 와플을 팔다가 아이스크림콘을 생각해낸 어니스트 햄위Ernest Hamwi라고 믿는 사람들도 있다. 마르키오니의 딸 제인 마르키오니 파레티에 따르면, 그녀의 아버지가 1904년 박람회에서 아이스크림을 팔다가 식용 컵이 떨어졌는데, 와플을 팔던 햄위가 아이디어를 내서 그를 도왔다는 것이다.

이 이야기는 미국 우정국에서 기념 우표를 발행할 정도로 널리 인정받긴 하지만 몇 가지 문제가 있다. 무엇보다 마르키오니가 미국으로 건너오기 7년 전, 그리고 세인트루이스 박람회 16년 전인 1888년에 영국에서 아이스크림과 얼린 디저트 레시피로 인기를 얻어 '아이스크림의 여왕'이라고 불리던 애그니스 버사 마셜^{Agnes Bertha Marshall}이 《A. B. 마셜 부인의 요리책^{Mrs. A. B. Marshall's Cookery Book}》을 출판했는데, 이 책에 '크림 코르네' 레시피가 소개돼 있다. 이 코르네 또는 콘 역시 잔치 분위기가 물씬 풍긴다. 레시피는 이렇다.

크림 코르네

잘게 다진 아몬드 4온스(약 113그램), 고운 밀가루 2온스(약 57그램), 설탕 2온스, 큰 날달걀 1개, 소금 한 꼬집, 등화수 1큰술을 잘 섞어 반죽을 만든다.

빵 굽는 틀 1~2개를 오븐에 넣고 뜨겁게 데워지면 백랍으로 문지르고 틀을 식힌다. 틀에 반죽을 매끈하고 얇게(대강 10분의 1인치 두께, 약 2.5밀리미터) 펴서 3~4분 정도 오븐에 굽는다. 틀을 꺼내고 반죽을 2.5~3인치 지름의 둥근 커터로 재빨리 찍어낸다. 이 둥근 반죽으로 기름을 안팎으로 가볍게 발라 준비해둔 코르네 틀을 곧바로 감싸고, 가장자리를 잘 눌러서 반죽이 코르네 틀 모양이 되게 만든다. 이제 반죽을 떼어내 틀 안쪽에 넣고 다른 틀 하나를 반죽 안쪽으로 넣어 두 틀 사이에 끼인 반죽의 모양이 유지되게 한다. 이걸 중간 온도의 오븐에 넣어 바삭하게 굽는다.

오븐에서 꺼내 틀에서 뺀다. 완성된 코르네는 주석 통에 넣어 건조한 곳에 두면 오래 보관할 수 있다. 짤주머니로 로열 아이싱(설탕과 달걀흰자, 레몬즙으로 만든 아이싱으로 각종 과자에 장식용으로 쓴다 – 옮긴이)을 짜서 가장자리를 장식하고, 이 아이싱에 다양한 색깔의 설탕을 입힌다. 용도에 맞는 짤주머니와 모양 깍지를 사용해 바닐라로 향을 내고 단맛을 첨가한 휘프드 크림(거품 낸 생크림 – 옮긴이)을 코르네에 채워 접시나 종이 혹은 냅킨 위에 쌓아놓는다. 코르네는 크림이나 셔벗, 굳힌 커스터드나 과일로도 속을 채울 수 있고, 정찬이나 오찬, 간단한 저녁 식사로 낼 수 있다. (이 레시피는 따라하기는 쉬워도 제대로 만들긴 힘들다. 콘 모양 틀도 '코르네 틀'로 이용할 수 있다.)

누군가가 이것보다 잎신 기록을 찾기 전까지는 이 레시피가 먹을 수 있는 아이스크림콘에 관한 최초의 언급이다. 애그니스 버사 마셜이 아이스크림콘의 진짜 발명가라는 얘기다. 그녀의 이 발명품은 런던에서 유행했던 '페니 리크penny lick' — 작은 유리잔에 담아 말 그대로 핥아먹는 아이스크림 — 가 세척을 제대로 하지 않아 질병의 온상이 될 수 있다는 점을 우려해 금지됐던 1899년 이후 더욱 중요해졌다. 어쨌거나 페니 리크는 아랫부분이 유리로 채워져 실제로는 1페니(약 2.5그램) 밖에 안 담기지만 시각적으로는 많아 보이게 고안된 아주 얇은 유리잔이었다.

마셜은 빅토리아 시대 영국의 유명인사였고, 수많은 관중에게 강의와 요리 시범을 보였다. 그녀의 전문 분야는 아이스크림이었으며 요리책 네 권 중 두 권이 아이스크림만 다룬 것이었다. 장사 수완도 좋아서 자기가 파는 베이킹파우더 통에 자신의 요리책 쿠폰을 넣었다. 직접 발행하는 신문에 자기 제품을 홍보하기도 했는데, 그중에는 넓고 얇은 아이스크림 제조기 '아이스 케이브ice cave'나 아이스크림 보관용 보냉 박스, 설탕 함량을 측정하는 당도계 같은 것들이 있었다.

그녀는 낯 두껍게도 자기 책에 자기 상품을 버젓이 홍보했다. 그녀가 제시한 '아이스크림 얼리는 요령' 일곱 개 항목 중 첫 번째는 "설탕이 너무 많이 들어가면 아이스크림이 제대로 얼지 않는다."이고 두 번째는 "설탕이 너무 적게 들어가면 아이스크림이 돌처럼 단단해진다."였다. 둘 다 맞는 말이고 해결책은 그녀의 레시피에 나온 양만큼 사용하면 되는 거였다. 하지만 그녀는 자기가 파는 당도계 중 하나를 사용하라고 권했다. 마찬가지로, 여섯 번째는 "과일 아이스크림은 그 과일의 색을 입혀야 한다."인데, 자신의 이름이 새겨진 병에 '신체 무해한 순수 야채 색소' 시리즈를 판매하고 있었다.

애그니스 버사 마셜, "아이스크림의 여왕."《아이스크림(ICES: Plain and Fancy)》, 1885년.

마셜이 활동하던 시기에 영국이 노르웨이에서 수입하는 얼음 양이 급격히 증가했는데, 일부 사람들은 그녀가 영국에 일으킨 아이스크림 만들기 붐 때문이었다고 말한다. 하지만 실제 그 현상에 중추적 역할을 한 인물은 1830년대 후반 스위스 남부의 이탈리아권 마을인 티치노에서 런던으로 이주한 카를로 가티 Carlo Gatti 였다. 손수레에서 와플과 커피를 판매하는 것으로 사업을 시작한 그는 곧 상설 가판대를 정착시켜 도시 곳곳에서 카페를 운영하고 티치노에서 데려온 이민자들을 직원으로 고용했다. 불행한 운명의 페니 리크를 런던에 소개한 사람도 다름 아닌 가티였다. 또 그는 수많은 티치노 이주민을 호키포키맨 hokey pokey man 으로 내세웠다.

'호키포키맨'은 런던과 뉴욕에서 손수레로 아이스크림 행상을 하는 이탈리아 이민자들을 가리키는 말이었다. 그 기원은 알 수 없지만 그들

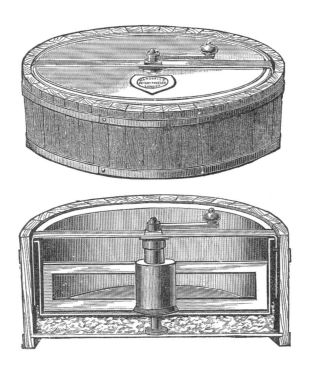

아이스크림 제조기. 《A. B. 마셜 부인의 요리책》, 1888년.

이 부르던 이탈리아 노래의 한 구절을 잘못 발음한 것이라고 짐작된다. 호키포키맨들은 거리에서 오랜 시간 일했는데, 운이 좋은 날에는 1달러 수익을 냈다.

호키포키맨들이 파는 수제 아이스크림은 불결한 지하실이나 지저분한 차고에서 만든다는 소문이 돌았다. 그래서 그들은 그들이 질병을 퍼트리고 다닌다고 주장하는 위생 감독관들에게 끊임없이 쫓겨 다녀야 했다. 그 비난이 사실일 가능성이 크긴 하지만, 비위생적이기는 다른 수많은 아이스크림 행상도 마찬가지였을 것이다. 호키포키맨들은 반이민

—— 우유의 역사

애그니스 마셜의 아이스크림 틀. 《아이스크림》, 1885년.

자 정서의 희생양이었을 가능성이 크다.

가티는 1850년대에 얼음 도매 사업에 본격적으로 뛰어들어 노르웨이에서 수천 톤의 얼음을 수입하기 시작했다. 애그니스 마셜이 일으킨 아이스크림 붐에 동참했던 사람들이 얼음을 쉽게 구할 수 있었던 배경은 이것이었다.

애그니스 마셜은 만국박람회가 열린 1904년에 낙마 사고로 인한 심각한 부상으로 고통 받다가 회복하지 못하고 이듬해 49세 나이로 사망했다. 그녀는 인기 있는 네 권의 요리책, 요리 학교, 수많은 발명품을 남겼지만 그녀의 가족은 이 중 어떤 걸로도 금전적인 성공을 거두지 못했고, 아이스크림의 여왕이자 아이스크림콘 발명가는 곧 사람들의 기억에서 잊혔다.

국민 간식을 탄생시긴 냉동고

남북전쟁이 시작되기 전 해인 1859년, 미국의 아이스크림 총생산량은 4,000갤런(약 1만 5,000리터)이었을 것으로 추정된다. 그때는 아직 아이스크림이 운 좋은 소수에게만 판매되는 사치품이었다. 이 추정은 굉장히 대략적인 수치인데, 대부분의 아이스크림은 개인이 가정에서 직접 만들어 먹었기 때문이다. 하지만 나라가 점점 발전하고 산업화되면서 1869년 생산량이 2만 4,000갤런(약 9만 리터)으로 늘었다. 그 세기 마지막 해에는 5만 갤런(약 19만 리터)이 생산됐다.

아이스크림은 수요가 생산 능력을 훨씬 앞질렀다. 1899년에 팔린 5만 갤런은 여전히 수동 아이스크림 제조기로 생산된 양이었다. 하지만 아이스크림은 만드는 것뿐만 아니라 저장하는 것도 문제였다. 산업용 냉동고가 없어서 아이스크림을 만들면 몇 시간 안에 다 팔아야 했기 때문이다. 팔다가 남은 건 다 버려야 했다.

그러다 20세기 초에 브라인(염분을 다량으로 포함해 간접적으로 냉동 작용을 하는 수용액 −옮긴이) 순환식 대형 냉동고가 등장했다. 아이스크림 제조업자들을 위한 이 기계 덕분에 이제 훨씬 많은 양의 아이스크림을 생산할 수 있게 됐다. 1904년에 1,219만 9,000갤런이던 생산량이 5년 뒤 2,963만 7,000갤런으로 두 배 이상 늘었다. 아이스크림이 더 이상 사치품이 아닌 누구나 즐길 수 있는 먹거리가 된 것이다.

하지만 놀랍게도 미국의 아이스크림 도매업은 아이스크림을 보관할 냉동고가 나오기 전 수제 아이스크림으로 시작됐다. 최초로 아이스크림 도매 사업을 시작한 사람은 1850년대 볼티모어 출신의 낙농업자이자 퀘이커교도이면서 노예폐지론자에 에이브러햄 링컨Abraham Lincoln의 친구인 제이콥 퍼셀 주니어Jacob Fussell Jr.였다. 퍼셀은 다른 사람들처럼 아이스크림이 우유보다 수익성이 훨씬 높다는 걸 깨달았는데, 심지어 일반적인 가격보다 훨씬 낮게 팔아도 마찬가지였다. 저렴한 가격 덕분에 수요를 따라잡기가 턱없이 힘들어진 그는 볼티모어에 공장을 열었고, 워싱턴 D.C.와 뉴욕, 보스턴에도 잇따라 공장 문을 열었다. 냉동 운송 수단이 없었던 그의 회사는 공장이 있는 지역에서만 아이스크림을 팔았다. 다른 아이스크림 업자들은 그가 파는 아이스크림의 낮은 가격을 끊임없이 비난했다. 하지만 그는 저렴한 가격을 유지해 아이스크림으로 큰 수익을 냈고, 결국 다른 사람들도 그의 선례를 따랐다.

산업용 냉동고가 나오기 전, 아이스크림은 커다란 삼나무 통 안에 철제 통을 넣고 그 사이를 얼음으로 채운 뒤 철제 통 안에 가지런히 배열된 도기 용기에 보관했다. 하지만 이 철제 용기로 아이스크림을 보관할 수 있는 시간은 제한적이었다. 배달용 수레 역시 얼음과 소금으로 채워졌는데, 소금이 수레의 부품들을 서서히 부식시켰다. 얼음이 부족해지는 따뜻한 겨울도 아이스크림 업자들의 걱정거리였다. 주로 뉴잉글랜드와 뉴욕 북부에서 채집된 얼음은 단열 작업을 해놓은 현지의 얼음창고에서 일 년 내내 운송됐다.

널뛰는 소금 가격 때문에 아이스크림 가격 책정이 어려워지자 유력한 생산자 몇몇이 직접 제염소를 열었다. 또 때로는 아이스크림이 너무 불량하게 만들어지거나 만든 지 오래돼 내용물 분리가 일어났고 가운데 부분을 제외한 위쪽과 아래쪽이 상하기도 했다. 일부 생산자들은 아이스크림을 균질화시켜 이런 분리 현상을 막기 위해 달걀흰자를 사용하기 시작했다. 하지만 달걀흰자를 넣으면 아이스크림이 너무 가벼워졌다.

피렌체의 부유한 비단 상인 펠레그리노 아르투시^{Pellegrino Artusi}가 자비로 출판한 '잘 먹는 것의 예술'이라는 뜻의 책《라르테 디 만자레 베네 L'Arte di Mangiar Bene》는 이탈리아 요리의 고전이 됐는데, 그는 이 책에서 아이스크림을 만들 때 소금을 아끼는 방법을 제안했다. 아이스크림을 만들고 남은 소금물을 끓여서 소금 결정이 생기면 그걸 재사용하는 것이었다. 그가 특별히 검소한 사람이었던 건 아니었지만 부유한 상인들이 보통 그렇듯이 정부에서 매기는 세금에 분개했는데, 이게 그 세금을 피하는 방법이었다.

아르투시의 책에는 13가지 아이스크림 레시피가 실려 있다. 그의 피스타치오 아이스크림에는 달걀노른자 여섯 개와 바닐라 여덟 개가 들어가지만, 달걀을 전혀 넣지 않는 가벼운 아이스크림도 있었다. 그중 하나를 소개한다.

카페라테 젤라토

우유 1쿼트
설탕 1컵 반
에스프레소 1파인트

데운 우유에 설탕을 넣어 녹이고 커피를 섞어 식힌다. 이걸 아이스크림 기계에 넣고, 단단해지면 컵이나 작은 유리컵에 담아낸다.

질 좋은 수제 아이스크림과 휘핑이 과하게 된 공산품 사이 격차가 생기기 시작했다. 1883년《제과 저널 ^{Confectioners Journal}》은 공산품 아이스크림을 "영혼도 육신도 깃들지 않은 엉터리 가짜 상품"이라고 표현했다.

1902년은 아이스크림 산업에 변화가 시작된 해였다. 그해 여름, 펜실베이니아주 워런에 있는 I.X.L.이라는 아이스크림 회사는 충분한 얼음을 확보하기가 힘들어 곤란에 처해 있었다. 그 회사 사장의 아들이자 설비 감독관이었던 버 워커Burr Walker가 지역 정유회사에서 암모니아 압축기로 브라인을 얼려 왁스를 냉각시킨다는 사실을 발견했다. 냉각의 원리는 주변의 열을 흡수하는 데 에너지를 사용하는 것이고, 압축은 액체를 아주 빠르게 기화시키는 방법이다. 기화는 액체가 팽창하는 과정이다. 팽창을 하려면 에너지가 필요한데, 그 에너지는 주변에 있는 것으로부터 열을 빼앗아 얻을 수 있다. 따라서 암모니아를 기화시키면 어는점이 낮은 브라인부터 열을 빼앗겨 냉각이 일어난다.

워커는 최초의 순환식 브라인 냉동기를 만들었다. 다른 사람들도 여기에 가세했다. 이 냉동기는 규모가 크고 번거로운 기계였지만 12톤의 암모니아를 압축해 매일 3톤의 얼음을 만들었고, 이 얼음으로 수천 갤런의 아이스크림을 생산할 수 있었다. 영하 5도의 브라인 145갤런(약 548리터)을 순환시키는 이 기계는 6~8분 만에 10갤런(약 37리터)의 아이스크림을 냉동시킬 수 있었다.

1905년 뉴욕의 대형백화점 시겔 쿠퍼(the Siegel-Cooper Company)에 있는 소다수 판매점 매니저였던 에머리 톰슨Emery Thompson이 냉동고를 수평이 아닌 수직으로 설계해 생산성을 높였다. 한 회 분량의 아이스크림이 아래 칸에서 완성돼 나오는 동안 위 칸에 새 아이스크림 넣을 수 있는 구조였다. 게다가 수직형인 덕분에 공간도 덜 차지했다. 확실히 뉴욕식 발상이었다. 톰슨은 백화점 지하 25~60피트(약 7.6~16미터) 공간에 기계 두 대를 놓고 하루 400갤런(약 1,514리터)의 아이스크림을 생산했다.

냉동고 새 제품의 가격은 엄청나게 비싸서, 치음에는 구매 의사가 있거나 구매할 만한 여력이 되는 회사가 몇 군데 없었다. 그러다 1915년 겨울, 천연 얼음으로 아이스크림을 만드는 제조업자들에게는 재앙과도 같은 겨울이 닥쳤고, 갑자기 냉동고 가격이 합리적으로 보였다. 냉동고 구매 가격이 얼음 부족으로 인한 손실보다 적었기 때문이었다. 이내 모든 아이스크림 도매업자가 아이스크림용 냉동고와 제빙기를 갖추게 되었다.

대량 생산된 아이스크림은 옛날 수제 아이스크림과 맛이 전혀 달랐다. 제일 인기 있는 바닐라 맛 아이스크림에는 진짜 바닐라빈이 전혀 들어가지 않았다. 사실 난초 꼬투리인 바닐라빈은 재배가 어려웠고, 따라서 가격이 비쌌다. 1870년대에 과학자들이 바닐라에 알코올을 주입하는 방법을 개발하면서 다른 식물들과 화학성분들로부터 식재료의 향을 만들어내기 시작했다. 한참 뒤처지긴 하지만 바닐라 다음으로 인기 있는 초콜릿 맛은 코코아 가루, 즉 코코아 버터가 제거된 초콜릿으로 만들었다. 인기 순위 3위인 딸기 맛은 통조림 딸기로 만들었다.

아이스크림은 주로 4월부터 10월까지 먹었지만, 활기 넘치는 신흥 비즈니스 업계 공동의 노력으로 그 인기가 날로 높아졌다. 봄이면 아이스크림 기업들이 나서서 아이스크림 시즌 시작을 축하하는 퍼레이드를 후원했다. 이 행사에서는 작은 기념품을 나눠주기도 하고 아이스크림을 무료로 제공하기도 했다. 아이스크림 시즌의 시작은 야구 시즌과 맞물렸는데, 1913년 디트로이트 타이거스Detroit Tigers 선수들 90퍼센트가 하루에 적어도 한 번, 75퍼센트가 점심과 저녁에 아이스크림을 먹었다는 건 아이스크림 업계에 널리 알려진 사실이었다.

— 우유의 역사

1920년대에 냉동 트럭이 만들어졌고, 오하이오주 영스타운에서 상점을 운영하던 해리 B. 버트 시니어Harry B. Burt Sr.가 막대를 꽂아 얼린 특별한 아이스크림을 만들기 시작했다. 그는 그걸 '굿 유머 바Good humor bar'라고 불렀는데, 에스키모 파이 판매량 폭주에 영감을 받은 그는 일종의 최신식 호키포키맨들을 내세워 여러 대의 냉동 트럭에서 자신의 아이스크림 바를 팔기로 결심했다.

바야흐로 미국은 아이스크림의 나라가 됐다. 1919년까지 연간 1억 갤런(약 3억 7,800만 리터)의 아이스크림을 만들고 있었다. 아시아인들은 유제품을 먹지 않는다는 잘못된 주장이 가끔 튀어나오기는 했지만, 미국은 인도, 일본, 중국으로 아이스크림을 수출하기 위해 증기선에 냉동실을 설치하기 시작했다.

아이스크림을 파는 소다수 판매점은 금주법이 시행되던 1920년부터 1933년까지 술집에 모일 수 없었던 사람들을 위한 새로운 만남의 장소로 자리 잡았다. 하지만 금주법이 해제되자 그 인기도 시들해졌다.

소매점에 설치하기에는 냉동고가 아직 너무 크고 비쌌다. 그러다 1930년, 클래런스 버즈아이Clarence Birdseye와 제너럴 푸드사General Foods社가 냉동식품 홍보의 일환으로 안이 들여다보이는 진열창이 달린 더 작고 값싼 냉동고를 상점에 비치하기 시작하면서 분위기가 달라졌다. 소비자가 아이스크림을 구입해 집에 보관하는 마지막 단계는 제2차 세계대전이 끝나고 냉장고와 냉동고가 합쳐지고 나서야 시작됐다.

유럽, 그것도 심지어 프랑스에서조차 훨씬 나중이 될 때까지 집에 냉장고를 가지고 있는 사람은 거의 없었다. 20세기 초에 프랑스 수도사 마르셀 오디프렌Marcel Audiffren이 세계 최초로 가정용 전기냉장고를 '발명했지만, 그는 그 아이니어를 제너럴 일렉트릭사^{General Electric社}에 팔았고 결국 냉장고가 미국의 발명품이 됐다.

제2차 세계대전을 치르는 동안 각국 정부는 아이스크림이 쓸데없는 자원 낭비라고 생각했다. 영국과 이탈리아가 아이스크림을 금지했고, 일본 황실에서는 아무도 아이스크림을 만들 엄두를 안 내도록 원가 이하의 가격 책정을 강요했다. 하지만 유일하게 미국에서는 아이스크림이 사기를 북돋는 데 도움이 된다고 판단했다. 두 강력한 로비 집단인 국제 낙농가협회(The International Association of Dairy Manufacturers)와 미국 낙농협회(National Dairy Council)가 날로 높아지는 ― 일부 주장에 따르면 지나치게 높아지는 ― 유제품의 인기에 중요한 역할을 했는데, 이들이 나서서 정부가 권장하는 필수 식품 목록에 아이스크림을 포함하도록 미국 정부를 설득했다. 하지만 정부는 아이스크림의 맛과 특수 품목의 수를 제한하려고 노력했다. 대부분이 수입으로 충당되는 설탕의 과도한 사용은 전시 경제에 맞지 않았기 때문이었다.

군에서는 아이스크림을 먹었다. 제조를 직접 했는데, 1943년에는 생산 규모가 세계에서 가장 컸다. 이들은 전방 군인들에게 아이스크림을 보내기 위해 냉동선을 따로 건조했으며 1945년에는 이 아이스크림 운반용 배, 쉽게 말해 바지선 아이스크림 가게 건조에 100만 달러를 썼다.

미국의 표준이 된 아이스크림 맛이 몇 가지 있는데, 페퍼민트 막대사탕 아이스크림이 그중 하나였다. 페퍼민트는 강한 맛이 특징인 민트의 교배종으로 프랑스와 미국에서 선풍적인 인기를 끌었다. 최초의 페퍼민트 막대사탕, 즉 박하사탕은 17세기 독일에서 유래했지만 빨간 줄무늬가 있는 페퍼민트 막대사탕은 19세기 중반이 돼서야 나왔다. 그리고 얼

── 우유의 역사

마 지나지 않아 이 사탕을 으스러트려 페퍼민트 막대사탕 아이스크림을 만들기 시작했다. 다음은 남부 소설가 마저리 키넌 롤링스^Marjorie Kinnan Rawlings의 1942년 레시피다.

보통의 절반 정도 양의 설탕을 넣어 끓인 커스터드 1컵(달걀노른자에 설탕을 넣고 쳐서 크림과 함께 걸쭉해질 때까지 끓인다)

페퍼민트 막대사탕 10개

맛이 진한 우유 1컵

'도라'의 크림 2컵 (도라는 그녀가 키우는 소 이름인데, 성미는 괴팍하지만 맛이 진하고 묵직한 크림으로 유명해서 롤링스는 자기가 만든 아이스크림이 맛있는 이유가 이 크림 때문이라고 주장했다.)

페퍼민트 막대사탕을 부숴서 우유에 넣고 끓는 물에 중탕한다. 사탕이 녹을 때까지 이따금 저어준다(사탕 부스러기를 조금 남겨 씹히게 한다). 커스터드와 섞어 식힌다. 크림을 넣고 얼린다. 사랑스러운 연분홍빛에 페퍼민트 향이 은은한 아이스크림 완성이다.

유럽, 특히 프랑스와 이탈리아는 물론이고, 미국에서도 뉴잉글랜드처럼 낙농 문화가 강한 몇몇 지역에서는 소규모 점포들이 장인의 솜씨로 직접 만든 아이스크림을 계속 생산했다. 또 몇몇 기업에서는 가격이 비싸도 작은 용기에 담긴 질 좋은 아이스크림에 대한 수요가 있다는 걸 알아챘다. 1961년 로즈 매터스^Rose Mattus와 그녀의 남편 루번 매터스^Reuben Mattus가 하겐다즈^Häagen-Dazs라는 브랜드명으로 그런 아이스크림을 개발했다. 이 브랜드명의 성공은 미국인들이 고수를 '실란트로^cilantro (스페인어로 고수잎을 말한다 –옮긴이)'라고 부를 때만 사용하고 셔벗이 '소르베'로 이름을 바꿔 재판매돼 인기몰이하듯이, 미국인들이 미국 음식에 외국 이름이 붙는 걸 좋아한나는 사실을 뒷받침하는 증거다. 덴마크어에는 '하겐다즈'의 'ä' 같은 움라우트, 즉 모음 변이가 없지만 매터스 부부는 이 이름이 덴마크어처럼 들리는 걸 의도했다. 어떤 단어가 외국어처럼 들리기를 바란다면 움라우트만큼 좋은 게 어디 있겠는가? 하겐다즈는 거의 30년 동안 세계에서 가장 빨리 성장한 아이스크림 기업이었으며, 그들이 만든 아이스크림은 28개국에서 판매되었다. 하지만 1980년대에 필스버리사Philsbury社에 매각돼 기업 전환과 합병이 이어짐으로써 결국 하겐다즈는 네슬레의 자회사가 됐다.

이것이 성장을 꾀했던 소규모 고급 아이스크림 기업 대부분의 운명이었다. 1978년 두 명의 뉴요커 벤 코헨Ben Cohen과 제리 그린필드Jerry Greenfield가 아이스크림 제조에 관한 통신 강좌를 수료하고 버몬트주 벌링턴에 벤앤제리스Ben & Jerry's라는 아이스크림 가게를 열었다. 이들은 얼마 안 가 제리 가르시아Jerry Garcia — 록그룹 그레이트풀 데드Grateful Dead 의 리더 — 의 이름을 딴 '체리 가르시아' 같은 재밌는 이름에 맛도 창의적인 아이스크림으로 유명해졌다. 후각 장애 때문에 맛을 잘 느끼지 못했던 코헨은 식감이 다채로운 아이스크림을 좋아해 재료 덩어리를 통째로 씹히게 한다거나 아이스크림에 쿠키 반죽을 넣는 식의 의외의 질감을 추구했다. 이들은 또 환경보호에 적극적이고 특히 소에게 성장 호르몬 사용하는 걸 거부하는 방침으로도 잘 알려져 있었다. 아이스크림 품질뿐 아니라 이런 기업 정신도 그들이 수많은 지지자를 거느릴 수 있었던 이유였다. 하지만 결국 벤앤제리스 역시 2000년 유니레버사Unilever社에 매각되고 말았다.

세계 최고의 아이스크림을 꿈꾼 쿠바

조지 워싱턴과 토머스 제퍼슨처럼, 쿠바 혁명의 지도자 피델 카스트로 Fidel Castro 역시 아이스크림을 사랑했다. 그의 친구였던 콜롬비아 소설가 가브리엘 가르시아 마르케스 Gabriel García Márquez는 '피델의 사적인 초상 〈A Personal Portrait of Fidel〉'이라는 글에서 이 지도자가 한번은 점심을 다 먹고 나서 아이스크림 열여덟 스쿱으로 거하게 식사를 마무리했던 일을 회상했다. 2007년에 기밀이 해제된 CIA 문서에 따르면, 카스트로가 아이스크림을 병적으로 좋아한다는 정보를 입수한 CIA에서는 그가 제일 좋아하는 초콜릿 밀크셰이크에 독약을 넣으려고 시도했었지만 실패로 끝났다고 한다. 아마 그 암살자가 독이 든 알약을 아이스크림 냉동고에 넣어놨다가 꺼내려 할 때 약이 그대로 착 달라붙어 떼려다가 다 부스러졌을 지도 모른다.

쿠바가 위치한 카리브해의 기후는 아이스크림을 먹기에는 완벽하지만 만들기에는 너무 덥다. 그럼에도 불구하고 그곳의 수많은 섬에는 아이스크림을 만드는 전통이 있다. 자메이카인인 캐럴라인 설리번 Caroline Sullivan이 1893년에 출간한 《자메이카 요리책 The Jamaican Cookery Book》에는 다양한 빙과와 바나나 아이스크림, 코코넛 아이스크림 레시피가 실려 있다. 다음은 바나나 아이스크림 레시피다.

바나나 2개
달걀 3개
우유 1.5파인트(약 0.85리터)

하지만 쿠바의 역사는 자메이카와 달랐다. 1898년 마침내 스페인으로부터 독립한 쿠바는 그들의 경제를 장악하고 있던 미국의 그늘로 편입됐다. 미국의 주요 브랜드 아이스크림들을 비롯해 수많은 기본 물품이 미국에서 독점적으로 수입됐다. 하워드 존슨^{Howard Johnson} 아이스크림이 특히 인기였다. 그러다 1962년에 미국이 쿠바에 대한 수출금지 조치를 내리자(제3차 세계대전으로 이어질 뻔했던 1962년 쿠바 미사일 위기 상황을 의미한다.─옮긴이), 쿠바인들은 늘 미국에서 사서 쓰던 많은 것들의 제조법을 재빨리 익혀야 했다. 비누, 신발, 코카콜라, 아이스크림 같은 것들이 거기에 속했다.

피델 카스트로는 쿠바 아이스크림의 자체 개발에 개인적으로 관심이 많았고, 쿠바가 미국보다 더 잘 만들 수 있다고 확신했다. 그는 굵직한 시가 생산자들이 모두 그 섬나라를 떠난 이후 쿠바에 시가 산업의 불씨를 성공적으로 되살렸던, 그의 최측근 중 한 명인 셀리아 산체스^{Celia Sánchez}에게 그 임무를 맡겼다.

발레 팬이었던 산체스는 자기가 제일 좋아하는 발레 작품명을 따서 직접 개발한 아이스크림 가게 이름을 '코펠리아^{Coppelia}'라고 지었다. 로고는 뿌엥뜨 슈즈를 신고 튀튀를 입은 발레리나의 통통한 다리 뒤태를 묘사한 것이었는데, 아이스크림을 너무 많이 먹는 발레리나들에게 보내

자메이카의 우유 배달. 이 입체사진(stereograph, 똑같은 도판을 옆으로 나란히 배치해 시점의 차이로 입체적으로 보이도록 의도된 사진－옮긴이)은 소녀가 컵을 들고 기다리는 동안, 머리에 우유 통을 인 여성이 그 자세로 우유를 따르는 모습을 묘사하고 있다. 키스톤 뷰 컴퍼니Keystone View Company 카드, 1900년, 작가 소장.

는 일종의 귀여운 경고 같은 것이었다.

　전설 같은 이야기에 따르면, 피델 카스트로한테 아주 맛있는 36가지 맛의 아이스크림 레시피가 있었다고 하는데 그보다 더 많거나 적었다는 버전의 이야기들도 있다. 이 레시피의 출처가 어디인지는 알려지지 않았지만, 시대를 고려할 때 아마 압수한 걸 것이다. 그는 캐나다로 기술자들을 보내 아이스크림 맛을 내는 법을 배우게 했고 스웨덴과 네덜란드에서 최고급 기계 설비들을 들여왔다. 그는 "세계 최고 국민을 위해" 세계 최고의 아이스크림을 파는, 세계 최대 규모의 아이스크림 가게를 여는 게 목표였다.

　쿠바인들 주장에 따르면 그들은 정말 하루 3만 5,000명의 손님에게 4,250갤런(1만 6,088리터)을 제공하는 세계에서 가장 큰 아이스크림 가게를 갖게 됐다. 코펠리아를 방문한 손님들은 두 시간 이상 줄을 서는 게 보통이고, 그 앞에 늘어선 줄이 아바나 문화의 일부가 됐다. 원래 코펠리아에서는 구아바 맛, 무스카델 포도(단맛이 나는 백포도주나 건포도 만드는 데 쓰임 –옮긴이) 맛, 크리스마스에 맛볼 수 있는 에그노그(맥주, 포도주 등에 달걀과 우유를 섞은 술 –옮긴이) 같은 특별 메뉴 '크렘 데 비에crème de vie'를 포함한 26가지 맛을 판매했다. 하지만 쿠바는 소련 해체 이후 1990년대에 힘든 시기를 겪었다. 코펠리아 앞에 길게 늘어선 줄은 여전하지만 원래 26개 칸이었던 메뉴판이 이제는 바닐라, 딸기, 초콜릿의 두세 개로만 채워져 있다. 선택은 제한적이지만 품질은 여전히 최고다. 질 좋은 아이스크림이야 어떤 사회라고 없겠는가?

아이스크림콘은 인기만 대단한 게 아니라 우유보다 수익성이 훨씬 좋다. 아이스크림이 우유보다 수익성이 좋은 건 보통이지만, 아이스크림콘은 그보다도 이윤이 크다. 와이오밍주 경계선 근처 아이다호폴스에서 낙농업을 하는 앨런 리드Alan Reed는 신선한 우유, 크림, 체더치즈, 치즈 샌드위치, 아이스크림같이 농장에서 생산하는 제품을 판매하는 작은 상점을 운영하는데, 아이스크림은 종이상자 아니면 컵이나 콘에 담아 판매한다. 그는 가장 벌이가 좋은 게 아이스크림콘이라고 말한다. 소매상이라면 아마 대부분 동의할 것이다.

내가 제일 좋아하는 아이스크림 요리는 설탕에 졸인 밤으로 만드는 쿠페 오 마롱coupe aux marrons인데, 이제는 내가 직접 만들지 않는 이상 보기 힘든 추억의 음식이 됐다. 다음은 1935년 셰프 앙리 샤르팡티에Henri Charpentier의 회고록《앙리의 생애Life à la Henri》에 실린 쿠페 오 마롱 레시피다.

바닐라 아이스크림 2파인트
휘핑한 무발효 크림 0.5파인트
시럽에 담긴 마롱 글라세(설탕에 조린 밤) 4큰술(잘라둠)

셔벗 유리잔 바닥에 마롱 글라세를 1큰술 담고, 아이스크림을 1스쿱 추가한 후, 휘핑 크림을 두르고 자르지 않은 밤 하나를 올려 장식한다.

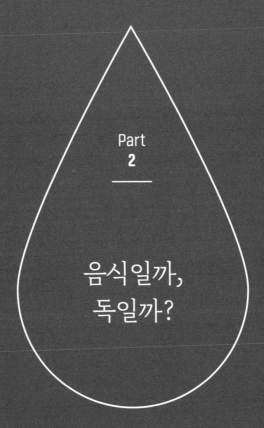

Part
2

음식일까,
독일까?

거친 물살로 끊임없이 아기들을 집어삼키는 거대한 강줄기,

그 옆에 서 계신 여러분에게 이렇게 호소합니다.

— 나단 슈트라우스Nathan Straus, 전국 시장 및 시의원 협의회에 보낸 편지 중에서. 1897년 9월 29일자.

죽음을 부르는 우유

동물의 젖은 정말 위험할까?

    17세기 말까지는 우유를 마시는 게 위험하다는 논의가 종종 있긴 했어도 논의의 급박성은 부족했다. 그러다 동물의 젖을 용기에 담아 아기에게 '인공 수유'를 하는 관행이 보편화되면서 유럽과 미국의 분위기가 달라졌다.

    인공 수유를 언급하는 문학작품은 많지 않지만, 늘 행해져왔던 것이고 이탈리아 북부, 독일 남부, 아이슬란드, 스칸디나비아, 스위스, 오스트리아 같은 ― 낙농 문화가 강했던 ― 유럽의 몇몇 지역에서는 인공 수유의 기원이 중세까지 거슬러 올라갈 정도로 흔한 것이었다. 역시 일부 지역에서는 아기들에게 우유 외에 오늘날 이유식이라고 부르는 음식을 보충해줬다. 스위스 북서부에 있는 바젤 지역에서는 아기들에게 우유에 밀가루와 물을 섞은 것을 먹였는데, 사람들 사이에서 그 지역 아이들은 건강하다는 인식이 있었다. N. 브루제^{N. Brouzet}라는 의사는 18세기 프랑스를 오랫동안 통치했던 루이 15세의 주치의였는데, 인공 수유가 좋다고 장담했다. 그는 인공 수유로 자라는 아이슬란드나 러시아 아이들이 아주 건강하고 튼튼하며 남쪽 지방 국가들의 아이들보다 질병에 덜 걸린다고 주장했다. 그가 1754년에 펴낸 아이들의 건강 관리에 관한 책에서는 아이슬란드와 러시아에는 모유 수유가 드물다고 언급하고 있다. "엄마들은 갓난아기를 종일 바닥에 눕혀두는데, 젖이나 유청이 담긴 그릇에 튜브를 꽂아 아기 근처에 놔두면 아기가 배가 고프거나 목이 마를 때마다 알아서 튜브 끝을 찾아 입을 대고 빤다." 브루제는 이 갓난아기들이 프랑스 아기들보다 "위험한 유아기를 더 잘 지난다."고 말하면서 "아이들에게 동물의 젖을 먹이는 건 분명 위험하지 않다."고 단언했다.

18세기 프랑스에서 ― 그리고 이 책의 번역본이 인기를 끌었던 영국에서도 ― 인공 수유가 설명이 필요할 만큼 이국적이었다는 점이 흥미롭다. 인공 수유는 러시아, 스칸디나비아, 독일 북부, 오스트리아에서뿐 아니라 이탈리아 북부, 특히 티롤에서는 평범한 일이었다. 또 흥미로운 사실은 인공 수유가 지배적인 이런 지역에서는 유모가 거의 없다시피 했을 뿐 아니라 불신의 대상이기도 했다는 점이다. 인공 수유가 늘 선택할 수 있는 문제인 건 아니었다. 17세기 아메리카 식민지에는 안 그래도 여성의 수가 적은 데다가 유모로 고용할 수 있는 수유부를 찾을 확률은 더 희박했기 때문에 인공 수유가 흔한 일이었다.

인공 수유를 하는 유럽과 미국에서 아기에게 상한 우유를 먹일 위험을 감수하지 않을 수 있는 한 가지 방법은 동물로부터 직접 젖을 먹이는 거였다. 16세기 보육원, 특히 프랑스 보육원에서는 아기들에게 염소의 젖을 물리는 게 흔한 일이었다. 교외든 파리든 프랑스 병원에서는 20세기까지 직접 젖을 물리기 위해 염소와 당나귀를 길렀다. 1816년 독일의 의사였던 콘라트 츠비얼라인Conrad Zwierlein이 《가장 만족할 만한 최고의 유모, 염소The Goat as the Best and Most Agreeable Wet-nurse》라는 책을 펴내 유럽 전역에 아이들에게 염소젖을 물리는 유행을 불러일으켰다. 몸집의 크기, 기질, 편의성 같은 것 때문이든 아니면 젖의 질에 대한 믿음 때문이든, 염소는 아라비아의 베두인족부터 남아프리카 호텐토트족(Hottentots)까지, 세계 곳곳의 아기들에게 젖을 물리는 데 이용됐다. 유럽에서는 가끔 돼지를 쓰기도 했다.

18세기에 들어 과학자들이 우유의 성분을 대략적으로 분석하는 방법을 알게 되면서, 당나귀의 젖이 인간의 젖에 제일 가깝다는 사실을 발견했다. 두 번째로 비슷한 게 염소젖이었다. 아기들에게 먹일 용도로 쓸 당나귀와 염소젖 수요가 급격하게 증가했다. 선호도가 덜하긴 했지만 가장 흔히 사용되는 건 소젖이었는데, 얻기가 가장 쉬웠기 때문이었다.

지금이야 많은 사람이 당시에 우유 때문에 병을 얻은 아이들이 많았다는 걸 알고, 우유가 건강에 해롭다고 생각하는 사람들도 늘 있어왔지만, 그렇다고 우유가 건강에 이롭다고 믿는 사람이 없었던 건 아니었다. 15세기 프랑스 왕 루이 11세는 치즈를 많이 먹고 신선한 우유를 열심히 마셔서 더 건강해지려고 노력했는데, 그 시기에 부유한 프랑스인이 더 건강해지려고 우유를 마신다는 건 이례적인 일이었다. 16세기 초 프랑스 왕 프랑수아 1세가 병에 걸리자 의사가 당나귀 젖을 처방했다. 병에서 회복한 그는 그때부터 아플 때마다 당나귀 젖을 마셨다.

요리책에는 노인괴 병자들에게 도움이 될 만한, 우유를 기본으로 하는 수많은 치료제 레시피 항목을 따로 둘 때가 많았다. 18세기와 19세기에는 '우유 물(milk water)'이 흔한 치료제로 쓰였다. 이는 질병에 따라 다양한 재료를 넣고 물로 희석한 우유를 일컫는 것이었다. 엘리자 스미스가 우유 물 레시피 두 개를 소개했는데 그중 하나가 다음과 같다.

> **유방암 치료를 위한 우유 물**
>
> 새로 짠 우유 6쿼트(약 6.84리터), 이질풀(제라늄) 4줌, 쥐며느리 400마리를 준비한다. 이걸 차가운 증류기로 약한 불에서 증류한다. 홍두(씨앗에 독성 성분이 있는 열대식물) 1온스(28.35그램)와 하얀 얼음 설탕(sugar candy, 결정이 크고 순도가 높은 설탕 −옮긴이) 2분의 1온스를 곱게 가루 내어 잘 섞는다. 우유 물 4분의 1파인트(약 150밀리리터)에 이 가루 1드람drachm(8분의 1온스)을 아침, 정오, 저녁에 한 번씩 3~4개월 동안 먹는다. 이건 효과가 아주 탁월한 처방이다.

적어도 부유층 사이에서 우유의 위상을 짐작하게 해주는 게 있었는데, '라 레트리 다그리몽la laiterie d'agrément', 즉 '즐거움을 선사하는 낙농가'라는 것이다. 한 마디로 부유층 여성들이 즐길 수 있게 설계된 특수한 미니어처 낙농가를 일컫는 것이었다. 여성들은 여기서 젖소 한두 마리의 젖을 짜고 우유를 휘저어 버터나 치즈를 직접 만들며 시골길을 걷는 체험을 할 수 있었다. 농사를 짓는 것처럼 꾸며놓은 장식용 농장, '페르메 오르네fermes ornées'를 방문하는 것도 부유층의 인기 있는 여흥거리였다.

'레트리'는 목가적인 자연경관과 신화를 묘사하는 작품으로 장식된 완벽하게 이상적인 작은 낙농가였다. 그런 건물들은 당대 최고의 건축가들에게 의뢰해 지어졌다. 루이 16세는 1786년 6월 아내 마리 앙투아네트^{Marie Antoinette}를 위해 랑부예 숲에 레트리를 건설했다. 소젖을 짜거나 낙농과 관련된 일을 하는 우아한 님프(그리스 신화에 나오는 자연의 정령)들의 모습을 부조로 새긴 도기 조각상들이 이곳의 특징이었다. 이 조각상들은 프랑스 최고의 도자기를 생산하는 세브르^{Sèvres} 공장에서 만든, 낙농과 관련된 유일한 형상들이었다.

같은 해인 1786년, 마리 앙투아네트에게 즐거움을 선사하기 위해 베르사유의 트리아농 궁전에 장식용 농장이 지어졌다. 왕은 자신이 준비한 선물을 보여주기 위해 아내를 데리고 그곳을 찾았다. 하지만 처음엔 아무것도 보이지 않았다. 왕이 짐짓 두 사람의 시야를 가리고 있던 나뭇가지를 걷자 그제야 깜짝 선물이 눈앞에 나타났다.

왕비는 낙농가의 삶에 환상을 품었던 것 같다. 그녀는 트리아농에 마련된 무대에서 직접 젖 짜는 여인의 역할을 연기하며 이렇게 노래했다.

> Voilà, voilà, la petite laiterie.
> Qui veut acheter de son lait?
> 이곳은 작은 낙농가랍니다.
> 우유 좀 사시겠어요?

'저렇게 사랑스러울 수가!' 왕은 아마 이렇게 생각했을 것이다.

이 무렵에는 프랑스 왕들이 가족인 여성들을 위해 낙농가를 짓는 전통이 있었다. 1698년 루이 14세도 손자의 어린 신부, 부르고뉴 공작부인을 위해 하나를 의뢰했다. 그녀는 소에서 직접 우유를 짜고 버터를 만들어 자랑스럽게 루이 14세의 식탁에 올렸다고 전한다.

18세기에 대단한 인기였던 프랑스 귀족들의 정원처럼, 레트리는 현

1786년, 윈저 근처의 한 농가에서 버터를 휘젓고 있는 웨일스의 왕자(1762년생). 그는 나중에 영국의 왕 조지 4세가 된다. 조지 패스턴George Paston(에밀리 모스 시먼즈Emily Morse Symonds의 필명)이 그린 18세기 사회상 캐리커처. 1905년, 런던.

실에서 잠시 벗어나 자연에서 사색에 잠길 수 있는 장소였다. 또 그곳은 장 자크 루소Jean-Jacques Rousseau를 비롯해 당대의 걸출한 사상가들이 주장했던 대로, 우유는 여성들과 특별한 관계가 있다는 생각을 반영한 것이기도 했다. 결국, 여성들은 젖을 만들어내는 존재였던 것이다.

하지만 안타깝게도 마리 앙투아네트는 자신의 작은 낙농가를 사용해보지 못했다. 왕이 깜짝 선물로 그녀를 놀랜 건 아직 선물이 완성되기 전이었는데, 그로부터 삼 년 뒤에 일어난 혁명으로 두 사람의 생활방식과 삶 둘 다 끝장났기 때문이었다.

18세기와 17세기, 심지어 16세기까지 거슬러 올라가, 낙농업을 즐거운 취미로 생각했던 부유한 여성들이 자식들에게 동물의 젖을 먹이고 싶어 하는 엄마들이기도 했다는 건 우연의 일치가 아니었다. 닭이 먼저

── 우유의 역사

냐 달걀이 먼저냐 식의 논쟁이 있을 수는 있지만, 그건 여성들의 의복을 반영한 현상이었다. 원래 여성들이 입던 옷은 헐렁해서 모유 수유하기가 수월했다. 하지만 어느 순간엔가 상류층 여성들의 복식 유행이 바뀌었다. 모유 수유에만 적합하지 않은 게 아니라 젖 분비에도 안 좋은 영향을 미칠 법한, 몸통을 꽉 조이고 가슴을 압박하는 드레스를 입었다. 이런 옷들은 고래 뼈나 심지어 금속으로 만든 뻣뻣한 가죽 코르셋으로 모양이 잡혀 있고 등 쪽에서 끈을 졸라매는 형태였는데, 이따금 너무 바싹 당겨서 갈비뼈에 금이 가거나 부러지는 경우도 생기곤 했다. 이런 유행과 동시에 부자들은 모유 수유를 하층민들의 생활방식이라고 보기 시작했다.

상류층 여성들이 모유 수유를 그만두자 — 상류층은 항상 중산층에 지대한 영향을 미치기 때문에 중산층 여성들마저 모유 수유를 그만두는 현상이 생기자 — 모유 수유를 하지 않는 여성들을 비난하는 목소리가 점점 거세지기 시작했다. 그리고 이번에도 여성들의 신체 관리에 관해 목에 가장 핏대를 세우는 사람들은 다름 아닌 남자들이었다. 사실 17세기와 심지어 18세기에도 유모가 필요할 때 적당한 사람을 찾아서 고용 조건을 협상하는 사람은 남편들이었다. 17세기 프랑스 변호사이자 프랑스 작가 몰리에르^{Molière}의 친구였던 보나벤투르 푸르크루아^{Bonaventure Fourcroy}는 모든 프랑스 가정에서는 여성들이 남편들의 감독하에 아기에게 모유를 먹여야 한다는 뜻을 내비쳤다. 1794년 프로이센 법은 모든 여성에게 남편이 젖을 떼라고 할 때까지 아기에게 모유를 먹이라고 요구했다.

17세기 후반, 보스턴 올드 노스 교회의 목사이자 마녀재판의 열렬한

지지자이며 하버드대에서 의학을 전공한 의학 전문가 코튼 매더^{Cotton}
^{Mather}는 자기 자식에게 모유를 먹이지 않는 여성들은 살아 있으나 죽은
거나 다름없다는 의견을 밝혔다. 하버드에서 마법에 대한 그의 생각을
인정해주지 않자 대신 영국의 부유한 상인 엘리후 예일^{Elihu Yale}을 설득해
대학을 설립한 매더는 신이 모유 수유를 거부하는 여성들에게 부정적
인 심판을 내리실 거라고 말했다. 하버드는 이 지적에 반대하지 않았는
데, 하버드대 총장 벤저민 워즈워스^{Benjamin Wadsworth}는 모유 수유를 안 하
겠다는 결정은 "범죄적이고 비난받아 마땅하다."고 평가했다.

이런 남성들에 따르면 모유 수유를 하지 않는 여성들은 신이 그의 지
혜로 그녀들에게 베푼 은혜를 무시하고 있는 것이었다. 모유 수유를 하
지 않는 여성은 대부분 상류층이었기 때문에 계급주의가 논쟁에 끼어
드는 것은 당연한 결과였다. 사치스러운 생활을 위해 모성의 책임을 무
시하는 여성들에 대한 말들이 많았다. 그런 여성들은 모성의 의무를 다
하며 살기에는 너무 게으르고 허영심이 많다는 함축이 깔린 이야기들
이었다. 하지만 이런 논쟁에는 가족이 운영하는 농장이나 사업 때문에
손에서 일을 놓을 수 없는 여성들에게는 모유 수유의 대안이 필요하다
는 사실이 간과되고 있었다.

특히 개신교도들이 모유 수유를 지지했다. 사실 종교개혁 이전까지
는 모유 수유를 하지 않는다는 이유로 여성들을 공격하는 경우가 드물
었다. 뉴잉글랜드 청교도들처럼 좀 더 급진적인 분파에서는 모유를 수
유할 수 있는 데도 하지 않는 여성이 드물었다. 급진적인 목사들은 모유
수유를 하지 않는 것의 해악에 관해 주기적으로 설교를 했다.

종교의 영역이든 세속의 영역이든 모든 곳의 남성들은 여성들의 의

무에 무게를 둔 것처럼 보였다. 말수는 적지만 반박하기 어려운 훈계의 대가 벤저민 프랭클린Benjamin Franklin은 "엄마만큼 자식을 돌볼 수 있는 사람은 없다."고 잘라 말했다. 장 자크 루소는 다섯 명의 친자식을 보육원에 버렸음에도 불구하고 적절한 양육법에 관해 강력한 의견을 피력하면서 유모 고용을 비난했다.

이 논쟁의 중심에는 동물의 젖이 유해한지에 대한 이해가 채 끝나기도 전에, 엄마의 모유 수유가 가장 안전한 선택지라는 믿음이 바탕에 깔려 있었다. 당시 널리 받아들여진 또 다른 믿음은 유모를 쓰는 게 영아의 사망률을 높인다는 것이었다. 개인적으로 유모를 고용해온 상류층에서 이를 뒷받침하는 증거는 거의 없었지만, 보육원에서 유모의 젖을 먹는 영아 사망률은 끔찍했다. 프랑스 보육원의 실태를 눈으로 확인한 수많은 사람이 엄마들의 모유 수유를 적극 지지했고, 영국 식민지에 많은 독자를 거느린 영국인 의사 휴 스미스Hugh Smith 같은 몇몇 사람은 유모의 젖을 먹는 것보다 젖병 수유가 더 안전하다고까지 주장했다.

하지만 1775년, 아이들이 그렇게 많이 죽는 원인을 규명하기 위해 엑상프로방스 보육원에 파견된 의사 알퐁스 르루아Alphonse Leroy에 따르면 그건 사실이 아니었다. 그는 아이들 죽음의 원인이 유모가 아닌 인공 수유 때문이라고 결론지었다. 당시에는 박테리아의 존재가 알려지지 않았기 때문에 신선하지 않은 우유에 치명적인 박테리아가 생길 수 있다는 생각은 못 했을 것이다. 젖 먹이는 용기를 제대로 씻지 않으면 박테리아를 옮길 수 있다는 것도 알지 못했을 것이다. 그가 내린 결론은 — 틀린 근거로 도출된 올바른 결론은 — 동물의 젖이 아기들 죽음의 원인인데, 젖은 인간의 것이든 동물의 것이든 공기에 노출되면 치명적이기 때문이라는 것이었다. 그가 제시한 해결책은 아기들에게 염소의 젖을 직접 물리는 것이었다.

르루아의 해결책에도 불구하고 보육원에서의 영아 사망률은 여전히 끔찍하게 높았다. 아기들에게 계속 인공 수유를 했기 때문이었다. 어쨌거나 보육원에서 가축을 기른다는 건 엄두조차 내기 힘든 일이었다. 18세기 말 더블린의 한 보육원 영아 사망률은 99.6퍼센트였다. 살아남는 아기가 거의 없었다는 의미였다. 결국, 이곳은 1829년에 폐쇄됐다.

유모는 중하류 노동자 계층 여성들이 많았다. 그들은 다른 사람의 아기에게 젖을 물리기 위해 자신의 아이들에게는 인공 수유를 하는 경우도 많았다. 가정부가 되는 것보다 그 편이 벌이가 훨씬 좋았기 때문이다.

유모는 ― 문란한 성생활이나 알코올 중독 같은 ― 나쁜 습관이 없고 성격이 명랑해야 했다. 갈색 머리 백인 여성이 가장 안정적이었다. 금발은 성격은 쾌활하지만 그 성격 때문에 흥분을 잘 했고, 흥분은 젖의 질을 바꿀 수 있는 요소였다. 1838년 갈색 머리와 금발, 붉은 머리 여성들의 젖 성분을 비교한 베를린 학자들의 한 연구에 따르면 붉은 머리 여성들의 젖이 제일 안 좋고 갈색 머리 여성들이 가장 좋은 것으로 나타났다.

의아한 사실은 젖을 먹는 아기가 유모의 특성을 물려받는다는 이 모든 우려에도 불구하고 당시의 유모는 대다수가 노예였다는 점이다. 사실, 노예에게 아기가 있어서 젖이 나면 그 노예의 가격이 높아졌을 정도로 유모로 두기 위한 노예의 수요가 많았다.

아기들에게 '팝pap'이나 '퍼나다panada' 같은 유아용 유동식을 먹이기도 했다. 세계의 더 가난한 지역에서는 이런 보충 음식이 우유보다 더 보편적이었다. 도미니카 공화국의 사탕수수를 재배하는 가난한 지역에서는

── 우유의 역사

젖 대신 설탕과 물을 먹이는 경우가 흔했고 지금도 그렇다. 로마 시대 무덤에서는 당시 인공 수유가 얼마나 많이 행해졌는지 알려주는 아기용 젖병뿐 아니라, 아기들에게 밀가루 섞은 우유나 심지어 밀가루 섞은 물을 먹이는 용도의 '배 모양 그릇'도 발견됐다. 15세기까지 '팝'은 밀가루나 빵조각을 우유나 물에 넣고 끓인 걸 의미했고, '퍼나다'는 우유에 아마도 채소나 버터를 넣어 끓이거나 때로는 달걀을 넣기도 했던 묽은 수프를 일컫는 것이었다. 우유로 만드는 이런 유동식은 우유를 끓여서 조리하기 때문에 더 안전하다는 장점이 있었다.

크게 알려지진 않았지만 시몽 드 발랑베르Simon de Vallambert라는 저자가 1565년 프랑스에서 소아학에 관한 책을 출판했다. 다음은 그 책에 소개된 팝 레시피다.

> 오늘날 유모들은 보통 다른 준비 없이 밀가루만 체로 친다. 어떤 사람들은 빵을 만들어서 안쪽을 납으로 두른 냄비나 도기 그릇에 담아 화덕에 굽는 방법으로 거친 밀가루의 점성을 없애기도 한다. 밀가루와 섞는 젖은 보통 염소나 소의 것을 쓰는데 소젖보다는 염소젖이 낫다. 영양가를 높이려면 마지막에 달걀노른자를 풀어 넣고, 변비를 예방하고 싶으면 꿀을 추가한다.

1671년, 영국인 산파 제인 샤프Jane Sharp가 여성으로서는 처음으로 조산술에 관해 영어로 쓴 책을 냈는데, 이 책에 더 간단한 레시피가 나온다. "보리빵을 물에 담가 잠시 불렸다가 우유에 넣고 끓인다."

18세기 무렵부터 의사들이 소젖에 다른 재료를 넣어 희석한 것이 영양학적으로 사람의 젖에 더 가깝다고 주장하면서 이를 지지하기 시작

했다. 19세기 무렵에는 인공 수유와 우유를 넣어 만든 이유식이 보편화
되었다. 캐서린 비처와 해리엇 비처 스토는 1869년 자신들의 책에 이렇
게 조언했다.

아이를 (유모에게 맡기는 게 아니라) '직접' 키운다면 새로 젖이 나기 시
작한 소의 젖에 3분의 1 분량의 물을 섞고, 백설탕을 조금 넣어 단맛
을 내는데, 이가 나올 때까지는 이것만 먹여야 한다. 밀가루나 칡가루
를 섞어 영양이 너무 농축된 것보다 이게 낫다.

구정물 우유를 마시고 죽은 사람들

사람들이 우유를 즐겨 마시고 우유의 건강상 이점이 강조되고 높이
평가되던 그 시점에, 우유를 점점 꺼리게 되는 사건이 벌어졌다. 1850
년 7월 4일, 유난히 무더웠던 이 기념일에 '강인하고 노련한, 준비된 지
휘관'이라는 별명으로 불리던 미국의 12대 대통령 재커리 테일러[Zachary
Taylor]가 워싱턴 기념탑 자리에 주춧돌을 놓은 뒤 시원한 우유 한 잔으로
더위를 식혔다. 하지만 한여름에 마시는 우유는 위험하기 짝이 없었고,
이 대통령은 얼마 안 가 목숨을 잃었다. 많은 이들이 그가 콜레라 때문
에 죽은 거라고 했지만 그때 마신 우유가 원인이라고 생각하는 사람들
도 있었다. 그리고 아마 후자가 맞았을 것이다.

재커리 테일러가 정말 우유 때문에 죽은 거라면 그가 우유에 희생당
한 유일한 대통령은 아니었다. 에이브러햄 링컨과 그의 가족은 그가 일
곱 살 때 켄터키주를 떠나 인디애나주 남부 리틀 피전 크리크 지역의

작은 공동체 마을로 이주했다. 그가 아홉 살 되던 1818년에 그의 어머니 낸시 링컨Nancy Lincoln이 '우유 병(milk sickness)'에 걸려 목숨을 잃었다. 우유 병은 전염병이었다. 낸시의 숙모와 삼촌, 데니스 행크스Dennis Hanks 라는 이름의 사촌도 그 병으로 목숨을 잃었다. 이 병은 이후 12년 동안 잠잠했다가 1830년에 다시 그 지역을 덮쳤는데, 그때 이미 링컨은 떠나고 없었다.

우유 병은 소가 서양등골나물(white snakeroot, 국화과의 여러해살이풀로 스쿼위드squaw-weed, 리치위드richweed, 풀 워트pool wort, 풀 루트pool root, 화이트 새니클white sanicle, 인디언 새니클indian sanicle, 디어 워트deer wort, 화이트 탑white top, 스테리아steria라고도 부른다)이라는 식물을 먹었을 때 걸리는 병이다. 식물학에서 유파토리움 우티케폴리움Eupatorium urticaefolium이라는 학명을 지닌 이 서양등골나물은 특히 늦여름에 이 풀을 먹은 소와 그 소에서 짠 젖을 마신 사람에게 우유 병을 일으켰다. 19세기에 이 병이 오늘날 미국 중서부와 평원 지대에 있는 주들을 휩쓸었다. 하지만 그보다 앞서 메릴랜드, 노스캐롤라이나, 켄터키, 테네시, 앨라배마, 미주리, 일리노이, 인디애나, 오하이오에 정착한 최초의 백인 이주민들 사이에도 이 병이 돌았다. 주된 증상은 심한 구토와 화끈거리는 느낌이었는데 사흘 만에 목숨을 잃는 경우도 많았다. 증상이 완전히 일치하는 건 아니었지만 이따금 말라리아와 혼동되기도 했다.

혁명 이전으로까지 거슬러 올라가 당시 노스캐롤라이나에서는 우유 병을 단일 원인에 의한 분리된 질병으로 인식했고, 우유가 그 병의 원인으로 지목됐다. 늦여름에 우유와 치즈, 그밖의 다른 모든 유제품을 삼갔던 사람들은 병에 걸리지 않았고, 걸린다 해도 가볍게 앓고 지나갔다.

개중에는 밤에 맺히는 독성 있는 이슬이 원인이라고 의심하는 사람도 있었다. 또 어떤 사람들은 나중에 루이 파스퇴르의 '미생물 유래설(germ theory)'의 초기 버전 중 하나인, 눈에 보이지 않는 미생물이 원인이라고 의심하기도 했다. 날카로운 추측이었지만 이 병의 원인하고는 아무런 관련이 없었다.

소들은 늦여름과 초가을 사이 가뭄이 드는 시기에 평소 먹던 풀들이 자라지 않아 다른 풀을 찾다가 독성이 있는 서양등골나물을 먹게 되는 거였다. 울타리를 둘러치고 잡초가 거의 없는 목초지에서 키우는 소들은 감염되지 않았다.

정확히 어떤 잡초가 이 병을 일으키는지 한동안 수수께끼로 남아 있었다. 덩굴옻나무, 독미나리, 인디언 하시Indian hachy, 인디언 담배, 인디언 대마, 아메리카 담쟁이덩굴, 능소화, 인디언 커런트, 동의나물, 흰대극, 버섯 그밖에 다양한 식물에서 자라는 기생균류와 이끼를 포함해 일반적으로 독성이 있다고 알려진 모든 풀이 의심의 대상이었다. 어쨌든 서양등골나물은 숲에서 자라는 식물이었고 정착민들이 목초지로 개간하는 땅이 점점 넓어지면서 우유 병도 사라졌다.

시골에서 우유 때문에 목숨을 잃는 사람이 아무리 많았다 해도 뉴욕이나 시카고, 런던 같은 도시에서 우유 때문에 죽는 사람들 수에 비하면 미미한 수준에 불과했다.

맨해튼은 식민지화 초기부터 낙농의 중심지로 두각을 나타냈는데, 유제품 없이 못 사는 네덜란드인들이 정착한 곳이었기 때문이다. 영국과 달리 네덜란드는 식민지에 정착시킬 목적으로 낙농인들을 특별 모집했다. 심지어 1664년 영국이 이곳을 점령해 뉴암스테르담이 뉴욕으

우유의 역사

로 바뀌고 나서도 엄청난 유제품이 생산되고 소비되는 지역으로 남았고, 네덜란드인들은 다음 세기까지 낙농업을 그대로 유지했다. 버터와 버터밀크 둘 다 인기였다. 빵에 버터를 발라 먹는 게 일반적인 아침 식사였고 저녁도 그렇게 먹었다. 우유에 빵을 조금 넣어 아침과 저녁 식사로 먹기도 했다. 심지어 영국이 그곳을 점령한 뒤 커피가 들어오고 나서도 가장 인기 있는 뜨거운 음료는 우유에 차를 섞은 것이었다. 뉴욕 사람들 역시 아침과 저녁 식탁에 치즈를 올렸다.

뉴욕은 점점 도시화되고 있었지만 젖소 한두 마리 정도 소유하고 있는 전통은 사라지지 않았다. 19세기 무렵에는 말뚝에 묶여 있는 소들이 쓰레기를 먹는 경우가 허다했다. 땅 소유주들은 소를 묶어둘 공간을 빌려주고 소들에게서 나오는 천연 비료에 대한 권리를 요구했는데, 농부들에게 잘 팔리는 상품이었기 때문이었다. 이 비료는 도시에서 나는 악취에 전혀 도움이 되지 않았지만, 하수 문제는 그 전부터 있었기 때문에 냄새는 원래 지독했다.

유럽에 있는 옛 네덜란드 낙농가들이 위생에 철저하긴 했지만, 뉴욕시와 같은 위생 문제가 있어서 그렇게 관리했던 건 아니었다. 뉴욕의 소들은 쓰레기에 둘러싸인 환경에 살면서 착유 됐고, 우유는 뚜껑도 없는 들통에 보관됐다. 행상들은 양쪽에 우유 양동이를 매단 멍에를 어깨에 걸치고 다니며 거리에서 손님들에게 우유를 퍼줬다.

19세기에는 대륙의 서쪽 영토와 그곳에 있는 주들이 미국의 곡식을 비롯한 그 외 작물들의 주요 생산지가 됐다. 동쪽 지역은 그들과 경쟁이 되지 않았다. 뉴잉글랜드에서는 이미 경작지 부족의 징후가 나타나고 있었다. 하지만 유제품은 공간이 제한적이더라도 경쟁해볼 만한 품목이었고, 그래서 동부는 유제품의 주요 생산지가 됐다. 극단적인 예가 뉴욕시켰는데, 이곳은 거의 없다 해도 과언이 아닌 한정된 공간에서 엄청난 양의 우유를 생산했다.

운송 수단이 개선되면서 뉴욕에서 생산된 우유를 허드슨강을 따라 이동하는 증기선이나 기차로 실어 나를 수 있게 됐다. 하지만 무더운 여름에는 운송 시간 때문에 우유가 상할 위험이 있었다. 생우유를 마시기에 조건이 최악인 곳은 아마 도시였을 테지만 역설적이게도 우유를 마시는 생활 습관이 제일 먼저 유행한 곳도 그곳이었다.

도시의 성장과 함께 우유를 마시는 사람도 늘어났다. 도시 사람들은 모유 수유를 대체할 방법으로 우유를 선호하게 됐고, 젖을 뗀 유아나 어린이들에게도 우유를 먹이기 시작했다.

우유는 몸에 좋은 것이어야 했다. 심지어 6주 동안 하루에 우유 6쿼터(6.84리터)를 마시는 '우유 요법'도 유행했다. 하지만 희한하게도 그때까지 우유의 건강상 이점을 뒷받침하는 사실은 밝혀진 게 아무것도 없었다. 사람들이 뼈 성장에 칼슘과 인이 하는 역할을 완전히 이해하게 된 건 20세기 초가 지나서의 일이었다. 하지만 산업혁명 및 도시의 성장과 맞물려 모유 수유는 원시적이라는 생각이 싹텄고, 현대적이고 산업화되고 도시화된 여성의 젖은 더 이상 영양가가 없다는 믿음이 생겼다. 더 나은 대안은 동물의 젖이었다.

유청이 건강에 좋다는 오래된 믿음은 여전했다. 미국 최초의 위대한 여성 소설가 리디아 마리아 차일드 Lydia Maria Child는 노예제 폐지에 찬성하는 그녀의 입장 때문에 소설들이 배척당하자 요리책으로 눈을 돌렸다. 노예해방 운동가인 그녀와 그녀의 남편은 가진 게 없었고, 덕분에 그녀는 빠듯한 예산으로 요리하는 법을 잘 알았다. 글 쓰는 게 직업인 그녀는 자기가 아는 걸 책으로 써서 1829년에 《알뜰한 주부The Frugal Housewife》, 1837년에 《가족의 간호사The Family Nurse》를 출판했다. 후자에서 그녀는 신선한 우유에 식초, 오렌지, 사과주, 와인, 레몬 등의 산을 첨가해 유청을 만드는 아홉 가지 레시피를 소개했다. 하나같이 다양한 통증 치료법으로 제안하는 것이었다. 레몬 유청은 고열에, 당밀 유청은 젖이 충분히 나지 않는 유모들을 위해, 겨자 유청은 미열과 신경과민성 흥분 상태를 가라앉히는 처방이었다.

동물 우유에 대한 도시의 수요가 증가할수록 우유의 품질은 점점 나빠졌다. 군데군데 메인 젖소 몇 마리 가지고는 야단법석 밀려드는 고객들의 수요를 감당하기에 역부족이었다. 양조장을 중심으로 수백 마리 젖소를 수용할 수 있는 대형 축사가 속속 들어섰고, 우유가 수익성 좋은 대규모 사업의 형태를 갖추기 시작했다. 양조장에서 낙농장으로 연결된 나무 홈통을 통해 맥주를 만들고 남은 찌꺼기를 소 먹이로 흘려보냈다. 하지만 맥주 찌꺼기는 소에게 좋은 먹이가 아니었다. 맥주 찌꺼기를 먹은 소가 생산하는 우유는 지방이 적고 묽은 데다 옅은 푸른색을 띠었다. 우유 생산자들은 색을 개선하기 위해 아나토annatto (잇꽃 씨 껍질로 만든 불그스름한 색소로, 주로 유제품의 착색료로 쓰인다 −옮긴이)를 넣고 농도를 높이기 위해 석회 가루를 섞었다. 또 팔 수 있는 우유 양을 늘리려고 물을 섞었는데, 우유가 희석된 걸 감추려고 다시 석회 가루를 섞었다. 이따금 당밀을 조금 넣기도 했다. 신선한 우유에서 나는 미묘한 단맛을 내기 위한 것이었다.

1840년대 무렵 맨해튼에서 출생한 아기들 거의 절반이 영아 때 사망했는데 대부분은 콜레라가 원인이었다. 영아 사망률이 이렇게나 높은 현상에 대한 이론은 무수히 많았지만, 양조장에 바로 붙은 낙농가에서 생산된 우유로 비난의 화살을 돌린 최초의 인물은 금주 운동가 로버트 밀햄 하틀리Robert Milham Hartley였다.

하틀리는 수많은 대의를 부르짖는 사회개혁가였다. 젊은 시절 그는 모호크 밸리에서 하던 공장 관리인 일을 그만두고 뉴욕으로 이주해 다양한 분야의 사회 운동에 뛰어들어 평생을 바쳤다. 한동안 그의 관심사는 가난한 사람들이 겪는 고통과 그들의 금주였다. 그러다 어느 순간 그가 온전한 방식으로 생산되기만 하면 완벽한 음식이라고 믿었던 우유에 관심이 생겼다. '구정물 우유(swill milk)'라는 표현을 처음 사용한 사람이 아마 그였을 텐데, 그는 그런 우유의 실상을 폭로해 생산을 중단시켜야 한다고 확신했다. 그는 "뉴욕시와 근교에서 키우는 약 1만 마리의 소가 양조장의 지독한 악취를 맡으며 화학적 처리 과정을 거친 곡물 찌꺼기를 먹고 살아가는, 너무나 비인도적인 상황에 놓여 있다."고 보고했다.

하틀리의 보고에 따르면 양조장 옆에 붙은 비좁은 축사는 대단히 불결했고 아프거나 심지어 죽어나가는 소도 많았는데, 낙농가에서는 그런 것과 상관없이 계속 젖을 짰으며 어떤 소는 서 있지도 못할 만큼 병약해서 줄로 지탱한 채 젖을 짜기도 했다. 그가 맨해튼과 브루클린에서 확인한 낙농가는 500여 곳이었다. 그는 낙농가들 대부분이 도시 변두리에 자리 잡고 있으며, 유독 물질을 섞은 푸르스름한 우유를 한 해 약 5만 갤런(약 19만 리터) 생산한다고 밝혔다. 대부분 허드슨강 주변이나 당시 도시의 북쪽 끄트머리였던 5번가와 6번가 사이에 위치해 있었다. 그에 따르면, 그런 낙농가들은 청소를 하지 않을 뿐 아니라 환기 시설도 없어서 심각한 악취가 진동했다고 한다. 그는 또 유럽의 여러 국가, 특히 영국과 독일에도 이런 양조장 낙농가가 있으며 보스턴, 신시내티, 필라델피아에서도 구정물 우유를 생산한다고 언급했다.

하지만 하틀리의 주장에서 가장 중요한 핵심은 구정물 우유와 영아 사망률 증가 사이의 연관성이었다. 1815년 5세 미만 아동의 사망률이 보스턴 전체 사망률의 33퍼센트를 차지했다. 이것만 해도 더없이 끔찍한데, 1839년에는 같은 수치가 43퍼센트로 증가했다. 1815년 필라델피아의 같은 수치는 25퍼센트였고 뉴욕은 32퍼센트였는데, 1839년에는 두 도시 모두 50퍼센트로 치솟았다. 이런 급격한 증가세는 양조장 낙농가 우유 생산의 가파른 성장세와 일치하는 것처럼 보였다. 정말 이 우유가 독이었던 것일까?

1842년 하틀리가 펴낸 《우유에 관한 논고$^{An Essay on Milk}$》가 미친 영향이 어느 정도였는지는 불분명하지만 이는 구정물 우유에 관한 최초의 문제 제기였고, 터져 나오기까지 15년이라는 시간이 걸린 그 주제에 관한 토론이 비로소 시작됐다. 1848년 뉴욕 의학 아카데미 (New York Academy of Medicine)가 구정물 우유를 연구한 결과, 이 우유가 일반 낙농가에서 생산한 우유보다 영양가가 훨씬 낮다고 결론 내렸다.

상당수 유아가 영양실조로 사망했기 때문에 이건 중대한 발견이었다. 이것 말고도 우유에는 미생물이라는 커다란 문제가 있었다. 하지만 이 보이지 않는 유기체에 관해서는 19세기 중반까지 거의 알려진 게 없었으며 질병을 퍼트릴 수 있는 그들의 능력을 완전히 이해하는 데는 40년이라는 시간이 더 필요했다.

1855년 무렵 미국에서 가장 큰 도시 뉴욕의 70만 시민들은 우유에 연간 약 600만 달러를 지출하고 있었다. 그 액수의 3분의 2 이상이 구정물 우유에 지출되고 있있고, 유아 사망률도 꾸준히 증가했다. 하틀리의 책이 출판된 1842년부터 1856년 사이, 한 해에 사망하는 5세 미만 아동의 비율이 세 배 이상 증가했다. 이 수치와 구정물 우유의 연관성을 의심하는 사람이 점점 많아졌다.

1857년 브루클린 시의회가 조사에 착수하기로 결정한 뒤, 직접 우유를 마시거나 아이들에게 먹인 뉴욕 시민들을 충격에 빠트린 보고서가 발표됐다. 또 이 보고서에는 동물에 대한 처우에 조금이라도 관심이 있는 사람이라면 읽기 힘든 내용이 포함돼 있었다. 보고서에 따르면, 낙농장에 끌려 온 소들은 한 곳에 묶여 평생을 그 자리에서 보내야 했다. 김이 모락모락 나는 맥주 찌꺼기가 하루 세 번 여물통을 지나갔고 소들은 자기들 오물을 밟고 서서 맥주 찌꺼기가 식기를 기다렸다. 소들이 하루에 먹는 이 찌꺼기 양은 평균 32갤런인데, 여기에 포함된 구정물에 소에게 필요한 수분이 충분하다고 판단해 물은 전혀 제공되지 않았다. 씹을 만한 단단한 먹이를 전혀 먹지 못해서 이빨을 잃는 소도 부지기수였다.

기폭제 역할을 한 브루클린 보고서를 기점으로, 당시 대단한 인기를 누리던 〈프랭크 레슬리의 일러스트 신문 Frank Leslie's Illustrated Newspaper〉에서 다 죽어가는 소가 공중에 매달려 착유 당하고 있는 장면 같은 인상적인 삽화와 함께 일련의 충격적인 기사를 연이어 실으면서 이 문제가 본격적으로 논의되기 시작했다. 구정물을 먹는 소들은 건강하진 않아도 많은 양의 우유를 생산했다. 1858년 5월의 기사에서 레슬리는 이렇게 서술했다. "구정물 우유는 '마약'과 마찬가지로 '독'이라는 단어로 낙인찍어야 한다." 한여름 밀폐된 축사 온도는 화씨 110도(섭씨 약 43도)까지 올

1850년대 뉴욕에서는 소에게 근처 양조장에서 나오는 맥주 찌꺼기가 섞인 구정물을 먹였다. 이런 소들에게서 생산된 우유가 구정물 우유라고 알려지기 시작하면서 한 해 수천 명의 유아를 사망에 이르게 한 역대급 불량식품 스캔들로 이어졌다. 〈하퍼스 위클리Harper's Weekly〉, 1878년 8월 17일 자.

라갔다. 소들 주위는 오물로 뒤덮여 있었고, 어쩌다 삽으로 퍼낸다 해도 근처 강으로 흘려보냈다. 양조장 낙농가에서 키우는 소의 평균 수명은 6개월이었다.

게다가 소는 결핵에 잘 걸렸는데 사람들은 결핵에 걸린 소에게서도 계속 젖을 짰다. 소 결핵은 소에게서 난 우유를 통해 인간이 감염될 수 있었지만, 당시 사람들은 그렇지 않다고 믿었다. 1913년, 런던 기차역에 도착한 우유 샘플 열 개 중 하나에서 결핵균이 나왔지만 화내는 사람이 거의 없었던 이유도 그래서였다.

구정물 우유는 수레에 실려 도심 거리에서 팔려나갔다. 수레에는 종종 시골에서 방금 도착한 순수한 우유라거나 풀을 먹고 자란 소의 우유라는 설명이 쓰여 있었다. 이 우유는 제일 가난한 사람들이 먹는 음식이 아니었다. 그들은 그런 걸 살 형편도 안 돼서 자식들에게 모유를 먹였다. 이 우유는 노동자들이나 중산층, 심지어 일부 부유층을 위한 음식이었다. 하지만 1860년대에 접어들면서 그 말이 싹 사라졌다. 1869년 캐서린 비처는 자신의 책에서 아기가 우유에 이상하게 반응하면 부모는 맨 먼저 그 우유가 정말 "젖소에게서 갓 짠 신선한 우유인지" 확인해야 하는데 "그게 아니라면 너무 오래된 것일 수 있다."고 경고했다. "소가 적절한 먹이를 먹는지도 알아봐야 한다. 종종 도시의 소들이 그렇듯, 음식 찌꺼기 같은 먹이를 먹는 소에게서 짠 우유는 건강에 해로울 때가 많다."

레슬리의 캠페인으로 수많은 양조장 낙농가들이 문을 닫았다. 문을 닫지 않은 곳은 청소를 했다. 19세기 후반에는 대중의 압력으로 우유 순도에 관한 법률들이 통과됐으며, 양조장 낙농가들의 폐쇄가 이어졌다. 이와 비슷한 시기에 우유 비중계(액체의 비중을 재는 기구)가 발명됐다. 이 기계는 우유의 고형분과 지방 함량을 측정할 수 있어서 우유의 순도를 강제하는 주 법의 기준을 제공했다. 뉴욕주에서는 우유의 2퍼센트가 고형분이어야 했으며, 그중 최소한 3퍼센트가 유지방이어야 했다. 이 기준에 못 미치면 생산자에게 벌금이 부과됐다. 역설적인 것은 오늘날 제일 잘 팔리는 우유인 지방 함량 0퍼센트, 1퍼센트, 2퍼센트 우유가 19세기에는 불법이었다는 사실이다. 하지만 지방에 대한 인식이 바뀌었다. 예전에는 지방이 좋은 품질의 기준이었지만 요즘은 건강에 해로워 피해야 하는 영양소로 보는 경향이 있다.

우유 비중계가 발명된 뒤에도 진짜 '시골의 순수한 우유'를 포함해 우유를 먹고 목숨을 잃는 사람들이 여전히 나왔으며, 특히 아이들이 많았다. 이런 현상에 관해 프랑스의 한 과학자가 이론을 내놓았다. 하지만 그를 믿는 사람은 거의 없었다.

처음으로 깨끗한 우유를 마시다

상하지 않는 병우유의 탄생

1845년 사우스캐롤라이나주 캠던시의 피니어스 손턴^{Phineas Thornton}이 《남부의 정원사와 요리책^{The Southern Gardener and Receipt Book}》에서 다음과 같은 흥미로운 돌파구를 언급했다.

해외 언론에 언급된 바에 따르면, 최근 리버풀에 스웨덴 선박에 실었던 우유가 전시됐는데, 스웨덴에서 출발해 서인도제도에 갔다가 다시 돌아오는 몇 개월 동안의 항해에도 불구하고 우유의 달콤한 맛과 신선함을 그대로 유지하고 있었다고 한다.

계속해서 그는 이걸 가능케 한 새로 발견된 ─ 통조림이라는 ─ 생산 공정을 설명하면서 이렇게 덧붙였다.

이 발견이 오랜 항해를 하는 배에서 가장 많이 활용될 것은 분명하다. 하지만 병만 쉽게 구할 수 있다면, 소를 키우는 도시나 농촌의 수많은 가정에서도 이런 식으로 무언가를 보존하면 보통 소젖이 마르는 겨울을 위해 우유를 비축할 수 있다. 어쨌든 실험 비용은 거의 들지 않는다.

통조림 공업은 산업혁명 최초의 식품 관련 발명 중 하나였다. 산업혁명 초기의 발명이 대개 그렇듯이, 통조림도 아이디어는 프랑스 것이었으나 개발한 건 영국이었다. 프랑스에는 과학자들이 있었지만 영국에는 기업가들이 있었다. 나폴레옹이 세계 곳곳으로 군대를 파견할 때, 상하지 않는 휴대용 식량은 프랑스군의 커다란 도전과제였고 좋은 해결책을 제안하는 사람에게는 1만 2,000프랑의 상금이 주어졌다.

프랑스 요리사이자 제과 및 양조업자였던 니콜라 아페르Nicolas Appert는 '음식은 유리병에 담아 가열해 밀봉하면 상하지 않는다.'는 해결책을 내놓기까지 14년이 걸렸다. 그는 채소, 스튜, 과일, 잼, 그리고 살균 우유로 실험했다. 하지만 그의 우유 실험이 완전히 성공한 건 아니었는데 결과물의 맛이 나빴기 때문이었다. 그는 자신이 개발한 방법을 책으로 썼고 이는 1809년에 영어로 번역 출간됐다. 책이 나오자마자 피터 듀랜드Peter Durand라는 이름의 런던 사람이 완전히 똑같은 아이디어로 특허를 냈다. 그리고 한 가지 생각을 더 했다. '왜 꼭 유리병을 써야 되지?' 어쩌면 다른 용기를 쓰는 게 더 나을지 몰랐다. 얼마 지나지 않아 브라이언 돈킨 Bryan Donkin 이라는 사람이 템즈강 근처에 최초의 통조림 공장을 지었다.

하지만 우유는 통조림으로 만들어지지 않았다. 그것은 더 나중 일이었다. 병에는 오히려 잼과 소금이나 식초에 절인 식품들이 들어갔다. 스웨덴인들이 처음부터 우유를 통조림으로 만들었는지는 알려지지 않았다. 하지만 그들이라면 그럴 수도 있었을 텐데, 1인당 우유 소비량이 가장 많은 나라였기 때문이다. 이 점을 지적하는 사람들의 이야기는 으레 스웨덴인들이 얼마나 키가 크고 건강한지로 넘어간다.

통조림 음식이 미국에 상륙한 건 1819년이었지만 남북전쟁 전까지는 인기가 없었다. 그러다 전쟁이 터지자 군사적 필요성과 '물에 소금과 염화칼슘을 첨가하면 온도가 상승하며 그 과정이 더 효율적이게 된다.'는 발견을 하면서 널리 사용되기 시작했다.

이와 더불어 음식을 병에 담는 것에 대한 관심이 높아지며 이 과정을 설명하는 레시피가 요리책에 포함되기 시작했다. 그중에는 우유를 보존하는 레시피도 있었다.

1867년, 조지아주 한 판사의 미망인이자 특별한 과학적 배경이 없는 애너벨라 힐 Annabella P. Hill 이라는 여성이 펴낸 《힐 부인의 실용적인 남부 요리법과 레시피 Mrs. Hill's Southern Practical Cookery and Receipt Book》라는 요리책이 수많은 판본을 거듭해 출판되면서 19세기 후반에 지대한 영향을 미쳤다. 건강에 좋은 우유에 대한 그녀의 관심은 열한 명의 자식 중에 다섯을 다섯 살 이전에 잃었다는 사실 ― 당시에는 드문 일이 아니었다 ― 에 영향을 받았을지 모른다. 다음은 그녀의 '여행을 위한 우유 보존법(To preserve milk for a journey)'이다.

── 우유의 역사

신선하고 달콤한 우유를 병에 담는다. 중탕하듯이 우유병을 찬물에 담가 오븐에 넣는다. 끓기 전까지 서서히 데운 다음, 오븐에서 꺼내자마자 코르크 마개를 닫는다. 병을 다시 끓기 직전까지 그대로 몇 분 동안 놓아둔다. 오븐에서 불을 빼내고 병은 그 안에서 식힌다.

우유에 물을 섞어 희석하는 상인들 외에 19세기 우유의 또 다른 문제는, 어쩌다 우유 통에 들어가는 먼지, 잔가지, 나뭇잎, 그밖의 지저분한 것들이었다. 아무것도 덮지 않고 신선한 우유를 담은 통을 싣고 다니는 게 받아들여졌다는 사실은 위생에 대한 관념이 얼마나 없었는지를 알려준다.

일화에 따르면 1883년 뉴욕 포츠담의 헨리 대처Henry G. Thatcher라는 약제사가 우유를 사려고 줄을 서 있었다고 한다. 그의 앞에는 다 닳아빠진 더러운 인형을 손에 쥔 소녀가 서 있었다. 행상이 소녀의 병에 우유를 퍼주는 동안 소녀가 실수로 인형을 우유 통에 빠트렸다. 하지만 친절한 행상은 얼른 인형을 꺼내 우유를 털어서 소녀에게 건네줬다. 그런 다음 약제사 차례가 돌아와 그에게 우유를 퍼줬다.

모든 좋은 이야기가 그렇듯이, 이 이야기는 실제로 인형이 있었든 없었든 진실을 묘사하고 있다. 상인은 자기가 파는 우유에 더러운 인형이 빠지는 걸 문제 삼지 않았고, 그게 다른 손님들에게 문제가 될 거라고도 예상하지 않았다.

이 일을 계기로 대처는 일 년 뒤에 뚜껑이 있는 우유병으로 특허를 받았다. 80년 전에 아페르가 이미 우유를 병에 담아 밀폐하기 시작했다는 점을 고려할 때, 이건 그리 대단한 발명품은 아니었다. 하지만 최초의 우유병이었고 더 안전한 우유를 향한 큰 발걸음이었다.

낙농 업계의 모든 이들이 이 새로운 아이디어에 기뻐한 건 아니었다. 이제 병이 깨지면 새로 사서 교체해야 했는데, 아마 그런 일이 드물지 않았을 것이다. 게다가 보건 당국에서는 아마 사용했던 병을 깨끗이 씻으라고 요구했을 것이다. 하지만 소비자들은 지저분한 들통에서 우유를 퍼 담는 대신 밀봉된 병에 우유를 담아준다는 아이디어에 기뻐했고, 세기가 바뀔 무렵에는 대부분의 우유가 병에 담겼다. 농가에서 낙농업자에게 우유를 배달하면 낙농업자는 공장에서 우유를 병에 담았다. 이제 유제품 사업은 가족이 운영하는 사업이라기보다 산업에 가까워지고 있었다.

병이 받아들여진 이후, 기존에 인기 있던 '인공 수유(artificial feeding)'라는 단어의 사용이 점점 시들해지기 시작했다. 이제는 '젖병 수유(bottle-feeding)'라는 표현을 사용했다.

병은 우유에 다른 재료들을 첨가한다는 — 즉, 조합한다는 — 아이디어를 촉진하는 데 도움이 됐다. 1860년대에 수많은 의사와 살림 조언자들이 우유에 물, 크림, 꿀을 다양하게 섞으라고 조언했다. 1867년, 스위스에 살던 독일 약사 앙리 네슬레^{Henri Nestlé}가 한 이웃에게 신선한 우유에 밀가루와 설탕을 섞어 아픈 아이에게 먹이라고 권했다. 아이는 나았고, 훌륭한 사업가가 된 네슬레는 자기가 만든 조합을 병에 담아 그게 그 아이의 목숨을 살렸다고 주장했다. 이 이야기의 다른 버전에서는 아픈 이웃이 등장하지 않는다. 하지만 어느 쪽이든 네슬레의 분유는 우유에 다른 재료들이 추가됐다. 그는 자신의 발명품을 훌륭한 '스위스 우유와 빵'이라고 불렀다. 이는 상업적으로 판매된 세계 최초의 병에 담긴 분유이자 스위스 브베에 위치한 네슬레 기업의 시작이었다.

분유는 모유가 소젖에 비해 묽고 더 달다는 관찰을 바탕으로 한 것이었다. 따라서 소젖을 모유와 더 비슷하게 만들려면 물을 섞고 단맛을 내야 했다. 하지만 그러면 모유에 비해 지방 함량이 적어진다는 걸 알게됐다. 그래서 약간의 크림이 섞였다. 모유는 알칼리성인데 소젖은 좀 더 산성에 가깝다는 걸 관찰한 일부 사람들은 물을 추가해 산도를 조절해야 한다고 제안했다. 정말, 모든 사람이 어떻게 하면 소의 젖을 모유와 가깝게 만들지 추측하면서 캄캄한 어둠 속에서 그림을 그리고 있었다.

그러다 1884년 필라델피아의 A.V. 메이그스A. V. Meigs라는 의사가 이후 표준으로 자리 잡은 모유의 화학적 분석을 발표했다. 그의 연구는 1884년으로서는 대단히 정교한 기술을 사용했는데, 모유는 87.1퍼센트의 수분과 4.2퍼센트의 지방, 7.4퍼센트의 당분, 염분과 회분 같은 1퍼센트의 무기질, 단백질인 1퍼센트의 카세인으로 이루어져 있다고 결론 내렸다. 그런 다음 그는 소의 젖을 분석해서 88퍼센트의 수분, 4퍼센트 지방, 5퍼센트 당분, 0.4퍼센트의 회분, 3퍼센트의 카세인을 포함하고 있다는 사실을 발견했다. 따라서 초기 분유 제조업자들이 물을 추가했던 건 틀린 거였고 지방과 설탕을 첨가한 건 맞았다.

메이그스는 우유가 모유에 비해 카세인 함량이 높은 것을 우려했다. 카세인은 단단하게 응고되는데 메이그스는 카세인의 상당 부분이 아기들에게서 소화되지 않는다고 믿었다. 그래서 그는 우유에 석회수를 첨가해 카세인을 분해하고 알칼리화하는 방법을 추천했다. 당도를 조절하기 위해 이미 우유에 들어있는 당 성분인 락토오스(젖당)를 더 추가하고, 크림을 넣어 지방 함량을 높이라고 권고했다. 이것이 수년간 사용된 공식이었다. 피할 수 없는 결점은 모든 인간의 젖 성분이 똑같지 않다는 사실이었다. 모든 소의 젖 성분도 똑같지 않기는 마찬가지였다. 예를 들어 저지 품종이 생산하는 우유는 홀스타인 품종의 우유보다 지방 함량이 높다. 그래도 사람들은 그 공식을 믿었다.

분유는 적어도 모유 수유를 할 수 없는 수많은 여성에게 모유를 대체할 수 있는 적당한 대용식이 있다는 확신을 심어주었다. 19세기 말 미국의 한 연구에 따르면, 노동계급 여성들의 90퍼센트는 여전히 모유 수유를 했지만 중산층과 상류층 여성들은 17퍼센트만 모유 수유를 하고 있었다. 20세기에는 안전한 저온 살균 우유의 출현과 상업적으로 시판되는 분유의 품질 개선으로 모유 수유 비율이 더욱 감소했다. 1950년 무렵에는 미국에서 태어난 아기들의 절반 이상이 분유를 먹었다. 하지만 이 증가세는 19세기 또 하나의 발명품, 통에 담긴 농축 우유의 덕분이기도 했다.

우유 통조림이 생겨난 이유

1828년, 미국 최초의 상업용 통조림 제조업자 윌리엄 언더우드[William Underwood]는 우유에 설탕을 첨가해 통에 담아 보존했지만 잘 팔리지 않았다. 1847년에 프란시스 베르나르 베카에르[Francis Bernard Bekaert]라는 벨기에인이 탄산소다를 첨가해 그 조제법을 개선했다. 같은 해, 쥘 장 바티스트 마르탱(Jules Jean Baptiste Martin de Lignac)이 수분을 증발시켜 부피를 6분의 1로 줄이고 설탕을 첨가하는 공정으로 특허를 얻었다. 하지만 이 모든 방법은 실패했는데 우유의 지방이 분리돼 액체 안에 잘 안정되지 않았기 때문이었다. 우유에서 너무 오래 끓인 맛이 났고 심지어 탄 맛도

났다. 상품으로서는 전혀 매력이 없었다.

오늘날 농축 또는 증발 우유를 발명했다고 알려진 인물은 게일 보든 Gail Borden 이다. 그는 '농축(condensed)' 우유라는 단어를 사용했지만 '증발(evaporated)' 우유라는 용어가 주로 쓰인다. 이 우유는 증발건조기로 농축시킨 것이었는데, 실제로 보든이 발명한 건 아니었다. 그는 다만 상품 가치가 있는 보존 가능한 우유를 최초로 생산한 사람이었을 뿐이었다. 토머스 에디슨도 전구를 발명한 사람은 아니었다.

게일 보든은 1801년 로드아일랜드주를 설립한 로저 윌리엄스 Roger Williams 와 독립선언문에 서명했던 두 인물의 후손으로서, 미국 건국자 집안에서 태어났다. 비록 정식 교육을 받은 건 2년도 안 됐지만, 토지 측량사로 일하고 신문을 발행하기도 했다. 1840년대 무렵, 산업혁명은 삶을 바꿔놓을 만한 새로운 아이디어들로 폭발하기 시작했고, 그 역시 다른 많은 사람처럼 발명가가 되겠다고 결심했다. 텍사스주 갤버스턴에 살던 이 시기에 그의 첫 발명품은 여성들이 태양과 파도와 훔쳐보는 남들의 시선으로부터 안전하게 멕시코만에 들어갈 수 있게 만든 바퀴 달린 밀폐된 방, '이동식 탈의실'이었다. 그러고 나서 그는 일종의 마차인 초원의 돛단배, 혹은 그가 붙인 이름처럼 '돛을 달아 물도 건널 수 있는 수륙양용 기계'를 만들었다.

이후 그는 식품의 산업화에 관심을 갖게 됐다. 맨 처음 떠올린 생각은 대규모 냉동 시설을 건설하는 것이었다. 그러던 중 1846년 11월에 조지 도너 George Donner 와 제임스 리드 James Reed 가 이끄는 87명의 사람이 시에라네바다산맥을 넘으려다가 엄청나게 쌓인 눈 속에 갇히는 일이 발생했다. 이들이 구조됐을 당시인 2월에는 48명만 살아남았다. 대부분은 굶주림으로 목숨을 잃었고, 생존자들 대부분은 시체를 먹으며 목숨을 부지했다. 1847년 이 이야기가 널리 알려지면서 사람들에게 충격을 안겼는데, 게일 보든의 머릿속에는 보존이 잘 되는 식량만 있었다면 도너 일행 모두가 살아남을 수 있었을 거라는 생각이 떠나지 않았다.

그때 보든이 떠올린 발명품은 건조육 비스킷이었다. 고기를 오븐에서 건조시켜 밀가루나 채소 음식과 섞은 다음 눌러서 두툼한 크래커로 만드는 거였다. 그는 전 세계 군대와 탐험가들과 도너 일행들처럼 장거리 여행을 하는 이주민들로부터 주문이 쇄도할 거라고 상상했다. 이 비스킷은 런던에서 열린 한 전시회에서 그에게 금메달을 안겼지만 대체로 맛이 형편없다는 의견에 동의했기 때문에 사려는 사람은 아무도 없었다.

영국에서 돌아오는 길에 그가 탄 배가 거친 풍랑에 휩쓸렸고, 갓난아기 승객들에게 우유를 제공하기 위해 배에 실려 있던 젖소 두 마리가 젖을 내지 못할 만큼 너무 고통에 시달렸다. 결국 갓난아기 몇 명이 목숨을 잃었다. 이 일이 보든을 몹시 괴롭혔던 게 분명한데, 미국으로 돌아온 그는 곧장 우유를 통조림에 보존하는 방법을 찾기 시작했기 때문이다.

뚜껑을 닫지 않은 팬에서 우유를 끓여 당밀을 약간 넣은, 보든의 첫 번째 시도는 보존은 잘 됐지만 색이 어두워서 보기 흉하다는 평을 들었다. 또 사람들은 우유에서 나는 당밀 냄새도 싫어했다.

1853년 보든은 '진공 솥(vacuum pan)'이라고 부르는 흥미로운 장치를 보기 위해 뉴욕주 뉴 레바논에 있는 한 셰이커교 공동체를 찾았다. 그 장치는 1813년 에드워드 찰스 하워드 Edward Charles Howard라는 영국인이 설탕을 정제하기 위해 발명한 것이었다. 이 솥은 끓는 액체에 가해지는 압력을 유출되는 증기에 의해 일반적으로 가해지는 압력 이하로 낮췄는데, 이로 인해 액체가 훨씬 낮은 온도에서 증발할 수 있었다.

보든이 뉴 레바논을 방문하기 18년 전에, 증발 우유를 더 낮은 온도에서 증발시키면 맛이 더 좋을 거라고 믿었던 윌리엄 뉴턴^{William Newton}이라는 또 한 명의 영국인이 처음으로 우유에 그 진공 솥을 사용했다. 하지만 그는 자신의 아이디어를 상품화하려는 시도를 전혀 하지 않았다.

보든의 첫 시도는 잘 풀리지 않았다. 우유가 구리 증발기 옆면에 달라붙었다. 그는 팬에 기름을 칠해보기로 했는데, 그러자 훨씬 나아졌다. 우유 맛도 좋았다. 하지만 특허청은 처음에는 그의 발명품을 거절했다. 전에도 계속 해왔던 것이어서 전혀 발명품이 아니라는 설명이었다. 어

보든의 농축 우유 광고. 1888년.

찌 보면 맞는 말이었지만 보든은 이전의 어떤 농축 우유보다 맛있는 우유를 생산했다. 그는 계속해서 특허 신청서를 제출했고, 네 번째로 시도했던 1856년에 진공 솥으로 만든 가당 농축 우유에 대한 특허를 얻어냈다. 보든의 '가당 농축 우유', 즉 가당 연유는 때마침 빠르게 성장하던 북부군에게 팔기에 좋은 1860년에 출시됐다.

또 그는 구정물 우유에 반대하는 프랭크 레슬리의 캠페인으로 뉴욕의 모든 시민이 소에게서 직접 짠 우유를 두려워했던 그 시기에 시장에 진출했다. 반면 보든은 뉴욕 시민들에게 캔에 담긴 안전하고 달콤한 유아용 우유를 제공했다.

밀크 퀘스천, 생우유 vs 살균 우유

우유는 왜 상하는 걸까?

우유를 마시는 데 그다지 관심이 없었던 프랑스인이 우유 생산에 그토록 영향을 미칠 수 있었다는 걸 이상하게 여겼던 사람이라면 루이 파스퇴르가 우유에 특별히 관심이 있었던 게 아니라는 사실로 위안을 얻을 수 있을 것이다. 그의 관심과 연구는 주로 맥주와 와인에 초점이 맞춰져 있었다. 하지만 소위 ─ 사실로 받아들여지기까지 시간이 걸렸기 때문에 ─ '미생물 유래설'이라고 하는 그의 아이디어는 낙농업과 공중보건과 의학 전반에 지대한 영향을 미쳤다.

주장하기는 쉽지만 증명하기에 복잡한 파스퇴르의 이론은 육안으로는 보이지 않는 아주 작은 유기체들이 있어서 질병을 일으키거나 발효

같은 다른 영향을 일으킨다는 것이었다. 어떤 미생물은 유용하고 어떤 것은 해롭다. 파스퇴르의 이론은 우유에 관해 이미 알고 있던 수많은 것을 설명했다. 왜 사람들이 우유를 먹고 아프거나 죽는지, 왜 비위생적인 유제품이 질병을 일으킬 가능성이 높은지, 왜 치즈나 요거트 같은 발효 유제품들이 심지어 따뜻한 날씨에도 사람들을 아프게 하지 않는 경향이 있는지 그 이유를 설명했다.

따뜻한 날씨가 우유를 상하게 한다는 건 수 세기 동안 이해하고 있었던 사실이기 때문에 농장들은 우물이나 샘에 흐르는 차가운 물이 주위의 열기를 식혀주는 '스프링 하우스spring house'('spring'은 '샘' 혹은 '샘물'을 뜻한다 −옮긴이)라고 부르는 저장소를 갖추고 있었다. 우유는 뇌우로도 − 아마도 번개 때문에 − 상할 수 있다고 믿었기 때문에, 유리 같은 비전도성 물질로 된 용기에 보관하는 경우가 많았다.

소비자들은 우유 판별법에 대한 살림 정보를 제공받아왔다. 엘레나 몰로흐벳은 이런 조언을 했다.

루이 파스퇴르가 그려진 90상팀짜리 프랑스 우표. 1926년.

좋은 우유는 물보다 다소 무거운데, 우유 방울이 물속으로 가라앉기 때문이다. 품질이 좋은 전지 우유는 손톱에 한 방울 떨어트리면 우유 방울의 둥근 모양이 그대로 유지되지만 물로 희석된 우유는 퍼진다. 좋은 우유는 진하고 새하얀 색이지만 불순물이 섞인 우유는 옅고 푸르스름한 기운이 돈다. 두 손가락에 우유를 묻혀 비벼보면 지방 함량이 높은지 낮은지 판단할 수 있다.

그녀는 또한 우유를 끓이는 방법은 질병의 위험을 막을 수 있는 선도적인 방법이지만 영양분을 빼앗긴다고 지적했다.

박테리아 혹은 세균의 존재는 17세기 후반 네덜란드인인 안톤 판 레이우엔훅Anton van Leeuwenhoek이 기껏해야 50배율로 확대하던 기존의 현미경과 달리 대상을 270배 확대하는 현미경을 만든 이후 알려졌다. 그는 이 장비로 물방울 속에 꿈틀거리는 작은 생명체, 박테리아를 볼 수 있었다. 하지만 파스퇴르 전까지는 박테리아가 무슨 일을 하는지 전혀 이해하지 못했다. 심지어 '박테리아bacteria'라는 단어도 1838년에 박물학자 크리스티안 고트프리트 에렌베르크Christian Gottfried Ehrenberg가 생각해내기 전까지는 존재하지 않았다. 과학자들은 또한 박테리아가 물에만 존재하는 게 아니라 어디에나 있다는 걸 겨우 이해하기 시작했다.

파스퇴르의 이론은 '미생물'이라고 부르는 이런 박테리아가 질병을 일으킨다는 것이었지만 증명은 할 수 없었다. 동시에, 당시에는 땅에서 올라오는 독기(miasma) 혹은 나쁜 공기가 질병을 일으킨다는 믿음이 널리 퍼져 있었다. 1854년, 의술을 행할 때 마취를 사용해야 할 뿐 아니라 위생도 철저히 해야 한다는 걸 강조했던 영국 의사 존 스노우John Snow가 콜레라는 더러운 물에 사는 미생물을 통해 퍼진다고 주장했다. 하지만 그를 믿는 사람은 거의 없었다.

영국 시골 의사이자 의사의 아들이고, 10명의 형제자매 중 의사였던 7명 중 하나였던 윌리엄 버드^{William Budd}가 1857년부터 1869년까지 의학 전문지 〈랜싯^{The Lancet}〉에 장티푸스는 나쁜 공기에 의해 확산되는 게 아니라 사람과 사람 사이의 접촉을 통해 감염된다는 걸 설명하는 연재 기사를 실었다. 많은 이들이 그의 발견을 거부했지만, 그는 장티푸스 감염병 연구를 계속해 그의 주장을 뒷받침하는 많은 증거를 찾았다. 브리스톨 의과대학 교수이기도 했던 그는 소독제 혹은 살균제 사용을 지지했고 《장티푸스^{Typhoid Fever}》를 출간한 1874년 무렵 그는 전염병에 대한 의학적 접근방식을 크게 바꿔놓았다. 과거 1849년, 브리스톨에 퍼진 콜레라는 2,000명의 목숨을 앗아갔었다. 1866년에 또 다른 콜레라가 도시를 덮쳤었는데, 이번에는 버드의 아이디어를 실행한 덕분에 사망자 수가 29명에 그쳤다.

다섯 살 때 신문으로 독학해 읽고 쓰는 법을 깨쳤던 독일의 노벨상 수상자이자 세균학자인 로베르트 코흐^{Robert Koch}는 의술과 우유에 새로운 아이디어를 더 많이 제시했다. 1860년대에 그는 괴팅겐대학교에서 새로운 '미생물 유래설'의 신봉자인 야코프 헨레^{Jacob Henle}의 지도하에 해부학을 공부했다. 이후 코흐는 프로이센-프랑스 전쟁 중 독일군에 복무하며 탄저균의 확산과 포자형성세균(spore-forming bacterium)에 의한 감염을 조사했다. 장비가 아무것도 없었던 그는 쥐에게 탄저병을 일으키는 박테리아를 주입하기 위해 나무 가시를 사용했다. 그는 다른 질병의 확산에 관해서도 연구를 계속했고, 1882년에는 세 가지 별개의 결핵균이 있다고 결론 내렸다. 새에 의해서 퍼지는 드문 세균, 사람과 사람

사이에 퍼지는 흔한 세균, 첫 번째만큼 드물지는 않지만 두 번째만큼 흔하지도 않은, 우유를 통해 확산되는 세균.

한동안 있어왔던 믿음을 실제로 뒷받침하는 증거인 이 1882년의 발견은 낙농 산업을 변화시켰다. 이것은 오늘날 우리가 부르듯 '우유의 파스퇴르 공법(pasteurization of milk, 저온 살균법을 의미한다 -옮긴이)'이 아니라 '우유의 코흐 공법(kochization of milk)'이라고 알려졌어야 할 우유 살균법을 이끌었다. 하지만 코흐가 나중에 발견한 질병을 제거하기 위한 처리 과정을 알아낸 사람은 파스퇴르였다.

파스퇴르의 저온 살균 공법

소에게서 찾아낸 질병인 소결핵증(bovine tuberculosis)은 우유를 통해 인간에게 전염된다. 이 병을 일으키는 세균은 내분비샘, 장기와 뼈를 공격한다. 이 질병을 앓은 후 생존한다 해도 척추 변형으로 등이 굽거나 다른 기형이 생기는 경우가 많다. 아이들이 특히 잘 걸리고 종종 척추가 변형되는 걸 막기 위해 수년간 교정기를 착용하고 있는 경우도 많다.

1880년대와 1890년대에 몰타섬에 주둔해 있던 영국군이 연구를 통해 소와 양 그리고 염소의 젖을 통해 인간에게 전염될 수 있는 또 다른 병원균을 발견했다. 이 균은 지중해열(mediterranean fever)의 원인으로 극심한 관절통, 땀과 오한, 여섯 달까지 지속되는 발열 같은 증상을 특징으로 하는데, 이따금 증상이 사라지지 않는 사례도 있었다. 이 질병을 일으키는 세균은 영국인 의사 데이비드 브루스David Bruce의 이름을 따 '브루셀라(brucellosis)'라고 불리게 됐지만, 역사가들은 이 질병을 발견한 공로가 그의 주력자로 일했던 몰타섬 의사 테미스토클레스 자미트 Themistocles Zammit에게 돌아가야 한다고 믿는다.

염소젖 지지자들에게는 나쁜 소식이지만 염소의 생우유가 말타열균 (Brucella melitensis)이라는 세균을 옮긴다는 사실도 밝혀졌다. 이 균은 파상열(undulant fever, 발열하는 시기와 하지 않는 시기가 반복되는 것이 특징이다 -옮긴이), 극심한 발한, 관절통을 일으키며 어떤 증상은 몇 주 혹은 몇 달 동안 지속되기도 한다.

과학자들이 조사하면 할수록 더 많은 우유 매개 질병이 발견됐다. 심각한 장 질환은 불결한 젖통에서 짠 우유를 통해 전염될 수 있었다. 전염병에 걸린 농장의 일꾼들은 우유 양동이를 통해 질병을 옮길 수 있었다. 성홍열(scarlet fever), 디프테리아diphtheria, 장티푸스는 전부 오염된 우유가 원인이었다.

이제 우유는 실험실에서 가장 먼저 실험을 거치는 음식이 됐다. 1870년에 설립된 정부 기관인 미국 공중보건국(The U.S. Public Health Service)이 1887년에 이 목적을 위한 연구소를 설립했다.

1892년 미국은 모든 젖소의 소결핵을 검사하기 시작했다. 검사법은 로베르트 코흐가 소결핵증을 예방하는 백신을 개발하다가 우연히 개발된 것이었다. 백신은 효과가 없었지만, 결핵에 걸린 소가 백신을 맞으면 백신을 맞은 자리에 염증이 생겼다. 그래서 이것이 막대 모양으로 생긴 결핵균을 검사하는 방법이 됐다. 검사 결과는 끔찍했다. 미국 젖소 상당수와 나아가 미국 우유가 감염돼 있었다. 감염된 소들을 무리에서 분리했더니 사람이 소결핵에 걸리는 사례가 급격하게 줄어들었다.

1880년대에 미국에 '살균 우유(sterilized milk)'라는 개념이 들어왔다.

당시에는 끓였다 식힌 우유를 먹이는 게 아기들의 생명을 구할 수 있다는 믿음이 있었다. 루이 파스퇴르는 1850년대와 1860년대에 프랑스에서 살균 공법을 개발했다. 과학이 산업에 이바지해야 한다고 강하게 믿었던 그는 양조장이 많은 프랑스 북부 릴에서 1854년에 교수직을 맡았다. 그는 액체가 시큼해지면서 상하는 이유를 알고 싶었고, 그래서 발효되는 물질은 전부 살아있는 유기체를 포함하고 있는지 조사해보기로 결심했다. 그는 우유부터 시작했다. 증명하기가 제일 쉬울 거라고 생각해서였다. 상상했던 것보다는 힘들었지만 그 조사는 젖산 발효가 살아있는 유기체에 의해 일어난다는 걸 보여줬다.

아직 서른다섯 살이었던 파스퇴르는 다른 물질들을 더 연구하며 과연 이런 유기체들이 어디서 생겨나고 어떻게 제거될 수 있는지 그 해답을 찾기 위해 우유를 뒤로했다. 그는 상한 와인에는 왕성하게 활동하는 유기체들이 있지만 (물의 끓는점인 화씨 212도보다 훨씬 낮은) 화씨 140도에서 158도(섭씨 60~70도) 사이로 가열해 그 온도를 몇 분간 유지하다가 빠르게 식히면 와인이 절대 상하지 않는다는 사실을 발견했다. 이것이 최초의 저온 살균 공정이었다. 이것을 시작으로 파스퇴르는 탄저병, 콜레라, 광견병 같은 질병의 면역 분야에 관한 연구를 포함해 수많은 다른 연구에 착수했다.

'파스퇴르 살균법'이 우유에 적용될 무렵, 파스퇴르는 생애 끝자락을 보내고 있었다. 그는 1895년 72세 나이로 세상을 떠났다. 그가 파스퇴르 공법, 즉 저온 살균법을 개발한 것은 1864년이었지만 과학자들이 그 방법을 우유에 적용하기까지는 수십 년이 더 걸렸다. 그들은 우유를 끓는점 바로 아래서 20분 동안 가열한 후 빠르게 식혔더니 상하지도 않고 질병을 옮기지도 않는다는 사실을 발견했다. 하지만 이 공정은 좋은 세균까지 죽였는데, 많은 치즈 제조자들이 저온 살균 우유를 사용하시 않는 이유가 이것 때문이었다. 일부 소비자들은 그때나 지금이나 저온 살균 우유는 죽은 우유라고 불평한다. 하지만 일각에서는 끓이면 모든 게 파괴되지만, 저온 살균법은 끓는 점 아래로 가열하기 때문에 영양소가 살아남는다는 주장도 있다.

새로운 과학적 발견으로 공중보건 문제의 관점에서 우유에 접근하는 두 가지 선택지가 있었다. 하나는 많은 사람이 저온 살균 우유를 싫어하긴 하지만 정부가 모든 우유에 저온 살균 공정을 요구하는 것이었다. 아니면 조사를 거쳐 '품질인증 우유(certified milk)'임을 확인해주는 품질 조사 시스템을 구축할 수도 있었다. 뉴저지주 뉴어크 의사인 헨리 코이트Henry Coit가 '의학 우유 위원회'로 알려진 의사단 네트워크를 설립했다. 최초의 품질인증 우유는 1894년 페어필드 데어리사Fairfield Dairy社에서 생산됐다. 1907년, 전국 각지의 위원회들이 연합해 '미국 의학 우유 협회(The American Association of Medical Milk Commissions)'를 설립했다. 협회에서 인증을 받으면 우유에 품질인증 우유 표시를 할 권리를 얻었는데, 그러면 가격을 훨씬 높게 책정할 수 있었다. 하지만 다음 세기에 다른 특별한 품질의 우유들에 생기게 될 현상과 마찬가지로, 소비자들은 품질인증에 따르는 추가 비용만큼 더 비싸진 가격을 기꺼이 지불할 마음이 없었다.

한편 저온 살균법과 품질인증 우유의 장점들에 관한 논의가 진행된 이후 20년 동안에도 뉴욕, 보스턴, 필라델피아, 시카고 같은 도시에서의 영아 사망률은 여전히 높게 유지됐다.

살균 우유를 둘러싼 치열한 공방

1848년 독일에서 태어난 나단 슈트라우스Nathan Straus는 1856년 어머니와 두 형제와 함께 조지아주에 있는 작은 마을로 이주해 이미 2년 전에 그곳에 온 아버지와 합류했다. 하지만 슈트라우스 가족은 남북전쟁 시기에 가진 돈을 거의 다 잃어 1865년에 뉴욕으로 이주했고, 그곳에서 결국 슈트라우스 형제는 뉴욕의 대형백화점 두 곳, 메이시스Macy's와 에이브러햄 앤 슈트라우스Abraham and Straus의 경영권을 얻었다.

나단 슈트라우스는 사회적 양심에 따라 사는 사람이었다. 그는 직원들에게 저렴한 가격의 점심과 의료 서비스를 제공했다. 1892년과 1893년의 혹독한 겨울에는 가난한 사람들에게 석탄을 나눠줬으며 노숙자들에게 저렴한 숙소를 내줬다. 그는 뉴욕시의 높은 영아 사망률을 우려했는데 그 원인은 우유이며 해결책은 저온 살균이라고 확신했었다. 1893년 6월 가난한 이민자들이 모여 사는 로어 이스트 사이드에 있는 이스트 3번가 부두에 그가 '우유 배급소(milk depots)'라고 부른 첫 번째 장소가 문을 열었다. 사실, 최초의 배급소는 사 년 전 같은 동네에 뉴욕의 소아과 의사 헨리 코플릭Henry Koplik이 열었었다. 슈트라우스의 배급소에서는 순수한 저온 살균 우유 1쿼트(약 1.14리터)를 4센트에 팔았고, 이 정도 가격조차 낼 수 없는 사람들에게는 무료로 주기도 했다.

뉴욕주 보건위원회 소속 수의사들이 검사한 우유는 얼음으로 냉방된 열차에 실려 도시로 운송됐다. 슈트라우스는 공장을 소유하고 있었는데, 그곳에서 우유를 저온 살균해 병에 담을 때까지 얼음으로 차갑게 유지할 수 있었다. 많은 사람이 신선한 우유를 사기 위해 매일 배급소를 찾았고 강가에 있는 천막에 앉아 의사들에게 의료 상담을 받고 아이들을 검사받게 했다.

이후 슈트라우스는 뉴욕의 다른 동네에 배급소 다섯 곳을 더 열었다. 이들은 첫해에 저온 살균 우유 30만 병을 제공했다. 얼마 지나지 않아 뉴욕시 배급소는 열두 곳으로 늘었고, 모두 재정적으로 손실을 보면서 운영됐다. 사실 배급소를 운영하는 비용은 그 몫의 백화점 수입보다 더 많이 들었다. 하지만 그는 사명을 띠고 있었다. 그리고 그는 우유가 단백질, 탄수화물, 지방의 균형이 완벽한 완전식품이라고 믿었다.

맨해튼 시청 공원에 자리했던 나단 슈트라우스의 우유 배급소. 뉴욕시 박물관 소장.

당시에는 저온 살균 우유의 맛이 이상하다고 믿는 사람들이 많았기 때문에, 슈트라우스는 공원에 1페니만 내면 우유 한 잔을 시식할 수 있는 가판대를 설치하기도 했다. 그는 전국적인 규모의 캠페인을 시작하기로 마음먹고 가장 큰 도시의 시장들에게 우유 배급소 설립을 제안하는 편지를 썼다.

슈트라우스는 저온 살균법 확대를 위한 개혁 운동을 하면서 맨해튼과 퀸스 사이의 이스트강에 있는 랜들스아일랜드^{Randall's Island}에서 일어났던 사건을 자주 언급했다. 그 섬은 고아들을 위한 보육원처럼 사용됐는데, 아이들이 깨끗하고 신선하며 질 좋은 우유를 먹을 수 있도록 젖소를 길렀다. 하지만 1895년과 1897년 사이에 안전하다고 여겼던 원유를 먹은 3,900명의 어린이 중에 1,509명이 사망했다.

이 끔찍한 통계를 알게 된 슈트라우스는 그 섬에 저온 살균 공장을 지었다. 그는 아이들의 식단을 바꾸거나 보육원의 위생 상태를 개선하려는 어떤 시도도 하지 않고 단지 우유만 저온 살균했다. 아동 사망률은 42퍼센트에서 28퍼센트로 감소했다. 요즘 사람들에게 28퍼센트는 여전히 끔찍한 숫자지만, 1898년에는 놀라운 발전으로 받아들여졌다.

우유 배급소는 보스턴, 시카고, 필라델피아, 클리블랜드, 세인트루이스에 세워졌다. 하지만 유럽과 미국, 그리고 심지어 파스퇴르가 존경받는 프랑스에서도 저온 살균 우유를 좋아하지 않았다. 대중은 그 우유가 맛이 없다고 불평했고 영국 농부들은 저온 살균 기계가 너무 비싸다고 불평했다. 일부 의사들은 우유를 저온 살균하면 영양가를 잃는다고 주장했다.

미국에서는 저온 살균을 의무화하고 생우유를 불법화하는 방안을 두고 사람들 사이 지열한 공방이 벌어졌다. 1907년 봄, 슈트라우스가 이끄는 저온 살균 지지자들이 뉴욕시에서 생우유 판매를 금지하는 조례안을 상정했다. 이 조례안 통과를 외치는 집회에서 슈트라우스는 이렇게 말했다. "저온 살균하지 않은 생우유를 무분별하게 사용하는 것은 국가적인 범죄나 다름없고…."

저온 살균에 비용을 쓰고 싶지 않았던 낙농가 농부들이 이 조례안에 반대했고, 저온 살균이 농부들을 안일하게 만들어 농장 위생이 오히려 나빠질 거라고 생각하는 사람들도 반대했다. 심지어 저온 살균 우유는 죽은 미생물이 떠다니는 우유에 불과하다며, 죽은 세균을 먹느니 살아 있는 세균을 먹는 게 낫다고 주장하는 사람들도 있었다.

대안은 여전히 1891년 하버드 의대에서 개발한 품질인증 우유였다. 생우유는 조리되어 죽은 세균이 떠다니는 저온 살균 우유에 굴복하지 않고 더 신중하게 생산되는 길을 택할 수 있었다. 소들의 건강부터 농장의 위생 상태와 시장에서 팔리기까지 우유가 거치는 모든 단계를 철저히 감시할 수 있었다. 하지만 품질인증 우유는 생산비가 비싸고 보통 의사에게서만 구입할 수 있었다.

저온 살균 공법의 지지자들은 종종 생우유가 저온 살균 우유보다 영양가가 더 높다는 점을 인정하면서도, 저온 살균 우유는 생우유보다 더 안전하게 마실 수 있다고 주장했다. 품질인증 우유 또는 '깨끗한 생우유' 지지자들은 생우유 역시 안전하다고 주장하며 자신들의 주장을 관철하기 위해 계속 로비활동을 벌였다. 생우유 지지자 중에는 뉴욕시 보건국도 있었는데, 보건국은 더 엄격한 감시만이 해결책이라는 단호한 입장을 밝혔다. 1907년 5월 슈트라우스가 제안한 조례안은 부결됐다.

'밀크 퀘스천Milk Question'이라고 부르던 이슈가 개혁가로 이름난 뉴욕

── 우유의 역사

토박이 시어도어 루스벨트$^{Theodore\ Roosevelt}$의 관심을 끌었다. 그는 미국 공중보건국에 이 문제를 연구해보라고 지시했다. 이들은 스무 명의 유제품 전문가들로 위원단을 구성해 1908년, 생우유는 위험하고 저온 살균 공법은 우유의 맛이나 성분을 바꾸지 않는다고 결론 내린 보고서를 발표했다. 많은 사람이 이 위원단의 결론에 동의하지 않았고 지금도 마찬가지다.

끓여서 수분을 증발시킨 우유에 관한 다른 연구에서는 뼈의 성장을 저해하고 변형을 일으키는 구루병의 원인이 이 '새로운 우유'일 수 있다는 가능성을 제시하고 있었는데, 이러한 사실도 저온 살균법 지지자들의 대의에 도움이 되지 않았다. 또 괴혈병의 많은 사례가 우유에 비타민 C가 부족한 것이 원인인 것으로 나타났다.

1908년 8월에 시카고가 처음으로 우유의 저온 살균을 의무화했다. 1909년 1월 이후 시카고에서 판매되는 모든 우유는 저온 살균을 해야 했다. 1년 동안 결핵 검사에서 음성 판정을 받은 소에서 짠 생우유만 유일한 예외로 인정됐다. 이는 품질인증 우유 역시 인정한다는 말이나 다름없었다. 시카고가 있는 일리노이주에서 낙농업을 하는 농부들은 조례에 강하게 반대했고, 이 조례가 자유무역의 명백한 침해라며 문제를 법정으로 끌고 갔다.

1909년 뉴욕에서는, 슈트라우스가 자신이 제안했던 조례안을 통과시키려고 다시 시도했지만 이번에도 부결됐다. 하지만 1년 뒤에는 뉴욕시 보건국이 입장을 바꿔 음용 목적의 모든 우유는 끓이거나 저온 살균해야 한다고 정했다. 1911년 국가 우유 기준 마련 위원회(The National Commission on Milk Standards)가 품질인증과 저온 살균 우유 둘

뉴욕시 비영리단체 유니온 사회복지관(Union Settlement House), 무상 우유 프로그램. 로이 페리Roy Perry 의 사진. 뉴욕시 박물관 소장.

다 인정하기로 하면서 이제 모든 우유는 둘 중 하나를 반드시 거쳐야 했다. 미국 의학협회(The American Medical Association)도 비슷한 결론을 내렸다.

　한편, 슈트라우스는 그가 제안한 조례가 아기들의 생명을 구할 거라고 계속 주장했다. 그는 "그 부결은 아기들을 죽이겠다는 의미다."라고 말했다. 조례는 다시 표결에 붙여졌고, 이번에는 압도적인 다수가 이 안에 찬성표를 던졌다. 1912년, 뉴욕에서 저온 살균하지 않은 우유를 판매하는 게 불법이 됐다. 1914년까지 뉴욕시에서 판매된 우유의 95퍼센트가 저온 살균 우유였다. 1917년에는 미국의 주요 도시 46곳에서 우유

─── 우유의 역사

를 저온 살균하라고 요구하고 있었다.

처음에 저온 살균을 하기 위해 선택한 방법은 '순간 살균법(flash method)'이라는 거였다. 우유를 화씨 184도(섭씨 약 84.4도)에서 몇 초간 가열하는 방법이었다. 하지만 이 방법이 슈트라우스의 우유 배급소에서 사용하는 방법인 '보온법(holding method)'보다 세균을 더 많이 죽인다는 사실이 발견됐다. 저온 처리법은 우유를 20분 동안 화씨 184도보다 낮은 온도로 유지하는 방식이었다. 저온 살균이 전국적으로 확대되어가는 동안 이 방법이 기준으로 확립되었다.

저온 살균법은 개인의 건강을 위한 것이 아니라 공중보건을 위한 결정이었다. 종종 다른 나라에서 행해지듯이, 생유유의 안전성을 보장하는 것도 전적으로 가능한 일이었다. 하지만 저온 살균법이 강제하기에 훨씬 쉽다. 생우유의 품질을 보증하는 것은 복잡하고 돈이 많이 드는 과정이다. 이는 맛 때문이든 건강에 더 좋다고 믿기 때문이든 생우유를 선호하는 사람들에게는 전혀 위로가 되지 않는 사실이다.

미국인들이 그들이 사랑하는 우유의 안전성에 확신을 갖게 되자 우유는 때로 기이할 정도의 중요성을 갖게 됐다. 1923년, 당시에는 상무부 장관이었지만 미래에 대통령이 될 허버트 후버Herbert Hoover가 세계낙농회의(World Dairy Congress)에서 이렇게 연설했다.

공중보건의 문제뿐만 아니라 백인의 성장과 활력은 다른 어떤 식품 산업도 아닌, 바로 우유 산업에 달려 있습니다.

대량 생산 우유의 시대

층이 분리되지 않는 균질 우유의 탄생

보든이 미국에서 회사를 시작한 시점으로부터 10년 뒤에 유럽에서 앵글로-스위스 연유 회사(The Anglo-Swiss Condensed Milk Company)가 운영을 시작했다. 1880년대까지 이 유럽 기업은 연간 2,500만 개의 연유 통조림을 생산했다. 우유를 농축하는 건 우유를 보존하는 방법이었는데, 우유의 생산량이 소비량을 앞지른 위스콘신이나 스위스 같은 곳에서는 환영할 만한 아이디어였다.

연유는 또한 장거리 수출 시장에 의존하는 호주 같은 나라에도 해법을 제공했다. 퀸즐랜드주 남부의 작은 마을인 투굴라와는 20세기 첫 10년 동안 첫 연유 생산지가 됐다. 1929년 네슬레는 앵글로-스위스와 합

1883년 취리히 주재 미국 영사 찰스 페이지Charles Page가 1881년에 설립한 앵글로-스위스 연유 회사가 낸 연유 광고. 보든의 성공을 본 그는 스위스 우유로 회사를 시작했지만 영국 시장을 겨냥하고 있었다. 이 회사는 네슬레와 합병하기 전까지 보든의 주요 경쟁사 중 하나가 됐다.

병하고 그 공장을 매입했다. 그리고 아시아 전역에 연유 공장을 건설하려는 계획의 일환으로 그 공장을 호주의 빅토리아주로 이전했다.

우유가 저온 살균되고 안전하다는 인식이 자리를 잡자 연유를 사용하는 주된 이유는 신선한 우유나 크림보다 싼, 그것의 값이 되었다. 세라 로러는 1913년 아이스크림과 냉동 디저트에 관한 자신의 책에서 "일반 과일 크림은 연유로 만들 수 있는데 비용이 1쿼트에 약 15센트로, 물론 일반 우유와 크림보다 저렴하다."고 말했다. 1927년 제너럴일렉트릭사社에서 《전기냉장고 조리법The Electric Refrigerator Recipes》이라는 요리책을 출간했다. 이 책에는 다음과 같이 '연유 사용법'이라는 조언이 나온다.

진한 크림을 사용하는 게 여의치 않다면 무가당 연유(evaporated milk, 증발 우유)를 대신 사용해도 훌륭한 결과를 얻을 수 있다. 이 혼합물은 크림으로 만든 냉동 디저트만큼 기름지거나 비싸지 않다. 질감이 부드럽고, 냉장고에 지나치게 오래 두지 않는 한 얼지 않을 것이다.

중탕용 이중 냄비에 연유를 붓고 물을 가열한다. 우유가 데워질 때까지 3~4분 정도 둔다. 데워진 우유를 그릇에 붓고 실온에서 식힌다. 얼리지 않고 냉장고에 몇 시간 두면 맛이 더 좋아진다. 아주 가벼워질 때까지 달걀 거품기로 휘젓는다. 연유로 크림처럼 거품을 내려면 데웠다가 식히는 과정을 거쳐야 한다. 연유 한 컵이면 양이 2~3배 늘어난다. 기호에 따라 휘젓지 않고 사용할 수도 있다. 젤라틴이 들어가는 무스나 아이스크림을 만들 때 크림 대신 사용할 수 있다.

패니 파머는 1896년 그녀의 요리책에 우유 데우는 방법을 명확하게 설명해놓았다.

이중 냄비에 물과 우유를 붓고 물을 끓인다. 뚜껑을 덮고 우유가 냄비 가장자리에 구슬 같은 거품을 낼 정도로 데워질 때까지 레인지 위에 둔다.

연유의 수익성이 좋아지자 수많은 기업이 생산에 나섰다. 캔의 품질과 우유의 품질이 향상됐다. 저온에서 수분을 증발시키는 방법으로 나아지긴 했지만, 여전히 골치를 썩이고 있던 지방 분리 문제가 1909년 '균질화(homogenization)'라는 과정으로 마침내 해결됐다. 가만히 생각해보면 당연한 이치였다. 우유를 아주 미세한 필터에 통과시켜 지방 입자가 아주 작아지면 더 이상 분리가 일어나지 않는다. 이 아이디어는 원래 1890년대 프랑스에서 폴 마릭스Paul Marix가 마가린을 만들다가 생각해낸 것이었다. 그러고 나서 역시 인공 버터를 개발 중이던 다른 프랑스 인들이 그 아이디어를 다듬었다. 일단 균질화를 사용하게 되자 캔에 담긴 연유에 더 이상 분리가 일어나지 않았고, 저장 수명이 크게 늘었다.

1900년 파리 만국박람회는 루돌프 디젤Rudolf Diesel이 발명한 새로운 종류의 엔진, 발성영화, 에스컬레이터를 선보이는 자리였다. 새로운 아르누보Art Nouveau(유럽 및 미국에서 19세기 말~20세기 초에 유행한 건축 및 장식 예술의 한 양식. 나뭇잎, 꽃 등의 자연물을 본떠 복잡한 곡선을 사용한 것이 주요 특징이다 – 옮긴이) 디자인이 전시됐고, 아프리카계 미국인들의 미국 사회 공헌을 주제로 한 W.E.B. 듀보이스W.E.B. Du Bois와 부커 T. 워싱턴Booker T. Washington의 전시도 열렸다. 오거스트 골린Auguste Gaulin이 선보인 균질화된 세계 최초의 신선한 우유인 '균질 우유(lait homogenisé)'는 거의 주목받지 못했다. 균질 우유는 1년 전 파리에서 골린 낙농기계 설비 회사(Gaulin Dairy Machinery Equipment Company)의 소유주인 골린이 개발한 것이었다. 박람회 관람객들은 '고정시킨 우유'라는 의미로 '래 픽세lait fixé'라고 불렀던 이 발명품을 어떻게 생각해야 할지 몰랐지만, 박람회가 끝난 뒤 골린은 기계를 개선해 무가당 연유를 만들고 산업적으로 아이스크림을 생산하는 데 사용해 엄청난 성공을 거뒀다.

산업계에서는 균질 우유를 받아들였지만 일반 대중은 신선한 우유가 균질화되는 걸 좋아하지 않았다. 그들은 병 안에서 분리된 우유와 크림이 만나는 '크림라인creamline'을 그리워했다. 그래서 우유 업계는 균질화의 가치를 대중에게 설득하는 온갖 이상하고 입맛 떨어트리는 시연을 생각해냈다. 1932년 미시간주 플린트에 있는 맥도날드 유업(McDonald Dairy)이 균질 우유를 판매하기 시작한 직후에 시연을 했다. 한 놀라운 대목에서 그들은 "전문가들"을 고용해 "통제된 실험 환경에서" 일반 우유와 균질 우유를 마신 다음 게워내게 했다고 설명했다. 이 실험은 균질 우유 집단의 응유가 훨씬 소화가 잘된다는 걸 분명히 보여줬다. 이들은 실험 참가자가 게워낸 우유 덩어리를 포름알데히드formaldehyde(메탄올의 산화로 얻는 무색의 기체)로 채운 유리병에 담아 우유 배달원들에게 주고 배달 경로를 따라 고객들에게 보여주게 했다.

내가 소년이었던 1950년대에는 우유 배달부가 철제 렉에 우유병을 담아 집으로 우유를 배달했다. 병 맨 위부터 목까지는 그 아래 나머지 부분보다 색이 더 짙었는데, 크림이 분리돼 그렇게 보이는 것이었다. 그걸 병째 흔들어 부어 먹었다. 내 형제자매들과 나는 그 우유를 무척 좋아했는데, 매일 아침 우리는 길쭉하고 차가운 잔에 그 우유를 한 잔씩 마셨다. 하지만 어느 날부턴가 더 이상 그 우유를 좋아하지 않게 됐다. 뭔가 잘못된 게 있었다. 병 안의 색이 전부 똑같았다. 우리는 다른 몇몇 브랜드를 시도해봤지만 전부 마찬가지였다. 우유는 더 이상 좋지 않았고 우리는 예전만큼 그걸 좋아하지 않았다. 균질 우유의 시대가 시작됐다. 얼마 안 가 미국의 거의 모든 우유가 균질화됐다.

달콤한 연유 레시피

연유는 단 음식의 주재료가 됐고 영국과 미국에서 퍼지(설탕, 우유, 버터, 초콜릿을 섞어 만드는 연한 사탕 -옮긴이)의 인기 상승을 이끌었다. 퍼지의 기원은 불확실하지만 일반적으로 1880년대에 미국에서 발명되었다고 여겨진다. 그 무렵에는 연유가 흔히 쓰였지만 처음부터 퍼지의 재료로 쓰이지는 않은 것으로 보인다. 퍼지를 만들었다는 최초의 기록은 한 남성이 볼티모어에서 1파운드(약 450그램)에 40센트를 받고 팔았다는 것이다. 바사르 칼리지 학생인 에멀린 B. 하트리지^{Emelyn B. Hartridge}가 그의 레시피를 얻었는데, 여기에는 신선한 우유가 들어간다.

백설탕 2컵
크림 1컵
잘게 다진 무가당 초콜릿 2온스(약 57그램)
버터 1큰술

설탕과 크림을 섞어 중불에 올린다. 뜨겁게 데워지면 초콜릿을 넣는다. 계속 저어준다. 이 혼합물을 소프트볼 단계(화씨 234~238도, 섭씨 112.2~114.4도, 찬물에 떨어뜨렸을 때 결정이 풀어지지 않고 공 모양을 유지하는 단계-옮긴이)까지 끓인다. 불에서 내리고 버터를 넣는다. 살짝 식혀서 퍼지가 걸쭉해질 때까지 섞는다. 버터를 바른 틀에 담는다. 퍼지가 완전히 굳기 전에 마름모꼴 조각으로 자른다.

퍼지 조리법이 바사르 칼리지에서부터 자매 학교인 웰슬리 칼리지와 스미스 칼리지로 퍼졌다. 연유를 사용하는 레시피는 전혀 없었는데, 신선한 우유로 퍼지를 만드는 건 성공하기가 쉽지 않았다. 하지만 세기가 바뀔 무렵, 퍼지를 만드는 사람들이 연유라는 게 있다는 걸 알게 됐고 얼마쯤 시간이 지나 연유가 단 음식의 일반적인 재료가 됐다. 나중에는 마시멜로 플러프^{marshmallow fluff}가 맛있는 퍼지를 만드는 또 하나의 필수 재료가 됐다.

마시멜로 플러프는 1917년 매사추세츠주 서머빌에 사는 아치볼드 쿼리^{Archibald Query}가 발명했다. 그는 이걸 집에서 만들어 팔았다. 제1차 세계대전이 끝나고, 매사추세츠의 두 참전 용사 H. 앨런 더키^{H. Allen Durkee}

와 프레드 L. 모어^{Fred L Mower}가 이걸 상품화했다. 프랑스 전쟁터에서 이제 막 벗어난 그들은 처음에는 이걸 '투트 스위트 마시멜로 플러프^{Toot Sweet Marshmallow Fluff}'라고 불렀는데, 얼마 안 가 이름에서 '투트 스위트('toot'는 자동차 경적이나 나팔 소리 따위를 표현할 때 쓰는 의성어. '달콤함 터지는' 정도로 옮길 수 있다. —옮긴이)'를 뗐다. 아무도 그 의미를 이해하지 못해서였다. 1930년대 무렵 그들은 뉴잉글랜드 전역의 라디오 프로그램을 후원하고 있었고, 마시멜로 플러프는 그걸 퍼지에 처음 넣은 사람이 누구인지는 확실치 않아도 널리 알려지기 시작했다. 다음은 미국 원로 메이다 히터^{Maida Heatter}의 환상적인 퍼지 레시피다. 무가당 연유는 가당 연유로 대체할 수 있다.

선택: 볶은 피칸 혹은 반으로 가르거나 조각낸 호두 7온스(2컵)

무가당 연유 5온스(약 3분의 2컵 정도)

마시멜로 플러프 1병(7온스, 약 200그램)

무가염 버터 2분의 1스틱(4분의 1컵. 미국 버터는 보통 454그램이나 227그램 단위로 파는데, 110~113그램 정도의 크기로 나뉘어 있다. 따라서 2분의 1스틱은 55그램 정도다 —옮긴이)

설탕 5와 2분의 1컵

소금 4분의 1작은술

단맛이 적당한 초콜릿 조각 12온스 (2컵, 약 340그램)

바닐라 추출물 1작은술

8인치(약 20센티미터) 정사각형 팬에 알루미늄 포일을 깐다. 팬을 뒤집어 12인치(30센티미터) 정사각형 포일의 반짝이는 면이 아래로 가게 가운데에 놓고, 팬을 뒤집어 포일 중앙에 놓는다. 팬을 포일로 감싸 옆면과 모서리를 눌러 팬 모양대로 만든다. 다음, 포일을 제거하고 팬을 다시 뒤집어 모양 잡힌 포일을 팬 모양대로 맞춰 넣고 살짝 눌러 자리를 잡아준다. 준비된 팬은 잠시 옆에 놓아둔다. 사용할 견과를 잘 살

퍼보고(종종 껍데기가 섞여 있다), 퍼지를 장식할 보기 좋은 모양을 골라내 약 2분의 1컵을 따로 담아 둔다.

묵직한 소스 팬에 연유를 붓는다. 마시멜로 크림, 버터, 설탕과 소금을 넣는다. 약한 불에 올린다. 내용물이 끓을 때까지 나무 주걱으로 계속 젓는다. 내용물이 쉽게 타기 때문에 필요에 따라 불을 조절하고 고무 주걱으로 팬의 바닥을 가끔 긁어가며 타지 않게 주의한다.

내용물이 완전히 끓으면 곧바로 시간을 재기 시작한다. 5분 동안 끓이며 계속 저어준다(내용물이 약간 카라멜될 것이다. 온도계로 온도를 잴 필요는 없고 시간만 재면 된다. 5분이 지나면 온도는 화씨 226도에서 228도, 섭씨 107.7도에서 108.7도가 될 것이다).

소스 팬의 불을 끈다. 초콜릿을 몇 조각 넣는다. 녹아서 부드러워질 때까지 젓는다. 바닐라를 섞는다. 한 컵 반 분량의 견과류를 넣고 섞는다. 포일을 깔아 준비해놓은 팬에 재빨리 붓는다. 윗부분을 매끈하게 고른다. 장식을 위해 남겨둔 견과류 반 컵을 일정한 간격으로 배치해 충분히 눌러서 떨어지지 않게 한다.

식어서 굳을 때까지 그대로 둔다. 포일 모서리를 잡고 들어 올려 퍼지를 꺼낸다. 조심스럽게 조각으로 자른다. 투명한 셀로판지나 유산지, 아니면 알루미늄 포일로 하나씩 포장한다. 밀폐 통에 담아 냉동할 수도 있다. 수일 이상 보관하려면 얼리는 게 좋다.

- 참고: 견과류를 구울 때는 얕은 팬에 담아 화씨 350도(섭씨 176.6도)의 오븐 가운데 놓고 12~15분 동안 아주 뜨겁지만 색이 짙어지지는 않을 때까지 가끔 저어주며 굽는다.

영국의 지배를 받던 19세기 후반 인도에서는 아기들에게 먹이는 용도로 엄청난 양의 연유가 사용됐다. 또 인도인들은 차뿐만 아니라 그 레시피의 역사가 16세기까지 거슬러 올라가는 냉동 디저트 '쿨피kulfi'에도 가당 연유를 사용하기 시작했다. 중국에서도 19세기에 아기들을 위해 연유를 수입했고, 중국에서 흔치 않은 우유 요리 '우유 튀김'에 연유를 사용하기 시작했다.

도미니카 공회국에시는 사실상 그들의 국민 음료인 '바티다 데 레초사batida de lechosa'를 연유, 파파야, 설탕을 넣고 갈아서 만들었는데, 때로 바닐라 추출액을 몇 방울 첨가하기도 했다.

완전히 새로운 요리가 만들어지기도 했다. 아르헨티나에서는 졸인 가당 연유로 만든 빽빽하고 진한 캐러멜 소스 '둘세 데 레체dulce de leche'가 국민 음식이 됐다. 우유를 졸여 연유를 만드는 방법은 무수히 많지만, 끓는 물에 통조림을 통째로 넣고 4~5시간 정도 놓아두는 방법을 제일 많이 사용한다. 간단한 방법이긴 한데 문제가 하나 있다. 물이 끓다가 양이 줄어들어 통조림 일부가 공기에 노출되면 폭발한다는 것이다.

공장형 낙농산업의 시작

미국과 유럽의 우유 산업에서 특이한 현상은 성장 규모가 수요에 의해 결정된 게 아니었다는 점이다. 생산이 수요보다 더 빨리 증가할 때도 많았다. 농부들에게 동기를 부여했던 것은 너무 낮은 우유 가격 때문에 이 업계에서 계속 살아남으려면 더 많은 소로 더 많은 우유를 생산해야만 한다는 점이었다. 19세기 뉴잉글랜드에서 3~5마리 정도 소를 키우는 농가가 살아남는 건 거의 불가능했다. 이런 추세가 지속돼 20세기에는 40마리 가지고도 생존이 힘들어졌다.

미국인들이 더 넓은 평야를 찾아 서쪽으로 이동하면서 미국의 젖소 수는 계속 증가했다. 1850년에 약 658만마리였던 것이 1900년에는 약 1,713만마리로, 1850년의 거의 세 배 가까이 증가했다.

영국인들은 미국인들이 번식의 중요성을 깨닫기 한참 전에 이미 그걸 알고 있었다. 1750년에 영국 농부 윌리엄 엘리스^{William Ellis}는 "이 젖소는 체질이 강하고 건강하며, 유순하고 젖을 짜기도 수월했다. 이런 소는 더 많이 번식시키는 게 마땅하다."라고 썼다. 18세기에 영국 농부들은 황소의 품질이 자식 소의 품질과 관련이 깊다는 걸 깨닫기 시작했다. 1726년, '시골 신사' 존 로렌스^{John Lawrence}가 《새로운 농업 시스템^{New System of Agriculture}》이라는 책을 저술했다. 책에서 그는 황소에 더 많은 관심을 기울여야 하는데 "모든 생명체의 수컷은 종과 세대의 주축이기 때문이다."라고 적었다. 그의 논리가 다소 모호하기는 해도 좋은 소를 낳으려면 좋은 소 이상의 것이 필요하다는 그의 본질적인 통찰은 중요한 것이었다. 영국 농부들은 고품질의 젖소를 아무 황소, 혹은 그들 표현대로 '모두의 아들(everybody's son)'과 교배하는 건 낭비라는 걸 깨닫기 시작했다. 바람직한 황소의 특징 목록이 작성되기 시작했다. 황소는 이마가 넓어야 하고, 눈이 크고 검어야 하며, 뿔은 길어야 하고, 털은 벨벳처럼 부드러워야 하며, 목은 두껍고, 가슴은 넓고, 엉덩이는 네모나게 각이 져야 하는 등등이었다. 농부마다 기준이 달랐고 다른 종들이 만들어졌다. 우유 생산성이 좋다고 소문난 네덜란드 젖소들이 별도의 품종으로 두거나 교배용으로 쓰기 위해 영국 농장으로 유입되었다.

원래 유럽에서 키우는 가축은 대부분 고기의 질이나 짐 끄는 힘 때문에 사육됐다. 하지만 18세기, 채널 제도가 원산지인 저지나 건지 같은 몇몇 새로운 품종이 젖의 품질로 명성을 얻기 시작했다. 스코틀랜드 남서부 에어셔종은 사육을 시작했던 17세기에는 유제품 때문에 개발된 게 아니었지만, 18세기 들어 이 젖소들의 우유 생산량이 유난히 많고 무엇보다 맛이 좋다는 게 드러났다. 유당 함량이 높아 젖에서 단맛이 났다. 또 지방 조직이 작고 균일해서 우유의 균질화 과정이 도입되기 전에

에어셔종

는 대단히 바람직한 특성이었다.

19세기 후반, 최고의 젖소 품종들이 유럽에서 미국으로 건너갔다. 그 중에 영국 쇼트혼종은 한때 미국의 주도적인 젖소 품종이었다. 그밖에 네덜란드 북부의 홀스타인-프리지안Holstein-Frisian, 스코틀랜드의 에어셔, 영국 남부의 저지, 건지, 레드폴Red Poll, 스위스의 브라운스위스Brown Swiss와 심멘탈Simmenta 그리고 프랑스의 노르망드normande가 있었다. 19세기에 제일 높이 평가된 영국 품종 젖소 중 하나인 채널 제도의 올더니Alderney는 노르망디에서 유래한 것으로 여겨지는 작은 젖소로, 비턴 부인이 맛이 가장 풍부한 우유로 언급한 바 있다. 올더니종 몇 마리가 미국에 수입됐는데, 이후 피가 많이 섞여 채널 제도에서는 순수 혈통의 올더니는 찾아보기 힘들게 됐다. 일부 소 전문가들에 따르면 오늘날 순수 올더니종과 가장 유사한 종은 미국에 있다고 한다. 하지만 이 주장 역시 논쟁의 소지가 있다.

오늘날 미국은 최고의 우유 생산지들 중에서도 최고 품종의 젖소들

브라운스위스종

을 보유하고 있다. 품종 개량으로 마리당 연평균 우유 산출량이 1850년 1,436파운드(약 651킬로그램)에서 1900년 1,850파운드(약 840킬로그램)로 증가했다. 미국은 우유가 넘쳐났다. 하지만 다행히 신선한 우유 말고도 산업 성장의 여지가 있는 제품들이 있었다. 연유, 분유, 치즈가 전부 떠오르는 시장이었다.

1840년대 철도의 발전과 함께 유제품을 운송할 수 있는 거리가 늘어났다. 이 요소 때문에 농부들의 생산비가 추가됐지만 대신 치즈를 통한 새로운 기회가 생겨났다. 1850년대까지는 농부들이 치즈 공장에 납품할 만한 양의 충분한 우유를 생산하지 않았다. 각 농장에서 몇 가지 치즈를 만들기는 했다. 뉴잉글랜드에서는 농가들끼리 협동조합을 만들어 치즈 생산을 위한 우유를 모았고, 이곳에는 지금도 그런 조합들이 흔하다.
미국 최초의 상설 치즈 공장이자 산업 규모의 치즈 제조업체가 1851년 치즈 제조 집안 출신의 제시 윌리엄스$^{Jesse Williams}$에 의해 뉴욕주 로마시에 설립되었다. 산업혁명에서 교훈을 얻었던 윌리엄스는 유동 작업 방식(대량 생산 방식으로 컨베이어, 에스컬레이터 등 자동 이송 장치를 이용하는 작업 방식 −옮긴이)으로 치즈를 생산했다. 10년 뒤 대량 생산된 레닛을 사용할 수 있게 되면서 공장에서 치즈를 만들기가 더 쉬워졌다.

수년 동안 공장 시스템은 치즈 제조에 적합하지 않다고 생각하는 사람들이 많았다. 미시적 관점에서 보면 여전히 논쟁거리가 될 만한 주제이지만 그 세기가 끝날 무렵에는 치즈 공장이 경제적으로 독자 생존할 수 있다는 데는 거의 의심의 여지가 없었다. 바야흐로 공장 전성시대였고, 공장은 거의 모든 문제에 대한 예견된 해결책이었다.

낙농 업계 최고의 대변인 격인 크세르크세스 애디슨 윌러드[Xerxes Addison Willard]가 1865년 이렇게 썼다.

자주 받는 질문이 있다. 공장 시스템이 수년간의 시험을 견뎌낼 것인가? 계속 번성하게 될까? 아니면 오래지 않아 해체되고 낙농인들은 예전 치즈 제조 방식으로 되돌아가게 될 것인가? 내 생각에는, 살아남을 것이다. 그 시스템은 혁신적인 단계(progressive step)이고, 모든 역사가 가르쳐주듯이 한번 시작된 변화는 되돌리기 어렵다.

치즈 공장은 번성했지만 치즈 장인들 역시 살아남았다. 위스콘신은 우유가 남아돌았고 가장 큰 규모의 치즈 생산지역이 되기 시작했다. 위스콘신에서 치즈를 맨 먼저 산업화한 사람이 누구인지는 불분명하다. 1858년에 하이럼 스미스[Hiram Smith]가 시보이건 카운티에 이 지역 최초의 치즈 공장을 지었지만 일 년 만에 치즈 생산을 중단하고 신선한 우유 공장이 됐다고 전한다. 1864년 체스터 헤이즌[Chester Hazen]이 라도가에 치즈 공장을 세웠는데, 이 공장 역시 위스콘신 최초의 공장으로 언급된다.

1870년대 중반 위스콘신주 도지 카운티의 존 조시John Jossi는 위스콘신에 있던 스위스 치즈 회사 소유의 공장에서 자기만의 치즈를 생산했는데, 그는 그 치즈를 '벽돌'이라고 불렀다. 이후 그는 위스콘신 근처에 공장을 몇 군데 더 열었다. 1943년 말까지 생산을 계속하던 그의 회사는 결국 크래프트 치즈 컴퍼니Kraft Cheese Company에 매각됐다. 세기가 바뀔 무렵, 위스콘신은 다양한 규모의 1,500여 개의 공장이 있는 선도적인 치즈 생산 주가 됐다.

유럽인들 역시 치즈 공장을 세우기 시작했다. 사실, 세계 최초의 치즈 공장은 1815년 스위스에 설립됐지만 상업적으로 성공하지는 못했다. 영국 최초의 치즈 공장은 1871년에 문을 열었고, 네덜란드는 1880년대에 열었다. 20세기에 치즈 장인이 만든 장인치즈는 급격히 쇠퇴했다.

1889년, 뉴욕시에 있는 맨해튼 델리카트슨Manhattan Delicatessen과 주 북부에 있는 먼로 치즈 컴퍼니Monroe Cheese Company 소유주인 아돌프 토드Adolph Tode는 인기 있는 독일 치즈 비스마르크 슐로스카제Bismarck Schlosskäse를 안정적으로 공급하는 데 어려움을 겪고 있었다. 그는 그 치즈를 현지에서 생산하자고 자신의 치즈 공장에 요청했다. 스물두 살의 에밀 프레이Emil Frey가 그 작업에 착수해 1892년, 원래 생산하려고 했던 그 독일 치즈와 완전히 똑같지는 않아도 거의 같은 치즈를 생산하는 데 성공했다. 사실 토드와 다른 사람들은 그게 더 낫다고 생각했다. 그들은 그 치즈에 독일어로 '노래하는 사회'를 의미하는 '리더크란츠Liederkranz'라는 이름을 붙였는데, 프레이가 그것과 같은 이름의 노래 모임 회원이었다. 처음에 리더크란츠 치즈는 뉴욕시 고유의 음식이었지만, 소문이 퍼지면서 1926년 무렵에는 뉴욕시 민로 카운티에서 나는 우유만으로 이 치즈를 생산하기가 어려워졌다. 어쩔 수 없이 우유 공급이 충분한 중서부 오하이오주 밴 버트로 생산 시설을 옮겨야 했다.

1918년, 프레이는 '벨베타Velveeta' 치즈를 발명했는데 커드를 눌러 유청을 제거해 만드는 보통의 치즈들과 달리 유청을 섞어서 만든 것이었다. 벨벳처럼 부드러운 질감 ─ 그래서 이름이 '벨베타'다 ─ 을 강조하면서 미친 듯이 잘 녹는다고 홍보했다. 대단한 성공을 거둬서 1923년에는 벨베타 치즈 회사를 별도로 설립했다. 이 회사 역시 1927년에 크래프트사社가 인수했다.

산업혁명, 치즈를 녹이다

공장에서 생산된 잘 녹는 치즈를 쉽게 구입할 수 있게 되면서 미국인들은 치즈를 녹여 만드는 요리 ─ 치즈버거, 그릴드 치즈, 맥앤치즈 ─ 를 개발했고 이런 음식들이 전형적인 미국의 요리가 됐다. 하지만 치즈를 녹여 만드는 요리는 새로운 게 아니었고 특별히 미국적인 것도 아니었다. 이탈리아에는 피자가 있었고, 프랑스 브르타뉴에는 치즈 크레페가 있었다. 16세기까지 거슬러 올라가는 스위스 국민 요리는 녹인 치즈에 와인을 넣어 퐁듀 형태로 만든 것이다. 미국인들은 이들 모두를 받아들이기 시작했다.

20세기에 미국을 포함한 수많은 국가에서 인기를 끌게 되는 '웰시 래빗Welsh rabbit'도 있었다. 요즘은 보통 이 녹인 치즈 요리를 양 적고 맛 좋은 음식이라는 의미의 '레어빗rarebit'이라고 부르는데, 누가 봐도 토끼는

── 우유의 역사

벨베타 치즈 광고. 1960년.

아니기 때문이다. '래빗'은 잘못된 라벨이 붙은 거라고 추정된다. 1725년 최초의 기록에서는 그걸 래빗이라고 불렀고 1780년까지 '레어빗'을 사용하는 사람은 아무도 없었다. 원래 웨일스어였는지도 분명치 않다. 영국인들은 '웨일스'라는 말을 주로 경멸적인 것을 표현할 때 쓰는데, 무언가가 이류이거나 가짜일 때 '웨일스'라고 말한다. 그러니까 그 음식을 웰시 래빗이라고 부르는 건 짓궂은 영어식 농담이었는지 모른다. 이게 원래 영국 음식이었을까? 이 음식을 만드는 데 사용하는 치즈는 전통적으로 글로스터나 체더였는데, 둘 다 영국 치즈다.

하지만 웨일스인들도 녹인 치즈에 열정적이기로 유명하다. 14세기 기록에 천국에서 어슬렁거리는 웨일스인들에 관한 재밌는 이야기가 있다. 이들을 쫓아 버리려고 베드로가 문 앞에 서서 "카우즈 포비^{Caws pobi}!"라고 외쳤다. '카우즈 포비'는 웨일스어로 '구운 치즈다!'라는 의미다. 그러자 어슬렁거리던 웨일스인들이 그걸 먹으러 달려갔고 그제야 베드로가 문을 쾅 닫을 수 있었다는 것이다.

1883년 로버트 루이스 스티븐슨^{Robert Louis Stevenson}의 소설《보물섬^{Treasure Island}》에 나오는 것처럼, 스코틀랜드인들도 구운 치즈를 좋아하기는 마찬가지다. 비참한 조난자 벤 건이 치즈를 그리워하며 말한다. "길고 긴 그 숱한 밤마다 내가 꿈꿨던 건 치즈야. 보통은 구운 거였어."

해나 글라세는 스코틀랜드, 웨일스, 영국 래빗 레시피를 소개했다. 다음은 스코틀랜드 래빗 레시피다.

빵 양면을 잘 굽는다. 버터를 바른다. 치즈 한 장을 빵 크기로 잘라 양쪽을 잘 구워서 빵에 올린다.

──── 우유의 역사

글라세가 소개한 웰시 래빗은 위의 것과 거의 같지만 머스터드가 들어간다. 영국 래빗은 와인을 넣는다. 요즘은 보통 맥주를 사용한다.

프랑스인들은 웰시 래빗을 좋아하는데, 항상 '어 웰시un Welsh'라고 부른다. 이들은 미국, 스코틀랜드, 웨일스, 그리고 스위스인들보다도 그걸 더 좋아한다. 녹인 치즈를 사랑하는 프랑스의 문학은 녹인 치즈로 가득하다. 알퐁스 도데Alphonse Daudet의 단편집 《월요이야기Contes du Lundi》에는 방 안 가득한 치즈 수프 냄새에 관한 언급이 나온다. "오! 향긋한 이 치즈 냄새."

미국인들은 산업혁명 이전까지는 이런 모든 녹인 치즈 요리를 먹을 수 없었을 것이다. 공장에서 만든 치즈를 쉽게 구할 수 있게 되고 나서야 이런 요리들이 널리 퍼졌다. 다음은 세인트루이스 유니온스테이션에 있는 자신의 식당에서 셰프 스탠리 해밀턴Stanley Hamilton이 만드는 치즈 수프 레시피다. 해리 트루먼Harry Truman 대통령이 이 식당을 즐겨 찾았는데 이 수프를 제일 좋아했다고 한다. 해밀턴은 이 요리를 '위스콘신 치즈 수프 크림(Cream of Wisconsin Cheese Soup)'이라고 부른다.

가염 크래커 12개
소고기 육수 1쿼트
강판에 간 샤프체더치즈sharp cheddar cheese(6~9개월 숙성한 체더치즈 –옮긴이) 3컵
버터 3큰술
다목적 밀가루 3컵
우스터 소스 1큰술
라이트 크림(유지방분이 적은 크림) 1컵
백후추 4분의 1작은술

크래커를 오븐에 넣어 데운다. 소고기 육수 2컵을 소스 팬에 붓고 중불에 올린다. 치즈를 넣고 계속 저어가며 녹인다. 남은 육수를 붓고 부드러워질 때까지 끓인다. 그동안 작은 스튜 냄비를 중불에 올리고 버터와 밀가루로 루 roux를 만든다. 부드럽게 잘 섞였으면 만들어놓은 혼합물에 넣는다. 계속 저으면서 크림, 우스터 소스, 후추를 천천히 추가한다. 계속 저으며 14분 동안 보글보글 끓인다. 구운 크래커와 곁들여 낸다.

심지어 산업화 이전에도 프랑스인들은 녹인 치즈로 만드는 음식에 대한 열정을 채우기에 충분할 만큼의 — 주로 그뤼에르 같은 스위스 치즈 타입 — 치즈를 생산했다. 양파 수프든 생선요리든 세이버리 타르트 savory tart (야채, 생선, 고기 등이 들어가는 식사용 짭짤한 타르트 −옮긴이)든 가리비든, '오 그라탱 au gratin' 즉, 위에 그뤼에르 치즈를 갈아 녹인 형태의 요리로 나올 가능성은 언제나 열려 있었다.

훤칠한 키에 몸가짐이 우아한, 파리의 '라 투르 다르장 La Tour d'Argent' 레스토랑 소유주 클로드 테레일 Claude Terrail은 프랑스인 중에서도 특히 녹인 치즈를 사랑하는 세대의 사람이다. 파리 최고의 야경을 볼 수 있는 곳 중 하나인 그 레스토랑에서 제공하는 고풍스러운 요리는 1950년대에 그에게 미슐랭 스타 3개의 영예를 안겼다. 하지만 시간이 지나자 녹인 치즈가 수북한 그의 요리가 구식처럼 보였고, 그의 등급은 하향 조정됐다.

테레일의 오리 요리가 제일 유명하지만, 그는 뼈를 발라낸 가자미 위에 베샤멜 béchamel 소스를 뿌리고 그 위에 치즈를 얹어 녹인 요리도 만들었다. 테레일은 웰시 래빗을 무척 좋아했는데 이 요리는 글로스터 치즈로 만들어야 한다고 주장했다.

글로스터 치즈 250그램을 작은 정육각형 모양으로 자르거나 강판에 갈고, 잉글리시 머스터드 2분의 1작은술과 잉글리시 에일 1데시리터(0.1리터)를 준비한다. 약한 불에 올리고 포크로 저어준다. 치즈가 녹으면 맥주를 섞는 건 어렵지 않다.
완전히 섞이면 잉글리시 브레드를 잘라 버터를 바르고 그 위에 끼얹는다. 높은 온도에서 브로일(오븐 등의 기계 안에 넣고 위쪽 열원으로 직접 가열하는 방식−옮긴이)한다.

1848년, 페르디낭 에디아르Ferdinand Hédiard가 열대 지방에서 망고, 바나나, 파인애플 같은 이국적인 과일들을 가지고 파리로 돌아왔다. 그 후 그는 마들렌 광장에 가게를 열었고 그때부터 파리 시민들은 이제는 흔한 게 되어버린 이 이국적인 상품들을 구입하고 있다. 에디아르는 또 아내와 딸과 함께 이 낯설고 진기한 과일들을 어떻게 사용할 수 있는지를 파리 시민들에게 보여주기 위해 레시피를 개발했다. 그리고 당연히 그 한 가지 방법은 녹인 치즈와 먹는 거였다. 다음은 바나나 그라탱 레시피다.

플랜틴 바나나 양 끝을 잘라내고 세로로 잘라 껍질째 5분간 끓인다. 식으면 껍질을 벗겨 센 불에서 버터로 볶아내고, 그 버터에 우유 1리터를 넣고 시나몬을 뿌려 가벼운 베샤멜 소스를 만든다. 카옌페퍼cayenne pepper(칠리 가루) 한 꼬집을 넣는다. 바나나를 둥근 모양으로 썰어서 버터를 바른 틀이나 그라탱 그릇에 담는다. 그 위에 베샤멜 소스를 붓고 그뤼에르 치즈를 갈아서 뿌린다. 오븐에 넣고 5분간 구워서 뜨거울 때 낸다.

〈우유 파는 여인Milk below Maids〉. 루이지 스키아보네티Luigi Schiavonetti(1765~1810) 작품, 런던 거리의 우유 행상들.

우유 짜는 여인들이 사라졌다

낙농업과 치즈 제조의 산업화가 가져온 영향 중 하나는 그것이 여성들의 일자리를 빼앗았다는 것이다. 세계 곳곳의 농장에서는 전통적으로 여성들이 소젖을 짜고 치즈와 버터 만드는 일을 도맡아 했다. 힘들고 시간도 오래 걸리는 일이었지만, 1830년에 미국에서 부르던 낙농장에서 일하는 패니라는 여성에 관한 '프리티 메이든즈 히어 아이 엠Pretty Maidens

—— 우유의 역사

〈밀크메이드의 엠M for Milkmaid〉. 윌리엄 니콜슨William Nicholson. 원래 알파벳 순서로 된 목판화 시리즈를 석판화로 옮긴 작품. 1898년, 작가 소장.

Here I Am'이라는 노래에서처럼, 낙농장 여성들은 낭만적인 묘사의 대상이었다.

도시에서 우유를 파는 행상들 역시 ─ 70파운드(약 32킬로그램) 가량의 우유 양동이를 어깨에 지고 온종일 일하는 강인한 ─ 여성들이었다. 런던 거리에서 그들이 'Milk below'를 줄여서 '미오우Miow'라고 외치는 소리는 유명하다. 심지어 고용인들을 쓰는 좀 더 규모 있는 농장에서도 낙농과 관련된 일에는 여성들을 고용했고, 그들은 농장 안주인들과 응수했다.

우유 짜는 여인들은 항상 유제품 판매에 유리하게 이용됐다. 그녀들은 건전한 여성성을 대표하는 것처럼 이상화되고 모호하게 성적인 이미지로 묘사됐다. 17세기 중반, 자신의 친구인 존 던^{John Donne}의 문학적 위상을 열망했던 아이작 월턴^{Izaak Walton}은 제물낚시에 관한 자신의 책 《조어대전^{The Compleat Angler}》에서 난데없이 책 중간에 하나의 장 전체를 우유 짜는 여인들의 경이로움을 주제로 자기가 쓴 다양한 시와 논고로 채웠다. 그는 동시대 작가들 — 크리스토퍼 말로^{Christopher Marlowe}, 월터 롤리^{Walter Raleigh}, 존 던 — 을 풍자하며 그들의 사랑 시가 우유 짜는 여인들에 관한 거라는 생각을 내비쳤고 다소 특이한 의견을 달았다. "우리의 선한 엘리자베스 여왕은 5월 내내 우유 짜는 여인이기를 바랄 때가 무척 많았는데, 그 여인들은 두려움이나 근심으로 괴로워할 일 없이 온종일 달콤하게 노래 부르기 때문이었다." 우유 짜는 여인들의 낭만적인 버전에는 그들이 얼마나 힘들게 일하는지에 대한 언급은 전혀 없다.

1784년 영국 유제품의 질과 효율성에 관심이 깊었던 조사이아 트왐리^{Josiah Twamley}는 이렇게 썼다.

젖 짜는 여인에게 청결함보다 더 칭찬할 만한 건 없으며, 청결함만큼 그들을 존경하게 만드는 것도 없다. 어떤 낙농장이 흠잡을 데 없이 깨끗하다는 걸 알아챈 사람이라면 그렇게 깔끔하고 정갈한 곳에서 파는 버터와 치즈를 사고 싶어하지 않을 수 없을 것이다.

하지만 산업화와 함께 여성들은 소규모 가족 농장을 제외한 낙농업에서 서서히 배제됐다. 이런 경향은 이미 그보다 더 앞선 18세기에 시작

—— 우유의 역사

됐다. 체더치즈는 19세기 초 가능한 한 효율적으로 최대한 많은 치즈를 생산하고 싶어했던 조셉 하디^{Joseph Hardy} 덕분에 대량 생산 치즈(industrial cheese)의 선두주자가 됐다. 하디의 아이디어 대부분은 치즈 공장으로 귀결됐고, 그는 치즈 제조에 처음으로 남성들을 고용한 사람 중 한 명이 었다. 치즈의 대량 생산 과정 중에는 여성들이 다루기에는 너무 크고 무거운 거대한 치즈 덩어리를 만드는 것이 포함돼 있었다.

몇몇 낙농업체에서 관리자들을 남성으로 바꾸기 시작한 것도 그 무렵이었는데, 당시로서는 새로운 시도였다. 여성들은 농장 일은 할 수 있었지만 산업 시설은 남자들의 것이었다. 공장에 널리 퍼져 있는 여성들에 대한 편견이 있었다. 몇몇 국가에서는 여성이 공장에서 일을 아예 못하게 하거나 일요일이나 야간에 근무하는 걸 금지하는 법이 있었다. 처음에 수많은 치즈 공장 소유주들은 이런 새로운 법에 반대했다. 네덜란드에서는 치즈 제조업자들이 여성 전문가들 없이는 치즈를 만들 수 없다고 말했다. 하지만 그들은 점점 남자 직원들만으로도 효율적으로 치즈를 만드는 법을 터득해나갔다.

낙농업을 진정한 의미의 산업화로 나아가게 해준 핵심 기술은 기계 착유였다. 손 착유는 더디고 어려운 과정이다. 19세기 이전 농장에서 키우는 소의 개체 수가 40마리를 넘지 않았던 가장 큰 이유는 한 가족으로는 그 젖을 다 짤 시간이 부족하고, 그렇지 않으면 사람을 많이 써야 하는데 그러면 안 그래도 얼마 안 되는 수익이 더 줄어들기 때문이었다.

19세기에 캐서린 비처가 고대부터 바뀌지 않았던 젖 짜는 과정을 훌륭하게 묘사했다.

젖을 짤 내는, 손으로 짖꼭지를 유방 가까이 감싸 쥔다. 양손의 집게 손가락을 이쪽저쪽 번갈아 꽉 쥔다. 곧바로 다른 손가락들로 젖을 짜 낸다. 집게손가락은 다른 손가락들로 젖을 짜내는 동안 젖이 유방 으로 역류하는 걸 막는 역할을 한다. 왼쪽 무릎은 소 오른쪽 뒷다리 에 가까이 대고, 머리는 소 오른쪽 옆구리를 밀면서, 왼손은 항상 소 가 발길질하는 걸 막을 준비가 돼 있어야 한다. 아무리 유순한 소라 도 긴 손톱에 젖꼭지가 집히거나 사마귀가 아프거나 유방이 민감하 면 자기도 모르게 그럴 때가 있기 때문이다. 젖을 짤 때마다 완전히 건조시키지 않으면 젖이 말라버린다. 젖이 많이 나는 소는 하루에 세 번, 가능하면 여덟 시간 간격으로 젖을 짜는 게 좋다. 젖을 짜기 시작 하면 끝날 때까지 멈추면 안 되는데, 그러면 소가 젖을 더 이상 안 낼 수도 있기 때문이다.

왜 이런 설명이 《미국 여성의 가정 The American Woman's Home》이라는 책 내 용에 포함됐을까? 아마 낙농 경험이 없는 작은 농가에서 종종 소 한두 마리를 키우기로 하는 경우가 있어서였을 것이다.

비처의 설명은 흠잡을 데 없어 보이지만, 멈추지 않고 계속 젖을 짤 때 손과 팔꿈치가 얼마나 아픈지, 성미가 까다롭거나 장난기 많은 소에 의해 다칠 위험이 얼마나 많은지 같은 몇 가지 설명은 빠져 있다. 소는 몸집이 거대하다. 소가 여러 마리 있는데 여덟 시간 간격으로 그 소들의 젖을 다 짜려면, 마지막 소젖을 짜고 다시 첫 번째 소젖을 짜야 할 사이 에 틈이 거의 없다.

달이 바뀔 때마다 새로운 기계가 등장하는 것 같았던 19세기에, 많은 사람이 소젖 짜는 기계를 개발하기 시작했다. 하지만 어떻게 기계가 이

우유의 역사

민감하고 복잡한 임무를 해낼 수 있단 말인가? 발명가들이 이 목표 달성에 가까워질수록 이런 의문을 제기하는 사람이 더 많아졌다. 1892년, 우유의 유지방을 측정하는 아주 유용한 장치를 개발한 사람으로 유명한 스티븐. M. 배브콕^{Stephen. M. Babcock}이 〈내셔널 데어리맨^{National Dairyman}〉에 "젖 짜는 기계는 우유의 질을 떨어트리고 착유 동물의 기준을 낮추는 결과를 가져올 것이다."라고 썼다.

세기 중반에 개발된 최초의 착유기는 소 유두조의 괄약근을 억지로 벌려서 고무관을 삽입해 양동이로 흘러나오게 하는 방식이었다. 처음에는 나무관을 썼는데, 나중에는 은이나 뼈, 상아로 만든 더 나은 걸 사용했고, 어떤 건 20세기 초까지도 팔리고 있었다. 1836년에 영국이 최초로 관 삽입식 착유기 특허를 획득했다. 하지만 이 방식은 소와 인간 모두에게 질병을 퍼트렸고, 소 젖꼭지에 심각한 상처를 내 영구적으로 젖이 새는 후유증을 남길 때가 많았다.

그러다 영국인들이 펌프를 이용하는 방식에 관심을 가졌다. 1860년부터 1862년 사이, 수많은 발명가가 젖꼭지에 붙이는 컵과 흡입펌프가 있는 장치들로 특허를 받았다. 1889년 스코틀랜드인인 윌리엄 머칠랜드^{William Murchland}가 소 아래쪽에 매달려 작동하는 진공 펌프 착유기를 만들었다. 수동 펌프가 달린 기계도 수없이 발명됐다.

1898년에는 윌리엄 메링^{William Mehring}의 착유기가 큰 관심을 받았는데, 소 두 마리의 젖을 한 번에 짤 수 있었기 때문이었다. 결국 목표는 더 많은 소의 젖을 더 빨리 짜는 것이었다. 메링의 착유기는 페달을 밟아 진공 상태를 만드는 방식으로 작동했는데, 20세기 초반까지 이 방법이 계속 사용됐다.

증기 동력 시대에 1898년까지 아무도 증기 동력 착유기를 만들 생각을 하지 않았던 건 이상한 일이다(최초의 증기 엔진 트랙터는 1868년에 발명됐다). '시슬 착유기(Thistle Milker)'라는 장치는 글래스고의 알렉산더 실즈Alexander Shields라는 사람이 설계했는데 증기 엔진을 이용해 진공압을 만들어내는 게 특징이었다. 하지만 초기의 모든 기계식 착유기처럼 이것도 심각한 단점이 있었다. 착유가 진행됨에 따라 점점 작아지는 소 젖꼭지 크기에 맞게 착유기가 조절되지 않았던 것이다. 또 기계식 착유기들은 젖의 일부를 유방으로 되돌려 보내기도 했다.

이 문제는 1890년대에 알렉산더 실즈가 고안한 유액 마사지 장치와 역시 유두 마사지 장치인 이중 압착 유두컵을 포함한 수많은 발명품으로 해결됐다. 이제 농장에서는 일꾼을 많이 두지 않고도 큰 무리의 소 떼를 기르는 게 가능해졌다. 착유장에는 20~40마리의 소가 들어갈 수 있었다. 각 착유상(milking stall) 앞에는 꼴을 채운 용기를 놓아둬 소가 젖 짜는 동안 먹이를 먹으며 즐길 수 있는 구조로 설계되었다. 유두 네 개에 각각의 유두컵을 장착했다. 착유가 끝나면 컵을 제거했다. 요즘 현대식 기계는 이것마저 저절로 떨어진다. 소 한 무리의 착유가 끝나면 다음 무리가 들어온다. 착유장은 청소하는 시간만 제외하고 밤낮없이 운영될 수 있었다. 이런 설비는 비처 여사가 꿈꾸던 것보다 훨씬 많은 소를 관리해주었다.

품질인증 우유 생산자들은 여전히 자기들 생산 방식이 최고라는 걸 보여주는 데 관심이 있었다. 1939년 뉴욕에서 열린 만국박람회에서 뉴저지 소재의 '워커-고든 품질인증 우유 낙농장(Walker-Gordon Certified Milk Dairy)'에서 '로터랙터Rotolactor'라는 새로운 착유 시설을 전시했는데,

이내 '소 회전목마'라는 별명을 얻었다. 이 착유장은 50개의 착유상이 설치된 둥근 모양의 커다란 원판이 회전하는 방식이었다. 소들을 일렬로 줄지어놓고 차례대로 착유상에 위치시켰다. 작업자가 깨끗한 천으로 유방을 닦고 네 개의 유두컵을 유두에 부착했다. 착유기가 작동되기 시작하면 소는 10분 동안 그 원판을 타고 천천히 한 바퀴 돌아 제자리로 돌아오는데, 이때 유두컵이 제거되고 문이 열리면 소가 통로를 따라 이동한다. 이런 방식으로 회전목마는 시간당 300마리 소의 젖을 짰다.

만국박람회에서 이 새로운 발명품은 미래형 착유기로 공언됐다. 워커-고든의 낙농장은 품질인증 우유 생산에 사용되는 높은 청결도를 보여주고 싶었다. 그들은 그들이 전시한 기계를 제작하거나 미래의 착유기로 광고하는 건 안중에 없었다. 하지만 오늘날 제일 비싸고 수요가 많은 최신식 착유 설비는 로터랙터와 거의 흡사한 아이디어로 제작된 회전식 착유장이다.

생산성을 높인 산업용 젖소

19세기 중반에 시작된 낙농 산업은 우유 생산량에 초점이 맞춰져 있었다. 이윤이 아주 적은 산업에서는 양이 핵심이었다. 그리고 20세기에도 농장 소식지, 농업 대학 연구, 농부들에게 필요한 조언을 포함해 낙농업과 관련된 모든 것이 ─ 소 개체 수 늘리는 데 투자해 ─ 농장 규모를 키우는 것의 중요성을 강조했다.

소규모 농가들은 망해가고 있었다. 19세기에 큰 낙농가라고 하면 소 40마리 규모를 의미했지만 20세기에는 100마리, 그러다 나중에는 몇

백 마리를 의미하게 됐다. 20세기가 끝날 무렵 세계에서 가장 우유를 많이 생산하는 미국에서는 대규모 농가라고 하면 1,000마리를 보유한 농가를 의미했다.

우유 가격은 생산 단가와 비교해 항상 낮았다. 그게 치즈 생산에는 항상 이점으로 작용했다. 대공황 기간에 대중은 그 낮은 가격에도 우유를 살 형편이 안 돼 수요가 감소했다. 그러자 우유 가격이 폭락했고 전국의 성난 농부들이 파업에 돌입했다. 연방 정부가 우유 가격 안정화에 개입했는데, 그 시스템이 지금도 남아 있다. 우유 가격은 정부가 결정한다. 그게 보통 대규모 농장에서는 감당할 만한 수준이지만 소규모 농장의 경우에는 그들의 생산 단가보다 낮을 때도 있다. 가격을 올릴 수는 있지만 그러면 정부에서 책정한 가격으로 판매되는 우유와 경쟁이 되지 않을 것이다. 게다가 1960년대에 주간 고속도로 체계가 만들어지자 꼭 그 지역에서 생산된 우유를 사용할 필요가 없어졌다.

제2차 세계대전 전에는 미국에서 판매되는 우유의 80퍼센트가 집 앞 현관에 직접 배달됐다. 20세기 후반에야 비로소 배달원이 상점으로 대체됐다. 거대 낙농장과 손잡고 저렴한 우유를 파는 대형 슈퍼마켓 체인이 시장을 점령했다. 종이팩이 유리병을 대체했다. 종이팩은 버릴 수 있었고 씻을 필요도 없으며 깨지지도 않았다. 안에 든 우유를 볼 순 없었지만 우유를 균질화한 이후로는 어차피 볼 것도 없었다.

20세기에는 소의 가격도 비쌌고 유지비도 많이 들었다. 미국의 농가 당 소 마릿수는 증가하고 있었지만 미국 전체의 개체 수는 줄어들고 있었는데, 수많은 소규모 농가가 문을 닫았기 때문이었다. 동시에 우유의 생산량은 극적으로 증가하고 있었다. 미국 정부의 통계에 따르면 1944년 미국의 젖소 수는 2,560만 마리였다. 21세기 무렵에는 고작 9만 마

"우유는 그래도 갑니다." 1940년 독일 공습으로 폐허가 된 영국 거리에서 우유 배달부가 우유를 배달하는 이 이미지는 사진작가의 조수가 배달부 복장을 하고 연출한 것이다.

리밖에 되지 않았지만 이 9만 마리의 소가 1944년 2,560만 마리가 생산한 양보다 더 많은 양을 생산했다. 1942년 젖소 한 마리가 평생 생산하는 우유는 평균 5,000파운드(2,265킬로그램) 미만이었다. 오늘날 평균은 2만 1,000파운드(9,513킬로그램)까지 증가했다. 동시에 인구는 크게 늘었지만 우유 소비는 감소했다. 19세기와 20세기 초에는 우유 소비가 상당히 꾸준히 증가했다.

소 마리당 산유량의 증가는 부분적으로 고단백 사료의 결과였다. 오늘날 농부들은 과거에 비해 알팔파(쌍떡잎식물 장미목 콩과의 여러해살이풀

로 가축용 사료나 사람이 먹는 약재로 쓰인다 —옮긴이)나 옥수수 같은 고단백 작물을 키우는 데 훨씬 많은 시간을 보낸다. 요즘은 풀을 먹는 소들도 겨울을 날 때는 사료를 먹는다. 재배할 수 있거나 합리적인 가격에 구입할 수 있는 게 뭔지에 따라 귀리, 보리, 옥수수, 알팔파, 수수, 기장, 클로버 같은 다양한 작물을 겨울을 대비하기 위해 저장해둔다. 어떤 농부들은 혼합물을 발효시켜 '사일리지silage'라고 하는 사료를 만들거나 그 곡물들을 한 데 섞는데, 이런 것들은 평원에서 뜯어먹는 풀보다 단백질이 훨씬 풍부할 수 있다. 이것은 소에게 어떻게 먹이를 주는 게 더 나은 방법인지에 관한 오랜 논쟁을 일으켰다.

농부들은 또 농축 사료 구입에도 더 많은 돈을 쓰고 있다. 1900년 미국 전체에 알팔파를 키우는 농지는 6,000에이커(약 24제곱킬로미터)에 불과했다. 1986년에는 그 숫자가 거의 2,700만 에이커(약 11만 제곱킬로미터)로 증가했다.

번식이 보편화된 것도 또 다른 변화였다. 생산성이 높은 젖소와 그런 젖소들의 씨수컷 황소들은 이제 종축種畜, 즉 번식용 가축으로 분류된다.

1930년대와 1940년대에 인공 수정이 개발되면서 번식이 훨씬 효율적으로 이루어지기 시작했다. 오늘날 낙농가에서는 황소를 볼 일이 없는데, 덕분에 농부들은 행복하다. 황소는 대단히 다루기 힘들고 위험한 동물이기 때문이다. 과거에는 농부들이 동네를 돌아다니며 잘생긴 황소를 찾았다. 지금은 황소 정자를 어디서든 가져올 수 있으며, 동물의 생김새가 아니라 혈통 기록에 의해 판매된다. 일부에서는 이러한 방식이 농부들로 하여금 그들의 가축을 그 동물들의 본성에서 훨씬 멀어지게 하고 있다고 주장한다.

전 세계 대다수 농부에게 최고로 인정받는 젖소는 네덜란드의 홀스타인-프리지안종인데, 그냥 '홀스타인'이나 '프리지안'이라고 부르기도 한다. 이들은 사실 미국에서 가장 오래된 품종 중 하나로, 네덜란드인들은 이 품종을 1613년에 도입했다. 오늘날 커다란 몸집에 흰색과 검은색이 섞인 이 소들은 대량의 우유를 생산하기 위해 사육되는데, 그러려면 이 소들에게 엄청난 양의 고단백 사료를 먹여야 한다. 미국 농무부 과학자들과 미네소타대학교의 통계에 따르면 홀스타인 품종 유전자의 22퍼센트가 지난 40년 넘게 인간의 선택에 의해 바뀌었다.

인공 수정은 번식을 대단히 효율적으로 이루어지게 바꿔놓았다. 정액은 제한된 몇몇 곳에서만 생산되고 혈통 기록을 세세하게 관리한다. 자연스럽게 번식한 동물들이라면 결코 이런 성과를 얻지 못했을 것이다. 오늘날 브리딩 센터breeding center들은 슈퍼스타 황소를 개발해서 그들의 정자를 광범위하게 사용할 수 있다. 2012년 5월, 미국 월간지 〈애틀랜틱The Atlantic〉은 2004년에 태어난 '배저 블러프 패니 프레디Badger Bluff Fanny Freddie'라는 이름의 홀스타인 품종 황소에 관한 내용을 실었다. 이 황소는 이상적인 황소의 특징을 모두 갖춘 것으로 여겨졌고, 이미 젖소 346마

홀스타인종

리의 아버지였다.

　하지만 성공 공식은 복잡하다. 젖소가 젖을 내리려면 임신을 해야 하고 따라서 번식력이 중요한데, 젖을 많이 내는 소일수록 번식력은 낮은 것처럼 보인다.

　홀스타인-프리지안종도 몇 가지 단점이 있다. 이들은 먹는 양이 엄청나서 사육에 드는 비용이 굉장히 비싸다. 엄밀히 말하면 홀스타인-프리지안이 세계에서 가장 생산성 좋은 소는 아니다. 예멘에 속하는 아라비아해 소코트라Socotra섬에 작은 소가 있는데, 먹는 양에 비해 세계의 어떤 소보다 많은 양의 우유를 생산한다. 이 소가 가장 인기 있는 소가 되어야만 할 것 같지만, 낙농업계는 일반적으로 먹이를 얼마나 많이 먹든 우유를 가장 많이 생산하는 소를 선호한다.

　미국 우유 광고에는 갈색의 저지 품종이 자주 등장하는데, 저지는 예쁘다. 하지만 요즘 미국에서는 보기 드물다. 어디를 가나 흰색과 검은색이 섞인 홀스타인종이 있고 홀스타인이 미국 젖소의 90퍼센트를 차지한다. 영국에서도 역시 저지, 건지, 에어셔, 쇼트혼 품종은 드물고 흰색과 검은색의 홀스타인이 대부분이다. 유럽의 다른 대부분 지역도 마찬가지고 아시아와 호주도 다를 바 없다. 몇몇 농부들, 특히 치즈를 만드는 사람들이 전통적으로 질 좋은 우유를 생산하는 품종을 기르기도 하지만 그런 사람들은 드물다. 공정하게 보자면 홀스타인은 좋은 품질의 우유를 생산한다. 저지나 에어셔가 생산하는 우유보다 낫다는 말이다. 그밖에 다른 소들도 있지만 점점 사라지는 추세다. 국제 연합식량농업기구(Food and Agriculture Organization of the United Nations, FAO)는 매달 두 종의 가축이 멸종된다고 추정한다.

현대의 낙농업은 아주 힘든 사업이 됐다.

우유 요리의 변신

유럽, 크림소스에 빠지다

19세기 미국, 프랑스, 영국, 이탈리아인들은 우유를 사랑했다. 바야흐로 우유, 크림, 버터로 만드는 유제품 소스, 우유와 크림 요리, 우유와 크림수프, 우유와 크림 음료의 시대였다.

크림소스라는 아이디어는 프랑스에서 시작된 것으로 보인다. 영국인들이 우유 소스를 만들기 시작했을 때, 그들은 그런 요리에 '크림이 들어간'이라는 의미의 '알 라 크렘à la crème'을 붙여 불렀다.

짭짤한 크림소스는 처음에는 '새로운 프랑스 요리'였다가 나중에는 프랑스 고전 요리가 된 음식들의 특징 중 하나가 됐다. 생선과 유제품을 섞으면 안 된다는 금기는 잊힌 지 오래여서, 사람들은 생선요리에 유제품 소스를 곁들이는 걸 특히 좋아했다. 생선과 크림 조합으로 가장 유명한 요리는 '가자미 노르망드(sole normande)'다. 프랑스 음식 역사가들은 이 요리의 기원을 1838년 한 연회로 보는데, 이 요리가 아마 '노르망드normande'라는 단어를 '크림소스를 넣은'이라는 형용사로 만든 요리였을 것이다. 노르망디는 크림이 맛있기로 유명한 곳이었다.

전통적인 프랑스 요리는 대단히 맛이 진하고 크림을 즐겨 사용했다. 1846년에 태어난 오귀스트 에스코피에Auguste Escoffier는 19세기 요리를 20세기까지 이어온 프랑스 셰프였다. 그의 요리와《나의 요리Ma Cuisine》,《요리 안내서Le Guide Culinaire》 같은 책들은 프랑스 고전 요리를 정의했다고 알려져 있다. 에스코피에의 신조는 '단순하게 요리하라'였지만 그가 그렇게 요리를 한 적은 없었다. 프랑스 전통 요리에서 사용하는 소스는 소스에 소스를 더해서 만드는데, 그래서 보통은 가정에서보다 식당에서 만든다. 에스코피에의 노르망드 소스를 만들기 위해 필요한 재료는 맛 좋은 생선 육수, 거기에 가자미 살을 발라내고 난 뒤에 남은 부속물로 만든 '퓌메 드 솔fumet de sole'이라고 알려진 또 다른 육수, 그리고 다진 버섯을 버터에 볶아 만드는 '퀴송 데 샹피뇽cuisson de champignon', 홍합 수프, 그밖에 다른 몇 가지다. 그의 노르망드 소스는 위에 뿌려 먹는 용도로 만들어진 것이지만 그의 가자미 노르망드의 요소 중 하나일 뿐이다. 그밖에 생선 육수에 졸인 가자미, 홍합, 얇게 썬 송로버섯, 크루통(샐러드나 수프에 넣는 바싹 구운 빵조각), 새우가 필요하다. 인내심과 시간 자원만 있다면 이런 유의 요리는 엄청나게 깊은 맛으로 보답할 것이다. 소스 만드는 법은 이렇다.

생선 육수 3쿼트(4.2리터)에 퀴송 데 샹피뇽 1데시리터(0.1 리터)와 홍합 육수를 넣는다. 퓌메 드 솔 2데시리터를 넣는다. 달걀노른자 5개와 크림 2데시리터를 섞은 후 레몬즙을 몇 방울 떨어트린다. 센 불에서 양이 3분의 1로 줄어들 때까지 졸인다. 천으로 소스를 걸러 더블크림 1데시리터와 버터 125그램을 넣어 마무리한다.

에스코피에는 노르망드 소스가 가자미 노르망드에 어우러지게 만든 소스지만 온갖 다른 요리에도 사용할 수 있다고 말했다.

크림소스를 쉽게 만드는 방법도 많다. 다음은 여성잡지 〈고디의 여성을 위한 책〉 편집자였던 세라 조세파 헤일 Sarah Josepha Hale이 1841년에 낸 책《훌륭한 살림꾼 The Good Housekeeper》에 실린 레시피다. 그녀는 닭 요리에 사용하는 걸 추천하지만 생선 요리에도 잘 어울렸다.

찻잔 한 잔 양의 우유에 버터 1큰술을 녹이고, 밀가루를 조금 넣어 반죽한다. 달걀노른자 1개에 크림 1큰술을 넣고 쳐서 우유와 밀가루를 넣고 반죽한 버터에 넣고 섞은 뒤, 불에 올리고 계속 젓는다. 다진 파슬리를 넣는 것도 좋다.

아마 요즘 유명한 요리사들은 둘 중 어느 것도 만들지 않을 텐데, 에스코피에의 소스는 너무 복잡하고 헤일처럼 소스에 밀가루를 넣는 건 전통이라고는 좀처럼 사라지지 않는 뉴올리언스 같은 곳에서나 쓸 법한 한물간 방법이기 때문이다. 하지만 소스에 밀가루를 넣는 건 아주 오래 전부터 해오던 방식이다. 유명한 1세기 요리사인 아피시우스를 포함해 로마인들은 소스에 밀가루 혹은 트락타를 넣어 걸쭉하게 만들었다.

유럽인들은 고기나 생선 요리에 쓸 짭짤한 크림소스를 만들 때, 밀가루와 녹인 버터로 걸쭉하게 만드는 것으로 시작했다. 이 조리법은 나중에 이 방법을 너무 많이 쓰는 요리사들 때문에 평판이 나빠졌다. '루'라고 하는 이 증점제는 반죽처럼 되지 않을 정도로 밀가루를 약간 넣고 가볍게 다뤄야 한다.

유럽인들이 루 만드는 법을 로마인들에게 배웠는지 단순히 새로 만들어낸 것인지는 분명치 않다. 루로 걸쭉하게 만든 우유 소스에는 수많은 유럽 이름이 있는데, 결국 '베샤멜^{béchamel}'이라고 알려졌다.

'라 바렌^{La Varenne}'이라고 널리 알려진 요리사 프랑수아 피에르 드 라 바렌^{François Pierre de la Varenne}은 기름기 적고 맛이 강렬하며 양념 맛이 강하고 신맛 나는 중세의 요리와 이탈리아의 영향에서 벗어나 새로운 프랑스 요리가 시작되던 17세기에 가장 영향력 있었다. 라 바렌은 적은 양의 밀가루와 녹인 버터로 여러 가지 소스를 만들기 시작했는데, 다른 재료들을 훨씬 많이 썼기 때문에 진정한 우유 또는 크림소스의 형태는 아니었다.

18세기 프랑스 왕실, 정확하게는 루이 15세의 정부였던 퐁파두르 부인의 요리사 뱅상 라 샤펠^{Vincent La Chapelle}이 1733년 그의 책《현대적 요리사^{The Modern Cook that French}》에서 프랑스 요리가 과거로부터 완전히 독립했다고 선언했다. 그는 '튀르보 아 라 베샤멜^{turbot à la béchamelle}'이라고 하는 레시피를 소개했다. 이 명칭은 당시 영향력 있던 루이 드 베샤메이^{Louis de Béchameil} 후작의 이름을 따서 지은 거라고 생각되는데, 그게 사실이라면 철자를 잘못 쓴 것이다. 튀르보, 즉 가자미는 쿠르부용^{court bouillon} (물에 식초, 백포도주, 향신료, 채소 등을 넣고 끓인 국물로 생선 또는 고기를 삶는 데 사용한다 -옮긴이)에 살짝 데쳤는데, 쿠르부용은 말 그대로 재료를 빠르게 익히는 '간단한 육수'였다. 나신 파슬리, 파, 샬롯(작은 양파의 일종)은 버터 덩어리와 함께 냄비에 넣어 가볍게 익혔다. 소금, 후추, 육두구를 넣고 소량의 밀가루를 넣었다. 그 다음에 가자미를 넣었는데, 라 샤펠은 생선을 우유나 크림으로 익힐 수도 있고 "물로 익혀도 된다."는 선택지를 제공했다. 유제품이 짭짤한 요리에 쓰이기 시작하긴 했지만 아직은 대안일 뿐이었다.

하지만 얼마 안 가 소위 현대식 프랑스 요리라고 하면 우유와 크림소스를 사용한다는 걸 의미하게 됐다. 프랑스 요리사 밑에서 수련하고 영국 서식스주 루이스에서 호텔을 운영하는 윌리엄 베럴William Verrall은 프랑스의 유제품 소스 활용을 포함해 수많은 요리 아이디어를 영국에 소개하면서 유명해졌다. 그의 가족이 운영하는 호텔 화이트 하트White Hart는 엘리자베스 시대까지 거슬러 올라가지만, 베럴이 운영을 맡으면서 세련되게 바뀌었다. 1759년 그는 《요리의 완벽한 체계A Complete System of Cookery》라는 책을 내면서 집필 동기를 "이 분야에 경험이 있든 없든, 가장 현대적이면서도 가장 훌륭한 프랑스 요리의 단순하면서도 온전한 기술을 모든 이에게 보여주는 것"이라고 설명했다. 이 얇은 책은 짭짤한 크림 요리 레시피로 가득했는데, 모래주머니와 크림, 완두콩과 크림, 시금치와 크림, 그리고 '가금류의 가슴살과 빈자멜(Breasts of fowls à la Binjamele)' 같은 것들이었다. 철자는 고故 베샤메이 씨 이름에서 점점 멀어지고 있었지만, 크림 사용은 확고하게 자리 잡아가고 있었다. 베럴의 레시피는 대부분 읽어내기가 힘들었음에도 불구하고 영향력은 대단했다. 다음은 그의 가금류 요리 중 하나다. 오렌지가 나오는데 아마 그가 직접 키운 것이었을지 모른다. 더 이상 부자들의 오랑주리orangeries(오

─── 우유의 역사

렌지 나무를 키우기 위해 벽돌과 유리로 지은 온실 −옮긴이)에서만 키우는 과일이 아니게 된 오렌지는 18세기에 대단한 인기를 누렸다.

> 가금류 2마리로 2가지 요리를 만들 텐데, 방식이 다르다. 먼저, 준비한 가금류의 다리를 발을 제거하지 않고 통째로 자른다. 이걸 어떻게 할지는 나중에 설명할 것이다. 가슴살은 구워야 하는데 피니언(날개 끝 마지막 관절)은 잘라낸다. 이건 다른 용도로 사용할 수 있다. 구운 가슴살은 껍질을 제거하고 흰 살코기를 도톰하게 썰어 스튜 냄비에 넣어 두고, 다음과 같이 소스를 만든다. 크림 0.5파인트, 버터 약간에 밀가루를 넣고 섞은 것, 파 1~2뿌리, 파슬리 약간, 후추, 소금을 넣고 약한 불로 걸쭉해질 때까지 저으며 끓인 다음 에타민etamine(프랑스어에서 '체로 쓰는 천'을 의미한다)으로 거른다. 이 소스를 고기가 담긴 스튜 냄비에 붓고, 완전히 뜨거워질 때까지 끓인다. 오렌지 주스만 넣고 내간다. 이 소스는 흰살 고기에는 모두 어울리고, 요즘 한창 인기다.

18세기와 19세기에 걸쳐 활동했던 요리사 마리 앙투안 카렘Marie-Antoine Carême은 에스코피에가 계승한 소위 '그랑 퀴진grand cuisine'이라고 부르는 프랑스 고전 요리를 확립했다. 그는 네 가지 기본 소스가 있다고 말했는데, 그중 하나가 베샤멜 소스였다. 1817년 책《요리의 예술L'Art de la Cuisine》에 묘사된 카렘의 베샤멜 소스는 하루짜리 프로젝트였다. 먼저 고기의 '정수精髓'를 요리하기 위해 송아지 고기, 햄(돼지고기 넓적다리 부위를 소금에 절이거나 훈제한 것 −옮긴이), 가금류 등을 다양하게 썰어 넣고 약한 불에 은근히 끓여서 가벼운 육수를 만들어야 했다. 그 다음 육수를 졸이고 고기를 찔러 살을 벌리고 육수를 더 부어 다시 끓인다. 마지막으로 밀가루 루와 허브를 넣고 몇 시간 동안 약한 불로 끓였다. 맑은 육수가 완성되면 마지막으로 크림을 넣었다. 레시피 끝에 카렘은 이런 말을 덧붙였다.

이 소스를 졸이는 건 가만히 기다리는 걸 즐기는 사람이 하는 게 중요하다. 너무 태평하게 있다가는 육수 색이 탁해져버릴 수 있는데, 그건 이 소스에 그리고 나아가 블루테^{velouté}(프랑스 요리의 5가지 기본 소스 중 하나로 송아지, 닭, 생선 등으로 낸 흰색 육수에 루를 넣어 걸쭉하게 만든 소스다 –옮긴이)에 크림을 넣는다는 아이디어를 생각해내고 이 훌륭한 소스에 자신의 이름을 붙인 베샤멜 후작에게 일어날 수 있는 최악의 사태다.

에스코피에가 자신의 복잡한 레시피에도 불구하고 '단순화'라는 신조를 따른다고 했던 이유가 아마 카렘을 계승했기 때문이었을 것이다. 그의 베샤멜 소스는 송아지 고기 육수만 사용했고 ─ 그의 명예를 실추시키는 사람이 좀 있기는 해도 ─ 한 시간이면 만들 수 있었다. 그의 소스는 기본적으로 송아지 고기 육수를 우유나 크림을 넣고 졸여서 버터와 밀가루 루를 넣는 거였다.

크림소스는 이탈리아에서도 인기였다. 이탈리아 요리사 펠레그리노 아르투시는 자신이 만든 베샤멜 소스가 "프랑스에서 만드는 방식이 더 복잡하다는 걸 빼면" 그들이 만드는 것과 똑같다고 말했다.

1928년, 이탈리아의 유명한 여성지 〈프레지오자^{Preziosa}〉 편집자였던 아다 보니^{Ada Boni}가 이탈리아 요리를 집대성하는 요리책을 쓰겠다는 불가능한 임무에 착수해《행복의 부적^{Il Talismano della Felicità}》을 펴냈다. 지금도 정기적으로 재간행되는 이 책은 이탈리아 요리책의 고전인데, 크림소스가 수없이 나온다. 대부분 밀가루와 버터로 시작하지만 전부 그런 건 아니다. 아래 소개하는 꿩고기와 크림 요리 레시피처럼 크림을 아낌없이 사용하는 것도 있다.

작은 꿩 1마리
버터 3큰술
다진 양파 2분의 1개
소금과 후추
고지방 크림 1과 4분의 1컵
레몬즙 1큰술

버터, 양파, 소금, 후추로 양념한 꿩을 더치오븐^{Dutch oven}(뚜껑이 있는 주물 냄비 – 옮긴이)에 넣는다. 전체적으로 부드러운 갈색이 돌 때까지 2시간 15분 정도 굽는다. 크림을 넣고 30분 더 굽는다. 내기 직전에 육수에 레몬즙을 섞는다. 완성된 요리를 곧바로 낸다.

보니의 꿩요리처럼, 19세기 미국에서 가장 유명했던 해산물과 크림 조합의 요리 '랍스터 뉴버그^{lobster Newburg}'도 밀가루를 사용하지 않았다. 뉴욕에서 유명한 델모니코 식당 요리사였던 루이 포셰^{Louis Fauchère}가 펜실베이니아 밀포드에 호텔 레스토랑을 열었는데, 그는 이곳에서 랍스터 뉴버그를 개발했다고 주장했다. 이걸 입증할 수는 없지만 1876년, 카리브해 과일 무역을 하던 벤 웬버그^{Ben Wenberg}가 찰스 델모니코^{Charles Delmonico}에게 체이핑 디시(신선로 냄비, 음식이 식지 않게 풍로가 달린 냄비 – 옮긴이)에 담긴 새로운 랍스터 크림 요리를 선보였다고 알려져 있다. 이후 델모니코 식당에서 '랍스터 아 라 웬버그^{Lobster à la Wenberg}'라는 이름으로 이 요리를 만들기 시작했다. 하지만 곧 분노에 찬 말들이 오갔고 우정은 깨졌으며, 복수심에 찬 델모니코가 '웬버그'의 첫음절을 '뉴버그'로 바꿨다.

1862년부터 1896년까지 델모니코의 셰프로 일했던 에피쿠로스주의자 찰스 랜호퍼^{Charles Ranhofer}가 1894년에 펴낸 요리책에 다음과 같은 '랍스터 아 라 뉴버그' 레시피를 소개했다.

2파운드(약 1킬로그램) 무게의 바닷가재 6마리를 끓는 소금물에 넣어 25분 동안 익힌다. 12파운드의 생물 바닷가재를 익히면 살 2~2.5파운드(약 1~1.13킬로그램)와 3~4온스(약 85~113그램)의 알집이 나온다. 식으면 몸통과 꼬리를 분리해 꼬리를 얇게 자르고, 얇게 자른 조각들을 소투아르^{sautoir}(소테에 많이 사용하는 긴 손잡이가 달린 평평하고 넓은 냄비-옮긴이)에 펼쳐서 올리고, 뜨겁게 녹인 정제버터를 넣는다. 소금으로 간해서 색이 나지 않게 양면을 살짝 굽는다. 질 좋은 생크림을 내용물 높이 정도로 붓는다. 센 불에서 양을 반으로 졸인다. 마데이라 와인을 2~3큰술 넣는다. 국물만 한 번 더 끓이고 불에서 내린 다음, 달걀노른자와 생크림 졸인 것을 섞어 걸쭉하게 만든다. 카옌(칠리 가루)과 버터를 약간 넣고 끓지 않을 정도로 데운다. 채소 접시(금속 재질이 아닌 접시-옮긴이)에 바닷가재 조각들을 올리고 소스를 붓는다.

우유에 밀가루를 넣어 걸쭉하게 만드는 방법은 19세기와 20세기 요리에 끊임없이 등장하는 기술이다. 이름에서 그 담백한 맛이 느껴지는 우유 토스트가 인기였다. 이 레시피는 1853년 《레슬리 양의 요리법^{Miss Leslie's Directions for Cookery}》에 나오는데, 이 책은 19세기 미국에서 가장 잘 팔린 요리책이었다고 한다. 1787년 필라델피아에서 태어난 엘리자 레슬리^{Eliza Leslie}는 수출 회사 관리자였던 아버지를 따라 런던에서 살았던 어린 시절을 제외하고는 삶의 대부분을 필라델피아에서 보냈다. 다음은 우유를 미리 끓여서 만드는 우유 토스트 레시피다.

우유 토스트

고지방 우유 1파인트(약 0.5리터)를 끓이고, 불에서 내려 신선한 버터 4분의 1파운드

> (약 113그램)를 넣고 저은 뒤 밀가루 1작은술을 넣고 섞는다. 그리고 다시 한 번 끓인
> 다. 깊은 접시 두 개에 각각 6조각씩 토스트를 담는다. 그 위로 뜨거운 우유를 붓는
> 다. 식탁에 낼 때까지 뚜껑을 닫아놓는다.

이 요리는 신선하지 않은 빵을 사용하는 방법이기 때문에, 프랑스인들이 며칠 지난 빵이라는 의미로 '팡 페르뒤 pain perdu'라고 부르는 프렌치 토스트의 전신이라고 여겨지기도 한다.

이윽고 미식가들이 소스에 밀가루 넣는 걸 반대하게 됐는데, 밀가루를 넣으면 질척하거나 끈적한 식감을 내고 맛을 밍밍하고 텁텁하게 만들 뿐이기 때문이었다. 사실 크림소스는 밀가루 없이 줄이기만 해도 걸쭉하게 만들 수 있다. 이것도 새로운 아이디어는 아니었다. 프랑스의 영향을 어느 정도 받은 것으로 알려져 있지만 독창적인 요리를 선보일 때가 많은 18세기 영국의 유명한 요리사 찰스 카터 Charles Carter가 1730년 그의 책 《완벽하게 실용적인 요리사 The Compleat Practical Cook》에 다음 레시피를 실었다.

> 준비한 좋은 숙성 대구(소금 절임 대구)를 물에 넣고 끓인다. 잘 익은 대구를 잘라 크
> 림과 함께 소스 팬에 넣고 후추를 약간 뿌린 후, 데쳐서 다진 파슬리를 한 움큼 넣는
> 다. 생선살이 부드러워질 때까지 약한 불로 끓이고, 넉넉한 양의 버터와 달걀노른자
> 2~3개를 넣고 잘 섞은 뒤, 접시에 담고 얇게 썬 레몬과 수란으로 장식한다.

18세기와 19세기에는 버터 소스도 많았다. 에스코피에는 12개가 넘

는 그런 소스를 열거했는데, 홀랜다이즈^{hollandaise}나 베어네이즈^{béarnaise}처럼 달걀로 걸쭉하게 하는 것도 있었지만 대부분은 바닷가재 버터, 새우 버터, 뵈르 누아제트^{beurre noisette}처럼 버터가 기본이었다. '뵈르 누아제트'의 뜻은 '헤이즐넛(개암 열매) 버터'지만 헤이즐넛으로 만들어서가 아니라 헤이즐넛 색깔이 나서 이런 이름이 붙었다. 뵈르 누아제트를 흑갈색으로 변할 때까지 볶으면, 뵈르 누아르^{beurre noir} 또는 블랙 버터가 된다. 뵈르 누아르는 약한 불로 천천히 가열해 색이 짙어지면 레몬즙이나 식초 같은 산을 첨가해 완성한다. 여기에 케이퍼(케이퍼의 꽃봉오리로 만든 피클)를 넣을 때도 많다. 프랑스에서 이 소스를 곁들이는 가장 전통적인 요리 두 가지는 소나 양의 뇌 요리와 조린 홍어다.

다음은 카렘의 전통적인 뵈르 누아르 소스를 곁들인 홍어, '레 오 뵈르 누아르^{raie au beurre noir}' 레시피다.

> 홍어 1마리를 씻어서 비늘을 제거하고, 양쪽 가슴지느러미를 잘라 차가운 소금물에 담갔다가 끓인다. 불에서 내려 30분 정도 그대로 둔다. 센 불로 냄비를 뜨겁게 달궈 버터를 1조각 넣는다. 버터가 타기 시작하면 다진 파슬리와 식초 2큰술을 넣고, 뚜껑을 닫아 식초가 증발하는 걸 막는다. 홍어의 물기를 제거하고 껍질을 벗겨서(절단한 면을 잡고 휙 잡아당기면 벗겨진다), 접시에 담아 소금을 뿌리고 소스를 붓는다.

보스턴에서 태어난 사회개혁가이자 요리 강사였던 줄리엣 코슨^{Juliet Corson}은 자신이 몸담고 있는 뉴욕 요리학교(New York School of Cookery)와 저렴한 재료로 만드는 레시피들을 소개한 자신의 요리책을 통해 가난한 사람들이 즐길 수 있는 대중적인 요리를 개발하려고 노력했다. 1882년에 펴낸《만인을 위한 식사: 일반인들의 요리책^{Meals for the Millions: The}

》이라는 얇은 책에서 그녀는 저렴한 버전의 뵈르 누아르 요리, '태운 버터와 달걀' 레시피를 소개했다.

달걀 6개를 깨서 각각의 컵에 온전한 상태로 담아둔다. 프라이팬에 버터 4큰술을 넣고 낮은 불에서 갈색이 날 때까지 조리하고, 뜨거워진 버터에 달걀들을 조심스럽게 올려 원하는 만큼 익힌다. 그물 국자로 달걀을 건져 토스트 위에 얹고, 토스트가 담긴 접시는 뜨겁게 유지한다. 남은 버터에 식초 2분의 1컵을 부어 끓이고, 달걀 위에 부어 뜨거울 때 낸다.

또 다른 기본이 되는 소스는 화이트 버터 소스인 뵈르 블랑beurre blanc이다. 뵈르 블랑은 화이트 와인, 식초, 샬롯을 함께 조리해 만든다. 전하는 이야기로 이 소스는 우연히 만들어졌다. 19세기에, 근처 강에서 버터 소스와 잘 어울리는 생선이 많이 잡히는 루아르 계곡 지역의 젊은 요리사 클레망스 르푀브르Clémence Lefeuvre가 강꼬치고기(pike)와 베어네이즈 소스를 준비하고 있었다. 이 소스의 이름은 프랑스 남서부에 있는 베아른Béarn의 지명을 딴 것이었지만, 파리의 발명품이었다. 클레망스는 아마도 일단 화이트 와인과 식초, 샬롯을 졸였을 것이다. 그러고 나서 녹인 버터에 달걀노른자를 넣고 천천히 치려고 달걀로 손을 뻗는 순간, 아뿔싸! 달걀이 없었다. 그래도 그녀에게는 차가운 버터가 넉넉하게 준비돼 있었고, 그걸 화이트 와인 소스와 섞어서 만들어진 게 바로 뵈르 블랑 소스였다. 그런 아이디어가 우연히 생겨난다고 믿고 싶어 하는 사람들에게는 좋은 이야기다. 어쨌든 뵈르 블랑은 전통적으로 루아르 계곡의 강꼬치고기처럼 흰살생선에 곁들여 냈다.

생선 차우더나 클램 차우더clam chowder(흰살생선 또는 대합을 넣어 만드는 야채수프 –옮긴이)에 들어가는 밀가루와 물노 우유와 크림으로 대체되기 시작했다. 1873년 말 보스턴 파커 하우스^{Parker House}(1855년부터 보스턴에서 영업 중인 호텔 –옮긴이)에서 만든 생선 차우더 레시피 마지막에는 이렇게 쓰여 있었다. "차우더가 터린^{tureen}(수프나 소스 등을 담는 뚜껑이 있는 움푹한 그릇 –옮긴이)에 담아 상차림에 낼 만큼 묽지 않으면, 먹기 직전에 신선한 우유를 넣고 끓인다." 그리고 19세기가 끝날 무렵 뉴잉글랜드 차우더는 우유나 크림수프를 의미했다.

크림수프는 19세기부터 20세기 말 크림이 든 기름진 음식의 인기가 시들해지기 시작하기 전까지 대단한 인기를 누렸다. 1903년에 출판된 《요리 안내서》에서 에스코피에는 28가지 클램 차우더 수프 레시피를 소개했다.

1858년 테네시주에서 노예로 태어난 루퍼스 에스테스^{Rufus Estes}는 대단히 높이 평가받는 요리사가 됐고, 1911년 흑인 요리사 최초로 요리책을 출판했다. 우유나 크림을 넣는 토마토수프는 오래전부터 만들던 것이었지만 남부 출신 흑인답게 그린 토마토를 사용했다(영화 제목으로도 잘 알려진 '프라이드 그린 토마토^{Fried Green Tomatoes}' 혹은 풋토마토는 남부 지역에서 즐겨먹는 별미다 –옮긴이).

풋토마토 5개를 다져서 냄비에 담아 물을 넣고, 뚜껑을 덮은 상태로 20분 정도 끓인다. 뜨거운 우유 1쿼트(1.14리터)에 소다수 한 숟가락을 넣고 냄비에 붓는다. 끓어오르면 불에서 내리고, 버터 4분의 1컵과 잘게 부순 크래커 4개를 잘 치대놓은 것을 넣고, 소금과 후추로 간한다.

—— 우유의 역사

가장 유명한 크림수프는 1910년 뉴욕으로 이주해 미국 시민이 된 프랑스인 루이 디아Louis Diat가 만든 뉴욕 발명품이다. 40년 동안 리츠칼튼(The Ritz-Carlton) 호텔 주방장으로 지낸 그는 일 중독자처럼 강박적으로 일하는 사람이었다. 해마다 여름이면 뉴욕의 뜨거운 열기를 식혀줄 차가운 수프를 만들었는데 1917년에 만든 것이 '크림 비시수와즈 글라세crème vichyssoise glacée', 혹은 차가운 비시수와즈 크림이었다. 이 요리는 루이 디아가 단순히 프랑스의 아이디어를 적용한 거라는 주장도 있는데 그는 비시Vichy에서 보냈던 어릴 적 기억을 되살려 만들었다고 말했다. 그리고 비시 지역에 사는 프랑스인들은 보통 차갑게 먹지는 않았지만, 감자 리크leek(서양 대파 – 옮긴이) 크림수프를 만들었다.

이 수프는 내가 어릴 적 제일 좋아했던 음식 중 하나였다. 보기에도 좋고 맛도 좋았다. 금속으로 된 그릇에 담겨 얼음을 간 접시에 올려져 나오는 방식도 좋았고, 숟가락을 넣고 움직일 때 크림같이 걸쭉한 수프의 질감도 좋았으며, 밝은 초록색 파가 흩뿌려져 있는 모습도 좋았다. 프루스트 풍(Proustian, 마르셀 프루스트의 작품이나 그가 그린 중산 계급 및 귀족 세계를 연상케 하는 묘사를 말한다). 내가 그 맛을 떠올리며 설명할 때 쓰는 표현이다. 이 레시피의 '원조'라고 주장하는 수많은 버전이 있지만, 다음은 디아가 1941년에 펴낸 요리책《리츠à la Ritz》에 소개한 레시피다.

리크 4개의 흰 밑동
중간 크기 양파 1개
버터 2온스(56.7그램)
중간 크기 감자 5개

라테와 핫 초코, 칵테일까지

다른 수많은 우유와 크림 요리도 인기를 얻었다. 다음은, 지금은 잊힌 음식이지만 루퍼스 에스테스가 소개한 '구운 우유(baked milk)' 레시피다.

아마 커피에 우유를 가장 먼저 넣기 시작한 프랑스인들은 터키인들이 파리에 커피를 들여온 17세기 직후부터 그렇게 마셨을 것이다. 하지

—— 우유의 역사

만 이탈리아인들의 거품 낸 우유와 커피에 대한 사랑은 20세기에 와서야 시작됐다. 이사벨라 비턴이 1861년에 출간한 가사 관리에 관한 유명한 책에는 아침으로 커피나 차에 우유를 곁들여 내는 것에 관한 언급이 없었지만, 그녀가 죽은 뒤 책이 계속 재발행되었고 1890년 판에서는 한 가족의 일주일 치 아침 메뉴로 추천했다. 모든 사람이 차와 커피 또는 초콜릿에 뜨겁거나 차가운 우유를 곁들였다.

초콜릿에 우유를 넣는 것은 16세기 초 스페인인들이 아즈텍족의 땅에서 유럽으로 카카오를 가져왔을 때 시작됐고 뜨거운 초콜릿 음료에 설탕과 종종 다른 향신료들을 넣기 시작했다. 스페인의 마리아 테레즈 Maria Theres는 핫 초콜릿을 사랑했는데, 아마도 그녀의 남편인 루이 14세가 수많은 연인과 잠자리를 갖는 동안 이것이 그녀의 유일한 위안이었을 것이다. 그리고 그녀의 치아가 대부분 빠진 원인이 핫 초콜릿, 아니면 그 안에 든 설탕이었다는 얘기가 전해진다.

부정적인 영향을 미쳤을 것 같은 이런 유명인의 일화에도 불구하고, 핫 초콜릿의 인기는 점점 높아졌다. 토머스 제퍼슨은 핫 초콜릿이 미국인들이 가장 사랑하는 뜨거운 음료로, 커피나 차를 대체하는 건 시간문제라고 생각했다. 1917년 앨리스 토클라스Alice B. Toklas와 그녀의 파트너이자 작가인 거트루드 스타인Gertrude Stein은 프랑스 남부 님스에서 부상자들을 돕고 있었는데, 토클라스는 거기서 "적십자 수녀들이 최고의 프랑스식 태도로 부상당한 군인들에게 커다란 그릇에 담아주는" 핫 초콜릿에 깊은 인상을 받았고, 레시피를 남겼다.

뜨거운 우유 1쿼트(1.14리터)에 녹인 초콜릿 3온스(85그램)를 넣어 섞는다. 끓기 시작하면 30분 동안 뭉근하게 끓인다. 그런 다음 5분 동안 휘젓는다. 수녀들은 구리 가마솥에 엄청난 양을 만들었기 때문에 거품기도 크고 무거운 걸 사용했다. 우린 다들 돌아가며 그것을 저었다.

이 레시피에 들어가는 초콜릿은 1828년 네덜란드 초콜릿 제조업자 카스파루스 반 하우턴 Casparus Van Houten이 카카오빈에서 버터, 즉 지방을 제거하는 방법을 고안해 만든 코코아 가루로 만든 게 아니라 진짜 뜨거운 초콜릿과 우유로 만든 것이었다. 추출된 버터는 상업적으로 쓰임새가 많다. 요즘은 진짜 핫 초콜릿을 찾아보기가 힘들다. 1974년 미국의 위대한 음식 작가 제임스 비어드 James Beard는 이렇게 썼다. "이제 초콜릿은 작은 종이 포장재 끄트머리를 기울여 컵에 쏟아 넣고 뜨거운 물로 녹여 그 위에 인공적으로 거품 낸 크림이나 마시멜로를 올려 먹는 게 됐다. 이건 핫 초콜릿이 아니다. 모든 세대가 제대로 만든 핫 초콜릿 한 잔의 영광을 모른 채 자란다는 걸 생각하면 정말 가슴이 아프다."

19세기에 우유와 크림이 안 들어가는 곳이 없었던 걸 고려할 때, 바텐더들이 칵테일에 우유와 크림을 넣는 건 시간문제였다. 당시는 '수탉의 꼬리'를 뜻하는 '칵−테일 cock-tail'이라고 썼던, '칵테일 cocktail'이라는 단어는 〈모닝 포스트 앤 가제티어 Morning Post and Gazetteer〉 1798년 5월 20일 기사에 언급된 게 최초의 기록이어서, 몇몇 사람들은 칵테일이 영국에서 유래했다고 믿는다. 영국인들은 확실히 언제나 칵테일 애호가들이었다. 미국에서 칵테일은 뉴올리언스와 아바나 같은 더운 지역에 얼음이 수입되기 시작하면서 인기를 얻었고, 두 도시는 칵테일로 유명해졌다. 달콤한 리큐어와 크림으로 만든 음료는 나중에야 칵테일이라고 알려지게 됐다.

이런 최초의 크림 칵테일 중 '알렉산더^{Alexander}'는 19세기에 진, 초콜릿 리큐어, 크림으로 만들었다. 그러다 뉴욕의 유명한 식당 렉터스^{Rector's}에서 진 대신 브랜디를 넣고 맨 위에 육두구를 갈아 올린 '브랜디 알렉산더^{brandy Alexander}'를 만들기 시작했다.

뉴올리언스에서 크렘 데 멘테^{crème de menthe}, 크렘 데 카카오^{crème de cacao} 그리고 크림을 같은 양으로 넣어 만드는 '그래스호퍼^{grasshopper}'를 발명했다. 두 리큐어 ― '크렘 데 멘테'와 '크렘 데 카카오' ― 는 이미 예전부터 (민트는 19세기, 초콜릿은 그보다 수 세기 전) 먹던 것이었다. 이 두 가지를 크림과 섞는 아이디어는 19세기부터 뉴올리언스의 랜드마크로 자리 잡은 투제스^{Tujague's} 레스토랑 주인 필리베르 기셰^{Philibert Guichet}의 것이었다. 그래스호퍼에 대한 최초의 언급은 1919년에 있었다.

유제품으로 만든 칵테일이 줄줄이 선을 보이기 시작했다. 커피 리큐어, 보드카, 크림이나 때로 우유로 만드는 화이트 러시안^{White Russian}은 1949년 벨기에 브뤼셀에 있는 메트로폴 호텔^{Hotel Metropole}에서 발명했다.

이런 유제품 술은 달콤하고 알코올 함량이 낮아서 '여성용 술'이라는 인식이 강했다. 여성들이 독한 술을 좋아하지 않는다는 성차별적 가정은 제쳐두고, 모든 우유 술이 도수가 낮은 건 아니었다. 이탈리아 소설가 클라라 세레니^{Clara Sereni}가 1987년 자전 소설 《카사링히투디네^{Casalinghitudine}》를 《키핑 하우스^{Keeping House}》라는 제목의 영문판으로 내면서

'묘약의 우유(milk elixir)' 같은 레시피를 떠올린다.

우유 1쿼트
리큐어를 만들 알코올 1쿼트(보통 도수가 높은 백과주)
설탕 2파운드
바닐라 추출액 3큰술
레몬 1개

난 레몬을 (껍질과 과육 모두) 작은 조각으로 잘라 큰 병에 다른 재료들과 함께 넣는다. 설탕은 약간의 우유를 따뜻하게 데워 먼저 녹이는 게 좋다. 병을 밀봉해 2주 동안 둔다. 그동안 매일 하루에 2~3번 병을 흔들어준다.
2주가 지나면 냄비나 그릇에 채반을 올리고 그 위에 고운 헝겊을 깔아 준비한다. 병에 든 내용물을 채반에 붓고 기다린다. 그걸 거르려면 시간이 좀 걸린다. 냄비에 걸러진 액체는 당연히 병에 담아 숙성시키는 용도다. 이제 채반에는 요거트처럼 걸쭉하고 달콤한 향이 나는 알코올 도수 높은 크림만 남는다. 이건 작은 단지에 담았다가 한 숟가락씩 떠먹는다.

크림소스나 크림수프와 별다르지 않게, 이런 대부분의 술도 사람들이 점점 더 건강을 생각하고 고지방 음식을 피하게 되면서 인기가 시들해졌다. 그래도 화이트 러시안은 예외였는데, 1998년 영화〈위대한 레보스키The Big Lebowski〉에 등장한 이후 한동안 무명에서 벗어나는 경험을 했다.

우유의 세균 문제는 해결됐지만 이제는 유제품에 포함된 ― 콜레스테롤이나 지방 같은 ― 다른 성분들이 당신을 죽일 수도 있을 것처럼 보인다. 소화가 잘 안 되는 무거운 음식을 먹는 것도 유행이 지났다. 그리고 어쨌거나 아침 식사로 우유 토스트 여섯 장에 고지방 우유, 거기다 버터 소스까지 곁들여 먹고 싶은 사람이 어디 있겠는가? 〈위대한 레보스키〉에 나오는 듀드처럼 화이트 러시안을 달고 산다면 엄청나게 뚱뚱해지지 않을까?

Part
3

우유에 관한
진실

그들이 길 건너를 바라볼 때의 주의력은 완벽하다. 가만히 우리를 똑바로 마주한다.

그 태도가 너무 가만해서 거의 철학적으로 보인다.

— 리디아 데이비스Lydia Davis, 《젖소들The Cows》

티베트 유목민과 야크

고산지대의 젖줄

수천 년간 낙농업이 없었던 중국이 세계에서 가장 현대적이고 생산적인 낙농 국가가 되기 위해 노력을 기울이는 동안, 중국과 문화가 완전히 다르고 산스크리트어 계열의 언어를 사용하는 북부 티베트는 수 세기 동안 강한 낙농 문화를 지켜왔다. 1950년, 중국은 티베트를 무력으로 점령해 그들을 중국에 동화시키려고 애써왔다. 그들은 티베트의 여러 도시와 비교적 규모가 큰 마을들의 건축물과 사람들의 외형을 중국화 하는 데는 어느 정도 성공을 거뒀다. 하지만 외부의 시선으로 보면 거기에는 다른 이야기가 있다. 티베트와 중국의 차이를 가장 잘 보여주는 것은 낙농업이다. 티베트의 낙농업을 잘 들여다보면 중세 시대를 엿

볼 수 있다.

시닝은 쭉쭉 뻗은 고층 건물이 밀집해 있고 화려한 사원이 있는 강력한 이슬람 도시다. 높은 고산지대에 위치한 시닝의 골짜기 바닥 중에는 깊이가 거의 2마일(약 3,200미터)이 되는 곳도 더러 있으며 여름에는 초목이 무성하게 자란다. 붉은 암석으로 이루어진 협곡은 마치 줄무늬가 있는 붉은 굴뚝들이 솟아 이루어진 땅처럼 바람에 뾰족하게 깎인 모습이 장관을 이룬다. 늦봄에 근처 황허강 주변은 초록으로 물들고 폭 넓은 강에서 세차게 휘도는 물줄기는 정말 노랗다. 높이 오를수록 가팔라지는 비탈은 봄과 여름에는 푸른 목초지였다가 가을과 겨울에는 메마른 땅으로 변한다. 하지만 일 년 중 푸르른 시기에도 엄청난 유사流沙(바람이나 흐르는 물에 의해 이동하는 모래 —옮긴이)에 의해 만들어지는, 마치 사막처럼 보이는 모래 둔덕들이 경관의 흐름을 끊어놓는다. 그리고 어떻게 보면 그건 정말 사막이었다. 그 유사는 중국과 몽골 북부 고비 사막의 일부였다. 고비 사막은 비가 티베트의 산들과 그 너머 히말라야에 막혀 넘지 못했을 때 형성됐는데, 현재 중국과 티베트 양쪽으로 확장되고 있는 현상이 우려스럽다.

이 나라의 고지대는 공기가 너무 희박해 나무가 잘 자라지 않고 때로 사람이 살기에도 공기가 부족하게 느껴지는데, 여름의 푸른 초원에는 산양과 야크, 유목민들이 사는 땅이 있다. 산꼭대기 길들에는 밝은 색깔의 장식 리본이 달린 깃대 수십 개가 도로나 오솔길을 가로질러 뻗어 있다. 심지어 이쪽 꼭대기에서 저쪽 꼭대기까지 이어지기도 한다. 그 깃대들은 불교도들이 길을 지나는 여행객들에게 행운을 가져다주기 위해 그렇게 해놓은 것이다. 티베트 유목민들은 목판 인쇄술의 오래된 쓰임 중 하나인 말 형상이 찍힌 작은 종잇조각들을 허공에 뿌려 그들의 말이 그 길로 쏜살같이 다니며 함께 행운을 실어 나르길 기원했다. 또 때로는 세로로 세운 화살들을 야크 털로 묶고 야크 버터, 향나무 가지 그리고 그곳에서 자라는 몇 안 되는 작물 중 하나인 구운 보리를 태우는 의식을 치르기도 했다.

티베트에서는 양젖을 짜지 않는데, 젖이 거의 나지 않기 때문이다. 양은 오직 고기를 얻기 위해 기른다. 몇몇 부자들은 어린 양을 잡아 부드러운 램ram(생후 1년 미만의 양고기 – 옮긴이)을 얻기도 하지만, 대부분은 머튼mutton(생후 20개월 이상의 양고기 – 옮긴이)이다. 이곳 유목민들의 주요 가축과 사업은 야크를 기르고 젖을 짜는 것이다. 또 털을 사용하기 위해 야크의 털을 빗질도 해준다.

위로 불룩 솟은 어깨에 그보다 낮게 위치한 머리 양쪽으로 넓게 솟은 뿔을 단 야크는 몸집이 거대하고 몸 아래쪽에 긴 털까지 있어서 어딘가 음침한 선사시대 생명체처럼 보인다. 야크는 소보다 몸집이 크고 후두 부분에서 나오는 듯한 꺽꺽 소리를 내는 경향이 있다. 티베트에서는 야

야크

그를 '보스 그룬니엔스bos grunniens'라고 부르는데, '꺽꺽거리는 소'라는 뜻이다. 전형적인 야크 황소는 어깨높이가 약 5피트(약 1.5미터)이고 그 이상인 경우도 많다. 야생 황소는 어깨높이가 거의 7피트(약 2미터)에 이르기도 한다. '야크yak'에서 유래한 티베트어 단어인 '야eYag'는 가축용 야크를 지칭할 때만 쓴다. 티베트인들은 가축과 더 큰 야생 동물들 양쪽 모두를 이용하는데, 때로 가축용 야크와 야생 황소를 교배시키기도 한다. 중앙아시아와 몽골의 몇몇 다른 지역에도 가축용 야크가 있지만 야생 야크가 서식하는 곳은 티베트가 유일하며, 가축용 야크와 야생의 동물을 교배하는 티베트인들의 능력으로 그 가축을 유지하고 있다.

야생 야크는 전부 검은색이고 가축용 야크 역시 보통은 검은색이다. 하지만 이따금 흰색 야크가 태어나는데, 그 털 때문에 특히 귀한 대접을 받는다. 흰색 야크는 무리와 함께 기르긴 하지만 검은색 가축용 야크와 다른, 더 큰 아종亞種이다.

거대한 몸집에도 불구하고 야크는 해발 2만 피트(약 610미터)에서도 재빨리 이동할 수 있다. 바위투성이인 지형에서는 염소만큼 민첩하고 눈이 수북이 쌓인 길도 그들에게는 장애가 되지 않는다. 폭설로 길이 막혀도 이 유목인들은 야크 떼를 보내 눈길을 터서 지나가면 그만이다.

티베트 유목민들은 밝게 염색한 야크 털이나 양털로 만든 옷을 입고, 지역마다 각자 독특한 모양의 모자를 쓴다. 카우보이 모자처럼 생긴 게 있는가 하면, 털과 자수로 훨씬 정교하게 만든 것도 있다. 하지만 모자에 털을 사용하는 방식은 점점 사라지고 있다. 유목민들은 불교도들이고 승려들은 그들에게 동물을 죽이는 건 잘못이라고 말하기 때문이다.

이 유목민들은 야크에 전적으로 의존한다. 야크의 짙은 색 털은 옷 만

─── 우유의 역사

드는 데만 쓰는 게 아니라 그들의 집이나 다름없는 커다란 천막을 만드는 데도 사용한다. 또 야크는 그들의 주요 운송 수단이고, 양고기, 보리 그리고 더 낮은 곳에 있는 들판에서 자라는 순무 같은 몇몇 뿌리작물을 제외하면 그들의 식량 공급원이기도 하다. 승려들의 충고에도 불구하고 그들은 고기를 먹는데, 불에 구워서 먹기도 하지만 더 나은 목초지를 찾아 이동할 때 가지고 다니기 쉬워서 말린 걸 선호한다. 하지만 그들이 주로 먹는 음식은 야크 젖과 그걸로 만든 유제품들이다.

'드리^{dri}'라고 알려진 암컷 야크는 거의 젖소만큼의 젖을 내지만, 소는 이 정도의 고도에서는 생존할 수 없다. 야크는 1만~1만 7,000피트(약 3,000~5,000미터) 정도의 고도에서도 잘 지내고 번식한다. 오히려 그보다 낮은 곳에서는 움직임이 둔해지고 번식도 하지 않는다. 젖소는 보통 생후 13개월 정도에 수정돼 두 살 무렵이면 첫 송아지를 낳는다. 야크는 네 살, 어떤 지역에서는 다섯 살까지도 첫 송아지를 출산하지 않는 경우가 흔하고, 젖소와 달리 새끼를 낳지 않고 지나는 해도 있다. 몸집에 비례해 엄청난 양의 젖을 생산하는 것도 아니다. 겨울에는 거의 젖을 내지 않는데, 우유 130갤런(약 500리터)이면 드리 1,000마리 분 생산량이다.

야크의 젖은 품질이 좋고 젖당 함량이 높아 단맛이 강하며 유지방 함량이 6퍼센트인데, 이는 4퍼센트인 젖소 우유를 비롯해 다른 대부분의 동물 젖보다 높은 수치다. 그 많은 지방으로 티베트인들은 그만큼의 버터를 만든다. 추운 고지대에 사는 사람들은 고지방 식단이 필요하다. 야크 버터는 오메가-3 지방산이 풍부하며 진하고 기분 좋은 맛을 지녔다. 아니, 냉장고에 보관한다면 그랬을 거다. 티베트 유목민들은 냉장고가 없고 버터가 상해도 개의치 않는데, 그 맛이나 냄새에 익숙해진 것 같다.

야크 버터는 어디서나 팔고 쓰임도 다양하나. 보통 양의 반추위反芻胃를 말려서 그 안에 보관한다. 그렇게 하면 버터가 잘 보존된다고 생각해서 쓰는 방법이다. 한동안은 그럴 수도 있겠지만, 이들은 보통 일 년 정도 묵은 걸 사용하는데 그때쯤이면 이미 버터는 다 상해 있다.

티베트 불교 사찰은 구조상 들어가면서부터 사람의 마음을 빼앗는다. 사찰 건물들은 언덕 꼭대기 높이 지어져 있고, 화려한 입구를 지나 들어가면 높은 고도에 익숙한 사람이 아닌 한, 머리가 약간 어질하고 숨이 가쁘다. 맑은 풍경 소리, 목이 쉰 듯 낮게 울리는 뿔 소리, 일정하게 반복되는 기도하는 사람들의 독경 소리와 함께 사프란, 황금, 붉은 장식들 천지다. 그곳에는 익숙하지만 평소보다 더 강한 냄새가 난다. 바로 상한 버터 냄새다. 줄지어 있는 청동 컵들은 무명천으로 감싼 향나무 심지가 가운데 있는 야크 버터로 채워져 있다. 몇 개의 컵에는 불이 켜져 있다. 전부 냄새가 강렬하다. 그 버터는 일 년 이상 그곳에 있었던 것들이다.

제단은 3, 4, 5피트(약 90, 120, 150센티미터) 높이의 정교한 조각들로 가득하다. 가장 밑 부분은 보통 산호색에 붉은색 장식이 있다. 그 위로는 흰색과 검은색으로 테를 두르고 파랑, 초록, 금색으로 조각된 구체와 다양한 기하학적 무늬가 펼쳐진다. 때로 그 조각들은 형형색색의 꽃무늬나 신화적 인물들을 보여준다. 이 모든 게 조각가들이 점토에 사용하는 똑같은 도구로 단단한 야크 버터에 새겨 만든 것이다.

그 조각들은 버터 예술가들인 근처 사찰에 사는 여승들의 손을 거쳐서만 제작된다. 그들은 버터에 염료를 섞는다. 조각 하나를 만드는 데 하루가 걸린다. 일 년에 세 번만 만들고, 일 년 동안 전시한 뒤에 태운다.

불교도들에게 버터는 신성한 음식인데, 폭력을 사용하지 않고 동물들에게 취한 양식이기 때문이다. 사찰에 사는 남승과 여승은 모두 채식을 하고, 그게 불교의 방식이라고 말한다. 최근 고지대에 사는 티베트 불교도들이 대부분 야크 고기와 양고기를 먹는다는 지적에, 스물여섯 살의 여승이 대답했다. "우린 바깥세상 일은 전혀 모른답니다."

일품 야크 요거트

티베트 유목민은 '참바tsamba'도 먹었는데, 이게 그들의 주식이었다. 그들의 삶에 맞게 유목민들이 만든 거였다. 참바를 만들려면 치즈를 만드는 첫 단계에서 나오는 신선한 커드인 '추라chura'가 필요하다. 하지만 그들은 여행에 가지고 다닐 수 있는 커드를 원했기 때문에 추라를 먼저 햇볕에 말려서 갈색이 나는 바삭한 작은 알갱이 형태로 만들었다. 엄청 난 속도로 이동하는 몽골군이 치즈를 먹었다는 얘기는 유명하다. 하지 만 그들이 먹은 건 서양식 치즈가 아니었다. 말 안장주머니에 넣고 다니 며 영양 보충 간식으로 먹는, 추라와 비슷한 말린 커드였다.

참바는 그릇에 차를 붓고 추라, 보릿가루, 야크 버터, 설탕을 넣어 만 든다. 이 재료들이 쿠키 도우 같은 질감의 반죽이 될 때까지 손으로 치 대는데, 웨이터가 식당 테이블에서 이걸 만드는 걸 보는 것처럼, 서양인 감성에는 좀 충격적이다. 사찰의 거대한 버터 조각을 만들 때 견고함을 위해 속을 참바로 채운다.

참바는 만들 때만 손으로 만드는 게 아니라 먹을 때도 손을 사용한 다. 이 유목민들은 산을 오르다가 단백질 보충이 필요하면 야크에 매둔 가방에서 참바를 한 덩이 꺼낸다. 보릿가루와 버터, 설탕 사이에서 쿠키 도우와 거의 비슷한 맛이 나는데, 그렇게 달지는 않다. 티베트인들은 단맛을 즐기지 않는다. 아마 설탕이 귀해서 발달하지 않았을 뿐일 것이다. 티베트인들의 전통적인 단 음식인 '저마juema'도 적당한 단맛이다. 저마는 작은 갈색 사각형 모양으로 야크 버터, 추라, 그 지역에서 나는 뿌리 간 것, 소량의 설탕으로 만든다.

차에 버터를 녹여 먹는 것도 티베트인들의 풍습인데, 버터가 상하지 않으면 더 맛있을 것이다. 도시에 사는 티베트인들은 차에 버터 대신 신선한 우유를 사용한다. 차에 우유를 섞어 마시는 인도의 풍습은 영국인들이 전해준 것인데, 원래는 티베트에서 유래한 것으로 본다.

야크 젖으로 만드는 최고의 음식은 야크 요거트다. 지방 함량이 높아 아주 진하고 맛이 좋으며 우유 지방이 굳어 생긴 얇은 층이 맨 위를 덮고 있다. 티베트인들은 이 요거트를 토핑 없이 플레인으로만 먹는다. 추가할 만한 과일이 없기 때문이다. 진한 야크 요거트를 먹고 나면 소젖으

티베트의 야크 치즈 상표. 이 야크 치즈는 티베트 불교 승려가 만든 것인데, 전통적이지도 않고 상업적으로 성공하지도 못했다.

— 우유의 역사

로 만든 요거트는 실망스럽게 느껴지는데, 사업가들은 이 사실을 놓치지 않았다. 야크 요거트는 지금 중국에서 상업적으로 성공을 거두고 있다.

중국은 티베트 문화를 해체하고 티베트 사람들을 중국인으로 만들기를 원한다. 티베트 북부에서 이것은 유목민들이 산을 유랑하는 삶의 방식을 버리고 마을에 정착하는 것을 의미한다. 중국 정부는 이들을 정착시키려고 빨간 지붕에 노란 벽으로 건물들을 지어 수많은 마을을 만들었지만 그것들은 텅텅 비어 있다. 이보다는 유목민들이 다니는 넓은 땅에 담장을 친 방법이 더 성공적이어서, 이제 이들은 끊임없이 돌아다니는 대신 중국 정부가 지정한 여름과 겨울 야영지에서 지낸다.

하지만 지금도 여전히 고지대 산비탈에 고집스레 남아 있는 유목민이 많다. 그들이 사용하는 천막은 이제 검은색 야크 울 대신 흰 캔버스 천으로 만든 것이지만 예전의 그 오래된 울 텐트를 사용하는 사람도 더러 있다. 새로운 흰 천막은 사용자가 전기를 이용할 수 있도록 태양열 전지판이 제공되는 경우가 많다.

유목민들은 말을 타고 야크를 몬다. 하루에 두 번 남자들이 동물들을 가파른 경사로 몰면, 밝은 색 옷을 입은 여자들이 맑은 날이나 비가 오는 날 ― 여름에 비 오는 날 풀이 제일 좋을 때가 많다 ― 양동이를 들고 풀이 무성한 비탈을 오른다. 일을 하는 동안 웃고 떠들며 한 마리씩 드리를 옮겨 다니며 의자 없이 무릎을 꿇고 앉아 양동이에, 때로는 나무 양동이에 젖을 짠다. 남자들은 옆에 빈둥거리며 서 있다. 젖 짜는 건 그들 일이 아니다. 심지어 드리는 남자가 젖 짜는 걸 허락하지 않는다고 한다. 하지만 드리가 젖을 내주지 않으면 젖을 분비하게 하기 위해 1분 동안 젖을 물릴 송아지를 데려오는 건 남자들이 할 일이다. 이 불쌍하고 못마땅한 어린 것을 어미에게서 떼어내면 여자들이 양동이에 받은 젖을 먹인다. 이런 관행은 과거에 유럽에서도 흔했다.

이 유목민들은 신선한 우유를 전부 곧바로 끓인다. 이게 그들이 늘 해오던 방식이다. 냉장고가 부족한 지역임에도 불구하고 우유를 먹어서 아프거나 죽은 사람이 많다는 기록이 없다. 여기에는 몇 가지 이유가 있을 수 있다. 이들은 아이들에게 보통 모유를 먹이고, 고지대의 서늘한 기후는 세균 번식에 덜 적합하며, 신선한 우유는 거의 소비되지 않는다. 야크 우유의 대부분은 요거트를 만드는 데 쓰이는데, 그 과정에서 일어나는 발효로 위험한 세균은 다 사멸할 것이다.

티베트의 야크 요거트 시장이 날로 커지며 인기를 얻고 있기 때문에, 유목민들을 동화시키는 데는 중국 정부보다 요거트의 힘이 더 클 것이다. 중국인들, 그리고 이제는 정착해서 요거트를 더 이상 직접 만들지 않는 티베트인들은 야크 요거트를 대단히 반긴다.

일부 유목민들은 양고기와 상한 버터 냄새가 희미하게 풍기는 몇몇 척박한 마을에 정착했다. 중국이 세운 마을이어서 중국처럼 보이고, 베이징처럼 대단히 넓은 도로를 깔고 그 위로 보행자들이 지나다닐 수 있는 육교를 설치했다. 하지만 베이징과 달리 그곳에는 교통량이 거의 없어서 사람들은 그 넓은 고속도로를 가로질러 다니고 육교는 거의 이용하지 않는다. 중국은 이런 관행을 저지하려고 중앙선을 따라 울타리를 설치했지만 티베트인들은 교차지점이나 울타리에 난 틈을 찾아 어떻게든 건넌다. 두 문화가 교착상태다.

중국은 티베트의 건축을 모방하려 노력했고, 일부 주택 단지에는 벽에 문양을 그려 넣기도 한다. 이따금 중국의 정교한 문 같은 중국식 장식도 눈에 띈다. 하지만 이 도시는 화려한 네온사인으로 건물을 공들여 장식하는 그들의 습관 덕분에 밤만 되면 마치 버려진 놀이공원에 있는 듯한 착각을 불러일으킨다.

2014년, 르하 쯩제Lha Zhongje와 그녀의 남편은 요거트 가게를 내려고 고산지대에 있는 퉁더현 하이난 티베트족 자치주 칭하이성에 정착했다. 이곳에서 그들은 야크 젖을 안정적으로 공급받는데, 가족들은 아직도 고지대 초원을 찾아다니는 유목민들이기 때문이다. 어린 아들과 딸을 키우는 그들은 작은 가게 뒤쪽에 살면서 식구들이 만든 버터나 야크 육포, 신선한 우유 같은 제품들을 판다. 하지만 신선한 우유는 대부분 요거트를 만든다.

만드는 과정은 간단하다. 알록달록한 전통 의상을 입은 르하는 집에 있는 전열기로 우유가 담긴 커다란 냄비를 데운다. 그런 다음 스타터를 넣고 저은 후, 헝겊으로 냄비를 덮고 세 시간 동안 식힌다. 우유 2킬로그램으로 요거트 1.5킬로그램을 만드는데, 이 크기가 가장 잘 팔린다. 그들은 냉장 장치가 있어서 요거트를 3~4일 정도 보관할 수 있다. 대부분의 티베트인은 냉장고가 없어서 요거트는 이틀만 보관할 수 있다. 르하와 그녀의 남편은 하루에 요거트 20통, 신선한 우유 110파운드(약 50킬로그램) 정도를 판다.

"요거트가 점점 인기예요." 그녀가 말한다. 하지만 그들의 시장에는 한계가 있는데, 그들 가게를 찾는 손님 대부분이 그곳으로 이사 온 유목민 출신이고, 그들은 일자리를 찾으려고 애쓰고 있어서 돈을 거의 쓰지 않기 때문이다.

가끔 유목민 출신들이 중국 건설 현장에서 일자리를 찾기도 하지만 정규직은 아니다. 드로마 취랑Droma Tserang과 그녀의 남편 바요Ba Yo 같은 사람들과 일하는 행운을 얻는 사람은 극히 드물다. 이 부부는 요거트,

아크 요포, 그밖에 여러 특산물을 생산하는 중국 국영기업에서 22년 동안 일했다. 그러다 1990년대에 중국 정부가 국영기업들에 이윤을 내라고 압력을 가하기 시작하면서 다른 수많은 국영 기업들처럼 그들이 일하던 유제품 공장도 문을 닫았고, 그들을 포함한 수십만 명이 일자리를 잃었다. 하지만 취랑 부부는 유제품 만드는 법을 알아 2006년에 동네에서 요거트와 버터를 만들어 팔기 시작했다. 2013년 그들은 그녀의 어머니가 버터를 멜론만 한 크기의 공 모양으로 둥글려 보관하던 특이한 습관을 따서 '버터볼 컴퍼니Butterball Company'라는 이름으로 회사를 차렸다. 취랑 부부는 그들의 대표 상품인 버터볼을 투명한 용기에 담아 팔았고 요거트도 만들기 시작했다. 얼마 안 가 그들은 슈퍼마켓과 첫 번째 계약을 따냈다. 2016년까지 그들의 회사는 15명을 고용했다.

시닝 공항에 입점한 상점들에서는 유제품을 판매한다. 그도 그럴 것이 중국인들은 이런 티베트 제품, 심지어 고도가 더 낮은 지역에서 소젖으로 만든 것조차 베이징에서 구할 수 있는 어떤 것보다 품질이 뛰어나다고 확신한다. 티베트의 우유, 요거트, 버터는 이동이 편리하도록 손잡이가 달린 커다란 상자에 담겨 판매되는데, 베이징행 비행기 위쪽 짐칸에는 유제품이 가득하다. 이런 광경은 역사의 놀라운 반전이다.

—— 우유의 역사

미식의 나라, 중국의 우유

중국에서는 왜 우유가 인기 없었을까?

중국에는 이루 말할 수 없이 다양한 요리와 아주 오래전부터 지키고 따르는 미식의 전통이 있다. 하지만 역사를 통틀어 스스로 한족이라고 칭하는 중국인들은 몽골인이나 티베트인, 그밖에 이 지역에 거주하는 다른 소수 민족들과 달리 유제품을 거의 먹지 않았다. 사실, 역사적으로 유제품 소비가 극히 드물어서 중국인을 유당을 소화하지 못하는 인종으로 가정하는 사람이 많았다. 우유를 거의 먹지 않는 현상을 설명하기에 유당불내증 말고 아시아인들의 다른 특징이 뭐가 있겠는가?

심지어 일본인들도 전통적으로 우유를 먹었다. 19세기 근대화 시기에 일본 정부는 우유를 마시는 게 서양인들처럼 크고 튼튼한 체격을 형성하는 데 도움이 된다고 믿고 국민에게 우유 마시기를 적극 권장했다. 그리고 군에서 이걸 촉진했다. 메이지 천황은 우유를 하루에 두 잔씩 마셔야 한다고 강조했다. 1876년에는 홋카이도 북부에 정부 차원의 거대한 홀스타인 목장을 설립했고, 지금도 홋카이도산 우유는 일본 내에서 품질이 좋기로 유명하다.

몽골인들은 말젖 우유를 마시기로 유명하다. 먼 길을 떠날 때는 말린 치즈 커드를 식량으로 휴대했으며 우유를 건조시켜 1인치 크기의 작은 통나무 모양으로 만든 쫄깃하면서 약간 단맛이 나는 '나이쑤naisu'라는 걸 만들었다. 1123년, 현재 독립적인 지위의 외몽골과 달리 중국에 속해 있는 내몽골의 수도 후허하오터 자리에 있던 펑청에는 라오샹Lao Xiang이라는 거리가 있었는데, 말 그대로 '치즈 길'이라는 뜻이다. 이 거리에서는 지금도 유제품을 만든다.

하지만 중국은 달랐다. 중국에서 우유에 관한 최초의 언급은 한 왕조(漢朝, 기원전 206년~기원후 220년) 때였다. 중국어를 비롯한 중국의 수많은 문화가 이 시기에 정의되었고, 중국인들이 스스로 한족이라고 부르는 이유도 그래서다. 중국인들은 거의 모든 일이 한 왕조 때 최초로 일어났다는 점을 지적하기를 좋아하는데, 그들이 거의 모든 걸 문서로 기록한 최초의 사람들이었기 때문이다. 이때 황실에서 소의 젖을 마셨다는 사실이 최초로 기록되었고, 중국어로 우유를 뜻하는 '니우루牛妞, niu lu'라는 단어가 처음 등장했다.

몇 세기 뒤인 5세기에는 약으로만 쓰이던 차가 대중적인 음료로 떠올랐다. 오늘날 윈난성雲南省, 운남성, Yunnan에서 생산되는 보이 타차普洱沱茶, pu-erh tuocha(윈난성에서 중국 전통 기술로 만든 사발 모양으로 압축시킨 차 ─옮긴이)처럼 떡처럼 압착시킨 형태의 찻잎을 끓여서 마셨다. 차에 첨가된 재료 중에는 양파, 생강, 소금, 오렌지 껍질, 잣 그리고 우유가 있었다. 하지만 우유와 관련된 고대 중국 대부분의 전통이 그렇듯 이 관습도 오래가진 않았다.

하버드대 인류학자 장광직Kwang-chih Chang 교수에 따르면, 초기 중국 문화, 특히 당나라 상류층에 유제품이 '끊임없이' 소개됐었다고 한다. 618년부터 907년까지의 당 왕조는 당시 암흑기를 지나고 있던 유럽과 달리 역사의 황금기를 누렸고, 그들의 성찬 중에는 우유를 주재료로 하는 얼린 요리가 있었다. 정확히 아이스크림이라고 할 수는 없지만 물소의 젖을 발효시켜 장뇌로 맛을 내고 밀가루를 섞어서 단단하게 만든 것이었다. 다소 떫은맛이었을 텐데, 아시아에서는 지금도 떫은맛 나는 단 음식이 여전히 인기다.

당나라 시대의 기록에는 염소 우유가 건강에 이롭다는 사실을 높이 평가하는 언급이 있다. 9세기 당나라 황제 의종은 우유를 주재료로 만든 '은 전병(silver cake)'을 자신의 고문관들에게 대접하곤 했다. 중국 남부에서는 사고야자나무의 줄기에서 채취한 '사고sago'라는 전분을 물소 우유와 섞어 먹었는데, 동남아시아에서는 지금도 즐겨 먹는 음식이다. 쓰촨의 '스톤 허니stone honey', 즉 석밀石蜜, shih mi은 설탕과 물소 우유를 섞어 만들었다.

기록에 따르면 많은 이들이 중국 최초의 위대한 황제이자 당나라 때의 가장 위대한 황제로 꼽는 현종은 안녹산安綠山, An Lushan 장군에게 당시로서는 대단히 사치스러운 선물을 하사했다. 그 선물이란 다름 아닌 마유주馬乳酒, ma lo였다. 수 세기가 지나 기욤 드 뤼브룩과 마르코 폴로가 몽골인들이 마시는 걸 발견했던, 쿠미스라고도 알려진 바로 그 술이었다. 몽골의 쿠미스와 마찬가지로 당나라의 쿠미스도 암말의 젖으로 만들었기 때문에 몽골에서 유래한 것일 수도 있다. 그들은 발효된 술의 맨 위에 뜬 지방을 걷어냈는데, 이걸 '수su'라고 불렀다. 진한 크림인 '수'는 부유층을 위한 사치스러운 요리를 만드는 데 사용됐다. 하지만 그중에서도 가장 사치스러운 것은 '트이후t-i-hu'로 요리한 음식이었다. 트이후는 수를 가열했다가 식혀서 굳힌 다음 맨 위의 기름을 걷어낸 거였다. 사실상 버터로, 인도의 기ghee와 거의 같았다. 하지만 기는 예나 지금이나 인도 요리의 기본 재료로 쓰이는 반면 트이후와 수는 극소수의 특권층만 즐기는 아주 귀한 식재료였다. 중국의 위대한 고전 시인 피일휴皮日休, Pi Rixiu는 성대한 잔치를 묘사하면서 제비 고기 요리의 절묘한 맛이 수에 견줄만하다고 적었다.

서양과 마찬가지로 중국에서도 당나라 때부터 소, 염소, 양, 말, 물소 젖의 상대적인 장점에 관한 논쟁이 끊이지 않았다. 1368년, 100세의 가명賈銘, Chia Ming이 새로 등극한 황제 앞에 불려 나갔다. 장수 비결이 무엇이냐는 황제의 질문에 그는 신중하게 먹고 마시는 거라고 대답하며 자신의 책《음식수지飮食須知, Yinshih hsu-chih》, 즉 '먹고 마시는 것에 관한 필수 지식'이라는 제목의 필사본을 황제에게 바쳤다. 그는 우유에 대해 다음과 같이 썼다.

그 맛은 달콤하면서 시다. 성질은 차갑다. 마셨을 때 설사로 고생하는 사람은 먹지 말아야 한다. 양젖을 보존 처리한 생선[액젓]과 함께 먹으면 장폐색을 일으킬 수 있다. 식초와 어울리지 않는다. 농어와 같이 먹으면 절대 안 된다.

── 우유의 역사

이는 중국인들이 우유를 마시면 소화기계에 문제가 생겨 고생했음을 암시한다. 장광직 교수가 지적했듯이, 중국에서는 드물게 우유를 사용한 어떤 음식도 인기를 얻거나 요리의 특색이 되지는 못했다. 우유가 중국인 체질에 안 맞아서였을까? 중국인들에게 유당불내증이 있었던 걸까? 아니면 단지 소수의 특권층만 유제품이 들어간 음식을 먹어서였을까?

중국 낙농 산업의 본격적인 출발점은 중국 주권과 중국 무역에 대한 영국의 권리를 두고 두 나라가 다퉜던, 1840년대 아편전쟁 기간이었다. 지금과 마찬가지로 당시 영국 최고의 품종이었던 저지와 에이셔종이 중국에 유입돼 중국 상류층에 우유를 공급했다. 이 소들은 '도시 소'라고 불렸는데, 상류층 중국인들이 거주하는 도시 근처 농장에서만 길렀기 때문이다.

하지만 1860년대 중반에 이르러 상하이에 사는 외국인들에게 우유를 공급하기 위해 중국인들이 소를 들여왔다. 중국의 황소든 물소든, 소를 소유하고 있는 농부들은 소를 시내로 끌고 와 길거리에서 외국인들에게 우유를 팔았다. 1870년 상하이의 우유 가격은 큰 컵 10잔에 은화 한 닢으로 정해져 있었다. 외국인이거나 소수의 부유층이 아니면 감당할 수 없는 가격이었다. 1879년 한 캐나다인 선교사가 캐나다 홀스타인을 난징으로 들여왔고, 이듬해 한 영국 사업가가 마찬가지로 홀스타인을 상하이로 들여왔다. 중국인들은 가지고 있는 몇 안 되는 소들을 홀스타인과 교배시키기 시작했다. 20세기 초에는 소 대여섯 마리로 운영하는 소규모 낙농가가 항구 근처와 모든 주요 도시에 자리 잡았다. 상하이에서 도시 안에 생긴 최초의 낙농가는 '위안 셩Yuan Sheng'이었는데, 소 열 마리를 길렀다. 지금은 베이징 중심부에 속하는 자금성 바로 북쪽

중국 황소

에도 작은 낙농가가 있었다. 1945년, 혁명 바로 전 해에, 베이징에서 가장 큰 낙농가는 소 45마리를 보유하고 있었다.

1922년, 광둥에 있는 영남대학(Canton Christian College) 농과대학에서 낙농업 프로그램을 운영하고 실험적인 유제품 제조장을 설립했다. 베이징 대학도 낙농업 강의를 개설했다. 중국은 낙농인이 되는 법을 배우는 중이었다. 교과서가 나왔고, 쉬 푸치^{Xu Fuqi}라는 전문가가 이 주제에 관해 많은 글을 썼다.

수입산 우유에 열광하다

오늘날 중국의 음식 세계에는 중국 유제품의 숨겨진 역사에 관한 인식이 거의 없다. 중국 텔레비전 요리 프로그램의 인기 스타이자 베이징 요리학교 설립자인 쿠 하오^{Qu Hao}는 나에게 이렇게 말했다. "중국에는 유제품 요리가 거의 없어요." 그는 중국 요리에는 버터와 요거트도 들어가지 않는다고 지적했다. 그러면서 그나마 예외인 음식을 생각해내려고 애썼다.

"우유 요리로 제일 유명한 전통 음식은 광둥의 '달리앙 차오 시엔나이daliang chao xiannai'예요." 그가 말했다. 말 그대로 옮기면 '대량大良, dàliáng chǎo xiān nǎi의 신선한 우유'지만 보통 영어로는 '프라이드 밀크fried milk', 즉 '우유 튀김'이라고 부른다. 신선한 우유에 콩이나 옥수수, 고구마로 만든 전분을 넣고, 기름을 살짝 두른 팬에 부어 커스터드 소스가 될 때까지 저어 만들었다. 요즘에는 새우, 게, 몇 가지 채소를 넣기는 하지만 전통적으로 컵에 담아 먹는다. 최초의 레시피는 19세기 후반으로 거슬러 올라가는데, 중국의 긴 역사를 고려하면 현대 요리에 가깝다. 포르투갈 식민지였던 마카오에서 유래한 것으로 보이며 마카오에도 비슷한 요리가 있다.

베이징 음식 작가인 린화Lin Hua가 문자 그대로 '우유에 부딪힌 생강'이라는 뜻의 또 다른 광둥 음식 '지앙 좡 나이Jiāng zhuàng nǎi'를 이렇게 설명했다. "우유의 단맛이 생강의 알싸한 맛을 잡아줘서 그렇게 부르는 거예요." 그녀가 알려준 레시피는 이렇다.

> 생강은 으깨거나 갈고, 우유를 데운 다음 생강에 우유를 붓고 설탕을 조금 넣는다. 커스터드가 될 때까지 데운다.

그녀는 또 광둥에는 우유가 들어가는 레시피가 몇 가지 더 있는데, 그 지역은 오래전부터 외국인들이 많이 사는 곳이기 때문이라고 지적했다. 그녀는 베이징의 전통적인 우유 음식 하나가 '올드 베이징 임페리얼 치즈Old Beijing Imperial Cheese'이며 사실 치즈라기보다 가벼운 우유 커스터드에 가깝다고 말했다. 그녀가 알려준 레시피는 이렇다.

> 팬에 우유를 넣는다. 끈기 있는 쌀을 발효시켜 만든 쌀술(쌀알이 들어갈 때도 있지만 주로 액체만 사용한다)을 넣는다. 잘 섞어 40분간 오븐에 굽는다. 식혀서 냉장고에 보관한다.

린화는 올드 베이징 임페리얼 치즈가 사실 서양 커스터드의 중국 버전이라고 설명하면서 이렇게 덧붙였다. "요즘은 보통 전자레인지로 만들어요." 올드 베이징 임페리얼 치즈는 베이징에서 판매된다. 그 판매상 중에 마 씨네 가족은 작고 깨끗한 상점 네 곳을 운영하는데, 모두 앞에는 카운터가 있고 뒤에는 주방이 딸린 협소한 공간이다. 의자와 테이블 없이 포장 판매만 한다. 베이징에서 조리식품을 파는 수많은 가게가 이런 형태다.

마 씨네 가족은 이슬람교도이면서 베이징에 밀집한 소수민족인 후이족(回族, 회족) 출신이다. 중국에는 1,000만 명 이상의 후이족이 있으며 일부 한족도 이슬람교를 믿는다. 이 이슬람교도들이 중국에서 유제품을 먹는 유일한 중국인들이라고 알려져 있다. 사람들은 마 씨네 가게를 '마지Maji'라고 부르는데, 그 가족이 대를 이어 운영하고 있다. 이들 가족은 베이징 근처, 한때 청나라 황제들의 여름 별궁이 있었던 허베이성에 거주하며 그곳에서 쌀을 발효시킨다.

이렇게 발효시켜 만든 쌀술을 가지고 가게 뒤편에서 신선한 우유에 쌀술을 넣고 걸쭉해질 때까지 끓이고, 설탕을 조금 넣은 뒤 플라스틱 컵에 담아 냉장고에 넣어놨다가 손님들에게 판매한다. 살짝 단맛이 나는 이 치즈는 플레인, 딸기, 블루베리, 토란 맛이 있다.

마 씨네 가족은 요거트, 우유 더껑이를 구워 만든 갈색 크럼블, 우유를 넣은 부드러운 반죽에 가운데 앙금을 넣은 것, 아몬드를 넣어 만든 가벼운 아몬드 우유 커스터드 같은 간식거리도 만든다. 장사도 잘되고 베이징에 유제품이 한창 유행인 덕분에 마 씨네 가족은 계속 새 가게를 열고 있다.

중국인들의 유제품 수요가 점점 늘어나고 있고, 유행에 민감한 젊은 셰프들이 전통적인 레시피에 서양식 아이디어를 접목해 '퓨전' 요리를 선보이고 있다. 그래서 이런 퓨전 요리에 우유가 심심찮게 사용된다. 오래전부터 요식업계에서 일해 온 50대의 쿠 하오 씨는 가끔 요리에 유제품을 사용한다고 털어놨다. 그는 '꽃빵'이라고 알려진 하얗고 폭신폭신한 전통 찐빵 반죽에 우유를 넣는다. 우유를 넣었을 때 나는 맛이 좋아서다. 우유를 넣으면 빵이 더 하얘지는 것도 이유다. 오늘날 베이징에서 파는 꽃빵은 대부분 이 방법으로 만든다.

중국은 미국과 인도에 이어 세계에서 세 번째로 큰 우유 생산국이 됐고, 서양인들이 보기에는 중국의 다른 분야 경제 성장과 마찬가지로 그것이 하룻밤 새 얻은 성공인 것 같았다. 하지만 그렇게 되기까지는 오랜 시간이 걸렸다.

1949년 혁명 당시 중국 인구는 5억 명이었고, 젖소는 12만 마리였으며 이중 홀스타인은 2만 마리뿐이었다. 소들의 우유 생산량은 얼마 되지 않아 중국 전체의 연간 우유 생산량은 21,000톤이었다. 아기들이 주로 먹는 분유는 수입 제품이었는데, 90퍼센트가 미국산에 돼지고기보다 비쌀 정도로 가격이 높았다. 중국 여성 대부분은 모유 수유를 했다.

1953년, 혁명 이후 완전히 국영화된 경제체제에서 4,700마리 젖소가 국가의 관리를 받았다. 마리당 하루 우유 생산량은 12리터에 불과했다. 그러다 1957년 중국이 농업을 발전시키기 위한 밑그림의 하나로 낙농 프로그램 도입을 결정했고, 프로그램의 통제를 군에 맡겼다. 일각에서는 중국인들에게 유당불내증이 있기 때문에 이 계획은 실수라고 말했다. 하지만 이 프로그램의 목표는 모든 중국인에게 우유를 공급하는 게 아니었다. 2017년, 중국 인구는 13억 8,600만 명이었고, 따라서 중국인 10명 중 9명이 우유를 안 마신다 해도 여전히 1억 3,900만 명은 우유를 마실 것이고, 이 수는 유럽의 어떤 국가의 인구보다 많았다. 그러니까 중국은 중국인 대부분이 우유를 안 마신다 해도 여전히 상당한 인구에게 우유를 제공할 수 있다는 결코 비이성적이지 않은 추론을 한 거였다.

1978년까지 정부 소유의 낙농장에서는 48만 마리의 젖소를 기르고, 중국인 한 명당 연간 1리터의 우유를 제공할 수 있는 양을 생산하고 있었다. 하지만 우유를 사는 사람은 예상보다 적었는데, 대부분의 가정에 냉장고가 없었기 때문이었다. 1980년대 중반까지 중국에는 냉장고가 흔하지 않았다. 그러다 2002년 들어 중국 가정의 87퍼센트가 냉장고를 갖췄고, 1978년부터 1992년 사이 중국의 우유 생산량은 10배가 늘었다.

1984년부터 1990년 사이 북미, 유럽, 일본으로부터 9만 마리에 가까운 소가 중국으로 들어왔다. 이후에도 중국은 더 많은 소를 수입할 계획이었지만, 광우병이 발생해 유럽과 북아메리카에서 소 수출이 중단됐다. 이제 중국은 호주와 뉴질랜드에서만 소를 수입한다. 뉴질랜드의 홀스타인은 보통의 홀스타인보다 몸집이 작고 덜 먹으면서도 생산량은 좋다. 2013년, 중국은 8만 마리의 소를 수입했고 해마다 비슷한 수의 소

—— 우유의 역사

를 계속 수입하고 있다. 캐나다 브리티시컬럼비아의 중국-캐나다 프로젝트는 중국 토종 황소에게 이식된 홀스타인 배아를 중국에 제공하고 있다. 중국은 또 스위스 최신 착유 장비를 수입하기 시작했다.

지금은 중국 인구의 거의 40퍼센트가 우유를 마시는데, 이는 중국 역사상 가장 높은 수치다. 게다가 중국의 우유 소비량은 점점 느는 반면 미국은 점점 줄고 있다. 미국인들은 1970년에 비해 우유를 37퍼센트 적게 마신다. 국제 연합식량농업기구에 따르면, 오랫동안 세계 최고의 우유 생산국이었던 미국은 이미 인도에 이은 두 번째 생산국으로 밀려났다. 시간이 지나면 세 번째로 떨어질 수도 있다. 하지만 중국은 아직 거기까지 가지 않았다.

우유를 소비하는 중국인 중 40퍼센트는 중국산 우유보다 수입산 분유를 더 많이 마신다. 우유 소비량의 증가는 부분적으로 모유 수유가 점점 인기를 잃어가는 이유도 있다. 여성들은 출산한 뒤 40일이 지나면 일터로 돌아가야 하는데, 직장에 다니면서 모유 수유를 한다는 건 비현실적이다. 또 수많은 여성이 유행에 뒤처져 보이는 걸 원하지 않는데, 현재 중국에서 유행하는 건 젖병 수유다. 젖이 부족할 정도로 영양이 결핍된 식사를 하는 가난한 여성들도 때로 젖병 수유를 한다. 정부의 1가구 1자녀 정책 폐기로 출산율이 높아질 것으로 예상되기 때문에 앞으로도 아기들에게 먹일 우유 수요는 늘어날 것이다.

중국인들은 중국산 우유를 신뢰하지 않는다. 티베트, 호주, 뉴질랜드에 가면 우유를 빼놓지 않고 사 오는 이유가 이 때문이다. 보통 엄청난 규모를 자랑하는 베이징 슈퍼마켓에는 우유 전용 통로가 있는데, 냉장 우유도 있긴 하지만 대부분 냉장이 필요 없는 뉴질랜드산 UHT 우유가 진연돼 있다. UHT는 'Ultra-High Temperature'의 약자로, 초고온에서 2초 동안 멸균처리하는 과정을 의미한다. 개봉하지 않은 UHT 우유는 냉장 보관하지 않아도 9개월 동안 상하지 않는다. UHT 우유는 냉장고가 드물던 시절 중국에서 유행했었다. UHT 우유 맛을 싫어하는 사람들도 있지만 많은 중국인이 UHT 우유를 더 안전하다고 생각한다. 개인 소유의 한 대형 유제품 판매점 차장 라오 리^{Lao Li}가 말했다. "식품 안전이 가장 큰 이슈입니다."

물품 가격이 저렴해 빈곤층이 주로 이용하는 상점에도 상당한 규모의 공간이 우유에 할애돼 있다. 유기농 우유는 일반 우유보다 가격이 두 배 비싸지만, 심지어 그보다 더 비싼 UHT 우유 못지않게 유기농 우유도 많이 팔린다.

2008년 이전까지 사람들은 중국산 우유가 라벨에 표시하지 않은 첨가제 범벅일 거라고 의심했다. 그리고 2008년, 모두가 우려했던 최악의 두려움이 사실로 확인됐다. 간쑤성에 사는 열여섯 명의 아기들이 신장결석 진단을 받았다. 이들은 모두 멜라민이라고 하는 공업용 화학 원료가 치사량 들어 있던 중국산 분유를 먹은 아기들이었다. 왜 이런 독극물을 우유에 넣었을까? 멜라민이 든 우유는 품질 검사에서 단백질 함량이 높게 나타났다. 이후 넉 달 동안 그 우유를 먹은 30만 명의 아기들이 병에 걸렸고, 여섯 명 중 한 명꼴로 목숨을 잃었다.

독극물 우유의 출처는 중국 최대 유제품 기업 중 하나인 싼루그룹^{Sanlu Group}으로 밝혀졌다. 하지만 중국의 다른 지역 유제품 기업들까지 의심의 대상이 됐고, 많은 사람이 아직 사건의 진상이 다 밝혀진 건 아니라고 믿는다. 은폐에 관한 소문이 무성하다. 수많은 국가가 중국산 유제품을 구매하지 않을 것이고, 중국에서조차 수입산 유제품이 그 어느 때보다 인기다. 2013년, 유럽의 슈퍼마켓들은 고객 한 명당 분유를 살 수 있는 개수를 두 개로 제한했는데, 서양 분유를 사서 고국으로 돌아가려는 중국인 관광객들 때문에 공급이 부족했기 때문이었다.

레오 리Leo Li는 유제품 판매 기업인 원더밀크Wondermilk의 관리자다. 이 기업은 멜라닌 분유 파동 이전인 2006년에 로스엔젤레스에 있는 구글의 소프트웨어 엔지니어이자 중국계 미국인 찰스 샤오Charles Shao가 설립했다. 샤오는 중국을 방문했다가 그곳에 사람들이 안심하고 먹을 수 있는 첨가물 없는 좋은 품질의 우유가 없다는 걸 확신하게 됐다. 그는 뉴질랜드에서 홀스타인과 저지종을 중국으로 들여와 베이징과 상하이 두 곳 근처에 각각 유제품 업체를 설립했다. 그의 본래 취지는 그 두 도시에 사는 수많은 외국인 가정에 우유를 판매하는 거였다.

원더밀크라는 회사명은 외국어처럼 들리도록 의도되었다. 우유팩 앞면에는 영어로 이름이 쓰여 있고, 뒷면에는 표준 중국어 발음대로 '원-더밀크'라고 표기돼 있다. "원더밀크가 중국산이라고 하면 믿는 사람이 거의 없어요." 레오 리가 유쾌하게 말했다.

중국은 새롭게 성장한 상류층이 도시에 밀집해 있고, 중국에서는 늘 그렇듯, 도시에 사는 부자들이 최상의 우유를 마신다. 부자들은 명품 광고에 등장하는 모델들조차 외국인처럼 보일 정도로 뭐든지 서구적인 걸 추구하고, 유제품은 서양에서 들어온 것이라 특히 더하다. 최근에는 아이스크림이 새롭게 인기를 끌고 있는데, 대부분이 수입이다. 서구식 아이스크림 가게들도 인기지만 브랜드 이름에 노림수를 짐작게 하는 움라우트를 사용한 하겐다즈Häagen-Dazs 역시 인기다.

요거트 가게도 생겼다. 사람들은 요거트를 새롭고 힙한 먹거리로 인식한다. 티베트 시닝에 본사를 둔 한 요거트 체인점이 베이징에서 인기인데, 상호는 중국어로 '옛날 요거트'라는 뜻이지만 카페 여기저기에 영어로 '아이 러브 요거트 I love yogurt'라는 문구를 붙여놨다. 감각적인 서구식 실내 장식과 시선을 어디로 돌려도 눈에 띄는 '아이 러브 요거트' 문구, 신선한 과일을 곁들인 요거트 파르페, 요거트 케이크, 밀크 캔디, 요거트 젤라또, 스무디를 제공하는 메뉴판을 보면 그곳이 중국, 아니 아시아라는 생각조차 들지 않는다. 거기가 중국이라는 사실을 문득 깨닫게 만드는 유일한 단서는 그곳에서 파는 중국 차 특산품들이다. 2016년 베이징의 명소들에는 '옛날 요거트' 가게가 7곳 있었다.

스타벅스로 시작된 커피숍도 중국의 새로운 트렌드다. 중국인들은 최근까지도 커피를 마시지 않았다. 하지만 이제 도시에 사는 돈 많은 중국인들은 카푸치노와 라테를 즐긴다. 에스프레소에는 관심이 별로 없다. 모두가 원하는 건 우유 넣은 커피다. 스타벅스가 발 빠르게 점포를 늘리지 못하는 틈새를 중국과 한국의 비슷한 커피숍들이 메우고 있다.

1960년대 이래로 중국 국영 낙농 산업 분야에서 일해온 차오 옌핑 Qiao Yanping이 말했다. "요즘 중국인들은 우유를 마시기만 하지 먹지는 않습니다." 지금 중국에서는 치즈가 인기를 끌지 못하고 있다는 뜻이었다. 치즈의 인기가 하늘을 찌르는 일본과는 정반대다. 하지만 중국에서도 치즈와 관련해 매출이 빠르게 증가하는 제품이 하나 있다. 바로 피자다. 중국인들은 피자를 사랑한다. 피자헛 Pizza Hut이 연이어 매장을 열고 있다. 치즈버거 역시 인기몰이 중이다.

중국인들의 유당불내증은 사라진 걸까?

오늘날 중국인의 40퍼센트가 우유를 마신다면 그건 대단히 인상적인 수치인데, 전 세계 인구의 40퍼센트만 우유를 소화할 수 있다고 추정하기 때문이다. 나머지 60퍼센트는 유당 소화장애가 있다는 얘기다. 그렇다면 그 높았던 중국의 유당불내증 인구 비율에 무슨 일이 생긴 걸까? 한 가지 가능성은 그 수치가 줄곧 과장돼왔다는 것이다. 사람들이 유제품을 소비하지 않는다는 사실이 반드시 그들에게 유당불내증이 있다는 걸 의미하지는 않는다.

리 쳉Li Cheng은 설사를 포함한 유당불내증의 온갖 전형적인 증상으로 환자가 병원에 밀려들던 1980년대에 베이징 병원에서 의사로 일했다. 그런데 그 모든 사람이 우유를 마시는 새로운 유행을 받아들였다. 리 쳉과 다른 의사들은 환자들에게 우유를 한 번에 조금씩 마시면서 그 양을 점차 늘려가라고 조언했다. 얼마 안 가 사람들은 별 탈 없이 우유를 마시고 있었다. 리 쳉과 의사들은 환자들이 그동안 우유를 마시지 않아서 유당불내증이 생긴 거고, 식단에 우유를 포함시켜 그 양을 서서히 늘렸더니 유당분해효소를 생산하는 능력이 회복된 거라고 주장했다.

이런 조건에 관해 연구했던 서양의 위장병 전문의들은 그럴 가능성은 매우 낮다고 생각한다. 유전적으로 락타아제 생산을 중단하는 것이 인간의 정상적인 상태이며, 한번 중단되면 다시는 회복되지 않는다는 게 이들의 주장이다. 하지만 한 개인의 상태는 바뀔 수 없어도 세대를 거치면서 인간 개체군의 상태가 변할 수 있다고 믿는 과학자들이 증가하는 추세다.

어떤 집단에 속해 있는지에 따라 식단이 달라진다는 건 오래전부터 인식돼왔다. 인간은 환경에 맞게 진화해왔기 때문에 그럴 수밖에 없다는 것도 일반적인 생각이다. 대부분의 과학자들은 인간이 동물을 길들이기 전에는 인간의 유당분해효소가 2세에서 5세 사이에 차단된다고 믿었다. 젖의 유일한 공급원이 엄마고, 엄마가 영구적인 수유 상태에 있지 않으려면 젖의 필요성을 차단해야 했기 때문이다. 원래 가축은 젖을 얻을 목적으로 기른 게 아니었다. 하지만 인간이 가축을 기르기 시작하자 유전적으로 유당분해효소 생산을 차단했던 기제가 진화를 통해 사라지기 시작했고, 가축이 생산하는 젖을 이용할 수 있게 됐다.

문화가 유전자의 진화를 일으키는 방식을 연구하는 문화유전학(Cultural Genetics)이라는 분야가 있다. 이 분야에서는 젖을 필요로 하고 그것을 생산하는 인구 집단은 세대를 거쳐 유당분해효소를 차단하는 유전자에 변이를 일으킬 수 있고, 그 인구 집단에서는 유당불내증이 사라질 수 있다고 본다. 지금 세계에서 가장 큰 인구 집단에 이런 현상이 일어나고 있는 것 아닐까?

소를 위한 낙원은 없다

힌두교의 신성한 소

오늘날 세계 최대 우유 생산국인 인도에서는 어느 가정에서나 두 종의 동물 모습을 볼 수 있다. 하나는 행운의 상징인 코끼리로, 언제나 현관을 마주보는 위치에 있다. 다른 하나는 모성애의 상징이자 가족의 상징이면서 가정생활이 주는 기쁨의 상징인 소다. 힌두교에서 소를 중요하게 생각하는 논리는 간단하다. 소는 우유를 주고 우유는 생명을 유지해주므로, 소는 생명의 원천이라는 것이다. 하지만 논리가 이렇다고 해서 소를 이용하고 소의 우유를 먹는 인도의 관습이 힌두교에서 시작됐다는 의미는 아니다. 기원전 2000년경 힌두교가 아직 그 지역에 이르기 전, 인도의 남쪽 지역에 큰 무리의 소 떼가 있었는데, 고기와 우유를 얻을 목적으로 길렀던 것으로 보인다. 인류 역사의 이 시점에 그렇게 많은 우유를 생산한 것은 매우 이례적인 일이었다. 인도의 다른 지역에서와 마찬가지로 소 배설물은 연료로 쓰였다. 고고학자들이 이 지역에서 거대한 소 배설물 잿더미를 발견했다.

인도인들은 물소에게서, 인도 북서부 지방의 카슈미르 사람들은 소와 야크의 교배종인 '조모Zomo'에게서 상당한 양의 우유를 얻는다. 또 이 지역에는 염소도 흔하다. 하지만 인도의 많은 이들은 소젖을 최고로 꼽는다. 1906년, 비프라다스 무코파댜이Bipradās Mukhopādhyāÿ라는 19세기 유명한 벵골 음식 작가가 염소, 양, 낙타, 물소, 소, 인간, 말, 코끼리의 젖을 평가한 다음 사람의 젖이 최고고 그 다음이 소의 젖이라고 결론지었다.

거의 아무것도 먹지 않는 인도의 유별난 독립 지도자 마하트마 간디Mahatma Gandhi는 그의 결론에 동의하지 않았다. 그는 염소젖만 마셨고, 염소젖이 건강에 좋다고 굳게 믿었다. 심지어 1931년 인도의 독립 문제를 두고 영국과 협상하기 위해 런던에 갈 때도 염소를 한 마리 데려갔다. 이 일은 당시 이미 격분해 있던 영국의 윈스턴 처칠Winston Churchill의 분노에 기름을 부었지만(처칠은 간디가 이끄는 인도의 독립운동을 좌절시키려고 애썼으며, 식민지 인도에 어떤 자치권도 부여하면 안 된다는 입장이었다 −옮긴이), 인도에 있는 간디의 추종자들에게는 뿌듯함을 안겼다.

힌두교도에게 소는 신성한 존재다. 힌두교 자체의 기원이 그렇듯 소에 대한 믿음의 기원도 분명치 않지만, 이 종교가 시작된 곳은 아마 인도 북서쪽에 있는 인더스 계곡일 것으로 짐작된다. 기원전 2000년경 중앙아시아의 아리아 기병들이 인도를 침입하면서 그들의 종교도 함께 들여왔다. 그들은 수많은 신을 숭배했는데, 인더스 계곡에 이르러 그 수가 더 늘어났다. 이것이 오늘날까지 이어지고 있는 인류의 가장 오래된 종교 힌두교의 기원이라는 게 많은 이들의 주장이다. 초기의 힌두교 신자들은 세대에서 세대로 찬가를 전하며 종교를 지켜오다가 나중에 그걸 문자로 옮겨 《리그 베다Rig-Veda》를 완성시켰는데, 이 경전에는 소가 700번 언급된다.

고대 힌두교 문헌에 소 도살을 금하는 언급이 있긴 하지만, 아리아인들은 그들의 몇몇 후손들과는 달리 금기나 금지령이 많지 않았고, 종교적 동기는 거의 없었다. 소를 죽이면 안 된다는 금기는 종교가 아니라 경제적인 동기에서 비롯됐을 것이다. 소는 중요한 교역품이었고 거의 화폐 같은 기능을 했다. 소의 종교적 중요성은 나중에 발전한 것으로 보인다.

힌두교 신 중에 가장 널리 알려진 크리슈나Krishna는 풀 뜯는 소들과 '고피Gopi'라고 알려진 소 치는 여인들이 춤추는 가운데 피리를 연주하는 모습으로 묘사되곤 한다. 사실, 크리슈나는 원래 소몰이꾼이었다. 그의 다른 이름인 '고빈다Govinda' 혹은 '고팔라Gopala'는 문자 그대로 '소의 친구이자 수호자'라는 뜻이다.

시골에서 젖을 얻을 목적으로 소를 기르는 건 흔한 일이었고 도시에서도 마찬가지였으며, 정도는 덜하지만 지금도 그런 관행은 여전하다. 인도의 도시에서는 도로를 지나다니는 소 때문에 차들이 엉키고 도로가 막히는 광경이 흔하다. 소를 기르는 가정에서는 소에 대한 경건함의 표시로 아침 식사를 하기 전에 소에게 먼저 먹이를 준다.

북아프리카에서 주로 쓰는 스멘처럼, 소젖으로 만든 정제버터인 '기'는 인도 요리의 기본 재료이며 힌두교 의식에도 사용된다. 종교적 관점에서 기는 소에게서 얻은 것이어서 신성하다. 순도 높은 기름인 기는 티베트 불교 사원에서 사용하는 야크 버터보다 연소가 훨씬 잘 된다.

12세기 크메르족의 이 사암 부조는 비슈누가 우유 바다를 휘저어 세상을 창조했다는 힌두교 창조 신화를 묘사하고 있다. 파리, 기메 국립동양미술관 소장.

기 버터는 일반 버터보다 훨씬 높은 온도에서 가열해도 잘 타지 않으며, 무더운 기후에서도 냉장하지 않고 보관할 수 있다. 인도의 배우이자 인기 음식 작가 마두르 제프리^{Mahdhur Jaffrey}의 간단명료한 레시피를 소개한다.

> 작고 두꺼운 팬에 무염 버터 1파운드(약 450그램)를 넣고 약한 불에 녹인다. 10~30분 정도 아주 약하게 끓인다. 걸리는 시간은 사용하는 버터의 수분 함량에 따라 달라

─── 우유의 역사

인도의 시골에서는 지금도 기를 직접 만들어 사용하지만, 도시에서는 기성품을 사서 쓴다. 우유와 기 버터는 둘 다 힌두교 의식의 중심에 있었다. 힌두교도들은 식사를 시작하기 전 정화 의식으로 밥에 기를 몇 방울 뿌렸다. 왕들에게는 기 버터를 발랐고, 공주들은 기 버터로 목욕을 했다. 안색을 개선하는 화장품으로도 사용됐다. 한때는 소 오줌이 대단히 귀한 것으로 여겨져 특정 의식을 행하는 동안 조금씩 마셨으며, 연료로 쓰였던 소똥 역시 가정에서 특정 정화 의식을 치르는 동안 화로에 바르는 데 쓰였다. 최고의 정화물인 '빤짜가비야panchagavya'는 소에게서 얻은 다섯 가지 귀한 산물 — 우유, 오줌, 똥, 커드, 기 — 을 섞은 것이었다. 여기에 고기는 포함되지 않았다.

처음에는 우유를 마시는 데 제한이 많았다. 초유는 마시는 걸 금했다. 임신한 젖소나 발정난 젖소의 젖은 먹을 수 없었고, 자기 새끼나 다른 소 새끼에게 젖을 물리는 소의 젖도 먹는 게 금지됐다. 낙농가 농부들에게 이 마지막 제한은 상당한 양의 우유 손실을 의미했으며 대부분의 상업 농가에는 저주나 다름없었다.

이후 불교와 자이나교 같은 종교에서도 우유를 특별하게 여겼는데, 불살생不殺生 교리를 엄격하게 지키는 자이나교도들은 지금도 곤충을 비롯한 어떤 종류의 생물이라도 들어 있지 않은지 확실히 하기 위해 우유를 고운 천에 걸러 마셔야 한다. 이슬람교도들에게 우유는 금식을 끝내고 먹는 첫 번째 음식 중 하나라는 중요성을 지닌다.

소는 성질이 온순하고 눈빛이 사색적이며 부드러운 소리로 우는 게 특징인데, 이런 특징들 때문에 온화하고 사색적이며 부드럽게 말하는 인간을 이상으로 삼는 힌두교의 더없이 훌륭한 상징이 된 것인지 모른다. 고대에는 인도인 대부분이 소 먹는 걸 삼갔을 뿐 아니라 거의 어떤 고기도 먹지 않았다. 소고기를 먹지 않는 힌두교와 돼지고기를 먹지 않는 이슬람교 사이에서 인도는 세계에서 가장 진화된 채식 요리를 발전시켰다. 하지만 그들은 채식주의와는 거리가 멀다. 그들의 음식에는 고기 요리뿐만 아니라 채식 요리에도 유제품이 심심찮게 들어간다. 사실 네덜란드, 스위스, 스칸디나비아 사람들이 유제품을 유별나게 좋아한다고는 해도, 인도인들만큼 요리에 유제품을 많이 사용하진 않는다.

인도의 못 말리는 유제품 사랑

'파니르paneer'는 주로 가정에서 만드는 간단한 치즈로, 파키스탄 국경에 인접한 펀자브 지방에서 흔히 볼 수 있다. 우유에 산을 넣어 응고시켜 유청을 빼내 만든다. 파니르는 시금치 같은 채소와 조리할 때가 많고, 주로 다른 유제품이 들어간 소스와 함께 제공된다. 토마토 크림소스에 파니르를 넣어 만든 '파니르 마카니Paneer Makhani'라는 펀자브 지방 음식은 인도의 전통 요리가 됐다. 아래 소개할 레시피는 인도 음식에 관한 한 인도의 아다 보니(이탈리아 요리사이자 음식 작가 –옮긴이)가 되려고 애쓰며 인도의 다양한 요리를 정의하기 위해 1,000개의 레시피를 묶어 책으로 펴낸 음식 비평가이자 역사가인 푸슈페시 판트Pushpesh Pant의 《인도

의 요리책^{India Cookbook}》에서 따왔다. 인도의 크림소스는 19세기 프랑스 기준으로 봐도 대단히 정교하다. 파니르를 볶을 때 기가 아닌 다른 버터를 사용하고, 버터가 너무 많이 들어가는 걸 피하기 위해 식물성 오일로 재료들을 볶는 점이 눈에 띈다.

중간 크기 토마토 3개 다진 것

버터 3큰술 반

주사위 모양으로 자른 파니르 약 280그램

식물성 오일 4큰술

칠리파우더 1큰술

소두구(green cardamom) 가루 2~3큰술

가람 마살라^{Garum Masala}(커민, 생강, 소두구, 정향 등 여러 향신료를 섞어서 만든 것으로 완제품을 구입할 수 있다.) 1큰술

생강 페이스트 2큰술

마늘 페이스트 2큰술

양귀비 씨앗 1큰술

빻은 생강 2큰술
월계수 잎 1장
정향 3~4개
약 2.5센티미터 길이의 시나몬 스틱 2개
말린 호로파 잎(fenugreek leaves) 잘게 부순 것 1큰술
설탕 1작은술
저지방 크림 2분의 1컵
소금
장식용 고수 잎 4큰술

끓는 물이 담긴 큰 내열 용기에 토마토를 넣고 30초간 데친 후 찬물에 담근다. 껍질을 벗겨낸 후 과육을 다진다. 바닥이 두꺼운 프라이팬에 버터를 넣고 중불에서 녹인 다음 파니르를 넣는다. 골고루 황금빛 갈색이 날 때까지 8~10분 동안 볶는다. 구멍이 있는 국자로 건져낸 뒤 마르지 않도록 물그릇에 담가둔다.

바닥이 두꺼운 소스 팬에 기름을 두르고, 달궈지면 토마토를 넣고 뒤적여가며 2분간 볶는다. 갈아놓은 향신료들과 생강, 마늘 페이스트, 양귀비 씨앗까지 모두 넣고 기름이 분리되기 시작할 때까지 2~3분간 계속 볶는다. 월계수 잎, 정향, 시나몬을 넣고 찬물 한 컵 반을 붓는다. 끓기 시작하면 센 불에서 5~7분 정도 가열한다. 불을 줄여 3~4분 정도, 또는 소스가 걸쭉해질 때까지 더 끓인다. 호로파, 설탕, 크림을 넣어 섞은 뒤 불을 끄고 식힌다.

소스에 파니르를 넣고 소금으로 간을 한 뒤, 내기 전에 데운다. 고수 잎을 얹어 장식한다.

요거트 소스는 채소 요리든 고기 요리든 자주 쓰인다. 요리는 언제나 인도에서 요거트를 사용하는 가장 인기 있는 방법이었다. 1947년 독립 이전 인도에는 왕실의 영지가 600여 곳 있었는데, 각각의 영지는 '마하라자maharaja', 군주가 여성인 경우 '마하라니maharani'가 통치했다. 네하 프라사다Neha Prasada의 《마하라자와의 식사Dining with the Maharajas》는 이 귀족들

─ 우유의 역사

의 요리법들을 엮은 것이다. 다음은 인도 최북단 카슈미르 지방의 레시피다. '틸 안트 카 아차르^{til ande ka achar}'라고 하는 이 요리는 요거트 소스를 곁들인 달걀 요리다.

길게 반으로 자른 완숙 달걀 5개

네팔 향신료(티무르^{timur}와 짐부^{jimbu} 한 꼬집, 이 둘은 네팔에서 전통적으로 쓰는 재료이지만, 인도 북부에서도 인기가 좋다. 티무르는 후추는 아니지만 비슷한 맛을 낸다. 짐부는 양파과에 속하지만 파처럼 생겼다.)

커민 씨앗 2분의 1작은술

홍고추 4개

참깨 6큰술

마늘 4쪽

생강(뿌리) 약 2.5센티미터

간 맞출 때 사용할 소금

요거트 약 400그램

레몬 2개 분량의 레몬즙

겨자유 1큰술

호로파 씨앗 2분의 1작은술

풋고추 4개(매운맛 중간 정도의 길쭉한 인도 품종)

강황 가루 1작은술

빨간 칠리파우더 4분의 1작은술

푸른 고수 잎 1작은술

접시에 달걀을 담는다. 그리들에 네팔 향신료와 커민 씨앗을 넣고 볶는다. 다시 그리들을 가열해 홍고추와 참깨, 마늘, 생강을 따로 볶는다. 볶은 마늘의 껍질을 벗긴다. 위의 향신료들을 믹서기에 넣고 간다(푸드 프로세서나 블렌더, 커피 그라인더를 사용해도 좋다). 소금으로 간한다.

요거트에 위의 향신료와 소금, 레몬즙을 넣는다(레몬즙은 조금씩 나눠서 넣는다).

겨자유를 달구고 호로파 씨앗과 풋고추, 강황 가루, 칠리파우더, 고수 잎을 넣는다.
잘 섞는다. 불에서 내려 위에 만들어놓은 요거트에 붓는다. 완성된 소스를 달걀 위
에 붓는다.

고기는 요거트와 조리하는 게 보통이었지만 신선한 우유를 쓰기
도 했다. 인도 남부 도시 첸나이 출신 아르차나 파다탈라^{Archana Pidathala}
는 할머니 니르말라 레디^{Nirmala Reddy}가 1920년대부터 썼던 레시피를 모
았다. 다음은 그녀의 닭다리 밀크 스튜, '무마가카야 팔루 포시나 쿠라
^{mumagakaya palu posina kura}' 레시피다. 닭고기와 양고기는 인도에서 가장 흔히
쓰는 고기인데, 힌두교도와 이슬람교도 모두 둘 다 먹기 때문이다.

영계 다리 4개
소금 2분의 1작은술
식물성 기름 1큰술
겨자씨 2분의 1큰술
깐 마늘 4쪽
신선한 커리 잎 10~15장(커리나무는 인도 남부가 원산지이며, 잎은 인도 향신료 가게에서
구입할 수 있다.)
다진 양파 1개
길게 반으로 가른 풋고추 2개
울금 가루 한 꼬집
간 맞출 때 사용할 소금
따뜻한 우유 1컵
장식용 다진 고수 잎 2~3큰술

우유의 역사

닭다리를 씻어 필러나 잘 드는 칼로 껍질을 벗겨 5센티미터 크기로 자른다.

커다란 용기에 물 3컵과 소금 2분의 1작은술을 넣고 끓인다. 물이 끓으면 닭다리 조각을 넣는다. 중불에서 8~10분, 또는 완전히 익히지는 말고 고기가 부드러워질 때까지 끓인다. 적당히 익었는지 확인하려면 살을 조금 떼어 살짝 식힌 후 먹어본다. 부드러우면서도 살짝 씹히는 맛이 있어야 한다. 잘 익었으면 고기를 체에 받쳐둔다.

바닥이 두꺼운 깊은 팬을 센 불에 올려 뜨겁게 가열한다. 겨자씨를 넣고 볶다가 타닥타닥 튀기 시작하면 마늘과 커리 잎을 넣고 1분간 볶는다. 양파, 풋고추, 울금 가루, 소금을 넣고 3~4분간 볶는다.

닭이 다 익으면 고수 가루를 넣고 잘 섞는다. 불을 약하게 줄이고 우유를 천천히 붓는다. 약불에서 1분간 끓이고 저은 뒤 불을 끈다. 이 단계에서 우유가 응어리질 수 있기 때문에 더 오래 조리하지 않는다. 고수 잎으로 장식해 뜨겁게 찐 밥에 곁들여 낸다.

인도에는 유제품 디저트도 많다. 지금 소개하는 피르니phirni는 카슈미르 지방 요리로 프라사다의 《마하라자와의 식사》에 나오는 레시피다.

우유 8컵

소두구 1작은술

아몬드 24조각

물에 불린 세몰리나semolina(파스타 원료로 쓰이는 알갱이가 단단한 밀−옮긴이) 12큰술

설탕 9큰술

캐슈너트 2분의 1컵

우유에 섞은 샤프론 4분의 1작은술

피스타치오 2큰술

우유에 소두구를 넣고 끓인다. 아몬드 조각과 불린 세몰리나를 넣는다. 눌어붙지 않

게 계속 저으며 20분간 조리한다.

설탕을 넣고 잘 섞는다. 캐슈너트에 물을 부어 믹서에 갈고 이 캐슈너트 반죽 6큰술을 위의 우유 혼합물에 넣는다. 우유에 섞은 사프란과 피스타치오를 넣는다. 그릇에 담아 냉장고에 넣는다. 사프란, 피스타치오, 아몬드로 장식해 차갑게 낸다.

'할와halwa'는 인도에서 가장 인기 있는 유제품 디저트 중 하나다. 원래는 아랍의 디저트였는데, 16세기부터 19세기까지 수도 아그라에서 인도 대부분 지역을 통치했던 몽골계 이슬람 왕조인 무굴Mogul 왕조 때 인도에 전해졌다. 아랍의 할와에는 유제품이 전혀 들어가지 않았는데, 인도에 와서 유제품을 사용하게 됐다. 인도의 대표적인 할와는 '가자르 할와gajar halwa', 즉 당근 할와로, 16세기 또는 17세기에 발명됐다. 네덜란드에서 카로틴(당근 뿌리나 고추에 많이 들어 있는 붉은빛 색소 물질)을 이용해 주황색 당근을 처음 개발한 것도 16세기였다. 그 이전까지 당근은 옅은 노란색이나 보라색 등으로 다양했는데, 지금도 그런 당근들이 있다.

하지만 주황색 당근은 단맛이 더 강했다. 대중적인 음식 신화에 따르면 1600년대 중후반에 오렌지 공 윌리엄 3세의 공적을 기리기 위해 주황색 당근이 개발됐다고 하지만, 사실은 그가 태어나기 전부터 있었다. 주황색 당근이 등장하자 무굴제국 사람들은 흥분을 감추지 못했다. 채소 할와가 인기를 끌기 시작했다. 인도인들이 진정으로 사랑하는 게 있다면 밝고 선명한 색이다. 당근 할와는 예나 지금이나 대단히 인기 있는 디저트다. 다음은 푸슈페시 판트의 고전적인 할와 레시피다.

기 버터 2분의 1컵

간 당근 약 210그램

고지방 크림 약 60그램

설탕 2분의 1컵

조각낸 아몬드 2큰술

육두구 가루 2분의 1작은술

장미수 1작은술(선택)

장식용 다진 피스타치오와 조각낸 아몬드 4분의 1컵

크고 두꺼운 팬에 기를 녹이고, 간 당근을 넣어 자주 저으며 끓인다. 불을 줄이고 뚜껑을 연 상태로 자주 저어가며 20분 정도 천천히 끓인다. 크림을 넣고 뚜껑을 연 상태로 자주 저으면서 15분 동안 계속 끓인다. 설탕과 아몬드를 넣고 수시로 저어 주며 내용물이 팬의 바닥에 붙기 시작할 때까지 15분가량 더 조리한다. 불을 끄고 실온까지 식힌다. 육두구와 장미수를 넣고 젓는다. 다진 피스타치오와 아몬드 조각으로 장식해 낸다.

'쿨피'가 최초로 언급된 것은 1590년 16세기 무굴 황제 아크바리^Akbari 가 통치할 당시의 행정보고서인 《아인 이 아크바리^Ain-i-Akbari》에서다. 이 책에는 우유를 끓여 굳힌 덩어리를 일컫는 '코야^khoya'를 사용한 쿨피 레시피를 소개하고 있다. 연유로 만드는 방법은 나중에 나왔다. 요즘은 조리 과정에서 우유를 졸여 간단히 만든다. 다진 피스타치오와 케사르(사프란) 농축액을 넣는다. 혼합물을 원뿔형 금속 틀에 부어 밀가루 반죽으로 밀봉한 뒤 얼린다. 쿨피라는 이름은 금속 원뿔을 뜻하는 페르시아어 'kulfi'에서 유래한 것이다. 헤비 크림, 설탕, 옥수수 전분, 소두구, 때로는 말린 과일을 넣기도 한다. 쿨피는 지금도 이 방식으로 만들고 금속 원뿔 틀에 얼리며, '쿨피 만드는 사람'이라는 의미의 '쿨피왈라^kulfiwala'들이 길에서 판매한다.

영국인들은 쿨피를 우습게 보는 경향이 있어서 대신 아이스크림을 만들겠다고 아이스크림 기계를 들여왔었지만, 인도인들에게는 언제나 쿨피가 인기였다. 쿨피는 가장 오래된 형태의 아이스크림 중 하나다. 수 많은 저자가 연유로 쿨피 만드는 법을 설명하지만 현대적인 레시피에 는 보통 신선한 우유를 사용하라고 명시되어 있다. 비결은 우유 농축에 있다. 다음은 판트의 현대적인 쿨피 레시피로 소두구, 망고, 피스타치오, 말린 과일 같은 다양한 재료를 추가할 수 있는 기본적인 레시피다. 원뿔 형 쿨피 틀은 전문점이나 온라인에서 쉽게 구입할 수 있다.

전지우유 약 1.75리터

설탕 4분의 3컵

간 아몬드 3분의 1컵

큐라수(kewra water, 큐라는 판다누스 수꽃에서 얻는 향이 좋은 추출물로, 인도 북부와 아랍 국가들 요리에 흔히 사용되며 향수 재료로도 쓰인다.)

크고 두꺼운 팬에 우유를 끓인다. 우유가 끓으면 불을 줄이고 자주 저으면서 우유의 양이 반으로 줄어들 때까지 45분 정도 계속 졸인다. 불을 끄고 설탕을 넣고 저어서 녹인다. 간 아몬드와 큐라수를 넣고 식힌다.

우유 혼합물이 식으면 쿨피 틀에 붓는데, 얼면서 팽창하는 걸 고려해 틀 윗부분에 서 2.5센티미터 정도 남기고 붓는다. 뚜껑을 잘 닫고 얼 때까지 대략 8~10시간 냉 동한다.

낼 때는 미지근한 물에 틀을 잠깐 담갔다가 뚜껑을 연다. 잘 드는 칼로 틀 가장자리 를 훑어내듯 돌리고 접시를 받쳐 쿨피를 꺼낸다. 쿨피는 반쯤 언 상태로 내는데, 아 이스크림처럼 부드럽지는 않아야 한다.

요즘은 쿨피에 우유를 졸여 만든 덩어리인 코야를 사용하지 않지만, 졸인 우유는 지금도 다른 여러 용도로 사용된다. 인도 요리사들은 각기 다른 농도로 졸인 우유에 관심이 많았다(구운 우유 요리 레시피를 소개했던 루퍼스 에스테스처럼 19세기 미국인들도 졸인 우유에 관심이 많았다). 우유를 끓여 양을 반으로 졸인 걸 '파나파카panapaka', 3분의 1로 졸인 걸 '르야파카leyapaka', 6분의 1로 졸인 걸 '구티파카gutipaka', 8분의 1로 졸인 걸 '샤르카파카sharkarpaka' 또는 '코야'라고 한다. 남미에서는 가당 연유를 졸여서 '둘세 데 레체'를 만든다. 연유는 이미 파나파카로 농축된 상태이기 때문에 우유를 빨리 졸이고 싶을 때 사용한다.

전지우유 1.75리터로 코야를 만드는 판트의 레시피를 소개한다.

카다이kadhai(코야 만드는 냄비)나 웍 또는 바닥이 두꺼운 깊은 팬에 우유를 붓고 끓인다. 불을 약하게 줄이고 양이 반으로 줄 때까지 5분마다 저으며 끓인다. 수시로 저어가며 팬 옆면에 말라붙는 우유를 계속 긁어내고, 우유가 으깬 감자 같은 질감이 될 때까지 가열한다. 그릇에 담아 식힌다. 이 페이스트는 냉장고에서 이틀 정도 보관할 수 있다. 건조시켜 고형물로 저장해도 된다. 깨끗한 헝겊에 숟가락으로 페이스트를 떠서 올린 뒤에 무거운 물건으로 눌러 1시간 정도 물을 뺀다. 완성된 고형물은 냉장 보관해야 하고 필요하면 갈거나 부스러뜨려 사용할 수 있다.

아그라 북쪽에 있는, 한때 인도에서 가장 큰 봉토 중 하나였던 마무다바드Mahmudabad에는 양고기와 작은 공 모양의 코야로 만든 요리가 있다. 코야는 또 가지각색의 우유 사탕을 만드는 데에도 사용된다. 설탕을 많이 넣으면 '부르피burfi'가 되고, 소두구를 넣으면 페다pedas가 된다. 우유 사탕은 인도와 스리랑카에서 인기가 대단하다.

인도에만 우유 사탕이 있는 건 아니다. 영국에는 토피^toffee, 버터스카치^butterscotch, 크림 캐러멜이 있다. 뉴올리언스에는 우유, 크림, 설탕, 피칸으로 만든 프랄린^praline이 있다. 필리핀에는 주로 연유로 만드는 밀크바가 있고, 물소 우유로 만드는 부드러운 우유 사탕 '파스티야스 데 레체^pastillas de leche'도 있다.

다음은 파키스탄 근처 라자스탄주 북부의 '깔락깐^kalakand'이라고 하는 부드러운 우유 과자 레시피다.

간 코야 약 1킬로그램
설탕 1컵
데쳐서 조각낸 무염 피스타치오 1큰술

큼직한 구이판에 기 버터로 기름칠한다. 카다이 같은 크고 두꺼운 팬에 코야를 넣고 납작한 주걱으로 계속 저으며 중불에서 5분 동안 끓인다. 불을 끈 다음 설탕을 넣고 녹을 때까지 젓는다. 곧바로 기름 발라 놓은 쟁반에 옮겨 담아 주걱으로 평평하게 편다. 위에 피스타치오를 뿌리고 쟁반을 테이블이나 바닥에 탁탁 쳐서 공기를 제거한다. 시원한 곳에서 15분간 굳혀 조각으로 자른다.

인도와 방글라데시에 걸쳐 있는 벵골은 우유 과자로 유명하다. 전통적으로 벵골인들은 우유로 만든 사탕으로 식사를 마무리하며, 결혼식에서 우유 사탕을 제공할 때도 많다. 어떤 벵골 사탕은 우유를 끓일 때 표면에 생기는 막을 의미하는 '사르^sar'를 겹겹이 겹쳐 만든다.

벵골은 아주 오래된 의례용 음료로도 유명하다. 그중에 기, 응유, 우유, 꿀, 설탕을 섞어 만드는 '마두파르카^madhuparka'는 스승과 수련하기 위해 떠나는 학생에게, 반가운 손님에게, 임신 7개월째인 여성에게, 결혼

—— 우유의 역사

식에 도착한 신랑에게 그리고 아기가 태어나거나 그밖의 다른 중요한 행사 등에서 제공된다.

요즘은 어느 동네든 '밀크 바$^{milk bar}$'— 소규모 유제품 상점— 에 가면 저온 살균 우유를 쉽게 구할 수 있다. 하지만 인도 역사 대부분의 시간 동안 안전하고 신선한 우유 한 잔은 부자들만 누릴 수 있는 사치품이었다. 그럼에도 불구하고 인도에는 우유를 기본으로 하는 음료가 늘 존재했다. 버터밀크는 예나 지금이나 대단한 인기다. 한번은 첸나이에서 칵테일파티에 초대받았었는데, 마지막 순간 주 정부에서 그날을 '드라이 데이$^{dry day}$(술을 판매하지 않는 날 −옮긴이)'로 선포했다. 첸나이 최고급 호텔에서 열린 이 멋진 행사에서 칵테일을 제공할 수 없게 되자, 반짝반짝 눈부신 사리^{sari}(인도 여성들이 입는 전통 의상 −옮긴이)를 입은 여인들이 버터밀크를 멋진 도자기 잔에 담아 제공했다.

라씨^{lassi}도 인기 있는 음료다. 펀자브어에서 유래한 단어인 '라씨'는 단순히 요거트에 물을 섞어서 마시기 좋게 하는 걸 의미한다. 약간의 설탕, 후추, 커민을 넣으면 '남킨라씨$^{namkeen lassi}$', 즉 '짭짤한 라씨'다. 생강, 피스타치오, 데친 아몬드, 풋고추 같은 양념을 추가하면 '라씨 마살레 왈레$^{lassi masale wale}$', '알싸한 라씨'다. 소두구, 장미수, 사프란을 넣으면 '미티 라씨$^{meethi lassi}$', '달콤한 라씨'가 된다. 망고를 넣으면 망고 라씨, 딸기를 넣으면 딸기 라씨다. 이런 식으로 온갖 라씨가 있다.

20세기 초 영국은 인도 사람들이 홍차를 더 많이 사게 하려고 우유와 설탕을 넣은 차를 홍보했다. 하지만 인도인들 입맛에는 아직 뭔가 부족해서 향신료를 더 넣어야 했다. 이런 음료 중에 인도 북서쪽 끄트머리

구자라트주에서 유래한 게 세일 유명하다. 구자라트주는 간디가 정치 활동을 하는 동안 본거지로 삼았던 곳이기도 하다. '엘라이치 키 차이 Elaichi ki chai'는 소두구, 설탕, 우유가 들어간 차다. 하지만 인도 전역에서 인기이면서 가장 유명한 홍차 음료는 '마살라 차이 masala chai'다. '차'를 뜻하는 '차이 chai'는 중국어가 페르시아를 거쳐 인도로 전파된 것이다. '티 tea'라는 단어 역시 중국에서 유래해 영국을 거쳐 인도로 들어왔다.

마살라 차이는 보통 맛과 향이 강하기로 유명한, 인도 북동쪽 아삼주에서 나는 홍차로 만든다. 하지만 카슈미르에서는 마살라 차이를 녹차로 만든다. 음료를 만들 때 사용하는 향신료는 다양한데, 아래 소개할 구자라트 출신 푸슈페시 판트의 고전적인 레시피에 언급된 것들 외에도 흑후추, 팔각, 메이스, 고추, 육두구 등을 사용할 수 있다. 레시피에 언급된 향신료 중 일부는 갈지 않은 온전한 형태의 재료 양을 제시하고 있으며 만들기 직전에 갈아 써야 한다. 커피 그라인더를 사용하면 좋다.

정향 6~8개. 갈아서 준비한다.
소두구 8개. 갈아서 준비한다.
2.5센티미터 길이의 시나몬 스틱 1개. 조각으로 으스러트려 준비한다.
간 생강 1작은술
간 회향(fennel, 회향 씨앗) 1작은술
(홍차) 찻잎 6작은술
우유 5컵
설탕 4분의 3컵, 또는 맛을 낼 정도의 양

바닥이 두꺼운 큰 팬에 물 6과 4분의 1컵을 넣고 끓인다. 향신료를 전부 넣고 중불에서 2분간 끓인다. 찻잎을 넣고 1분 더 끓이고, 불을 약하게 줄여 5분간 더 끓인다.

> 우유를 넣고 불을 올려 끓인 다음, 다시 불을 줄여 2분간 더 끓인다. 불을 끄고 설탕을 넣어 젓는다. 고운체로 걸러 컵에 담아 뜨겁게 낸다.

인도인들은 차를 마신다. 유일하게 타밀나두주 남부에서만 대부분 사람이 커피를 마시는데, 우유와 커피를 섞어 그 지역 스타일로 만든 '필터 커피'라는 것이다. 이중 구조로 된 독특한 커피 브루어를 사용하는데, 그라인더에서 분쇄된 커피가 아래로 떨어지면 끓인 우유를 붓는 방식이다. 전통적으로 비균질 우유를 사용하며, 커피에 끓인 우유를 부은 뒤에 윗부분은 걷어내 버터를 만드는 용도로 쓴다.

영국에서 유래한 밀크 펀치milk punch도 있다. 하지만 펀치 그 자체는 인도에 2,000년 전부터 있었던 음료다. '펀치'라는 단어는 '다섯'을 의미하는 산스크리트어에서 파생된 것으로 알코올(보통 야자수 수액을 발효시켜 증류한 아락arrack주를 사용한다), 설탕, 감귤류의 즙, 물, 향신료의 다섯 가지 재료가 들어간다고 해서 그렇게 부른다. 주류 대신 차를 넣는 버전도 있다. 펀치는 17세기 인도에 사는 ― 영국인, 포르투갈인, 프랑스인 등의 ― 수많은 유럽인에게 선풍적인 인기를 끌었는데, 이들이 자기들 식으로 만든 펀치를 고국과 다른 여러 식민지로 전파시켰다. 영국 동인도 회사가 영국에 펀치를 들여왔고, 18세기 초 당시 인기였던 포셋과 비슷한, 우유로 만든 펀치를 유행시켰다. 펀치가 유행한 건 50년 정도지만 〈서인도의 포셋The West Indian posset〉이라는 시는 아직도 남아 있다. 확인되지 않은 소문에 의하면 알렉산더 포프Alexander Pope의 작품이라지만 정말 그렇다면 그의 손꼽히는 작품 중 하나는 아닌 게 확실하다.

저 멀리 서쪽 본토의 설탕 4온스

스페인의 셰리주 1파인트

동인도 해안에서 온,

북부 토스트의 영광, 육두구.

달콤함이 셰리주에 녹아들어 모든 걸 덮을 때까지

석탄불 위에 함께 놓고 가열한다.

수탉의 교미로, 암탉이 갓 낳은 열 개의 달걀을

다른 불에 올리고,

열 마리 건실한 닭의 최후를 바라보는

시린 마음 묻어두고,

흔들림 없이 저어준다.

깨끗한 선반에서 놋쇠 팬을 꺼내,

온순한 소에게서 짠 우유 1쿼트를 채운다.

한소끔 끓였다가 식히고 셰리주, 달걀과 함께 섞는다.

삼각 동맹처럼 굳건히 섞이면,

불에 올려 완전한 하나가 되게 한다.

영국 식민 지배에 우유로 저항하다

인도가 영국 정부의 직접 지배를 받았던 '인도 제국(British Raj)' 기간
(1858~1947), 우유는 목우업자를 일컫는 '고왈라gow-wallah'나 중간 상인
들에 의해 공급됐다. 소는 대부분 '데시Desi'라고 하는 지역 품종이었다.
'데시'라는 단어는 아대륙이 원산지임을 알려주는 산스크리트 단어다.

—— 우유의 역사

데시 소는 아열대기후에 잘 적응하지만, 유럽 품종들만큼 우유 생산량이 많지는 않다. 데시를 착유해 얻을 수 있는 생산량은 0.5리터 정도거나 그보다 적다.

목우업자들은 충분한 우유 공급을 위해 소 수백 마리 규모를 유지하려고 애썼다. 이 정도 무리를 관리하는 게 지금은 흔한 일이지만, 손으로 젖을 짜던 노동집약적인 시절에는 매우 드문 일이었다. 이들은 또 이용할 수 있는 온갖 동물 ─ 염소, 양, 물소, 낙타, 말 그리고 보고에 따르면 이슬람교 인구가 많은 인도 같은 나라에서는 문제의 소지가 다분한 돼지 ─ 의 젖으로 젖소의 우유 공급량을 몰래 채우는 일이 흔했다. 인도인들은 물소 우유가 소화 기능을 저해한다고 늘 주장했지만 젖소 우유의 대체품으로 가장 많이 쓰이는 게 물소 우유였고, 지금도 그렇다.

물소 우유는 장점이 많다. 젖소와 달리 물소는 결핵을 옮기지 않는다. 현대적인 착유법으로 지금은 역전됐지만, 인도 제국 시기에 물소의 우유 생산량은 젖소보다 많았다. 또 물소 우유는 지방 함량이 높은 데도 콜레스테롤 함량은 낮다는 장점이 있다. 게다가 젖소 우유보다 오래 상하지 않게 보관할 수 있는데, 이는 냉장고 없는 무더운 나라에서 상당한 이점이다. 또 물소는 착유 기간이 젖소보다 두 배 이상 긴 20년이다.

오늘날 인도는 세계 최대 물소 우유 생산국이다. 젖소 우유를 더 좋아한다고 공언하긴 하지만 젖소 우유보다 물소 우유 생산량이 더 많다. 수많은 아시아 및 중동 국가들, 그리고 몇몇 아프리카 국가도 물소 우유를 생산한다. 물소 우유를 주로 모차렐라 치즈 만드는 데 사용하는 이탈리아 캄파니아주처럼, 몇몇 다른 지역에서도 적게나마 물소 우유를 생산한다. 이탈리아에는 토종 물소가 없는데, 로마 시대에 아마도 사역 동

물소

물로 쓰기 위해 들여왔을 것이다. 필리핀에서는 물소 우유로 '케송 푸티 kesong puti'라는 치즈를 만든다.

물소 우유는 오랫동안 인도의 주요 식품이었다. 14세기 이슬람 여행가 이븐 바투타는 인도에 도착해 "이곳에는 물소가 정말 많다."면서 물소 우유로 만든 포리지를 칭찬했다.

비양심적인 상인들이 만든 희석 우유는 만연한 문제였다. 부자들은 이런 꼼수를 막기 위해 고왈라에게 집으로 소를 데려와 그들이 보는 앞에서 직접 우유를 짜게 했다. 그럼에도 불구하고 그들이 써먹는 수법에 관한 말들이 나돌았는데, 젖을 짜기 전에 이미 양동이에 물을 좀 채워 놓는다든가, 물이 든 염소 가죽을 소매에 숨겼다가 몰래 우유에 섞는 식이었다. 죽이나 쌀뜨물도 색이 하얘서 우유를 희석하는 용도로 자주 쓰였다. 이런 관행 때문에 영국인 중에는 집에서 소를 기르는 사람이 많았고, 인도인들도 마찬가지였다.

—— 우유의 역사

인도 제국 말기에 아난드라는 마을이 유명해졌다. 그 지역 낙농가 농부들이 폴슨Polson이라는 거대 유제품 기업에 맞서 파업에 돌입한 일 때문이었다. 봄베이(오늘날 뭄바이)에 본사를 둔 폴슨은 아난드에 대한 완전한 독점권을 갖고 있어서, 농부들은 유제품을 다른 구매자에게 팔 수 없었다. 가공처리 역량이 크게 향상되고 우유 수요도 증가했지만 영국은 새로 창출되는 이 모든 이익이 폴슨에 돌아가도록 판을 짜놓았다.

아난드 지역의 거대한 소작농 계급 '파티다르patidar'가 분노했다. 구성원 대부분이 호전적인 민족주의자들이었기 때문에 이들이 조직화해 반란을 일으키는 건 시간문제였다. 구자라트 변호사이자 인도의 독립을 위해 싸우고 이후 현대의 인도를 세운 사르다르 발라바이 파텔Sardar Vallabhbhai Patel이 이 투쟁의 정치적 잠재력을 한눈에 알아챘다. 그는 조직적으로 불매 운동을 펼쳤고, 농부들은 폴슨에 우유를 납품하지 않기로 했다. 그런 다음 그는 협동조합을 만들어 농부들의 우유를 모아 철도로 봄베이까지 운송할 수 있는 길을 마련했다. 그의 이런 활동들은 1930년 영국의 소금 독점에 저항하며 인도를 횡단하는 241마일 행진을 조직했던 마하트마 간디의 선례를 따른 것이었다.

소금과 우유의 관리가 독립 이전 인도 문제의 쟁점으로 떠올랐다. 영국이 인도 경제를 쥐락펴락하는 동안 인도인들은 기근에 시달린 반면 영국인들은 주머니를 불렸다. 영국이 방관하는 동안 수백만 인도인들이 죽어나갔다. 독립 이후 인도에는 단 한 번의 기근도 일어나지 않았다.

'인도의 철인鐵人'으로 통했던 파텔은 간디와 몇 가지 특정 문제에 관한 의견이 첨예하게 갈렸다. 그는 농업에 대한 간디의 신념이 너무 낭만적이라고 확신했으며, 인도가 성공적으로 독립하기 위해서는 농공산업

기술과 마케팅 기술을 개발해야 한다고 믿었다. 그리고 이를 위한 한 가지 방법이 협동조합 설립이라고 생각했고, 아난드에서 이 아이디어를 실현할 기회를 본 것이다.

1946년, 폴슨에 우유를 공급하는 농가가 사라지자 영국 정부는 아난드에서의 우유 독점을 중단하지 않을 수 없었다. 이 결정은 영국이 인도에서 떠나야 한다는 걸 깨닫게 된 패배 중 하나였다. 파텔의 낙농 협동조합은 '케다 지구 우유 생산자 협동조합(Kheda District Cooperative Milk Producers' Union)'의 약자를 따 KDCMPU라는, 음악적으로는 형편없는 이름을 갖게 됐다. 인도 최초의 낙농 협동조합이었던 KDCMPU는 이후 마케팅의 중요성을 이해하면서 좀 더 기억하기 쉬운 '아물(AMUL, Anand Milk Union Limited)'이라는 브랜드 이름을 지었다.

인도가 소 도살을 금지한 진짜 이유

파텔은 인도의 초대 부총리 겸 내무부 장관이 됐지만, 1950년에 사망해 자신이 일으킨 협동조합 운동이 얼마나 성공적인지 보지 못했다. 독립 이후 경제 개발이라는 막중한 사명을 띤 새로운 인도는 낙농 협동조합 설립을 최우선 과제로 삼았다. 이를 위해 무더운 기후에 적합하진 않지만 우유 생산량이 많은 유럽 품종을 들여와 데시종과 교배시켰다.

인도인들의 문화적인 태도도 바뀔 필요가 있었다. 시골에서는 우유를 사고파는 일을 하찮게 취급했다. 우유는 가족이 먹을 음식이라고 생각했기 때문에 우유를 판다는 건 가족을 굶기거나 가족의 몫을 빼앗는 행위로 간주했다. 하지만 요거트나 기 같은 유제품은 그런 비난을 듣지

—— 우유의 역사

않고도 팔 수 있었다.

1949년, 이제 간단히 '아물'이라고 불리는 파텔의 낙농 협동조합은 미국에서 공부한 엔지니어 베르기스 쿠리엔Verghese Kurien을 고용해 운영을 맡겼다. 이후 쿠리엔은 인도를 세계 최대의 낙농 강국으로 키워낸 '백색 혁명의 아버지(Father of the White Revolution)'로 불리게 된다.

새 인도 정부는 아물 모델을 본떠 우유의 효율적인 생산과 마케팅 수단으로 전국에 낙농 협동조합을 설립했다. 1970년 이 협동조합들은 국제연합(UN, United Nations)과 유럽경제공동체(European Economic Community, 유럽 연합의 전신)로부터 국제적인 지원을 받았다.

대부분 나라에서 그렇듯 인도에서도 소젖 짜는 일은 주로 여성들 몫이었기 때문에, 처음에는 조합에 가입하는 사람 대다수가 여성일 것으로 예상했다. 하지만 얼마 안 가 소와 관련된 일은 보통 여자들이 하지만 그 소의 주인은 거의 예외 없이 남자들이라는 게 여실히 드러났다. 인도 정부는 낙농 산업을 더욱 발전시킬 여성들의 잠재력을 깨닫고 여성 낙농 협동조합을 발전시켰다. 최초는 현재 인도의 낙농 수도로 알려진 아난드에 설립됐다.

정부는 협동조합 여성들에게 번식, 먹이 주기, 착유, 일반적인 소 관리 등에 관한 최신 기술들을 가르쳤다. 또 마을에서 여성들을 선발해 관리와 회계 업무를 훈련시켰다. 원래는 남자들이 주로 이런 직책을 맡았지만 — 그런 사람들이 협동조합에서 도둑질하는 사건이 종종 일어났다 — 훈련받은 여성 인력이 늘어나면서 그런 자리를 차지했고, 나중에는 전적으로 여성들이 협동조합을 운영하게 됐다.

협동조합의 여성 회원들은 그동안 믿어왔던 잘못된 생각 — 임신한 소를 너무 잘 먹이면 송아지를 못 낳을 수 있기 때문에 소를 굶겨야 한다는 생각 — 을 바꿔야 한다는 걸 배웠다. 자식들 먹이기도 힘든 가난한 동네에서는 동물을 잘 먹여야 한다는 지혜를 이해하지 못하는 사람이 많았다. 하지만 협동조합 여성들은 다른 관점을 갖게 됐고, 가족이 먹을 식량뿐 아니라 옥수수, 태양마, 인도 일부 지역에서 번성했던 아프리카 기니아그라스 등 소에게 먹일 식량까지 재배하기 시작했다. 남부의 타밀나두 같은 몇몇 주 정부들은 협동조합에서 유럽-인도 교배종 소를 구매하는 비용을 지원하기도 했다.

여성들은 협동조합 설립으로 바뀐 새로운 생활방식을 달가워하지 않았다. 예전에는 기를 만들고 남은 버터밀크를 집으로 가져갈 수 있었는데, 공급이 안정적이던 버터밀크를 더 이상 얻지 못하게 됐기 때문이다.

인도의 낙농업 확장에 자금을 지원하던 세계은행은 유럽 품종을 선호했다. 교배종은 수명이 짧긴 해도 본토의 소보다 하루 평균 네 배나 많은 우유를 생산했다. 교배종은 유지비는 훨씬 많이 들지만 구매 비용은 훨씬 쌌다. 협동조합은 교배종을 선택했다. 전형적으로 홀스타인이나 저지가 제부Zebu와 교배됐다. 몸집이 크고 혹이 있고 목이 주름진 제부는 수천 년 전 인도로 유입된 아시아 품종이었다. 인더스 계곡에 살던 고대인들의 인장에 새겨진 소이기도 했다. 제부는 보통 열대기후에 적응을 잘해서 브라질처럼 기후가 무더운 다른 나라에서도 인기가 많았다.

21세기에 이르러 협동조합의 활동은 대단히 성공했다. 이런 분위기 속에 개인 낙농업자들이 다시 생겨나 협동조합에 도전하기 시작했다. 2017년 인도 언론 〈인디언 익스프레스Indian Express〉는 얼마 안 가 사적인

제부종

낙농업체들이 협동조합보다 우유를 더 많이 생산할 거라고 예측했다.

한편, 여러 대도시에서 금지했음에도 불구하고 사람들은 그에 아랑 곳없이 지금도 소를 한두 마리씩 키운다. 소를 기르는 게 공식적으로 인 정되는 곳은 사원처럼 종교와 관련된 부지뿐이다. 소를 기르는 사람들 은 종종 소에게 먹이를 주기 위해 공원이나 공공장소에 묶어둔다. 그리 고 근처에서 공처럼 생긴 소 먹이를 쟁반에 담아 지나가는 사람들에게 판다. 사람들은 먹이를 사서 소에게 주고, 꼬리를 잡아당겨 축복을 빌 수 있다. 이런 수법으로 소도 먹이고 돈도 버는 셈이다.

인도에는 소와 관련된 축제가 많다. 타밀나두주에는 매년 1월 중순 추수감사제인 '퐁갈Pongal'을 기념하며 태양에 감사를 표한다. 소에 색을 칠하고 뿔을 장식한다. 인도인들은 색칠을 정말 좋아한다.

인도에서 소는 강력한 상징으로 남아 있다. 1960년대 후반 인디라 간 디Indira Gandhi가 정당에 파벌을 형성했을 당시, 그녀는 송아지에게 젖 먹 이는 소를 상징으로 삼았다.

일부 사람들은 인도에 가장 적합한 소가 생산량 높은 다른 토종 소와 교배한 제부라고 주장한다. 유럽 혈통은 인도 아대륙에 적합하지 않아서 치료받을 일이 너무 많고, 병을 치료하기 위해 사용된 약물이 우유에도 들어가며, 그러고도 그렇게 오래 살지 못한다는 것이다. 인도에는 커다란 혹이 달린 37종의 토종 소가 있는데, 모두 제부의 자손이다. 하지만 이런 종들은 씨가 마르고 있는 반면, 저지와 제부 교배종은 금세기 들어 그 수가 20퍼센트 증가했다.

대다수의 관찰자 역시 소 도살을 금지하는 수많은 법에 반대한다. 그 금지법에는 오랜 역사가 있다. 14세기 이븐 바투타는 힌두교 통치자가 소 도살을 허용하지 않는다는 이유로 이슬람교도들이 봉기했던 사건을 기록으로 남겼다. 그 일이 있고 나서 수 세기 동안 도살은 금지되지 않았다. 그러다가 18세기와 19세기 들어 힌두 민족주의(Hindu nationalism)가 부상하면서 그 문제가 다시 언급되기 시작했다. 소 도살 금지에 찬성하는 것은 반영국 정서를 표현하는 방법이었다. 독립 이후 1948년에 새로운 인도의 법을 제정하기 위한 회의에서 동물권 이슈, 특히 소를 보호하는 문제가 도마 위에 올랐다. 그래서 인도가 세계 최초로 동물의 권리를 헌법으로 제정한 나라가 됐을까? 많은 사람이 이 아이디어를 열렬히 지지했지만, 경제 발전에 중점을 둔 사람들은 이 움직임에 반대했다. 결국 타협이 이루어졌다. 결정을 각 주에 맡기기로 한 것이다.

백색 혁명은 각 주의 결정에 상관없이 진행됐다. 민족주의의 경제 발전 모델이 힌두교 민족주의보다 더 인기를 끌었다. 1966년 11월 7일, 소 도살 금지를 요구하는 대규모 행진이 뉴델리에서 열렸다. 건국 독립 정당인 인도 국민회의를 향한 최초의 대규모 시위였다. 시위가 폭동으로 돌변해 여덟 명이 사망했다. 델리에서는 해마다 그 사건을 기념하는 행진이 열린다.

하지만 일부 사람들의 강력한 반대에도 불구하고 소 도살은 계속됐다. 1980년대 이래로 인도인민당(BJP, Bharatiya Janata Party)에 대한 지지가 높아져왔는데, 힌두 민족주의와 결이 비슷한 이들은 힌두교 문화와 종교의 부활에 찬성하고 유럽의 세속주의라는 용어를 거부했다. 놀랍지도 않게 이슬람교도들에게는 인기가 형편없었지만, 힌두교인들로부터는 열렬한 지지를 받았다. BJP가 다수의 주 정부 통제권을 장악했고, 2014년 BJP의 후보로 나선 나렌드라 모디Narendra Modi가 총리로 당선됐다. BJP가 장악한 주 정부들은 소 도살을 금지했는데, 오늘날 인도의 29개 주 중 8개 주만 소 도살을 금지하지 않는다. 제한 사항은 주마다 다르다. 어떤 주들은 일부 도살은 허용하지만 주 밖에서 고기를 판매하는 행위는 금지한다. 인도에서 소고기를 수출하는 건 불법이다. 그렇다고 법이 늘 지켜지는 건 아니다. 2016년 4월, 〈타임스 오브 인디아Times of India〉는 우타프라데시주에서는 도살이 금지돼 있음에도 도축장 126곳이 운영되고 있다고 보고했다.

수익과 지출의 균형을 신중히 맞춰야 하는 현대의 상업적 낙농업에서 소 도축 금지는 심각한 문제를 안고 있다. 인간이나 다른 포유동물들과 마찬가지로, 소는 가임 기간이 일정하고 따라서 평생 젖을 분비하지는 못한다. 소는 보살핌만 잘 받으면 젖 분비가 멈춘 후에도 여러 해 동안 살 수 있다. 하지만 대규모 낙농가에게 이것은 소를 생산성 있는 무리와 없는 무리로 완전히 나눠서 관리해야 한다는 의미가 된다. 비생산적인 소 떼를 유지 관리하는 건 심각한 재정적 손실을 의미한다. 인도 이외 세계 다른 지역의 낙농 농부 대부분은 더 이상 착유할 수 없는 소를 도축장으로 보낸다. 하지만 인도 대부분 주에서는 그렇게 하는 게 불법이기 때문에 큰 문제를 일으키고 때로는 농장에 심각한 위기를 초래하기도 한다.

라자스탄 같은 일부 주들은 버려진 소들을 보호할 목적으로 '고샬라스gaushalas'라는 캠프를 마련했다. 가우샬라에 모여든 수만 마리 소는 죽을 때까지 보살핌을 받는다. 이런 캠프들은 17세기부터 존재했으며, 특히 마하슈트라주에서는 가뭄 기간에 임시 구호소로 사용하기도 했다.

하지만 여기에는 다른 수많은 나라도 똑같이 겪는 '동물의 권리 대 농부들의 권리'의 단순한 갈등 이상의 정치적인 문제가 있다. 집권당인 BJP는 이슬람교와 그보다 급진적인 힌두교 양쪽 모두로부터 반反이슬람으로 간주되는데, 도살을 금지하는 법도 같은 선상에 있다. 소고기는 가장 값싼 고기고, 인도에서 가장 가난한 종교 집단인 이슬람교도들은 소고기에 의존한다. 불교, 기독교, 시크교도들 역시 소고기를 먹는다. 2015년 가을에 한 무리의 폭도가 50세의 이슬람교도 무함마드 아흘라크Muhammad Akhlaq를 그의 집에서 끌어내 때려 죽였다. 그의 가족은 양고기였다고 항변했지만 그게 소고기였을 거라는 이유였다. 이런 린치와 구타 사건이 끊이지 않았다. 언론은 이런 가해자들에게 '소 자경단'이라는 이름을 붙였다.

또한 몇몇 사람들은 소 도축 금지를 한때 불가촉천민이라고 불렸던, 인도 카스트 제도의 최하층민인 달리트dalit들에 대한 계급투쟁의 한 형태로 보기도 한다. 달리트들은 항상 아무도 원하지 않는 일을 하고 아무도 사용하고 싶어 하지 않는 것들을 사용해왔다. 쓰레기를 수집하고, 동물 사체를 찾아다니고, 소고기를 먹고, 고기와 가죽을 얻기 위해 소를

— 우유의 역사

도살했다. 사실 그들을 불가촉천민으로 만든 건 죽은 소와의 관련이 컸다. 소 도살 금지는 가장 가난한 계층인 달리트들의 수입과 식량 공급을 마비시켰다.

소 도살 금지의 또 다른 효과는 농부들이 소 대신 물소를 택했다는 점이다. 물소 도살은 제한이 없었다. 물소의 젖은 지방 함량이 높고, 인도의 우유 가격은 지방 함량으로 결정되기 때문에 높은 가격을 받을 수 있었다. 하지만 가장 귀한 건 아니었다. 가장 귀한 우유는 순종 데시 우유였다. 인도인들은 이 우유를 'A2 우유'라고 부른다.

이렇듯 인도는 우유를 많이 생산하면 할수록 논쟁거리도 많아진다는 또 다른 증거인지 모른다.

세계 각국의 장인 치즈

치즈의 왕이 되기 위하여

산업혁명 이후 치즈 공장들은 그 어느 때보다 규모가 커지고 그 숫자도 많아졌다. 그로 인해 몇몇 장인 치즈가 사라졌었지만, 대부분 견뎌내거나 사라졌다가 다시 돌아왔다.

장인 치즈들은 단순히 살아남기만 한 게 아니었다. 산업혁명 이전에 이름을 날리던 치즈들이 최고의 자리에 올라섰다. 치즈는 언제나 흔한 음식이었지만 미식가들에게는 한결같은 흠모의 대상이었다. 18세기 정치가이자 변호사면서 일찍이 음식 작가로 활동했던 장 앙텔름 브리야샤바렝의 유명한 말이 있다. "치즈 없는 디저트는 한쪽 눈 없는 어여쁜 숙녀와 같다."

브리야 샤바렝은 에푸아스^{Époisses}를 최고의 치즈로 꼽았던 반면, 프랑스 최초의 위대한 음식 작가 그리모 드 라 레이니에르^{Grimod de La Reynière}는 자신의 순위 목록 맨 꼭대기에 로크포르^{Roquefortat}를 올렸다. 그는 로크포르 치즈가 갈증을 일으킨다고 해서 '술꾼의 비스킷'이라고 불렀다. 그의 말에 따르면, 치즈의 주된 기능은 와인을 즐거움으로 이끄는 것이었다.

공교롭게도 21세기 이 책의 저자가 제일 좋아하는 치즈도 에푸아스와 로크포르다. 하지만 1815년 7월부터 9월까지 짧게 총리를 지낸 프랑스 정치가 샤를 모리스 드 탈레랑 페리고르^{Charles Maurice de Talleyrand-Périgord}와 루이 16세의 생각은 달랐다. 두 사람은 브리 치즈에 열광했다. 특히 루이 16세는, 진위가 의심스럽긴 하지만, 프랑스 혁명 당시 성난 군중을 피해 달아나던 중에 브리 치즈를 먹으려고 지체하다가 체포돼 처형당했다는 일화로 유명하다. 탈레랑은 나폴레옹 전쟁 이후 유럽을 혹평하던 1815년, 비엔나 회의 만찬 자리에서 브리를 치즈의 왕이라고 칭할 정도로 지칠 줄 모르는 브리 옹호자였다. 브리는 그가 한결같이 충성한 유일한 왕이었다고 한다.

1896년, 뉴욕 애스토리아 호텔 주방장 오스카 처키는 가장 인기 있는 프랑스 치즈로 첫 번째는 파리의 브리, 두 번째로 노르망디의 카망베르를 선정했다. 두 치즈 모두 공산품이든 수제품이든 전 세계에 수많은 모방품이 있다. 하지만 오리지널 브리와 카망베르는 특정 지역에서만 만들어지고 그곳에서 만들어야만 그 풍미를 낼 수 있다. 부르고뉴산 와인만 부르고뉴 맛을 낼 수 있는 것처럼 말이다.

최고 품질의 치즈는 착유 직후에 만들어지는데, 이때의 우유 온도가 응고되기에 가장 적합하다고 보기 때문이다. 오리지널 브리는 일드프랑스 Île-de-France (파리를 중심으로 한 수도권 지역 —옮긴이)에서 나는 생우유로 만든다. 브리 치즈의 종류인 브리드모 Brie-de-Meaux 와 브리드믈룅 Brie-de-Melun 은 생산지가 서로 다르다. 생우유는 젖소가 어느 목초지에서 풀을 뜯느냐에 따라 그 목초지에서 자라는 풀들의 독특한 맛이 나는데, 좋은 브리의 원료로 쓰이는 우유는 모두 같은 목초지에서 생산된다. 하지만 풀은 계절에 따라 변하기 때문에 가을에 생산된 브리드모와 봄에 생산된 브리드모의 맛이 다르고, 가을 에푸아스와 봄 에푸아스도 풍미가 전혀 다르다. 파리의 괜찮은 프로마주리 fromagerie (치즈 도매점 —옮긴이)에 가면 손님들에게 그 치즈가 어느 계절에 생산된 것인지 알려준다. 이 모든 건 진정한 장인 치즈가 농장 한 곳에서 소량만 생산된다는 것을 의미한다.

장인이 만드는 브리는 잿빛 피부에 지방은 거의 없이 근육만 엄청난 벨기에산 '벨지안 블루 Belgian blue ' 소젖으로 만든다. 벨지안 블루의 우유는 흰색과 검은색이 섞인 노르망디 젖소 우유보다 유지방이 적다. 노르망디 젖소의 우유는 카망베르를 만드는 데 쓰인다.

벨지안 블루종

—— 우유의 역사

쿠바가 치즈 산지로 유명하진 않지만, 카망베르를 모방한 것으로 가장 유명한 사람이 쿠바의 지도자 피델 카스트로다. 그가 아바나 리브레^{Habana Libre} 호텔에서 아이스크림과 초콜릿 밀크셰이크 마시는 걸 얼마나 좋아했는지와는 별개로, 그는 쿠바의 낙농 산업을 일으키는 게 무엇보다 중요한 필수 과제라고 확신했다.

우유와 유제품은 쿠바인들 식단의 중요한 자리를 차지했는데, 혁명 이전에는 그 대부분이 미국에서 수입된 것이었다. 소를 기르기에 적합하지 않은 아열대기후인 쿠바는 단 한 번도 우유를 충분히 생산한 적이 없었다. 1962년 미국의 금수조치가 시행되자 카스트로는 쿠바의 낙농업을 개선하기로 마음먹었다. 그 결심이 머지않아 쿠바산 카망베르의 발명으로 이어질 터였다.

1960년대 쿠바의 소들은 대부분 이베리아산 크리오요^{Criollo cattle} 종이나 인도산 제부의 후손이었다. 이 소들은 무더운 기후에는 잘 적응했지만 우유 생산량이 형편없었다. 아대륙의 인도와 마찬가지로, 카스트로의 해결책은 홀스타인을 수입하는 것이었다. 이 소들은 에어컨이 설치된 축사에서 지내게 될 예정이었는데, 연료비를 고려할 때 상업적으로 우유를 생산하기에 실행 가능한 방법이 아니었다. 하지만 당시 쿠바는 소련으로부터 보조금을 받고 있었고, 낙농업 발전은 무엇보다 우선순위였다. 쿠바는 캐나다로부터 홀스타인 수천 마리를 수입했다.

하지만 이 캐나다 소의 3분의 1이 몇 주 만에 죽자 카스트로는 쿠바의 새로운 품종 '열대 홀스타인'을 개발하겠다고 선언했다. 쿠바의 신품종은 결과적으로 인도 협동조합에서 개발했던 소 ─ 홀스타인이나 브라운스위스를 제부와 교배한 종 ─ 와 똑같은 소가 됐다. 하지만 이 소들도 쿠바에서 잘 지내지 못하기는 마찬가지였는데 아마 먹이를 적절하게 공급받지 못해서였던 것 같다. 홀스타인이든 설반만 홀스타인이든 잘 먹여야 산다.

단, '우브레 블랑카Ubre Blanca' 즉 '하얀 유방'이라는 이름을 가진 젖소만은 예외였다. 이 소는 하루 우유 생산량이 109.5리터로 세계 신기록을 보유해 1982년 기네스북에 올랐다. 수유기 1회당 생산량도 2만 4,268.9리터로 세계에서 가장 많았다. 1985년, 혁명의 영웅으로 칭송받던 이 소가 죽자, 공식적인 부고에 이런 조문이 실렸다. "그녀는 인간에게 모든 걸 바쳤습니다." 쿠바인들에게 이 정도로 헌신한 소는 우브레 블랑카가 처음이자 마지막이었다.

한동안 쿠바는 각 가정에서 필요한 유제품을 스스로 마련할 수 있을 만큼 작은 소를 개발하려고 애썼다. 성과를 낸 건 없었지만 이 쿠바의 최고 사령관은 기분이 좋았다. 최고의 치즈를 개발하겠다는 새로운 아이디어가 떠올랐기 때문이었다. 그는 세계 최고의 카망베르를 만들기로 결심했다. 들리는 바에 따르면 당시 쿠바는 이미 꽤 괜찮은 카망베르를 생산하고 있었지만, 괜찮은 정도가 아니라 최고의 카망베르를 원했던 카스트로는 치즈 제조자들한테 그런 카망베르를 만들라고 명령했다.

1964년, 아직 혁명이 한창이고 무한한 야망을 품고 있던 피델은 앙드레 부아쟁André Voisin을 초청해 쿠바에서 강연을 해달라고 부탁했다. 부아쟁은 당시 전 세계 농업 관행에 영향을 미치고 있던 '합리적 방목(rational grazing)' 이론을 개발한 프랑스의 전쟁 영웅이었다. 피델은 그에게 쿠바에서 만든 새로운 카망베르를 시식해달라고 부탁했다. 그러자 이 프랑스인은 훌륭하다고, 프랑스 카망베르와 같다고 평을 내놨다.

같은 게 아니라 그 이상을 원했던 피델은 부아쟁에게 쿠바 카망베르가 프랑스 카망베르보다 더 훌륭하다는 대답을 얻으려고 애썼다. 하다 못한 부아쟁이 카스트로의 셔츠 주머니에 들어 있던 시가를 집어 들었다. 카스트로 정권이 혁명 이전의 시가를 대체하기 위해 개발한 큼직한 코이바Cohiba였다. 일반적으로 코이바는 세계 최고라는 평가를 받았다. 부아쟁은 카스트로 앞에 그 시가를 들어 보이며 프랑스가 이것보다 훌륭한 시가를 만들 수 있다고 생각하냐고 물었다.

며칠 후 부아쟁은 자신의 호텔 방에서 심장마비로 사망했고, 쿠바의 수많은 위인과 함께 아바나에 있는 콜론 묘지(Colón Cemetery)에 묻혔다. 그는 쿠바산 카망베르를 인정하지 않았지만 쿠바인들 기억 속에는 존경받는 인물로 남았다.

세계는 더 많은 치즈를 원한다. 이것이 치즈 공장의 출발이었다. 세계 인구는 꾸준히 증가하고 있고 1인당 치즈 소비량도 계속 늘고 있다. 소규모 농장을 냉대하는 경제 시스템 안에서는 치즈 장인들만으로는 결코 사람들이 원하는 만큼 치즈를 생산할 수 없다. 프랑스만 해도 1인당 치즈 소비량이 1815년 약 2킬로그램에서 1960년 약 10.6킬로그램으로 다섯 배 이상 증가했다.

네덜란드는 그들의 유명했던 치즈 전통을 공장에 거의 다 넘겼다. 지금도 생산되는 네덜란드의 부렌카스 치즈를 먹어본 사람이 거의 없을 정도다. 네덜란드에서 가장 유명한 치즈 생산지 하우다에 가면 아직도 고집스럽게 수제 하우다치즈를 만드는 농가가 있긴 하지만 그 수가 많지 않다. 질감이 단단하고 맛이 고소하며 색이 짙은 수제 하우다는 세계인들이 다 아는, 공장에서 대량 생산되는 그 하우다와 모양 말고는 공통점이 거의 없다.

1910년. 낙농장에서 일하는 프랑스 남성과 여성들.

전통적으로 여성들이 만드는 '팜하우스 하우다^{Farmhouse Gouda}'는 같은 목초지에서 풀을 뜯는 젖소들의 원유로 만들어진다. 젖은 하루에 두 번 짜는데, 채 식기도 전의 갓 짠 우유를 준비하는 것부터 치즈의 제조 과정이 시작된다. 그 다음 할 일은 우유에 젖산을 넣어 발효시키는 것이다. 요즘은 젖산을 구매할 수 있지만 두 세대 전만 해도 여성들이 직접 만들어 썼다. 젖산균을 얼마나 정확하게 만드느냐가 하우다의 품질을 결정짓는 열쇠 중 하나였다. 완성된 팜하우스 치즈는, 일부는 지역 시장에 내다 팔지만 대부분은 치즈 도매상인들에게 넘긴다. 이게 14세기부터 해오던 방식이다.

오늘날 네덜란드산 치즈의 1.5퍼센트 정도만이 장인 치즈며, 지금까지 남아 있는 장인은 500명 남짓이다.

브리, 카망베르, 체다, 파르메산 등 세계적으로 유명한 거의 모든 치즈는 소젖으로 만든다. 이 최상층에서 유일하게 양젖으로 만드는 치즈가 바로 로크포르다.

양젖으로 만든 명품 치즈, 로크포르와 바스크

로크포르의 생산지인 로크포르 쉬르 술종은 주민 200명이 채 안 되는 작은 마을이다. '로크포르'라는 명칭은 거대한 암벽 옆 산등성이에 난 좁은 길을 따라 형성된 이 작은 마을에서 만든 치즈에만 붙일 수 있다. 이 이름의 독점권은 마을의 대지를 다른 용도로 사용하기에는 그 가치가 너무 크다. 처음 독점권을 부여한 것은 1411년 프랑스의 왕 샤를 6세였다. 그러다 1961년 한 법정에서 다른 지역의 치즈 제조자들이 로크포르를 만드는 재료와 기술을 정확히 따랐다 해도, 이 마을 콩발루 산(Mont Combalou)에 있는 자연 동굴에서 숙성시킨 치즈만 로크포르라는 이름을 사용할 수 있다고 판결했다.

판결은 근거 없이 내려진 게 아니었다. 콩발루 산 자연 동굴의 내부는 공기의 순환과 바위 안에 갇힌 습기가 그곳만의 독특한 이끼가 자랄 수 있는 환경을 만든다. 이 천연의 치즈 저장고는 마을 아래 4층 깊이에 있는데, 암석으로부터 100피트(약 30미터) 이상 내려간 곳이다. 동굴 내부는 서늘하고 습하며, 암벽이든 손으로 다듬어 만든 오래된 나무 기둥이든 아니면 치즈를 숙성시키는 목제 선반이든, 모든 게 축축하고 미끌미끌하다. 바위 위로는 각양각색의 곰팡이와 이끼가 만화경처럼 펼쳐져 있는데, 이게 바로 로크포르산 치즈를 만드는 데 없어서는 안 되는 재료다. 이 저장고는 수 세기 전에 형성됐고, 새로운 저장고를 만들려는 시도는 언제나 실패로 끝났다.

1990년대 초, 유럽 연합에서 파견된 보건 검사관들이 동굴 안 광경을 보고 경악했다. 곰팡이 핀 오래된 나무 선반 위에 식품이 올려져 있었다. 치명적인 박테리아라도 있으면 어쩐단 말인가. 치즈 제조자들은 그건 살아 있는 푸른곰팡이(penicillium, 인류 최초의 항생제 페니실린의 원료 – 옮긴이)여서 동굴에는 박테리아가 서식할 수 없다 주장했다. 그러거나 말거나 검사관은 나무 선반을 위생적인 플라스틱으로 바꾸라고 명령했다.

치즈 제조자들은 마지못해 느릿느릿 바꿔나갔다. 다만 지금까지 남아 있는 소규모 독립 로크포르 생산자들 가운데 한 명인 자크 카를레스Jacques Carles만은 예외였다. 오늘날 로크포르의 대부분은 두 거대 기업 소시에테Société와 파피용Papillon에서 생산된다. 카를레스는 그런 소규모 로크포르 회사가 12곳 운영되던 1920년대에 사업을 시작한 아버지로부터 회사를 물려받았다. 전통주의자였던 그는 유럽 연합의 명령을 무시하고 단 하나의 선반도 바꾸지 않았다. 덕분에 그는 플라스틱 선반에서 숙성시킨 로크포르는 나무 선반에서 숙성시킨 것과 같은 풍미를 내지 못한다는 게 밝혀진 뒤에 다시 나무 선반으로 교체할 때 드는 상당한 비용을 절약했다.

로크포르 마을은 마시프상트랄Massif Central(프랑스 중부와 남부에 걸쳐 있는 산맥 – 옮긴이) 바로 아래 아베롱주 생타프리크라는 지역에 있는, 주민이 적고 자연이 거의 훼손되지 않은 곳 중 하나다. 이곳 주민들은 자기들만의 프랑스 방언을 사용하는데, 표준어를 사용하는 사람이 마을에 오면 정부 감사관이거나 더 나쁘게는 브뤼셀에 있는 유럽 연합 직원일지 모른다는 의심부터 한다. 이 마을 사람들은 고대부터 해오던 방식대로 일하는데, 그걸 바꾸라고 말하려는 사람은 그들 방식이 성공적이라는 눈앞의 증거를 반박할 수 있어야 할 것이다. 이 마을에 하나뿐인 도로에는 그들이 만든 치즈를 세계 곳곳으로 실어 나를 트럭들이 즐비하고, 블루 치즈만큼이나 진한 돈 냄새가 풍긴다.

로크포르라는 이름을 사용하기 위해서는 수많은 규정을 지켜야 한다. 양젖은 분만 후 20일 안에 배달된 것이어야 한다. 양은 상대적으로 젖 생산량이 많은 라콘느Lacaune라는 종으로, 아베롱과 주변의 몇몇 지역에서 기르는 것이어야 한다. 푸른곰팡이는 로크포르 쉬르 술종에 있는 동굴에서 생산된 것이어야 한다. 소규모 치즈 제조자가 만든 치즈와 대기업이 생산하는 치즈에는 차이가 있다. 소규모 생산자들은 우유 탱크가 아니라 구식 우유 통에 젖을 받는다. 커드는 손으로 떠서 틀에 채워 넣는다. 박테리아의 일종인 푸른곰팡이는 신선한 치즈에 거품을 일으키는데, 시간이 지나면서 거품이 파랗게 변한다. 예전에는 동굴에 두고 푸른곰팡이를 배양한 빵을 가루 내 사용했지만 요즘은 같은 동굴, 같은 곰팡이에서 추출한 액상형을 사용한다. 이렇게 하는 게 로크포르 치즈 제조의 기본 원칙 하나를 위반하는 것이긴 하지만 유럽 연합에서는 똑같은 곰팡이라는 생산자들의 맹세를 인정해주고 있다.

하지만 전통주의자들은 지금도 빵으로 푸른곰팡이를 배양한다. 카를레스는 플레장스Plaisance라는 이웃 마을 빵집에서 밀과 호밀을 섞어 만든 빵을 사서 동굴에 놔두고 곰팡이를 배양한 다음 빵의 겉껍질을 잘라내 푸른곰팡이 가루로 만든다.

로크포르는 2,000여 곳 이상의 농장에서 생산된 우유로 만드는데, 이를 위해 필요한 양의 수도 엄청나다. 양은 치즈를 만들기 적합하지 않을 정도로 젖 생산량이 적기로 악명 높은데, 세계적으로 유명한 양젖 치즈가 거의 없는 것도 그래서이다. 털이 하얀 라콘느는 젖 생산량이 좋기로 유명하긴 하지만, 스무 마리의 일일 젖 생산량이 40리터 우유 통 하나를 채우는 정도에 불과하다. 아직 손으로 젖을 짜는 경우가 있긴 해도 대개는 기계로 짠다. 양을 치는 농부들의 우유는 좋은 값을 받아서, 웬만한 규모의 농장이라면 우유로 한 해 10만 달러 이상 벌 수 있다.

　대부분의 장인 치즈가 그렇듯 로크포르 역시 생산 시기가 상당히 제한적이다. 6월부터 12월까지는 어미 양이 새끼들에게 젖을 먹이는 시기이기 때문에 젖을 짜지 않는다. 그래서 이 시기에는 예전에 만들어둔 치즈, '비외 프로마주^{vieux fromage}'를 판매한다. 12월이 되면 치즈를 만들기 시작하지만 이 새 치즈 '누보^{nouveau}'를 판매하려면 봄까지 기다려야 한다. 4월부터 6월까지는 두 종류를 모두 맛볼 수 있다. 그리고 두 종류 다

라콘느

── 우유의 역사

팬이 있다. 누보는 맛이 복잡미묘한 반면, 비에는 강하고 고소하다. 하지만 포장에는 이런 표시가 전혀 돼 있지 않아서, 에푸아스나 브리처럼 현지인이거나 파리의 괜찮은 전문점에서 사지 않는 한, 대부분의 손님은 그 차이를 알 수 없다.

로크포르 치즈는 저온 살균하지 않은 젖으로 만드는데, 이것 역시 로크포르라는 이름을 사용하기 위해 갖춰야 할 요건 중 하나다. 보통 생우유로 만든 제품은 대부분 국가의 세관을 통과하지 못한다. 하지만 로크포르는 예외다. 로크포르를 먹을 수 없다는 건 상상할 수 없는 일이다.

피레네산맥의 다른 쪽 끝에는 많은 사랑을 받지만 훨씬 덜 유명한 또 다른 양젖 치즈가 있다. 바스크인들이 만드는 이 치즈는 그 정체성 면면을 쌓기 위해 그들이 흘린 땀만큼 '바스크^{Basque} 치즈'라고 이름을 붙이는 데도 신중하다. 질감이 단단하고 매운맛이 나는 오리지널 바스크 치즈는 양젖으로만 만든다. 프랑스 정부는 이 치즈를 '오소 이라티^{ossau-Iraty}'라고 명명하고 다양한 착유 동물의 젖으로 만들 수 있게 허용하고 있지만, 바스크인들은 양젖 치즈라는 의미의 '아르디 가스나^{ardi-gasna}'라는 이름으로 구분해 부르면서 반드시 양젖으로 만들어야 할 뿐 아니라 반드시 바스크에서 기르는 양의 젖이어야 한다고 규정하고 있다.

바스크에서는 바스크 양, 바스크 돼지, 바스크 말, 바스크 개, 바스크 염소 등 모든 게 다 바스크다. '검은 얼굴'이라는 뜻을 가진 바스크 양 '부루 벨차^{burru beltza}'는 프랑스에서 '검은 머리'라는 뜻의 '테트 누아르^{Tête noire}'로 알려져 있다. 몸은 하얗고 머리는 검은 바스크 양은 이 지방 고유 품종이다.

바스크 양은 성미가 좀 까다롭다. 하는 짓이 가축 같지 않아서 야생에

에우스케라Euskera, 바스크어로 '부루 벨차(검은 얼굴)'. 바스크 미술가 스테판 피렐Stephane Pirel의 목판 인쇄.

사는 양처럼 보이기도 한다. 젖을 짜는 데 애를 먹을 때도 있다. 그렇다
고 젖이 많이 나는 것도 아니다. 다루기에는 '빨간 머리'라는 뜻의 '테트
루스tête rousse'나 이웃해 있는 베아른 지방의 양과 교배시킨 '바스코 베
아르네즈basco-béarnaise'같은 바스크 잡종들이 더 수월하다. 둘 다 젖 생산
량은 적지만 맛은 좋기로 유명하다.

　적어도 전통주의자들에게는 소젖, 염소젖, 심지어 로크포르 지역의
라콘느 양젖으로 바스크 치즈를 만든다는 건 있을 수 없는 일이다. 하지
만 일부 바스크인들은 라콘느 양을 쓰기도 하는데, 라콘느의 하루 우유
생산량이 바스크의 두 배에 가깝기 때문이다. 어쨌거나 진정한 바스크
감식가들은 진정한 바스크 양젖으로 만든 진정한 바스크 치즈만을 원
한다. 남은 문제가 있다면 그 감식가가 관목이 우거진 고지대에서 난 날
카로운 풍미의 바스크 치즈를 원하는지 아니면 저지대 목초지에서 난

부드러운 바스크 치즈를 원하는지다. 이것 역시 포장에 표시돼 있지 않아서 그걸 알려면 농장이 어디 있는지 알고 있거나 그걸 아는 사람에게 물어봐야 한다.

장 프랑수아 탕부랭^{Jean-François Tambourin}은 두 아들 미셸^{Michel}, 기욤^{Guillaume}과 함께 가족이 운영하는 '에나우테네이아^{Enautenea}' 농장에서 오리지널 바스크 치즈를 만든다. 피레네산맥으로 이어지는 울퉁불퉁한 언덕 위에 파릇한 풀밭이 벨벳처럼 펼쳐진 이곳 자라 기슭의 에나우테네이아 목초지는 경사가 60도가 넘는다. 바스크에는 바스크 양 한쪽 앞뒤 다리가 다른 쪽보다 짧아서 경사면에 똑바로 설 수 있는 거라는 농담이 있다. 보랏빛 산마루를 배경으로 프랑스와 스페인 사이 좁은 산길을 낀, 생 에티엔 드 바이고르리 마을 근처의 이 푸른 목초지는 아마도 가축들이 본 곳 중 가장 아름다운 장소일 것이다.

에나우테네이아 농장은 가족들만으로 운영되고, 이곳에서는 유럽에서 가장 오래된 언어인 바스크어만 쓴다. 아이들은 학교에서 프랑스어를 배우고 프랑스 이름을 정한다. 원래 '프랑추아^{Frantxua}'였던 이름이 '장 프랑수아'가 된 것도 학교에서였다.

이 가족은 자신들이 뭘 가졌는지 잘 안다. 바스크인의 특징인 기다란 코에 햇볕에 그을린 검고 홀쭉한 얼굴을 한 장 프랑수아는 자신을 빙 둘러싼 험준한 산마루와 가파른 들판, 울창한 숲, 계단식 포도밭을 향해 경외심에 찬 듯 팔을 힘차게 흔들며 말했다. "이 산하고 숲, 포도밭을 보고 있자면 가슴이 벅차올라요." 이 가족은 적어도 1788년부터 에나우테네이아 농장을 운영해왔다. 이들은 이 지역 90곳의 우유 생산자 중 하나다.

바스크 치즈 라벨.

이들이 키우는 양은 테트 누아르, 테트 루스, 바스코 베아르네즈, 세 종이다. 바스크 돼지도 키우는데, 이 돼지는 양과 달리 온순하고 다루기가 쉽다. 얼굴 양옆에 달린 큼지막한 귀가 주변 시야를 차단해 타고난 곁눈 가리개 역할을 하기 때문이다.

개체 수는 300마리를 유지한다. 그래도 해마다 11월이 되면 400마리가 돼 있다. 거기서 최고의 암컷 70마리와 최고의 수컷 한 마리를 남기고 나머지는 식용으로 판다. 양들은 높은 산비탈에서 우유 생산에 도움이 되는 고단백 클로버와 풀을 먹는다. 겨울에는 가족이 직접 키우거나 다른 농장에서 구입한 곡물로 먹이를 보충해준다. 여름에 곡식과 풀을 수확해뒀다가 겨울에 꼴로 사용한다.

바스크 양을 키우는 농장에서는 1년 내내 우유를 생산하진 않는다. 새끼 양들에게 젖을 물리는 대신 먹이를 주면 가능하지만, 바스크인들은 "계절에 따른 양들의 본성을 존중"하는 게 중요하다고 확신하기 때문이다. 그래서 바스크 양들이 우유를 생산하는 기간은 기껏해야 1년에 265일이고, 여름과 이른 가을에는 쉰다. 반면 장 프랑수아와 그의 가족은 쉬는 날이 없다. 양들을 한곳으로 모으는 게 일인 장 프랑수아는 매일 한 시간씩 산을 탄다. 그렇게 모아놓지 않으면 양들이 불안해하기 때문이다. 그것만 해주면 나머지는 양들 몫이다. 그가 말했다. "들판에 데려다 놓으면 알아서 풀을 뜯죠. 보통은 먹이나 약이 필요 없어요." 또 하루 두 번 기계로 젖도 짠다. 1992년 이전에는 손으로 하던 일이다.

이렇게 짠 양젖은 절대 저온 살균 처리하지 않는다. 매달 전문가들이 와서 우유를 검사하는데, 오염 여부는 물론이고 지방 함량과 맛, 색깔까지 확인한다.

세상에는 바스크 치즈를 아는 사람이 거의 없다. 안다 해도 공장에서 만든 바스크 치즈와 소젖으로 만든 바스크 치즈, 양젖으로 만든 오리지널 바스크 치즈의 차이를 구분하지 못한다. 하지만 바스크인들은 안다. 그들에게는 그게 중요하다.

그리스의 자부심, 페타 치즈

그리스는 염소젖과 양젖으로 유명한데 그럴만한 이유가 있다. 이 나라는 기후가 건조하고 바위가 많은 데 비해 초원은 거의 없다. 그리스에서 가장 중요한 치즈는 페타다. 요즘은 생우유나 저온 살균 우유 상관없이 염소, 양, 소의 우유를 조합해 공장에서 만들 수 있다. 하지만 물론 오리지널 페타는 염소젖이나 양젖 구분 없이 생우유로 만들었다. 지금도 정통 페타를 만드는 사람들은 생우유를 쓰는네, 보통 염소젖 30퍼센트에 나머지는 양젖을 섞는다. 현재 그리스에서 유통되는 치즈의 70퍼센트는 이런저런 종류의 페타다.

과학자들은 크레타섬 사람들이 칼로리 섭취량의 40퍼센트가 지방임에도 불구하고 심장병과 순환기계 질환 발병률이 낮은 걸 이해하려고 노력해왔다. 여기서 특히 흥미로운 사실은 그 지방의 거의 전부가 올리브 오일과 페타에서 나온다는 점이다.

페타는 아마 가장 오래된 치즈 유형 중 하나일 것이다. 농장에서 만드는 페타는 방목해서 기른 염소와 양의 젖으로 만들고, 젖이 아직 따뜻할 때 포유동물의 위에서 채취한 천연 레닛으로 응고시킨다. 전통적으로는 바구니 틀을 사용했지만, 요즘은 더 위생적인 금속 틀을 사용한다.

한 시간이 지나면 치즈에서 물기가 빠져 소금을 넣을 준비가 된다. 바다 소금을 넣은 소금물에 커드를 담가 숙성시킨다. 림노스^{Limnos}섬에서는 페타를 바닷물로 보존 처리한다.

그리스에는 약 4,000여 곳의 낙농장에서 페타의 원료로 쓰이는 우유를 공급하는데, 전형적인 규모는 300여 마리다. 유럽 연합에서는 페타라는 이름을 사용하려면 그리스의 여섯 지역, 마케도니아, 트라키아, 테살리아, 그리스 본토 중부, 펠로폰네소스 반도, 레스보스에서 생산한 것이어야 한다고 정하고 있다. 어느 지역에서 만들었는지에 따라 맛에 뚜렷한 차이가 있다. 테살리아와 그리스 중부 페타의 맛이 더 좋다. 펠로폰네소스 역시 다양한 맛이 있지만, 좀 퍽퍽하고 잘 부스러진다. 마케도니아와 트라키아는 크림 같은 질감에 더 부드럽고 덜 짜며 구멍이 적다.

그리스에는 이런 전통적인 방식으로 페타를 만드는 제조장이 1,500

여 곳 있으며, 모두 농가 근처에 위치해 착유 직후 곧바로 공정에 돌입할 수 있다. 몇몇 제조장은 부득이하게 저온 살균 우유를 사용하는데, 최대한 우유에 손상을 주지 않으려고 저온에서 살균하지만, 페타 애호가들은 이렇게 만든 페타를 썩 환영하진 않는다.

전통적인 방법으로 페타를 만드는 제조자들은 주로 유럽과 미국에 있는 공장에서 대량 생산된 페타와 경쟁한다. 공장에서는 보통 소에서 생산된 살균 우유와 산업 기술을 사용한다. 공장에서 페타 1킬로그램을 만드는 데 필요한 우유는 5.3리터인 데 반해, 그리스 농장에서는 7.3리터가 필요하다. 공장에서 만든 페타와 그리스 수제 페타는 맛이 다르지만 대부분 소비자는 수제 페타를 먹어본 적이 없다.

그리스에는 페타가 압도적으로 많기는 해도 여전히 70여 종의 다른 치즈가 있는데 대부분 장인이 만든다. 거의 모든 그리스 섬과 반도에는 그들만의 치즈가 있고 보통 양젖이나 염소젖으로 만든다.

키클라데스 제도에는 그리스의 가장 유명한 관광명소 몇 곳을 포함하고 있는 에게해 제도에서 비교적 관광객들에게 덜 알려진 세 섬 — 티노스Tinos, 시로스Syros, 낙소스Naxos — 이 있다. 5세기에 베네치아인들이 이 섬들로 유입됐다가 17세기에 떠났는데, 그들은 떠나면서 — 그리스의 나머지 대부분 지역은 그리스정교회인 데 반해 — 로마가톨릭교와 젖소 그리고 젖소 우유로 만든 치즈에 대한 사랑을 남겼다.

훨씬 유명한 미코노스Mykonos섬 근처에 있는 이 바위투성이의 척박한 티노스섬에는 과거 베네치아인들의 흔적이 몇 개 있다. 섬 주민 대다수가 로마가톨릭교를 믿는데, 몇 안 되는 그리스정교회 신자들을 포함해 인구가 1만 명밖에 안 되는 이 섬에 교회는 575곳이나 된다. 바위로 둘러싸인 마을마다 예닐곱 개의 교회가 있으며, 그중 아주 특별한 그리스 정교회 교회를 방문하기 위해 그리스 전역에서 사람들이 찾아온다. 모두 치유의 기적을 믿고 찾아오는 사람들이다.

티노스섬은 그뤼에르 스타일의 소젖 치즈로도 유명하다. 농부들이 직접 만들곤 했던 이 전통 치즈는 숙성 기간이 짧고 크림 같은 질감의 적당히 부드러운 공 모양의 치즈다.

애초에 베네치아인들이 티노스섬에 데리고 온 품종의 소는 그리스 토종 소들처럼 오래전에 사라졌다. 요즘은 홀스타인을 키운다. 하지만 이 섬만큼 홀스타인하고 맞지 않는 장소도 상상하기 힘들 것이다. 이곳의 지형은 소보다는 양과 염소를 키우기에 더 적합하지만, 양과 염소는 털을 얻는 용도로만 사용된다.

여름에 티노스섬은 관목이 무성한 갈색의 산악섬이 된다. 심지어 돌무더기처럼 보이는 산도 있다. 지질학자들 말에 따르면 이런 바위투성이 지역들이 예전에는 호수 바닥이었다고 한다. 크고 둥근 돌들을 '볼로코스volokos'라고 부르는데, 이 섬에서 가장 전통적인 마을의 이름도 볼로코스다. 볼로코스에는 창틀을 파랗게 칠한 2층짜리 하얀 집들이 늘어서 있다. 이따금 바위를 맞대고 집을 짓기도 하는데, 이런 집의 1층은 대개 창고로 사용한다. 도로는 너무 좁아서 차량을 이용할 수 없다. 원래 티노스섬에 있는 대부분 마을이 당나귀로만 접근 가능했다. 산에는 바위 틈에서 야생 케이퍼가 자란다. 겨울에는 암벽으로 구분되는 계단식 비탈이 파릇한 풀로 뒤덮인다. 이따금 눈이 내려 좀 힘들 때가 있긴 해도 이 섬에 사는 소들에겐 겨울이 좋은 계절이다.

이 섬에 있는 유제품 제조소 세 곳은 열 명의 농부들이 키우는 홀스타인 130마리의 우유를 사용한다. 이 우유로 치즈는 물론이고 요거트, 버터, 아이스크림까지 만든다. 남은 유청은 근처 파로스^{Paros}섬으로 운송돼 화장품 원료로 사용된다.

최근 몇십 년간 그리스는 힘든 시기를 보내고 있어서 수많은 농부가 토지 경작을 포기하고 아테네로 이주했다. 사실 그리스 섬들 곳곳에서 농사를 포기하고 아테네로 이주하는 사람들이 꾸준히 늘고 있다. 이 섬에서 생활한다는 건 힘든 일이다. 의사도 없고, 공항도 없으며, 미코노스와 근처 다른 섬들로 가는 페리만 하루 세 번 운항한다. 섬에 남은 농부들은 약간의 치즈를 생산하고 토마토와 감자를 재배하며, 포도와 아니스^{anise}(향신료)로 만드는 순도 90퍼센트의 부드러운 증류주 라키^{raki} 제조로 생계를 유지한다.

아도니스 자그라다니스^{Adonis Zagradanis}는 티노스의 주요 항구와 볼품없이 뻗어 있는 현대식 희멀건 빌딩들 근처 3,000제곱미터 정도의 가파른 계곡과 경사지에서 30마리의 소를 키운다. 이곳 농부들이 다들 그렇듯 그에게도 두 번째 직업이 있다. 그는 마을에 있는 정육점 사장님이다. 그는 계곡에서 소에게 먹일 옥수수를 기르고 아테네와 테살로니키에 있는 양조장에서 쓰고 남은 옥수수를 구입하기도 한다. 겨울에는 소를 몰고 계단식 들판에 나가 풀을 뜯게 해주고, 부족한 영양은 옥수수와 꿀로 보충해준다.

소에게 적합하지 않은 지형과 여름의 무더위에도 불구하고 이곳 소들이 생산하는 우유는 지방 함량이 높다. 특히 봄에 자란 풀을 먹고 난 뒤에는 치즈 만들기에 더없이 이상적이다. 농부들은 갖고 있는 착유기를 놔두고 손으로 젖 짜는 걸 더 좋아하는데, 기계가 젖꼭지를 감염시켜 유선염을 일으키기 때문이라고 한다. 하지만 감염은 보통 기계를 깨끗하세 낚지 않있을 때만 일어난다.

또 다른 티노스 토박이인 이오니스 아르마오스Ionnis Armaos는 자신은 섬에 살지만 아내와 어린 아들과 딸은 아내가 일하는 아테네에 산다. 가족은 주말에만 모인다. 이오니스는 한동안 건설 노동자로 일했지만 그 일 때문에 고향을 떠나 있어야 하는 게 싫어서 유제품 제조소를 구입해 티노스 치즈를 만들기로 했다. 그는 경험 많은 치즈 제조자 폴리카르포스 델라톨라스Polykarpos Delatolas를 고용해 전통 치즈 만드는 법을 배웠고, 몇 가지 치즈는 직접 개발하기도 했다.

이오니스의 산 로렌초San Lorenzo 제조소는 높은 산에 자리 잡고 있어 무더운 여름에도 온도가 섬의 다른 대부분 지역보다 거의 섭씨 4도 정도 낮다. 티끌 하나 없는 방 두 개짜리 제조소에서 그는 하루 5,000~6,000킬로그램의 우유를 받아 10가지 다양한 치즈 50킬로그램을 만든다. 제조소는 성공적으로 운영되고 있고, 그는 수요를 따라잡으려 늘 바쁘게 일한다. 완성된 제품은 그가 운영하는 작은 가게에서 소매로 판매한다.

그의 작은 제조소가 살아남았고, 홀스타인이 살아남았으며, 티노스섬도 치즈 생산지로 남아 있다.

아이슬란드의 요거트, 스키르

요거트가 '장수식품'이라고 믿는 사람들이 있다. 원래는 신선 치즈(fresh cheese)지만 요거트로 인기를 얻은, 아이슬란드 '스키르'의 성공 비결이 바로 그거였다.

수천 년 동안 요거트의 시큼한 맛은 그리스, 인도, 터키, 불가리아 그리고 아랍 국가들을 포함한 여러 나라에서 대단히 좋은 평가를 받았다. 하지만 서양인들 입맛에는 너무 떫고 시큼했다.

그러다 20세기 초에 파스퇴르 연구소 부소장이었던 우크라이나 출신 유대인 엘리 메치니코프$^{Élie\ Metchnikoff}$가 박테리아와 효모의 유익한 특성인 프로바이오틱스를 최초로 연구했다. 또 면역력에 관한 이론으로 1908년 노벨 의학상도 받았다. 그는 불가리아에 100세 이상 장수하는 농부들이 많은데 그들이 먹는 식단의 중심이 요거트라는 사실에 주목했다. 그리고 연구를 통해 요거트에 들어 있는 살아 있는 배양균이 질병을 없애고 노화를 늦추는 특성이 있다고 결론 내렸다.

이 일을 계기로 프랑스는 요거트를 먹는 최초의 서방 국가가 됐다. 20세기를 지나는 동안 수많은 서방 국가들이 프랑스의 선례를 따랐고, 그 세기가 끝날 무렵 요거트는 서구권에서 아주 흔한 음식이 됐다.

하지만 문제가 있었다. 서구권 사람들은 요거트를 별로 좋아하지 않았다. 그들 입맛에는 요거트가 정말 떫떠름하고 시큼했고, 숟가락으로 떠먹다보면 유청이 배어 나오는 것도 싫었다. 그래서 20세기 동안 서구권 유제품 제조소들은 요거트에 변화를 주기 시작했다. 처음에는 신맛을 감추려고 설탕을 넣었다. 다음에는 과일을 설탕에 절인 콩포트가 나왔다. 그러다 저지방 다이어트가 유행했고 탈지유와 분유가 사용되기 시작했다. 그리고 1970년에 프로즌 요거트가 발명됐다. 이 무렵 서구권 요거트에는 더 이상 살아 있는 배양균이 없어서 이런 요거트를 먹은 사람들은 아마 불가리아 농부들만큼 오래 살지는 못했을 것이다. 음식 작가 앤 맨델슨$^{Anne\ Mendelson}$은 이렇게 썼다. "요거트는 미리 섞여 나오는 새콤달콤한 일종의 푸딩 내지는 가짜 아이스크림으로 변했다."

그래도 아직 담백하고 지방이 적은 선상한 음식을 원하는 사람들이 여전히 있었고, 바이킹 시대부터 아이슬란드인과 일부 스칸디나비아인들이 즐겨 먹던 아이슬란드의 스키르를 그들이 발견했다. 스키르는 영양이 풍부한 아이슬란드의 풀을 먹고 자란, 바이킹 전통 품종 소의 우유로 만든 전통 음식이다.

바이킹 시대에 양젖에서 소젖으로 바뀐 걸 제외하면 수 세기를 지나면서도 스키르에는 큰 변화가 없었다. 보기에는 요거트 같아도 더 진하고 크림처럼 부드럽다. 원래 치즈이기 때문에 요거트보다 비싸고 만드는 시간도 더 오래 걸린다. 요거트 1리터를 만들려면 우유 1리터만 있으면 되지만 스키르 1리터를 만들려면 우유 3리터가 필요하다.

스키르는 요거트와 같은 종류의 플라스틱 용기에 담겨 판매되며 당연히 지방 함량이 제로다. 하지만 요거트처럼 스키르도 유청이 생긴다. 스키르 최대 생산자인 '엠에스 아이슬란드 데어리스MS Iceland Dairies'는 이게 사람들이 좋아하지 않는 특성이라는 걸 깨닫고 유청이 빠져나오지 않게 하는 '막 여과 공법(ultra-filtration)'을 개발했다. 원래 스키르가 유청을 얻으려다가 만들어졌다는 걸 생각하면 아이러니한 역사의 반전이다.

새로운 스키르는 크림처럼 부드럽고 단백질 함량이 높았다. 판매량이 급증했고, 역시나 미국으로 퍼져나갔다. 처음에 스키르 제조자들은 미국인들이 스키르를 요거트라고 생각해 이것을 요거트 섹션에서 판매한다는 걸 알고 좌절했다. 라벨에 요거트가 아니라 스키르라고 분명히 표시돼 있었는데도 말이다. 하지만 미국인들이 치즈를 무지방 고단백 요거트라 생각하고 구매한다고 해서 안 될 게 뭐 있겠는가? 결국 미국에서 무지방 요거트는 큰 인기를 끌었지만 스키르는 알려지지 않았다.

—— 우유의 역사

영국 블루 치즈의 흥망성쇠

영국 장인들이 만든 대부분 상품이 그랬듯이 영국의 치즈 역시 19세기 후반부터 20세기 초반에 걸쳐 진행된 산업화로 큰 타격을 입었다. 훌륭하고 유명한 치즈들이 하나둘 사라졌다. 그러다 농부들이 다시 그 치즈들을 만들기 시작했고, 지금은 영국인들이 프랑스보다 자신들이 더 다양한 치즈를 만든다고 주장할 정도다. 하지만 이건 좀 의심스러운 주장인데, 아마 샤를르 드골Charles De Gaulle이 "246종이나 되는 치즈를 가진 나라를 어떻게 다스릴 수 있겠는가?"라고 던졌던 유명한 질문을 염두에 두고 하는 말인 것 같기 때문이다. 이 장군은 늘 하던 습관대로 문제를 과소평가했다. 아마 당시 프랑스 치즈 종류는 246개가 넘었을 것이다. 그게 지금은 450여 종으로 늘었고 그 안에서도 다시 수많은 종류로 나뉜다. 오늘날 전문가들은 프랑스에서 만드는 치즈는 1,000여 종이고 영국은 700여 종이라고 추산하는데, 영국의 700여 종 중에는 현재 콘월과 서머싯에서 생산되는 브리처럼 모방 제품들이 포함돼 있다.

영국의 치즈 목록은 아마 지금보다 18세기에 더 길었을 테지만, 그래도 지금이 1950년대보다는 길다. 현재 이 목록에 있는 더들스웰Duddleswell은 1988년 서식스에서 양젖과 식물성 레닛을 사용해 개발됐다. 링컨셔 포처Lincolnshire Poacher는 1992년 이후 저온 살균하지 않은 소젖으로 만들었다. 그리고 스팅킹 비숍Stinking Bishop('냄새나는 주교'라는 뜻이다 —옮긴이)은 글로스터셔의 치즈 제조자 샤를 마르텔Charles Martell이 거의 멸종 직전의 품종이었던 글로스터를 부활시킴으로써 탄생했다. 스팅킹 비숍 치즈에 사용되는 우유는 저온 살균하고, 글로스터의 우유가 부족한 경우 홀스

12세기까지 거슬러 올라가는 런던의 밀크 스트리트Milk Street는 우유를 파는 길이어서 그렇게 불렀다. 밀크 스트리트 근처에는 꿀을 파는 '허니 스트리트'와 빵을 파는 '브레드 스트리트'가 있었다. 윌리엄 블레이크의 이 삽화는 1784년 5월 1일 노동절에 머리에 화환을 쓴 낙농장 여인들과 굴뚝 청소부들이 밀크 스트리트에서 춤추고 있는 장면을 묘사한 것이다.

타인의 우유를 사용한다. 이 치즈는 수많은 영화와 텔레비전 쇼에서 언급됐는데, 치즈의 인기도 인기지만 제작자들이 안 쓰고는 못 배기는 이름 덕분이다. 하지만 사실 이 치즈는 냄새 때문이 아니라 그 지역의 배 사이다(배로 만든 술 – 옮긴이)인 '페리perry('스팅킹 비숍'이라는 이름의 배로 만든다 – 옮긴이)' 때문에 붙은 이름인데, 이 치즈 제조 과정에 페리가 들어간다.

영국에서 사라졌다가 다시 나온 치즈 중에는 18세기 가장 유명한 치즈 중 하나인 윌트셔 로프Wiltshire Loaf가 있다. 이 치즈는 19세기 영국 곳곳

—— 우유의 역사

의 공장에서 저렴하게 생산되기 시작한 체더와 비슷하다는 이유로 사라졌었다. 월트셔 로프는 체더와 경쟁이 되지 않았다.

색슨 시대(약 450년~ 1066년)에 노스 월트셔라고 알려진 런던의 서쪽 지역은 양들의 방목지로 사용됐었지만 13세기 들어 숲 개간 사업이 활발해지면서 소 목초지로 바뀌었다. 유제품 제조는 주로 여성들이 하는 일이었지만 여자가 치즈를 만들려면 결혼을 해야 한다고 믿는 사람이 많았다(이런 믿음은 수 세기 동안 이어졌다). 노처녀는 맺힌 게 많아서 우유를 짜면 신맛이 날 거라는 게 이유였다.

젖 짜고 치즈 만드는 일을 하는 여성을 가리키는 단어 '데어리메이드dairymaid'는 원래 반죽 만드는 여자, 빵 만드는 여자, 여자 가장을 의미하는 고대 영어 '데이dheigh'에서 왔다. 원래 치즈는 집안에서 만들었는데 노르만 정복 이후에 처음엔 '데이'라고 하다가 나중에 '데이하우스deyhouse'라고 부르게 된 특별한 방으로 옮겨갔다. 12세기 무렵 월트셔에서는 치즈 만드는 사람을 '데어리메이드'라고 불렀다.

17세기 무렵, 월트셔주 서쪽 상단 끄트머리에 완만한 곡선을 그리며 남북으로 지나는, 월트셔 계곡이라고 알려진 에이번강(River Avon) 계곡은 치즈로 유명한 낙농업 지역이었다. 목초지는 짙은 잎이 나는 생울타리로 깔끔하게 나뉘어 있고, 낙농장에서는 평균적으로 소 열두 마리 정도를 키웠다. 체셔주처럼 소젖으로 치즈를 만드는 경쟁 지역의 낙농가들 규모와 비교하면 작은 편이었다.

최초의 영국 품종 소인 롱혼은 젖이 치즈를 만들기에 적합하지 않아 고기를 얻을 목적으로 키웠다. 그러다 몸집이 더 작은 소를 만들기 위해서 롱혼을 네덜란드와 스코틀랜드 종과 교배시켜 쇼트혼종을 만들었는데, 윌트셔 사람들은 이 종을 선호했다. 심지어 치즈 만들기에 더 적합한 에이셔, 저지, 건지 같은 종이 들어왔을 때도 윌트셔에서는 인기가 없었다. 그런 소들의 젖이 치즈를 만들기에 너무 진해서, 혹은 그들 표현대로 "버터처럼 너무 느끼해서"였다. 실제로 윌트셔 농부들은 우유가 너무 진해지지 않게 하기 위해 소가 질 낮은 풀을 먹는 걸 선호했다.

잉글리시 롱혼종

쇼트혼종

—— 우유의 역사

하지만 19세기 무렵, 치즈 제조가 사라지고 있었다. 낙농장에서 일하는 여자들이나 어떤 유형의 일꾼도 찾아보기가 힘들었다. 윌트셔 농부들은 산업화된 치즈 공장과 경쟁하는 데 어려움을 겪고 있었다. 사람들이 너나 할 것 없이 체더만 찾는 것 같았다. 그러다 1930년대 들어 영국 정부가 우유를 파는 게 치즈를 파는 것보다 이익이 많이 남도록 우유 가격을 보장해주기 시작했다. 그게 윌트셔 치즈의 끝이었다.

적어도 채드 크라이어^{Chad Cryer}와 세리 크라이어^{Ceri Cryer}가 다시 만들기 시작한 2006년까지는 그랬다. 채드는 농장에서 자라진 않았지만 어렸을 때 젖꼭지가 여섯 개 달린 장난감 소를 가지고 놀았다. 젖소 젖꼭지가 네 개라는 건 생물학자가 되고 나서야 알게 됐다. 그는 꿀벌 전문가였다. 학생들을 가르치다가 역시 선생님이었던 세리를 만났는데, 그녀는 윌트셔 농장에서 어린 시절을 보냈다. 그녀의 아버지이자 거침없는 성격의 조 콜링본^{Joe Collingborn}은 1910년부터 3대째 가족 낙농장을 운영해오고 있는 윌트셔 토박이 농부였다. 농장은 초록의 키 큰 풀들이 자라는 에이본 계곡에 있었는데, 낙농업 아니면 딱히 할 게 없는 점질토 토양과 들판이 그림같이 펼쳐진 시골이었다. 콜링본 가족은 늦어도 1086년 이래로 윌트셔에 살았다. 1086년 《둠스데이 북^{Domesday Book}》(노르만의 윌리엄 1세가 잉글랜드 정복 이후 조세 징수를 목적으로 토지 현황을 조사해 기록한 책 – 옮긴이)의 영국 땅 소유주 목록에도 올라 있었다.

가르치는 일에 지친 세리는 가족 농장으로 돌아가길 원했고, 채드도 아내의 뜻에 동의했다. 벌을 키워 꿀을 얻을 수 있는 좋은 기회라는 기대도 있었다. 하지만 그는 대신 낙농업을 배웠고 소의 젖꼭지가 네 개라는 사실도 알게 됐다. 부부는 가족이 키우던 잉글리시 쇼트혼을 아메리칸 홀스타인만큼 크거나 생산적이지는 않지만 먹이는 데 돈이 덜 들어가는 홀스타인으로 바꿨다. "생산량만 적은 게 아니라 비용도 적게 들어요." 조가 말했다. 이 가족은 소들의 발과 다리를 튼튼하게 키우면서 10년은 너끈히 젖을 생산할 만큼 건강하게 돌보고 있다. 어떤 소는 14년 동안 젖을 내고 있다. 이들은 농장 규모를 소 90마리 정도로 유지한다.

크라이어 부부가 생산하는 하루 우유량은 2,000리터 정도인데 그들이 쓸 5~6퍼센트만 남기고 대부분 협동조합에 판매한다. 그들 몫의 우유는 저온 살균 과정을 거친 뒤 구즈베리, 스트로베리, 라스베리, 그리고 대황(rhubarb)으로 맛을 낸 요거트를 만든다. 고지방 크림, 아이스크림, 비균질 우유, 네 종류의 치즈도 만들어 판매한다. 부부가 운영하는 '브링크워스 낙농장(Brinkworth Dairy)'에서는 한때 유명했던 윌트셔 로프와 직접 개발한 치즈 세 종류를 만든다. 맛이 강하고 좋은 브링크워스 블루치즈, 부드럽고 순한 로얄 바세트^{Royal Bassett} 블루치즈, 부드럽고 신선한 갈릭앤페퍼 치즈다.

채드는 주말마다 런던을 비롯한 여러 도시의 야외 농산물 시장에서 직접 만든 상품들을 판매한다. 하지만 치즈는 그 자랑스러운 전통에도 불구하고, 브링크워스 낙농장에 수익을 안겨주진 못한다. "이윤이 제일 많이 남는 건 아이스크림이에요. 사실 공기가 대부분이니까요. 근데 경쟁이 아주 치열해요. 아이스크림콘 수익이 제일 높지만, 그것도 해가 쨍쨍한 무더운 날이라야 가능하죠." 어쨌든 윌트셔 계곡에서 다시 치즈가 만들어지고 있다.

18세기 후반 영국 상류층의 모습을 탁월하게 포착한 기록가 제인 오

— 우유의 역사

스틴^{Jane Austen}의 소설 《엠마^{Emma}》에는 주인공 엠마와 엘튼이 월트셔 치즈와 스틸턴^{Stilton} 치즈를 먹는 장면이 나온다. 이 두 치즈는 아마 당시 인기 최고의 고급 치즈였을 것이다. 영국인들은 언제나 블루치즈를 사랑했다. 브링크워스 낙농장 치즈 네 개 중 두 개가 블루치즈인 것도 그래서다.

그레이트 브리튼^{Great Britain} (잉글랜드, 스코틀랜드, 웨일스로 이루어진 영국 본토에 해당하는 섬 −옮긴이)에는 30종은 족히 넘는 블루치즈가 있는데, 몇 개는 새로 더해진 치즈다. 스코틀랜드의 클라이드 계곡에서 비살균 우유로 만드는 순하고 복잡한 맛의 블루치즈인 던사이어 블루^{Dunsyre Blue}는 1980년에 개발됐다. 역시 1980년에 출시된 빈리 블루^{Beenleigh Blue}는 식물성 레닛을 사용하고 저온 살균한 양젖으로 만든다. 하지만 뭐니 뭐니 해도 영국에서 가장 유명한 블루치즈는 스틸턴이다. 기원을 정확히 아는 사람은 아무도 없지만 18세기 초에 널리 거래되기 시작했다.

1990년 유럽 연합에서 치즈에 스틸턴이라는 이름을 붙이는 데 필요한 기준을 정했다. 그런데 이상하게도 그 기준은 스틸턴이 역사적으로 어떤 치즈인지가 아니라 당시 스틸턴이 어떤 치즈였는지를 정의하고 있다. 그래서 그 이름을 빌려준 스틸턴 지역에서 만든 치즈는 스스로 스틸턴이라고 칭할 권리가 없다. 오히려 규정에는 더비셔, 레스터셔, 노팅엄셔 세 지역에서 만든 것이어야 한다고 명시하고 있다. 스틸턴은 그 세 지역 바깥에 있다. 또 스틸턴 치즈는 저온 살균한 젖소 우유로 만들어야 한다. 하지만 오리지널 스틸턴은 파스퇴르 훨씬 이전에 만들어졌기 때문에 생우유로 만들었다. 스틸턴을 저온 살균한 우유로 만들기 시작한 건 1988년인데, 판매된 치즈 하나가 오염됐다는 거짓 비난을 받은 일을 계기로 스틸턴을 생산하는 모든 제조사가 패닉에 빠져 부랴부랴 저온

"스틸턴", 〈일러스트레이티드 런던 뉴스〉, 1876년 4월.

살균 우유로 바꿨다.

2004년에 치즈 제조자 조 슈나이더^{Joe Schneider}가 1730년대에 팔던 진짜 스틸턴을 재현해보기로 했다. 슈나이더의 치즈는 '농장 치즈(farmstead cheese)'라고 불리는데, 단일 농장에서 생산되는 생우유로만 치즈를 만든다. 생우유는 매일, 그리고 계절에 따라서도 맛이 바뀌어 치즈에 미묘한 맛을 더하며 때로는 좀 더 뚜렷한 다양성을 만들어내기도 한다. 이와 대조적으로 새로워진 스틸턴은 다양한 농장에서 생산된 우유를 저온 살균한 뒤에 사용하고, 따라서 치즈 맛에도 변화가 없다. 생산자들은 이걸 자랑스럽게 일관성이라고 부른다. 하지만 생우유로 만든 스틸턴에서 나는 그 온갖 불량한 맛은 저온 살균 우유로 만든 치즈에서는 내지 못하는 맛의 층위를 더한다.

—— 우유의 역사

영국에서는 치즈 상인이 스틸턴이나 '생우유로 만든 스틸턴'처럼 슈나이더의 진짜 옛날식 스틸턴을 팔면 벌금을 물 수 있다. 그래서 전통적인 스틸턴은 결국 이 치즈가 놓인 상황만큼 이상한 결론으로 끝났다. '스티첼턴Stichelton'이라는 이름으로 불리게 된 것이다. 그러니까 조 슈나이더의 치즈처럼 진짜 옛날식 스틸턴을 사고 싶으면 스티첼턴을 달라고 해야 한다.

1988년 스틸턴 치즈 제조자들이 생우유를 저온 살균 우유로 대체했을 만큼 끔찍한 악몽 같은 일이 2016년 여름에 다시 일어났다. 대장균이 검출됐고, 세 살배기 소녀가 목숨을 잃었다. 스코틀랜드 식품기준청(Food Standards Scotland)이 '던사이어 블루'를 생산하는 에링턴 치즈Errington Cheese라는 작은 치즈 업체에서 박테리아를 발견했다. 재고는 압수됐고 직원 열두 명이 해고됐다. 하지만 프랑스 기업 액탈리아Actalia 같은 이름 있는 다른 몇 군데 실험실에서 검사했음에도 어느 곳에서도 대장균의 증거는 발견되지 않았다. 이 실험을 맡았던 미생물학자 로넌 칼베즈Ronan Calvez가 말했다. "프랑스에서 소비되는 대부분의 치즈는 저온 살균하지 않은 우유로 만듭니다. 이런 제품들의 안전을 실험하는 연구실들은 미생물학적 기준이 대단히 높고, 현재 판매되는 어떤 치즈에도 유해한 독소를 포함한 박테리아가 전혀 없다는 걸 확실히 하기 위해 개발된 정교한 테스트 체계를 따릅니다."

품질보증 우유 대 저온 살균 우유의 논쟁이 끊이지 않는다. 애초에, 그러니까 파스퇴르 훨씬 이전에 치즈를 만들게 된 한 가지 이유는 우유와 달리 치즈는 심지어 아주 무더운 나라에서조차 먹어도 탈이 나지 않는다는 걸 알고 있었기 때문이다. 대부분의 치즈에는 박테리아를 죽이는 소금이 들어가고, 블루치즈는 보통 페니실린을 포함하고 있다. 하지만 미국과 영국처럼 저온 살균을 위해 힘들고 긴 싸움을 했던 나라들은 아직도 이 문제에 여전히 민감하다. 아이러니하게도 파스퇴르의 고향인 프랑스에서는 얘기가 다르다. 프랑스는 역사적으로 영국이나 미국보다 생우유 사용에 훨씬 더 관대했다. 사실 프랑스의 수많은 치즈 제조자들이 생우유를 고집한다. 수천 종이나 되는 치즈 때문에 통치하기가 힘들진 몰라도 그게 아마 프랑스인들이 세계 최고의 치즈 제조자들인 이유일 것이다.

역사상 가장 논란이 많은 음식

　어떤 동물의 우유가 가장 좋은지, 모유 수유와 인공 수유 중 어떤 게 더 나은지, 착유 동물을 보살피는 가장 인도적인 방법은 무엇인지, 소에게 가장 좋은 먹이는 어떤 것인지, 우유가 성인 건강에 과연 좋은지 같은 주제에 관한 오랜 논쟁들은 해결되지 않고 있다. 생우유 대 저온 살균 우유 같은 새로운 논쟁도 결론이 나지 않기는 마찬가지다. 여기에 호르몬과 유기농법, 유전자 변형을 둘러싼 더 최신의 논쟁까지 더해진 상황이다.

　농부들은 보통 자기가 경작하는 땅과 기르는 동물들을 존중하지만, 최소한의 마진율 앞에 던지게 되는 가장 중요한 질문은 "무엇이 옳은가?"가 아니라 "무엇이 제일 경제적인가?"다. 미국에서는 연방 정부, 유럽은 유럽 연합, 호주에서는 슈퍼마켓 체인, 그 외에 전 세계 다양한 통치 기구들에 의한 우유 가격 억제로 생산비만 간신히 충당하는 상황에서, 농부들은 자기가 생산하는 우유와 유제품의 가격을 더 높게 받기 위해 제품을 더 돋보이게 할 방법을 찾아야만 한다. 호르몬 프리, 유기농법, GMO프리 운동이 전부 그런 기회의 장이지만 이런 우유들은 생산비도 더 많이 든다.

농부들이 직면한 과제는 적절한 동물이 무엇인지와 어느 정도의 규모가 적절한지를 포함해 그들이 생산하는 유제품으로 경제적 이익을 실현할 수 있는 올바른 방정식을 찾아내는 것이다. 명품 치즈 같은 제품은 생산 단가가 매우 비싸지만 내다 팔 수 있는 시장도 있다. 그런 고급 사치품에 기꺼이 지갑을 여는 사람들이 있다. 하지만 우유를 비싼 값에 사려는 사람은 훨씬 적다. 저렴한 우유가 차고 넘치기 때문이다.

끝나지 않은 생우유 논쟁

생우유 문제가 아직 해결되지 않은 건 분명하다. 하지만 좋은 치즈를 만들려면 생우유가 필요하다는 건 치즈 제조자와 치즈 애호가 대부분이 인정하는 사실이다. 모두가 동의하는 건 아니지만 마시는 액상 우유에 관한 문제보다는 훨씬 폭넓은 공감대가 형성돼 있다. 거의 모든 우유를 저온 살균하는 미국에서는 많은 사람이 그런 논쟁이 있는지조차 알지 못한다. 그건 19세기에나 중요했던 문제지 지금은 우유를 전부 저온 살균하기 때문에 더 이상 우유를 먹고 아픈 사람은 없다고 믿는다. 하지만 논쟁은 결코 끝나지 않았다.

품질보증 생우유가 건강에 안 좋다는 얘기는 나온 적이 없다. 사실,

인증받은 생우유가 저온 살균 우유보다 건강에 더 좋다는 합리적인 주장이 많다. 저온 살균 우유가 품질보증 우유보다 감시하고 규제하기가 더 쉽다는 주장은 늘 있어왔다. 그럼에도 불구하고 프랑스처럼 생우유가 합법이고 규제의 대상인 나라들에서조차 생우유를 구하는 건 쉬운 일이 아니다. 사실 유럽 슈퍼마켓들은 UHT 우유로 가득 채운 비냉장 우유 코너를 따로 마련해놓고 있다. UHT 우유가 좋진 않지만 관리하고 다루기가 훨씬 더 쉽다고 이야기하고 있는 셈이다. 파리에서 좋은 우유는 보통 고급 치즈 전문점에 가야 살 수 있는데, 운이 좋으면 비균질 우유를 만날 수도 있다.

현재 생우유는 '모든 자연식품'에 대한 높은 관심으로 수혜를 받고 있다. 생우유야말로 틀림없는 자연식품이고, 어떤 기업도 생산에 관심이 없기 때문에 기업적이지도 않다. 미국은 28개 주에서 특정 조건 아래 생우유를 허용하고 있으며, 다른 주들에서는 생우유를 금지하는 법을 완화하려는 강력한 움직임이 있다.

21세기 들어 한 해에 약 50만 명 이상의 미국인이 생우유를 구입하고 있고 그 숫자가 점점 증가하는 추세다. 법으로 금지돼 있어 생우유를 구하기 힘든 캐나다에서는 소비자들이 생우유를 구입하는 대신 소 떼에 대한 지분을 사서 그냥 자기 우유를 마신다.

생우유는 농부라면 반드시 가능성을 따져봐야 할 절충점이다. 생우유 시장은 규모가 작아서 대규모 농장에서 생산하는 양을 내다 팔기는 쉽지 않을 것이다. 하지만 시장은 확실히 존재하고 생산량만 적절하면 수익을 낼 수도 있을 것이다. 생우유를 찾는 사람들은 일반 우유보다 가격이 두 배 비싸도 기꺼이 생우유를 집어들 것이기 때문이다.

어떤 이들은 생우유가 알레르기와 다른 여러 질병을 막아준다고 주장한다. 과학자들은 대개 이런 주장들을 무시하는데, 생우유 지지자들은 그런 과학자들이 어떤 음모에 가담한 거라고 본다. 유제품 업계 거물들과 너무 친하게 지낸다는 의심을 끊임없이 받아온 미국 식품의약국(The Food and Drug Administration)에서 생우유에는 위험한 병원균이 들어 있으므로 먹으면 안 된다는 경고까지 했던 사실이 그 증거다.

대체 무슨 일이 벌어지고 있는 것일까? 연방 정부는 생우유를 위험하다고 생각하는데 어떻게 주 정부에서 그걸 허용할 수 있는 걸까? 그 이유는 많은 주의 의원들과 생우유를 옹호하는 소비자들은 정부가 단순함을 명목으로 너무 두루뭉술한 경고를 내놓았으며, 적절한 환경에서 생산된 생우유는 안전하다고 믿기 때문이다.

뉴욕주에서는 생우유가 합법이지만 농장에서만 판매할 수 있다. 무분별한 유통업체나 부주의한 상점들로부터 생길 수 있는 위험을 차단한 것이다. 생우유를 사고 싶은 사람들은 농장을 찾아 직접 방문해야 하는데, 건강에 좋은 특산품 우유의 최대 시장 중 하나인 뉴욕시의 수많은 시민에게는 여간 불편한 일이 아니다.

메리 코크^{Mary Koch}와 빌 코크^{Bill Koch}는 허드슨 계곡을 낀 뉴욕시 북부에 5에이커(약 6,120평)의 땅이 있는데 일부는 도심이고 일부는 농경지에 걸쳐 있다. 코크 부부는 그들이 가진 땅에 풀을 깔끔하게 유지하기에는 소를 기르는 게 좋은 방법이라는 결론에 도달했다. 메리가 말했다. "목초지가 있는데 사용하지 않으면 풀을 베느라 엄청난 시간과 돈을 쓰게 될 거예요." 그러면서 당시 2학년이었던 아들 테디가 잔디깎이가 지나다니며 새 알, 토끼, 새들까지 "온갖 야생 동물들을 잘게 썰고 있는 걸" 보고 무척 속상해했다고 덧붙였다.

하지만 코크 부부는 막상 소를 데려다놓고 보니 소 키우는 방법을 전혀 모른다는 사실을 깨달았다. 소가 죽었다. 소를 건강하게 키우려면 상당한 지식이 필요하다. 두 사람은 단념하지 않고 소에 관해 공부하고 몇 마리를 더 데려왔다. 지금은 몸통 가운데 흰색 줄무늬가 굵게 들어간 잘생긴 더치 벨티드^{Dutch Belted} 흑소를 키우는데, 보통 3~5마리 사이로 유지한다. 이름에 '더치(네덜란드)'라는 단어가 들어가 있지만 이 소의 원산지는 스위스나 오스트리아일 것으로 짐작된다. 홀스타인만큼 크지도 않고 먹성이 좋지도 않으며 젖을 많이 생산하지도 않지만, 비용이 적당하고 합리적인 선에서 생산적인 품종이다. 지방이 풍부한 우유를 생산하고, 메리의 말마따나 "거의 아무거나 먹는데, 그걸 우유로 바꿔"준다.

코크 부부는 보통은 소들이 풀을 뜯게 내버려두는데 그래도 특히 겨울에는 건초로 먹이를 보충해준다. 텃밭에서 기른 당근과 근대 같은 간식도 준다. "소들은 간식 먹는 걸 좋아해요." 메리의 말이다. 하지만 풀을 먹이는 것도 들리는 만큼 비용이 적게 들지는 않는다. 마리당 하루에 8달러가 든다.

코크 부부는 직접 만드는 유제품을 팔아 생계를 유지하려고 노력했다. 하지만 벌이가 충분치 않아 농장을 방 네 개짜리 민박집으로 개조해 '타임 인 더 컨트리 비앤비^{Thyme in the Country B&B}'라고 이름 붙였다. 부부는 손님들에게 농장에서 생산하는 요거트, 버터, 달걀, 닭고기, 돼지고기는 물론 생우유를 제공해 "제대로 된 농장 체험"을 하게 해주려고 애쓴다. 주로 '농장 체험'을 원하는 뉴욕 시민들이 생우유를 즐길 수 있는 이곳을 찾는다. 우유는 전부 생우유인데, 정기적으로 방문하는 조사관들에게 안정성을 확인받는다. 코크 부부는 조사관들이 괜찮은 사람들이라는 걸 알게 됐고, 조사관들은 부부가 좋은 일을 한다는 걸 깨달았다.

더치 벨티드종

타임 인 더 컨트리 비앤비의 단골손님들은 생우유에 열정이 넘친다. 손님이 새로 도착하면 그 손님에게 달려가 생우유를 어떻게 생각하는지, 지지하는지 반대하는지 캐묻는다. 도대체 이 문제에 관해 전적으로 중립이라는 건 도저히 있을 수 없는 일이라고 생각하는 듯이 말이다.

반대로 아이다호주에서는 생우유를 상점에서 판매할 수 있다. 가격은 비싼데, 이는 생산 단가가 비싸기 때문이다. 무리를 별도로 유지 관리해야 하고 정기적으로 검사도 받아야 한다.

아이다호폴스에 사는 앨런 리드Alan Reed는 이곳에 그 비싼 생우유를 판매할 시장이 있을 거라고 판단하고 생산해보기로 마음먹었다. 일반적인 전유가 1갤런(약 3.8리터)에 보통 5달러인 것에 비해, 그는 자신의 생우유를 1갤런에 6.87달러에 팔았다. 그가 파는 생우유 ― 위에 크림이 떠 있는 비균질 우유 ― 는 미식가들을 위한 사치품이었다. 하지만 그가 한 주 동안 파는 양은 130갤런 정도에 불과했다. "정말 놀랐어요." 그가

―― 우유의 역사

말했다. "모두가 여기 와서 생우유를 찾는 거예요. 그걸 보고 지금보다 더 많이 팔 수 있겠다고 생각했죠."

모유 수유 VS 인공 수유

모유 수유 대 인공 수유에 관한 논쟁은 아마 영원히 계속될 것이다. 역사를 돌아봐도 어느 쪽이 더 나은지에 관한 다수의 의견이 넥타이 폭 유행처럼 주기적으로 왔다갔다하면서 계속 이어져왔다. 21세기 초, 특히 미국에서는 그 진자의 끝이 모유 수유로 돌아왔다. 한때 우유나 분유 살 돈이 없는 가난한 사람들의 선택으로 여기던 것이 이제는 형편이 넉넉한 중상류층 여성들의 의무로 여겨졌다. 반면 노동자 계급 여성들, 특히 직장에 다니는 여성들은 이제 젖병 수유를 선호했다.

1920년부터 과학자와 의사, 엄마들이 모유 수유의 장점들을 의심하기 시작했다. 모유에 들어 있는 비타민 함량이 사람마다 달랐고 모든 여성이 좋은 모유를 내는 것도 아니었다. 반대로 인공 수유는 일정하게 영양을 공급할 수 있다는 장점 때문에 점점 더 인기를 얻었다. 지역적인 차이도 있었다. 중서부 사람들은 모유 수유를, 북동부 사람들은 인공 수유를 선호했다. 하지만 일반적으로 인공 수유의 인기가 높아지고 있었다. 2차 대전 기간, 의사들은 우유 부족 때문에 모유 수유가 다시 유행할 거라고 가정했다. 하지만 그런 일은 일어나지 않았다.

병원들은 '과학적인 육아'라는 개념을 밀며 모유 수유를 권장하지 않았다. 미국 여성 중 병원에서 출산하는 비율이 1920년 20퍼센트이던 것이 1950년 무렵 80퍼센트로 치솟은 걸 고려하면 극히 중요한 요소였다.

'역사가들은 1956년 '라 레체 리그 La Leche League (모유수유연맹)'가 인기를 얻게 된 게 그 단체를 설립한 일곱 명의 가톨릭 신자 주부들 때문이었는지 아니면 설립된 시기가 적절해서였는지를 두고 논쟁한다. 아마 둘 다 맞을 것이다.

이 연맹은 설립자인 메리언 톰슨 Marian Tompson 과 메리 화이트 Mary White 가 기독교 가정생활 운동(Christian Family Movement) 야유회에서 마주 앉아 아기들에게 젖을 물리는 동안, 그들이 "자연스러운 어머니의 역할 수행(natural mothering)"이라고 불렀던 걸 장려하기 위해 행동에 나서야 한다고 결심하면서 시작됐다. 이들의 의지는 '과학적인 육아'에 대한 반작용으로 생겨난 맥락 덕분에 미국 여성들의 공감을 얻었다. 이미 여성들 사이에는 엄마가 아기에게 뭘 해야 하는지는 의사가 정할 게 아니라는 강한 반감이 있었다.

초기 페미니즘 운동은 일반적으로 젖병 수유를 지지하는 쪽이었지만, 당시 의사들은 대부분 남성이었기 때문에 모유 수유 운동은 모호한 페미니즘 성격이 있었다. 하지만 다른 한편에서 보자면 이 운동은 확실히 페미니즘과는 거리가 멀었다. 화이트는 열한 명의 자녀를 뒀고, 그녀와 그녀의 연맹은 여성은 가정에 머물면서 아이를 많이 낳고 아이들을 돌보는 데 모든 시간을 바쳐야 한다고 믿었다. 이들은 여성이 일을 한다는 개념에 공개적으로 반대했다.

야유회 이후 화이트와 톰슨은 일리노이주 프랭클린 파크에 있는 화이트의 집에서 다른 다섯 명의 여성들을 만났다. 이들의 자녀들을 전부 합하면 56명이었고, 이들은 자신들이야말로 양육에 대해 진정한 지식을 가진 사람들이라고 느꼈다.

5년 뒤, 미국 전역에 53개의 라 레체 단체가 활동하고 있었다. 설립 후

— 우유의 역사

20년이 지난 1976년에는 약 3,000개로 늘었다. 하지만 실제로 1970년 대에는 모유 수유의 인기가 바닥을 쳤다. 1971년에는 미국 여성의 24퍼센트만 모유 수유를 했고, 5퍼센트만이 6개월 이후에도 계속 모유 수유를 했다. 대다수 사람은 아기들을 위한 최고의 음식이 상업적으로 만들어진 분유라고 확신했다.

대형 스캔들만큼 대중의 생각을 재빨리 바꿔놓는 것도 없다. 1970년 대까지는 개발도상국의 영아 사망률에 관한 통계가 거의 없었다. 하지만 연구자들이 이 통계를 모으기 시작하자 19세기에 도시들을 휩쓸었던 전염병을 떠올리게 하는 공포가 되살아났다. 1970년 인도에서 260만 명의 아기가 사망했다. 전 세계적으로는 해마다 1,100만 명의 아기들이 한 살을 넘기지 못했다. 사망자 대부분은 동남아시아, 인도 아대륙, 그리고 아프리카에서 발생했다.

이들 나라에서는 모유 수유가 감소하고 분유 수유가 증가하고 있었다. 경제 발전을 위해 분투하는 데 따르는 부산물이었다. 여성들이 일터로 향했다. 부모들이 집을 비우고 도시로 떠났다. 아이들은 친척이나 아이 돌보는 사람 손에 맡겨졌고, 엄마 없는 아기들에게 분유를 먹이는 관행이 널리 퍼졌다. 이런 현상 속에서 엄청난 기회를 엿본 분유 제조업체들, 특히 네슬레, 브리스톨 마이어스Bristol-Myers, 애보트 래보라토리Abbott Laboratories, 아메리칸 홈 프로덕트American Home Products가 개발도상국 곳곳에 공장을 세우고 분유를 생산하기 시작했다.

분유가 거대 산업이 됐다. 1981년까지 세계 분유 시장은 20억 달러 가치가 있는 것으로 추산되었고, 그 절반을 네슬레가 장악했다. 네슬레의 *성장* 동력은 대부분 분유의 건강상 이점을 강조한 값비싼 광고 캠페인에 반응한 가난한 나라들에서 비롯된 것이었다. 네슬레는 병원에 무상으로 분유를 제공했다. 시장 조사 결과 병원에서 분유를 받았던 엄마들 대다수가 집에 돌아가서도 계속 그 분유를 사용할 거라고 나타났기 때문이었다. 이후 한 조사에서는 산부인과 병실로 엄마들을 방문했던 "간호사들" 일부가 실제로는 변장한 네슬레 영업사원들이었던 것으로 밝혀졌다. 국제연합 세계보건기구(United Nations World Health Organization)는 인도, 나이지리아, 에티오피아, 필리핀에서 매년 500만 개의 젖병을 나눠주고 있는 것으로 추산했다.

그러다 이들 국가에서 일하는 건강 전문가들이 유아들의 위장장애와 영양실조는 물론 영아 사망률까지 눈에 띄게 증가한 사실을 발견했다. 분유를 먹이는 것과 관련이 있는 게 분명했다.

분유에 독성이 있거나 영양소가 부족한 건 아니었다. 단지 개발도상국의 현실에 맞지 않다는 게 문제였다. 분유는 물에 섞어 먹도록 분말 형태로 돼 있었다. 대부분의 가난한 여성들은 깨끗한 물을 구하기가 쉽지 않았다. 그게 아니면 물을 20분 이상 끓여야 하는데, 그러려면 연료가 필요하고 연료 역시 그들이 일반적으로 감당할 수 있는 게 아니었다. 잠깐만 끓이는 건 도움이 안 될까? 안 된다. 또 여성들은 사용했던 젖병을 씻어서 쓰는 게 중요하다는 건 알고 있었다. 하지만 젖병을 씻는 물이 보통 깨끗하지 않았고 오히려 젖병에 병균을 옮길 때가 많았다. 수많은 아기가 씻은 젖병에 숨은 세균으로 인해 목숨을 잃었다.

한 여성이 소포장 된 공짜 분유를 챙겨 퇴원했다. 그 분유가 떨어졌을 즈음엔 더 이상 젖이 나지 않아서 모유 수유를 할지 말지는 이제 그녀의 결정에 달린 문제가 아니었다. 그녀는 똑같은 분유를 사려고 가게에

갔다가 그게 가족 수입의 상당 부분을 써야 할 만큼 엄청나게 비싼 제품이었다는 걸 발견하고 깜짝 놀랐다. 하는 수 없이 그녀는 분유에 물을 타서 양을 늘렸다. 이런 식으로 일부 아기들이 물이나 다름없는 우유를 먹고 있었고, 그 물은 오염된 물이기 일쑤였다.

그 뒤로 벌어진 일은 19세기 구정물 우유에 반대했던 대중운동과 흡사했다. 1973년 영국 잡지 〈뉴 인터내셔널리스트ᴺᵉʷ Internationalist〉에서 "유아식의 비극"이라는 제목으로 폭로 기사를 실었다. 소송, 대중의 격렬한 항의, 불매 운동과 함께 수많은 기사가 쏟아졌고, 1978년 미 상원의원 에드워드 케네디ᴱᵈʷᵃʳᵈ Kennedy의 주도로 조사가 이뤄졌다. 그 뒤에는 유럽연합이 광고 캠페인 모니터를 위한 세계적인 규정을 정했다.

분유 기업들은 살아남았지만 대중의 신뢰를 잃었다. 게다가 엄마들은 이제 분유 회사만 못 믿는 게 아니었다. 분유 그 자체를 신뢰하지 않았다. 1971년부터 1980년 사이, 미국에서 6개월 이상 모유 수유를 하는 엄마들 비율이 5퍼센트에서 25퍼센트로 증가했다. 유니세프ᵁᴺᴵᶜᴱᶠ처럼 젖병 수유를 장려했던 국제단체들도 모유 수유를 지지하기 시작했다.

1920년대에는 미국 엄마들의 79퍼센트가 첫 여섯 달 동안 아이에게 모유 수유를 했고, 49퍼센트가 6개월 이후에도 계속 모유를 먹였다. 뉴욕시에서는 엄마들의 90퍼센트가 모유 수유를 하고 있었다. 모유 수유를 한 번도 하지 않는 엄마들이 점점 드물어지고 있었다.

더불어 모유 수유에 대한 엄청난 주장들이 제기됐다. 모유가 귀 감염, 폐렴, 때로 괴사성 장염이라고 하는 치명적인 장염, 유아 돌연사 증후군(SIDS), 알레르기, 습진, 천식, 제2형 당뇨병, 백혈병, 심혈관 질환, 행동장애 그리고 심지어 지능이 낮아지는 위험까지 줄일 수 있다는 것이었다. 불행하게도 의학적 연구 결과 이런 주장들 대부분이 완전히 배제됐고 나머지를 뒷받침할 증거도 거의 발견되지 않았다.

모유 수유와 관련해 더 강력한 주장 중 하나는 '애착 이론'이라고 알려진 것이다. 이 이론에 따르면 행복하고 건강한 아이는 이른 시기에 부모와의 강력한 유대감 형성이 필요한데, 모유 수유는 엄마와 아이의 강력한 유대감을 형성한다.

대단히 역설적인 사실은 모유 수유를 지지하는 운동이 이윤에 굶주린 대기업의 이중성에서 벗어나고자 하는 시도였음에도, 적어도 미국에서는 또 다른 기업들이 모유 수유에서 엄청난 돈을 벌 기회를 발견했다는 것이다. 모유 수유를 권장하는 미국 정부의 입장은 유축기 사용 권장으로 이어졌다. 이 새롭고 진보적인 접근은 아기들은 모유의 영양학적 가치를 누리고 엄마들은 모유 수유의 부담을 덜 수 있었다. 엄마가 젖을 짜 병에 담아두면 보모가 직장에 있는 동안 아기에게 모유를 먹일 수 있었다. 따라서 제일 먼저 사라지게 될 운명에 놓인 건 애착 이론이었다.

빌 클린턴이 대통령이던 당시 백악관에는 직원들을 위한 착유실이 있었다. 버락 오바마의 건강보험개혁법(Affordable Care Act)은 착유기 구매비를 건강보험 적용 대상에 포함하는 내용을 담고 있었다. 민간 보험사들이 뒤를 따랐다. 건강보험이 적용되자 착유기 매출이 폭발적으로 증가했다. 미국의 거대 산업이 됐다. 전문가들은 2020년 착유기 매출이 10억 달러, 관련 용품 매출은 20억 달러에 이를 것으로 예상했다.

이것은 미국에서 인간의 젖이 대단히 가치 있는 상품이 됐다는 걸 의미한다. 유축기는 엄마들이 아기에게 필요한 것 이상으로 젖을 많이 짜게 유도하기 때문에 이제 젖은 과잉공급 된다(소 착유기도 마찬가지다). 착유기를 사용하는 여성들은 냉동고를 열 때마다 남아도는 젖을 보고 이런 질문을 던지게 된다. '저걸 어쩌지?'

모유 은행은 100년의 전통이 있다. 1910년 보스턴에 모유 은행이 처음 설립됐을 때 그들의 역할은 한 엄마에게 남는 젖을 필요한 엄마에게 제공하는 것이었다. 하지만 지금은 모유를 약이라고 믿는 일부 사람들이 아플 때 모유 은행을 통해 모유를 산다. 모유를 먹으면 더 튼튼해진다고 믿는 운동선수들도 구매한다. 비누를 만들어 팔려고 사는 고객도 있고, 심지어 런던의 한 아이스크림 가게에서는 바닐라와 레몬 껍질을 넣어 만든 모유 아이스크림을 한 스쿱에 20달러 이상을 받고 팔았는데 그 수요를 따라잡기가 벅찰 정도였다.

모유는 이제 모유가 건강에 좋다는 온갖 의심스러운 주장을 하는 온리더브리스트닷컴(www.onlythebreast.com) 같은 웹사이트에서 온라인으로 사고팔 수 있는 상품이 됐다. 판매자들은 하고 싶은 말을 아무 제재 없이 마음대로 할 수 있다. 미국 공영 라디오에서 한 출연자는 이렇게 말했다. "내 젖은 거물을 만들어준다니까요." 하지만 다른 동물들 젖과 마찬가지로 제대로 규제받지 않은 인간의 젖도 문제가 있고 위험할 수 있다. 2015년, 오하이오주 콜럼버스에 있는 국립아동병원(Nationwide Children's Hospital) 의사들이 온라인으로 주문한 102개의 샘플을 테스트한 결과 10퍼센트에 소 우유가 첨가된 것으로 나타났다.

세라 케임Sarah Keim 연구원에 따르면, 2011년에 1만 3,000명의 여성이 온라인에서 모유를 사고팔았으며, 2015년에는 그 숫자가 5만 5,000명으로 증가했다. 그녀는 또 그녀가 직접 온라인에서 구매한 모유 중 75퍼센트에 세균 오염과 질병을 일으키는 병원균이 있다는 걸 발견했다.

어떤 동물의 젖이 가장 좋을까?

인간의 젖은 제쳐놓더라도, 어떤 우유가 제일 좋은지의 문제도 아직 해결되지 않았다. 전 세계적으로 소의 수가 압도적이긴 하지만 그건 실용적인 결정이었다. 일부 아시아인들이 물소 덕을 보긴 하지만 소가 우유 생산에 가장 효율적이라는 사실에만 의견을 모았을 뿐 소 우유의 품질이 더 우수하다는 점에는 합의를 보지 못했다. 인도 이외의 지역에서 - 물론 소 우유 생산자들을 제외하고 - 소젖이 최고라고 생각하는 사람은 거의 없다.

염소젖은 늘 열혈 팬들이 있었고 지금도 그렇다. 당나귀 젖도 마찬가지인데, 특히 다른 우유에 알레르기가 있는 사람에게도 당나귀 젖은 괜찮다는 사실이 밝혀진 이후에 더욱 인기를 끌었다. 하지만 당나귀는 젖 생산량이 많지 않다. 스위스의 당나귀 젖 기업 유로락티스Eurolactis는 당나귀 1,000마리를 보유하고 있지만 그래도 우유를 충분히 생산하기 위해 늘 고군분투한다. 당나귀 젖으로 화장품을 만드는 회사에도 납품해야 하고, 또 자체적으로 밀크 초콜릿 바를 개발하기도 했는데, 그들 말에 따르면 당나귀 젖은 지방이 적고 오메가-3 지방산이 풍부해 일반 초콜릿 바보다 더 가볍고 영양이 풍부하다고 한다.

낙타 젖은 젖소 우유와 상당히 비슷한데, 지금도 몇몇 지역, 특히 모리타니(서아프리카 사하라 사막 서쪽에 있는 국가 -옮긴이)에서 많이 생산된다. 호주 역시 낙타 젖 산업을 구축하려고 애쓰고 있다. 19세기에 영국은 운송과 건설 사업을 위해 호주 아웃백에서 낙타를 수입했다. 하지만 얼마 안 가 트럭과 지프가 나왔고, 더 이상 쓸모없어진 낙타들은 야생으로 풀려났다. 그때 이후로 개체 수가 늘어나 지금은 100만 마리는 될 것으로 예상한다. 요즘 다시 유제품 기업들이 그 낙타들의 젖을 수확하려고 시도하는 중이다.

아시아, 특히 필리핀과 동남아시아에서는 여전히 물소 우유를 대단히 중시하기는 해도, 최근 몇 년간 젖소로 눈을 돌리고 있다. 베트남에서는 이스라엘의 아피밀크사Afimilk社가 3만 2,000마리의 젖소로 낙농장 12곳을 건설했다. 2010년 이들은 뉴질랜드에서 홀스타인을 수입하기 시작했고 사료를 경작했다. 방목을 하기에 소 떼의 규모가 너무 커졌기 때문이다. 소들은 축사에 마련된 먹이통 앞에 늘어서서 먹이를 먹는다.

전혀 있을 법하지 않은 장소에, 심지어 규모도 엄청난 낙농장이 사우디아라비아에 있다. 이곳은 홀스타인 18만 마리를 보유하고 있는데, 에어컨이 완비된 축사에서 소를 키운다는 피델 카스트로의 아이디어가 이곳에도 적용됐다. 쿠바에서 그랬듯이 이 부유한 사막에서도 전혀 미친 짓처럼 보이지 않는다. 이곳에서의 문제는 얼마나 막대한 재정적 손실을 감수할 것인가 뿐이다. 석유 생산국이라는 이점 덕분에 에너지를 싼값에 사용할 수 있다. 모하마드 빈 살만Mohammad bin Salman 왕세자의 숙원사업인 낙농업은 사우디아라비아가 석유 외에 일으킨 산업의 예로 꼽힌다. 하지만 그 많은 소를 편안하게 지내도록 해주고 세계에서 두 번째로 큰 사막이 있는 아라비아반도에서 우유를 차갑게 운송하는 데는 에너지가 든다. 9,000대의 냉장차로 우유를 유통하는 것도 마찬가지다.

동물 복지와 공장식 농장의 문제

그 어느 때보다 규모가 큰 농장에서 우유가 생산되는 세계적인 경향은 동물 복지 문제에 관한 인식을 높였다. 우선, 공간 문제가 있다. 농장의 규모가 클수록 전체 면적도 넓은 건 사실이지만 마리당 사육면적은 줄어드는 경향이 있다. 허드슨 계곡에 있는 코크 부부의 5에이커 규모의 작은 농장에 사는 젖소 세 마리만큼 널찍한 공간을 보장받는 소는 거의 없다. 둘째, 먹이 문제가 있다. 토머스 제퍼슨은 자신의 경작 노트에 이렇게 썼다. "농장에서 키우는 소의 개체 수는 농장에서 자체 생산할 수 있는 식량에 비례해야 한다." 하지만 오늘날 농장들은 소가 필요로 하는 어떤 먹이도 거의 재배하지 않는다. 전혀 하지 않는 곳도 많다. 사우디아라비아의 낙농장은 모든 사료를 아르헨티나에서 공수한다. 웨일스에서 에어셔를 키우며 체더치즈를 생산하는 유기농 낙농장의 패트릭 홀든^{Patrick Holden}은 이렇게 말했다. "대부분의 농장은 공항이나 다름없어요. 비료든 사료든 필요한 모든 걸 세계 곳곳에서 들여오니까요." 아직 다 실현하지는 못했지만, 그의 목표는 필요한 모든 걸 자체 생산하는 완전히 지속 가능한 농장을 만드는 것이다.

또 다른 문제도 있다. 소는 감수성이 예민한 동물이다. 소의 크고 부드러운 눈망울을 본 적 있는 사람이라면 그걸 의심하지는 않을 것이다. 염소는 장난꾸러기고, 양은 불안정하며, 소는 다정다감하다. 행복한 소가 우유를 더 많이 생산한다는 건 사람들이 수 세기 동안 이해하고 있던 사실이다. 스트레스 받는 소는 생산량이 좋지 않다. 1869년 캐서린 비처는 이렇게 조언했다. "소를 부드러우면서도 단호하게 대하면 젖도 잘 나오고 모든 면에서 다루기 수월해진다." 1867년 안나벨라 힐은 이렇게 썼다. "친절하고 부드러운 태도에 소만큼 보답하는 동물은 없다."

소가 음악을 들으면 행복해하는 것 같다는 수많은 연구 결과가 알려지면서 소들에게 음악을 들려주는 낙농장들이 생겨났다. 소가 클래식 음악을 더 좋아한다고들 하는데 과학적인 증거가 있는 건 아니다. 뉴욕 겐트에 있는 '호손 밸리 농장(Hawthorne Valley Farm)'에서는 해마다 크리스마스에 음악가들을 초대해 소들에게 캐럴을 들려준다. 미국인 중에는 이걸 이상하게 생각하는 사람이 있겠지만 인도 사람에게는 전혀 아무렇지 않은 일이다.

또 소가 이름으로 불리는 걸 좋아한다고 믿고 이름을 지어주는 농부도 많다. 보통 숫자가 표시된 꼬리표를 달아놓긴 하지만 자기가 좋아하는 이름이나 기억하기 좋은 이름을 고른다. 잉글랜드 윌트셔 브링크워스 낙농장에서는 혈통을 알 수 있도록 이름을 짓는다. 혈통이 같으면 '캔디 Candy, 세리 Ceri, 쿠키 Cookie' 식으로 머리글자가 같다. 채드는 소가 달고 있는 번호표를 봐야 이름을 알지만 그의 장인인 조 Joe는 소만 보고도 이름을 척척 안다.

움즈 가족은 1950년 뉴욕주 북부에서 농장을 시작했지만 1500년 이래로 네덜란드에서 대대로 낙농장을 운영했던 조상들의 후손이다. 이들은 젖소 400마리를 키우는데 뉴욕의 그 지역에서는 규모가 큰 편이다. 주변에서 대형 농장을 운영하는 실용적인 농부들이라는 평을 듣지만, 이들이 키우는 소에게는 전부 이름이 있다. 그래도 이름 400개는 적지 않아서 몇 개만 예를 들어달라고 부탁하자 에릭 움즈 Eric Ooms가 머쓱해하며 말했다. "아, 난 이름은 정말 못 외워요." 그러면서도 뉴욕주 상원의

원 척 슈머^{Chuck Schumer}가 농장을 방문한 적이 있어서, 한 마리는 '척', 다른 한 마리는 '슈머'라고 이름 지어줬던 일을 기억해냈다.

앨런 리드는 1955년에 삼촌이 시작했던 작은 농장을 운영한다. 농장이 있는 자리는 원래 시골이었지만 아이다호 폴스가 도시로 성장하면서 도시 외곽 주택지에 있는 홀스타인 140~250마리 규모의 농장이 됐다. 훤칠한 키에 마르고 조용한 서부 사람인 리드는 소들에게 이름을 지어주냐는 질문을 받자 가볍게 코웃음 치며 대답했다. "소한테 이름 지어줄 시간이 어딨어요?" 하지만 그 뒤로 농장에서 열리는 정기 행사에 참여하기 위해 아이들이 농장을 방문하기 시작했고, 소들한테 이름이 없는 걸 알게 된 아이들이 실망하는 걸 보고 달라졌다고 인정했다. 그는 이름 짓기 대회를 열었는데 덕분에 지금은 많은 소에게 이름이 생겼다. 젖소 4,400마리를 보유한 또 다른 아이다호 농부 조던 펑크^{Jordan Funk}는 이렇게 말했다. "내 발을 밟은 소한텐 이름을 붙여주죠."

낙농가를 운영하는 바스크 농부 탕부랭은 양들한테 성격에 따라 이름을 지어준다고 말했다. "근데" 그가 명심해야 한다는 듯 집게손가락을 들어 올리며 말했다. "돼지한텐 절대 이름을 지어주면 안 돼요." 그는 이유를 설명하는 건 거부했다.

하지만 이름을 지어주든 아니든 농부들은 결국 그 동물들을 죽여야 한다. 젖소의 수명은 얼마나 좋은 환경을 제공받느냐에 달려 있다. 축사 안에서 수천 마리가 부대끼며 지내는 몇몇 대규모 농장의 소는 수명이 3~4년밖에 안 된다. 규모가 더 작고 대우가 좀 나은 농장에서는 수명이 몇 년 더 늘고, 간혹 열 살까지 사는 소도 나온다. 혹사당하지 않는 소는 열 살이 넘어서도 잘 살 수 있고 더러는 20년 이상 살기도 한다. 소의 자연 수명은 20년 정도로 보며, 49살까지 장수해 유명한 소도 있다.

하지만 나이든 소는 젖을 분비하지 않는다. 소는 매일 60파운드(약 27 킬로그램) 이상의 먹이를 먹는데, 먹이에 드는 비용이 농장 운영비의 70 퍼센트 이상을 차지한다. 마리당 일주일에 70달러 이상이 드는 셈이다. 즉, 소가 100마리뿐인 적당한 규모의 농장도 소를 먹이는 데만 일주일에 7,000달러를 쓴다는 의미다. 이게 우유로 수익을 내기가 그토록 힘든 이유 중 하나다. 각각의 젖소는 먹이를 주는 데 드는 비용보다 많은 우유를 생산해야 하고, 젖 분비가 멈추면 농부는 더 이상 그 소를 키우기가 힘들어진다. 이건 '공장식' 대규모 농장이든 가족이 운영하는 소규모 농장이든 예외가 없다.

더 이상 젖을 내지 않는 소는 보통 트럭에 실려 도살장에 가서 햄버거가 된다. 미국에서 젖소는 햄버거 패티의 주원료다. 젖소는 모든 영양분을 젖을 만드는 데 쓰기 때문에 비썩 여위어 있어서 저민 고기를 만들기에 제격이다.

변호사이면서 뉴욕 모호크 밸리에 낙농장을 소유한 로레인 르완드로스키Lorraine Lewandrowski는(두 가지 일을 하면서 버티는 농부들이 늘고 있다) 한때 아비아, 아네케, 베나지르, 셀레스트, 에스더, 피오나라는 이름을 가진 소들을 키웠다. 전부 어미 소의 첫 글자를 따서 지은 이름이었는데, 르완드로스키는 그 소들의 "다정하고 신뢰로 가득한 눈빛"에 대해 얘기했다. 하지만 어쨌든 언젠가는 그 소들을 죽여야 한다. 그녀는 소들이 트럭에 실려 두려움에 떨며 한참을 가서 낯선 장소에서 홀로 죽음을 맞이한다는 사실이 특히 마음 아프다. 그래서 어떨 때는 농장에서 직접 총으로 쏘아 죽인다. 패트릭 홀든의 말처럼, "낙농업은 힘든 일"이다.

낙농업 농부들에게는 갓 태어난 송아지를 보통 몇 시간 안에 어미랑 떼어놓고 젖병으로 젖을 줘야 하는 것도 힘든 현실이다. 하지만 농부들은 오래전부터 이렇게 하는 게 낙농업으로 성공하는 비결이라는 걸 알고 있었다. 5,000년 전 '알-우바이드 낙농장'의 프리즈에는 송아지가 어미젖을 빨지 못하게 입마개를 한 모습이 묘사돼 있다.

어미들은 슬픔에 젖은 큰 눈으로 며칠 동안 울며 애통해한다. 슬픔에 찬 소의 눈보다 더 슬픈 눈은 없을 것이다. 하지만 그런 소가 전부 친어미인 건 아니다. 뉴욕시 북부에 인기 있는 유제품 전문점 로니브룩 Ronnybrook의 로니 오소프스키 Ronny Osofsky에 따르면, "어떤 소들은 모성이 넘치고 많이 울어요. 근데 어떤 소들은 신경도 안 써요. 또 어떤 소들은 보이는 모든 송아지한테 모성애를 느끼죠."

때로 새끼를 잃은 소들은 눈에 보일 정도로 정서적 고통을 심하게 겪는다. 하지만 대부분 낙농 농부들은 이걸 어쩔 수 없는 현실로 받아들인다. 자연의 순리에 따른다고 송아지가 몇 달 동안 어미젖을 빨게 내버려 두면 어미는 행복하고 새끼는 더 건강하게 크겠지만, 농부는 얼마 안 되는 소득을 잃게 된다. 송아지가 자라서 어미가 아닌 농부에게 의지하면 농장 관리가 더 쉬워진다.

패트릭 홀든에 따르면, 어미와 떨어진 송아지는 2~3일 혼란스러워하고 어미는 일주일 동안 애달파한다고 한다. 그는 농부 몇 명이 송아지가 석 달 동안 어미젖을 빨게 내버려 두는 실험을 했던 이야기를 하면서, 소는 일 년에 새끼 한 마리 ― 가끔은 쌍둥이 ― 를 낳는데, 처음 석 달 동안 젖을 빨게 두면 그 해 수확할 우유 3분의 1을 잃는 거라고 꼬집었다. "낙농업은 속상한 일이 많아요."

20세기의 마지막 20년, 가족 단위로 운영하던 수많은 소규모 낙농장이 문을 닫는 동안 젖소 수천 마리를 보유한 낙농장은 점점 늘어났다. 공장식 대규모 농장이 생존의 열쇠였다. 가족 단위가 아닌 기업이 소유한 공장식 거대 농장이 공간 확보를 위해 서쪽에 있는 주들로 옮겨가면서 가장 전통적인 낙농 지역인 뉴잉글랜드와 뉴욕이 가장 큰 피해를 봤다. 새롭게 최대 우유 생산 주가 된 지역은 캘리포니아였다. 현재 캘리포니아는 반反산업 식품 운동으로 유명한데, 그런 운동들은 캘리포니아가 산업화된 식품의 중심지라는 사실에서 비롯됐다. 두 번째로 큰 우유 생산지는 전통적으로 농업, 목재, 광업의 중심지였다가 이제 낙농 산업을 새롭게 추가한 아이다호다.

20세기 미국에서는 우유 소비가 감소하기 시작했지만 이를 새롭게 사용하는 곳이 있었다. 1920년대와 30년대부터 낙농 산업은 우유, 유청, 버터밀크의 성분을 공산품으로 바꾸기 위해 유기 화학을 적용하기 시작했다. 이 분야를 '농산화학(chemurgy)'이라고 부르는데, 이 분야 최초의 우유 파생 상품들은 소젖에서 높은 비율을 차지하는 카세인 단백질로 만든 것이었다. 카세인 단백질은 1900년부터 단추 제조나 비행기 날개 코팅 같은 곳에 사용돼왔다. 또 접착제, 컬러 프린트 용지 마감재, 페인트 제조에도 사용됐다. 한때 버터를 만들고 남은 쓸모없는 탈지유가 카세인의 주원료였는데, 카세인 1파운드(약 450그램)를 만드는 데 탈지유 33파운드(약 15킬로그램)가 들어갔다.

과잉 생산된 우유를 활용할 곳이 늘 있었던 건 아니다. 유럽 연합의 전신인 유럽경제공동체는 한때 유럽 농부들이 과잉생산한 것에 대해 — 비록 그걸 과잉이라고 보진 않았지만 — 보상금을 지급했다. 단순히 농부들이 필 수 없는 우유를 사주기로 농의한 것이었다. 그런데 이런 방침은 농부들이 팔 수 있는 것보다 더 많은 우유를 생산하도록 부추겼고, 유럽의 유명한 '우유 호수'와 '버터 산'이 낭비되는 참사를 빚었다. 이후 유럽은 낭비를 줄이기 위해 농가의 면적과 환경 정책 준수 여부에 따라 모든 농장에 일 년에 한 번만 지급하는 '단일농가직불제(single farm payment)'로 전환했다.

이것과 비슷한 우유 보조금이 없는 미국의 농부들은 그저 많이 생산하면 할수록 많이 벌 수 있다는 단순한 경제 원칙에 따라 우유를 더 많이 생산할 뿐이다.

전통적으로 낙농업을 해오던 다른 나라들처럼, 미국에서도 한때는 사람들이 낙농장을 긍정적으로 생각했다. 우유 광고에서는 대부분의 미국인이 갖고 있는 낙농장의 사랑스러운 이미지, 푸른 초원이 펼쳐진 시골 언덕에 하얗게 테두리를 칠한 빨간 헛간과 한가로이 풀을 뜯는 다정한 얼굴의 갈색 저지 소들을 완벽하게 포착해냈다. 하지만 이제 그런 풍경은 어디에도 존재하지 않는다. 진흙 바닥에 놓인 기다란 사료통, 착유장, 그밖에 다른 조립식 구조물들이 늘어선 거대 사업체가 오늘날 낙농장의 모습이다.

경제적 여유가 있는 농부들은 회전식 착유장을 선택한다. 크기가 더 크고 컴퓨터로 제어한다는 점만 다를 뿐 기본적인 아이디어는 1939년 만국박람회에 나왔던 로터랙터와 똑같다. 소들이 올라탈 순서를 기다리며 줄지어 늘어선 우스꽝스러운 소 회전목마라는 점도 여전하다. 소들은 보통 대부분의 착유장 앞에서 발을 동동 구르며 불안해하고 똥을 싸는 일도 흔한데, 이 회전식 착유장은 제대로 즐긴다. 출발점으로 돌아와

—— 우유의 역사

내려야 할 때가 되면 실망하는 기색이 역력하다.

사람들은 더 이상 낙농장 근처에 살고 싶어 하지 않는다. 소는 똥을 싸고 가스도 엄청나게 배출한다. 빨간 헛간에서 멋진 소 40마리를 키우는 정도는 문제 될 게 없다. 하지만 소 수천 마리를 키우는 농장이 옆집에 있다면 소들이 뀌는 방귀와 비료를 만들기 위해 항상 말리고 있는 퇴비 냄새 때문에 숨쉬기도 힘들 것이다.

대규모 농장을 운영하는 농부들에게는 보통 자기 소유의 목초지에서 흡수할 수 있는 양보다 많은 거름이 생긴다. 미국의 총 가축배설물 양은 인간의 하수 처리장에서 처리할 수 있는 양보다 100배 더 많고, 현재 450만 명이 식수에 포함된 위험한 수준의 질산염에 노출돼 있는데, 대부분 제대로 처리하지 않은 가축배설물이 원인이다.

대형 낙농장에서 나는 악취에는 호흡기와 소화기 질환을 유발할 수 있는 화학성분과 가스가 포함돼 있다. 이 둘은 또 기후 변화에도 영향을 미친다. UN의 한 연구에서는 소 방귀가 자동차보다 더 많은 온실가스를 배출한다고 결론 내렸다.

주범은 메탄가스다. 메탄가스는 이산화탄소보다 주목을 받지 못하지만 기후 변화에 미치는 파괴력은 20배가 넘는다. 젖소가 매일 방귀와 트림으로 배출하는 메탄가스는 300에서 400파운드 사이다. 게다가 그 수치에는 배설물에서 나오는 거의 같은 양의 메탄가스는 포함되어 있지 않다. 이 문제를 처리하기 위한 기준 및 절차가 정해져 있지만, 그 절차를 따르려면 비용이 너무 많이 든다는 게 농부들 이야기다. 안 그래도 얼마 안 되는 마진율을 깎아 먹는 비용이 하나 더 느는 셈이라는 것이다. 예를 들어, 일부 지역에서는 헛간과 마구간에 호스로 물을 뿌려 청소하는 게 허용되지 않는다. 대신 농부들은 배설물 더미를 짚으로 덮어

흡수시켜서 그 짚을 퇴비로 사용해야 한다. 배설물을 처리하는 아주 건전하고 신중한 방법이지만, 그냥 호스로 물청소하는 것보다 노동력과 비용은 훨씬 많이 든다.

더 이상 낙농장을 고운 시선으로 보지 않는 대중은 낙농 관행에 의문을 제기하면서 요즘 소들의 우유 생산량이 부자연스러울 정도로 많다고 주장한다. 새끼에게 젖을 먹일 때 필요한 양보다 10배에서 20배 이상 많은 양을 생산한다는 점에서 확실히 부자연스러운 게 맞다. 낙농업의 특성상 소들이 과잉생산해야 농장이 살아남을 수 있다는 전제를 바탕으로 하지만 그 양이 지금만큼 많았던 적은 없었다. 오늘날의 소는 예전만큼 오래 살지도 못하고 건강 문제도 더 많다. 넘쳐나는 젖을 담고 있어야 하는 거대한 유방이 등과 다리에 문제를 일으키는 건 물론이다.

또 동물권 활동가들은 낙농가들이 지붕도 없는 축사에 소들을 가두고 평생 한 곳에 묶어놓아 학대한다고 주장하기도 한다. 하지만 이런 일은 극히 드물다. 농부들은 소의 생산 능력을 최대한 끌어내기를 바라고, 소를 잘 보살펴야 젖을 더 많이 생산한다는 것도 알고 있다. 심지어 지붕이 있는 사육장에서 먹이를 먹는 소가 지붕이 없는 곳에서 먹는 소보다 젖을 더 많이 생산한다는 연구 결과도 있다.

오늘날 많은 활동가와 소비자들은 소가 풀을 뜯어 먹어야 한다고 낙농가에 촉구한다. 아이러니하게도 소가 목초지의 풀을 뜯어 먹게 놓아 기르는 목초 사육은 소를 가장 적은 비용으로 기르는 방법이다.

영국의 기후는 목초지 풀이 자라기에 더없이 적합한데, 월트셔 브링크워스 낙농장의 채드 크라이어는 1년 중 10개월을 방목할 수 있다고 말한다. 하지만 그러면서 이렇게 덧붙였다. "목초 사육은 기본적인 거예요. 소들한테 필요한 게 얼마나 많은데요." 소에게 반드시 영양 보충을 해줘야 한다고 믿는 크라이어 부부는 추가 비용을 들여 보리와 알팔파 같은 고단백 곡물을 제공한다.

'목초 사육'이라는 개념을 이렇게 생각하는 농부가 한둘이 아니다. 축사에서 사료를 먹는 소가 풀을 뜯는 소보다 젖을 더 많이 생산한다는 사실을 부인하는 사람은 없다. 농부들이 사료 구입에 추가 비용을 지출하는 이유가 이 때문이다.

뉴욕주의 에릭 움즈는 그가 운영하는 400마리 규모의 낙농장에는 목초 사육이 맞지 않다고 말했다. "규모가 커질수록 영양분을 추적해야 해요." 그가 설명했다. "소가 풀을 뜯게 내버려 두면 얼마나 먹는지 절대 알 수가 없어요. 축사에서 먹이를 주면 정확히 알 수 있죠."

호주 남부 지역은 날씨가 온화해서 방목하기 좋지만, 여름인 12월부터 4월 사이에는 물이 거의 없고 땅이 바싹 마른다. 낙농장 농부들은 가능한 한 소들이 풀을 뜯어 먹게 하다가 안 되면 상점에서 구입한 사료를 먹인다. 낭키타 힐스에서 4대째 낙농업을 하는 코너 가족은 할 수만 있다면 소들에게 일 년 내내 풀을 뜯게 할 거라고 말했다. 그러면 사료 구매 비용을 아낄 수 있기 때문이다. 농장이 불과 20마일(약 32킬로미터) 거리에 남극과 마주해 강한 바닷바람이 부는 언덕에 있는 코너 가족은 경험을 통해 투자는 신중히 해야 한다는 걸 배웠다. 사육장 사육을 못마땅해하는 건 아니지만, 그들은 이렇게 말했다. "사육장에 투자하고 생산량이 많지 않으면 많은 걸 잃습니다. 방목은 그것보다 덜 위험하죠."

사료를 먹이든 풀을 먹이든 호주 남부 지역 농부들에게는 특이한 골칫거리가 하나 있다. 사람만 한 몸집에 짧은 앞다리와 튼튼한 뒷다리로 깡충깡충 뛰어다니며 소가 먹을 걸 모조리 먹어 치우는 수십 마리 낯선 동물들이다. 가끔 농부들이 이 캥거루 무리 중 한두 마리를 총으로 쏴서 겁을 주면 나머지 무리가 정신없이 날뛰며 도망간다.

    킴 바틀릿^{Kym Bartlett}과 케이트 바틀릿^{Kate Bartlett}은 1927년부터 킴의 가족이 소유한 농장에 산다. 농장 주변에는 일 년 내내 푸르른 정원과 멋진 야자수, 그밖에 다른 관상식물들이 있다. 그들의 땅은 호주에서 가장 긴 머리강(Murray River) 물을 끌어다 쓰는데 농장에서 사용한 물이 역류해 강을 오염시키지 않도록 신경 쓰고 있다. 그들이 기르는 홀스타인 200 마리는 일 년 내내 풀을 먹여 기른다. 케이트가 말했다. "소들을 매일 옮기는 게 일이긴 해도 풀을 먹이는 게 제일 돈 안 들이고 우유를 생산하는 방법이죠."

    캐런 올트먼^{Karen Altmann}과 데이비드 올트먼^{David Altmann}의 다카라 농장 (Dakara Farms)도 머리강에 있지만, 농장에서 사용한 물이 강으로 역류

호주 일라와라종

── 우유의 역사

하는 걸 막기가 어려워 사육식 낙농장으로 운영하기로 했다. 이따금 사육식 낙농장에 반대하는 사람들이 그들을 비난하는 어조로 폄훼하기도 하지만, 다카라 농장은 청결하고 관리가 잘 되어 있으며 소들도 보살핌을 잘 받는 것처럼 보인다. 올트먼 부부는 홀스타인 400마리, 그리고 쇼트혼과 에어셔를 토종 품종들과 교배해 만든 호주의 붉은 소 일라와라Illawarra 100마리를 키운다. 일라와라는 젖 생산량이 많고 우유에 유지방이 풍부해서 버터와 치즈를 만들기에 좋다.

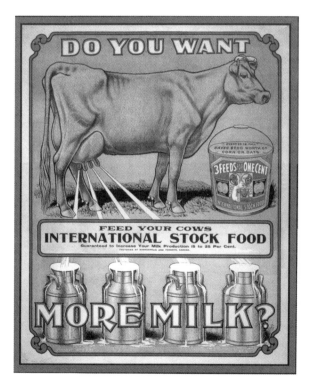

1920년대 소의 젖 생산량 증가를 '보장'하는 소 사료 광고.

5대째 낙농 농부인 데이비드는 1999년에 이 농장을 구매해 지붕이 있는 야외 사료 창고를 짓고 쇠막대기를 길게 설치해 소가 머리를 내밀어 바깥쪽에 쌓인 먹이를 먹을 수 있는 공간을 마련했다. 이곳은 여름에도 시원한 장소이며, 유난히 더운 날에는 미스트 스프링쿨러를 튼다. 먹이는 건초, 밀, 카놀라와 근처 주스 생산자에게 구입한 사과펄프(자르거나 으깨서 만든 부드러운 덩어리 ―옮긴이), 오렌지 주스 공장에서 가져온 으깬 오렌지, 감자, 양조장에서 남은 곡식을 섞어서 만드는데 냄새가 그럴듯하다.

　이 소들은 마음 내키는 대로 언덕을 어슬렁거리다가 배가 고프면 사육장으로 천천히 이동한다. 이 소들이 생산하는 우유의 양은 호주 평균 생산량보다 훨씬 많고, 우유를 생산하는 기간도 짧게는 7년에서 9년, 길게는 12년에서 14년인 걸로 보아 거의 스트레스를 안 받고 지내는 게 분명하다. 하지만 결국에는 이 소들도 다른 모든 소처럼 도축장으로 보내진다.

남아 있는 과제

병든 소와 위험한 우유에 관한 스캔들

19세기 구정물 우유, 네슬레 분유, 좀 더 최근의 중국 사례 등의 끊이지 않는 스캔들로 낙농장, 기업, 정부에 대한 소비자들의 불신이 점점 커지고 있다. 잊힐만하면 다시 터지는 온갖 스캔들로 인해 우유에 대한 대중의 불신은 커지기만 할 뿐이다.

핵 시대는 미국이 히로시마와 나가사키에 핵폭탄을 투하하면서 시작됐다. 이 폭탄들은 핵에 대한 공포에 떨게 하는 대신 핵 군비 경쟁의 신호탄이 돼버렸다. 일본이 방사능과 낙진의 후유증으로 힘겹게 싸우는 동안 미국 정부는 그런 사실을 부인하면서 지상에서 핵실험을 추진해 대기로 독성물질을 내보냈다. 1949년 소련이 처음으로 원자폭탄 실힘에 성공했다. 1952년에 영국이 뒤를 따랐고, 그 무렵 미국은 남태평양에서 훨씬 더 강력한 수소 폭탄을 터트리고 있었다. 1953년에는 소련이 시베리아에서 수소 폭탄 실험을 했다. 과학자들은 1945년과 1958년 사이 세계 곳곳에서 터진 핵무기들의 위력이 히로시마 폭탄의 800배와 맞먹을 것으로 추산한다.

폭발이 있을 때마다 눈에 보이지 않는 건 물론이고 고배율 현미경으로도 볼 수 없는 미세입자들이 대기에 섞여 전 세계를 돌아다녔다. 이른바 방사능 낙진의 일부는 소실됐지만, 일부는 그렇지 않았다. 그중에 스트론튬-90은 뼈, 특히 아직 성장이 채 끝나지 않은 아이들 뼈에 축적되고 암, 백혈병, 조기 노화를 유발할 수 있다. 아이오딘-131은 갑상선에 축적되고 역시 암을 유발할 수 있다. 이 낙진이 식물에 내려앉았고 그 식물을 먹은 소에서 소젖으로, 거기서 다시 그 우유를 마신 사람에게로 전달됐다. 1958년 미국과 캐나다 도시 48곳에서 우유를 시험한 결과 스트론튬-90 함량이 1957년과 1958년 중반 사이에 최소 두 배 이상 증가했다. 미국 정부는 그 정도 수준은 위험하지 않다고 사람들을 안심시키려고 애썼지만 수많은 과학자를 비롯해 정부의 말을 믿는 사람은 거의 없었다. 1962년, 보건 당국들은 솔트레이크시티 우유에서 아이오딘-131이 너무 많이 검출돼 사람들에게 우유를 먹지 말라고 충고했다.

1963년 미국, 소련, 영국은 대기권 내에서의 핵실험을 중단하기로 합의했지만, 핵 후발주자였던 프랑스와 중국은 서명하지 않았다. 프랑스는 1974년까지, 중국은 1980년까지 실험을 계속했다. 그 이후에는 실험이 지하에서 이루어졌다. 하지만 1963년에 미국 연방방사선심의회(The Federal Radiation Council)는 대기권 안에서 실시되는 추가적인 핵실험이 없더라도 백혈병, 선천적 기형의 발병률 증가 같은 건강 문제들이 향후 75년간 이어질 수 있다고 경고했다. 방사능에 노출된 아이들은 그들의 상태가 자식들에게까지 전달될 수 있다.

1950년대에는 소들이 방사능에 오염된 풀을 먹었고, 그 소에서 생산된 우유에 오염물질이 포함돼 있어서 우유를 먹으면 안 된다는 광범위한 운동이 일어났다. 이 위험이 줄어드는 것처럼 보이자 다른 문제들이 생겨났고 우유는 연이은 스캔들로 몸살을 앓았다. 스캔들이 터질 때마다 PBB (폴리브로미네이트 바이페닐), rBGH (인공성장호르몬), BST (산유촉진 단백질), BSE (소해면상뇌증), GMO (유전자변형) 같은 약자가 함께 터져 나왔다.

1973년 미시간에서 소들이 무기력해지는 증상이 나타났다. 음식을 먹지 않았고 젖 분비량이 줄어들었다. 결국 일부 소들은 서 있지도 못할 만큼 쇠약해졌다. 하지만 수의사들은 어떤 병이 원인인지 알아낼 수 없었다. 살충제 때문일까? 농부들은 새로 먹이기 시작한 단백질 강화 사료를 의심했다. 이 사료에는 가축 사료 첨가제로 쓰이는 산화마그네슘의 상표명인 뉴트리마스터^{Nutrimaster}가 들어 있었는데, 소화 기능을 개선해 우유 생산량을 늘리는 효과를 내기 위해 첨가된 것이었다. 수많은 실험 결과 사료에 포함된 성분은 산화마그네슘이 아니라 폴리브로미네이트 바이페닐, 또는 PBB라고 하는 섬유와 플라스틱에 쓰이는 난연제였다. 소가 섭취한 PBB는 간과 지방 조직에 쌓인다. 지방 조직에 쌓인 PBB는 우유로, 우유에서 다시 그 우유를 마신 사람들의 지방 조직과 간으로 옮겨가 심각한 건강 문제를 일으켰다. 서 있지도 못할 만큼 아픈 소에게서 짠 우유를 팔았다고? 구정물 우유 시절 이후로 별로 달라진 게 없어 보였다.

결국 이 사건은 뉴트리마스터와 PBB를 둘 다 제조하는 미시간 케미 컬사(Michigan Chemical Corporation)에서 두 제품의 내용물과 포장이 비슷해 서로 뒤섞였던 것으로 밝혀졌다. 미국 농무부는 더 이상 걱정할 게 없으며 앞으로도 그럴 거라고 장담했고, 정말 그렇긴 했다. 하지만 몇 년이 지나자 오염된 우유를 마셨던 아이들이 체중 감소, 탈모, 신체 조정 능력 부족, 무기력 같은 걱정스러운 증상들을 보이기 시작했다. 오염된 우유를 먹었던 여성들의 젖을 먹은 아이들도 예외가 아니었다. 엄마들의 모유에 PBB가 들어 있던 것이다. 1970년대 중반까지 미시간 농장의 아이들 3분의 1이 아팠고, 디트로이트와 다른 도시들의 아이들도 마찬가지였다. PBB 사건 이후 대중은 젖소의 우유 생산량은 늘리지만, 소에게 소화장애를 일으키는 고농축 사료를 점점 더 경계하게 됐다.

1993년을 기점으로 소에게 재조합형 보빈 성장 호르몬(recombinant Bovine Growth Hormone) 또는 rBGH, 때로 소 소마토트로핀(bovine somatotropin) 혹은 BST라고도 알려진 것을 주사하기 시작했는데, 이 호르몬제는 소의 우유 생산량을 25퍼센트 증가시킨다고 보장했다. 이로 인해 과도하게 증가한 젖을 담고 있어야 하는 소의 유방 크기도 비정상적으로 커졌다. 이걸 골칫거리로 여기는 농부들도 있었지만, 대개는 추가로 소를 사서 농장을 유지하거나 심지어 추가로 먹이를 구매하지 않고도 생산량을 그 정도 늘릴 수 있다면 그만한 가치가 있다고 생각했다.

rBGH 화합물은 코넬대학교 농업 및 생명과학 대학에서 개발했는데, 이곳에서는 대규모 대량 생산 낙농장을 대상으로 한 다른 아이디어들도 연구 중이었다. 이 대학은 뉴욕주 북부에 있었지만, 그들이 실험하는 대부분 아이디어는 뉴욕이나 뉴잉글랜드의 소규모 낙농장에는 적합하지 않았고, 오히려 서부의 대형 낙농장에 적합했다. 소 3만 마리 규모의 캘리포니아 농장들을 비롯해 서부의 수많은 농장이 코넬 모델을 따라 rBGH를 사용하기 시작했다.

rBGH는 오랜 소비자층이 선호하는 몬산토사(Monsanto Agrochemical Company)의 지원을 받아, 논란의 여지가 많은 유전자 변형 방법으로 만들어졌기 때문에 이후 소비자들의 항의가 빗발쳤다. 1933년 미식품의약국에서는 rBGH 사용을 승인했지만 캐나다, 유럽 연합, 그밖에 다른 나라들에서는 호르몬 주사를 맞은 소의 우유를 섭취하면 특정 유형의 암 발생 위험이 있는 걸 우려해 소에게 rBGH 사용하는 걸 금지했다. 하지만 그런 위험이 존재한다는 결정적인 증거는 없으며, 미국에서는 국립보건원(The National Institutes of Health)이 rBGH를 주입한 소의 우유와 그렇지 않은 소의 우유가 완전히 똑같다고 결론지었다. 미국 암학회(The American Cancer Society)는 이 문제에 관해 뚜렷한 입장을 밝히지 않고 다만 지금까지 위험하다는 증거는 없다고만 말했다.

그럼에도 불구하고 rBGH는 미국에서 큰 성공을 거두지 못했다. 1990년대에 rBGH를 사용하기 시작했던 농부들은 주사제 사용을 중단했고, 오늘날 미국 농부의 3분의 1 미만이 호르몬제를 사용한다. 농부들은 rBGH가 기대했던 것만큼 우유 생산량을 증가시켜주지 못하며 소에게 소화불량과 유두감염을 일으킬 수 있다는 걸 발견했다.

그런데 이게 오히려 호르몬제를 사용하는 농부들이 항생제를 더 많이 쓰는 이유가 됐고, 우유를 마시는 사람들에게는 항생제라는 또 다른 걱정거리가 생겼다. 가축에게 항생제를 과도하게 사용하면 그런 동물들의 고기나 우유를 섭취한 사람이 그런 약들에 내성이 생긴다는 게 밝허졌다. 대부분의 연구는 항생제를 주사한 젖소의 우유가 인간에게 위험을 초래하지 않는다고 밝히고 있지만, 항생제에 반응하지 않는 미국인의 수가 점점 증가하고 있으며, 해마다 미국인 2만 3,000명이 항생제 내성 감염으로 사망에 이른다. 또 동물에게 투여한 항생제가 토양과 식물이나 채소에 침투해 더 많은 인간이 항생제 내성을 갖게 될 위험도 있다. 2013년 FDA는 rBGH 사용과는 무관하게 소, 닭, 돼지에게 과도한 항생제를 사용하는 것을 단속하기로 했다.

rBGH가 유해하지 않다는 정부와 과학자들의 장담에도 불구하고 수많은 미국 소비자가 우유, 버터, 치즈, 요거트 라벨에 호르몬제를 주사한 젖소의 우유로 만든 제품인지 여부를 표시해달라고 요구해왔다. 발빠른 일부 기업에서는 이미 'rBGH-프리', '호르몬-프리'라고 표시된 용기에 우유를 판매하기 시작했다.

문제의 핵심은 대량 생산한 저렴한 우유로 미국의 모든 진열대를 점령할 수 있는 이런 거대 낙농 기업들은 시장에서 소규모 농장들을 몰아낼 힘이 있는데, rBGH 같은 물질 개발이 그 과정을 부추긴다는 것이다. 사실, rBGH의 영향을 연구한 코넬대 경제학자들은 그것이 필요로 하는 가축 관리 유형 때문에 소규모 농장들이 업계에서 밀려나게 될 거라고 예측했다. 코넬대학의 철학은 "가축의 규모가 관리자의 능력을 말해준다."이다. 그들은 심지어 소규모 낙농장들의 몰락으로 인해 결국 뉴욕과 버몬트 같은 수많은 주의 농촌 문화와 지형까지 완전히 망가뜨릴지 모르는 경제 정책들을 장려했다. 버몬트 상원의원 버니 샌더스^{Bernie} ^{Sanders}는 2012년에 이렇게 썼다. "대규모 가공업자들이 막대한 이익을 쓸어 담는 동안, 가족형 농장들은… 간신히 버티거나 농장을 팔지 않을 수 없는 처지에 놓인다는 건 뭐가 잘못돼도 한참 잘못됐다."

── 우유의 역사

1970년과 2006년 사이 미국에서는 낙농장 57만 3,000곳이 문을 닫았지만 우유 생산량은 그와 비례해 줄어들지 않았다. 이유가 뭘까? 21세기 들어 젖소 2,000마리를 보유한 낙농장 수가 두 배로 늘어났기 때문이다.

낙농업에 대한 소비자들의 불신은 PBB와 rBGH뿐만 아니라 BSE (Bovine Spongiform Encephalopathy) 또는 소해면뇌상증, 혹은 더 흔히 쓰이는 용어인 광우병 때문일 수도 있다. 광우병의 원인 역시 우유 생산량을 늘리기 위해 농축 사료를 먹인 것이었다. 소가 단백질을 더 많이 먹으면 적어도 이론상으로는 우유를 더 많이 생산할 것이다. 그래서 소가 초식동물이어서 고기를 소화하지 못한다는 사실을 알면서도 소 먹이에 값싼 고기와 뼛가루를 섞을 수 있지 않겠냐는 아이디어가 나왔다.

BSE는 1986년까지 진단이 되지 않았지만 최초로 발견된 것은 1985년 영국 소였던 것으로 보인다. BSE는 사료에 들어 있는 감염된 신경조직 — 뇌와 척수 — 이 원인이었던 것으로 보인다. 소를 죽음에 이르게 하는 이 질병은 인간에게도 치명적인 불치병이다. 이 병의 인간 변이를 '변종 크로이츠펠트-야콥병(vCJD)'이라고 부른다.

대규모 BSE 감염은 1980년대와 1990년대 초 영국에서 시작됐는데, 병에 걸린 소들은 공격성을 보이고 걷거나 일어서는 데 어려움을 겪었으며 젖 생산량이 줄어들었다. 당시 영국 정부의 안이하고 굼뜬 대처는 지금도 대중의 마음에 잔상을 남겼다. 당시 지방의 농장 공동체로부터 수많은 표를 얻어 집권한 보수 정부는 농부들에게 큰 피해를 안기게 될 살처분이라는 엄격한 조치를 취하길 꺼렸다. 하지만 결국은 정부가 좀 더

발 빠르게 대처했을 때 살처분됐을 숫자보다 훨씬 많은 소가 도살됐다.

처음에 영국 정부는 BSE가 인간에게 위협이 되지 않는다고 주장했다. 나중에 저명한 환경운동가로 변신한 당시 농무부 장관 존 검머^{John Gummer}는 1990년 광우병이 인간에게 위험하지 않다는 걸 보여주기 위해 자신의 네 살배기 딸이 햄버거를 먹는 장면을 공개했다. 하지만 집에서 기르는 고양이들과 동물원 동물들이 소고기 부산물로 만든 먹이를 먹고 죽기 시작했고, 1995년 처음으로 인간 광우병 환자가 사망했다.

1990년대 중반, 마침내 영국 정부가 소에게 육골분 사료 먹이는 걸 금지했고 3년 반 동안 영국산 소고기 수출도 금지했다. 영국 보건부 장관 역시 공개석상에서 그 질병이 인간에게 전염될 수 있다는 걸 처음으로 인정하고 소 450만 마리를 살처분했다. 2015년까지 영국에서는 이 질병으로 인한 사망자가 177명 발생했고, 세계적으로는 미국의 4명을 포함해 총 56명이 vCJD로 목숨을 잃었다. 또 처음에 정부는 감염된 가축들을 도살함으로써 농부들이 볼 피해액을 보상해주지 않았고, 따라서 당연히 농부들은 그렇게 하기를 꺼렸다. 심지어 정부가 보상을 시작했을 때도 그 보상액이 병든 가축을 식용으로 팔아서 벌 수 있는 돈보다 훨씬 적었다. 그리고 정부가 처음에는 그 질병이 인간에게 위험하지 않다고 주장했기 때문에 농부들은 손실을 감수해야 할 도덕적 의무를 느끼지 않았다.

광우병 발발과 그에 대한 잘못된 대처는 아직도 사람들 기억 속에 생생히 남아 있으며, 그것이 아마 영국이 유전자변형농산물에 반대하는 국경 없는 싸움에서 전 세계를 주도하고 있는 이유 중 하나일 것이다. GMO가 유해하다는 과학적인 증거는 거의 없음에도 불구하고 그 대의에는 많은 사람이 공감한다.

GMO 우유는 정말 나쁠까?

우유와 관련한 GMO 문제의 핵심은 미국 젖소들에게 미국산 GMO 곡식을 먹이는 것이다. 그러니까 희한하게도 유전자 변형 소에게 유전자 변형 먹이를 먹어도 괜찮은지가 문제라는 얘기다. 유럽 연합의 회원국들을 포함한 수많은 나라에서는 GMO 곡식을 금지하고 있지만, 그 이면에는 경제적인 동기가 있을 수 있다. 그들이 금지한 GMO 곡식은 대부분 미국에서 재배되는데, 유럽 농부들이 그걸 사용하면 유럽 제품 대신 미국산 수입 제품을 구매할 것이기 때문이다.

1999년 생명공학 탄생 25주년 기념행사에서 1962년 DNA의 이중나선 구조를 밝혀낸 공로로 노벨생리의학상을 수상한 세 명의 팀원 중 한 명인 제임스 왓슨James Dewey Watson은 GMO 분야가 "확실한 약속과 불확실한 위험"을 제공한다고 말했다. 진보를 위해서는 위험을 감수해야 한다는 의미였다.

GMO는 정말 무한한 가능성의 바다다. 어떤 사람에게도 알레르기를 일으키지 않는 음식, 충치를 예방해주는 음식, 심지어 특정 질병과 싸우는 음식을 만들어낼 수도 있다. 양식 물고기에는 바닷물이(sea lice)가 기생하기 마련인데, 바다 이가 기생할 수 없는 물고기를 개발할 수도 있다. 거의 모든 문제에 유전적 해결책을 찾을 수 있을 것처럼 보인다.

GMO 사용에 반대하는 사람들의 주장 일부는 타당해 보이지만 농부들이 어쩔 수 없이 GMO를 사용한다는 주장은 쉽게 반박할 수 있다. 미국의 낙농 농부들은 곤충에 내성이 있을 뿐 아니라 유전자를 변형하지 않은 곡식보다 가격까지 싼 GMO 곡식 덕분에 그동안 힘겹게 버티던

싱황에서 벗어나게 된 이야기를 숱하게 들려준다. 게다가 오늘날 잇따르는 GMO 기업들의 합병과 관련해 기업의 수가 적어지면 실험실이 적어지고 새로 개발되는 품종도 적어지는 것 아니냐는 걱정까지 하고 있다. 농부들은 소비자들보다 훨씬 더 GMO 제품을 원한다. 실제로 선도적인 GMO 개발사 몬산토는 제품 마케팅 초기에 일반 대중이 아니라 농부들을 설득하는 데 초점을 맞추는 실수를 저질렀다고 인정한다.

과학자들은 GMO 개발 초기 수십 년 동안 새로운 병원체와 변종 바이러스의 진화 가능성 같은 위험에 대해 논의하며 그 분야의 실험이 통제돼야 한다고 믿었다. 결코 좋은 아이디어는 아니었지만, 1970년대 초 과학자들은 과정을 스스로 규제하고 필요한 경우 스스로 실험에 제동을 걸면 되지 않겠냐고 생각했다. 하지만 그 과학자들에게 해결해야 할 과제를 안기는 주체가 누군가? 많은 과학자가 거대 다국적 기업의 고용인이었고, 결국 기업이 스스로 그들 자신을 규제하고 있는 셈이었다.

GMO가 신체에 유해하다는 주장을 뒷받침할 과학적인 증거는 부족하지만 한 가지 사회정치적 주장은 반박할 수 있다. 몬산토와 다른 GMO 기업들의 계획이 실현된다면 그 몇 안 되는 기업들이 전 세계의 농업 생산을 완전히 통제할 것이다. GMO 씨앗에서 자란 식물은 GMO 씨앗을 만들지 않고, 따라서 계속 GMO 작물을 재배하려면 매번 그 기업에서 씨앗을 더 사는 수밖에 없는데, 이건 GMO 작물을 처음 개발할 때는 예상치 못했던 일이었다. 흥미롭게도 반-GMO 압력단체가 이 사회정치적 사실에 가장 직접적으로 영향을 받는 농부들보다 훨씬 더 그 사실을 강력하게 비난한다.

농부들이 처한 경제적 현실은 서로 다를 때가 많다. 대부분의 낙농 농부들은 소를 먹이기 위해 옥수수나 알팔파 같은 고단백 곡물을 직접 재배하거나 구매한다. 미국에서는 이 시장을 GMO 곡식이 장악하고 있는 데다, 낙농 농부들은 값비싼 'GMO-프리' 곡식을 사라고 강요받는 걸 원하지 않는다.

모든 작물과 마찬가지로, GMO 작물의 확산도 통제하기 어렵다. 2000년, 소에게 먹이기 위해 개발됐지만 인간에게는 심한 알레르기를 유발해 식용 허가는 받지 못한 스타링크^{StarLink}라는 GMO 옥수수가 난데없이 사람이 먹는 옥수수 제품에 나타나기 시작했다. 처음에는 타코셸(옥수수 반죽을 얇게 편 뒤 U자 모양으로 구부려 바삭하게 튀긴 식품 −옮긴이)에만 쓰이다가 나중에는 팝콘과 다른 제품들에서도 나왔고 일부는 다른 국가로 수출됐다. 전체 옥수수밭에서 스타링크 재배지가 차지하는 비율은 극히 일부였지만, 여전히 미국 옥수수 공급의 큰 비율을 자치했다.

GMO 작물의 또 다른 문제는 잡초와 관련이 있다. 일찍이 몬산토는 잡초에 내성이 있는 작물을 개발해 독성이 있는 데다가 가격까지 비싼 제초제의 필요성을 없앴다. 하지만 시간이 지나 잡초가 이런 GMO 작물에 내성을 발달시켜 저지할 수 없는 슈퍼잡초를 탄생시킬 수 있다는 사실이 드러났다.

해충 저항성 GMO 작물 역시 골치 아픈 문제를 일으켜, GMO 작물은 엄청난 가능성이 있지만 특정한 위험도 따른다는 제임스 왓슨의 말이 옳았음을 입증했다. 만약에 작물이 원치 않는 곤충뿐 아니라 원하는 곤충까지 쫓아버리면 어떻게 될까? 알팔파는 벌들의 수분을 통해 번식한다. 꿀벌이 없으면 알팔파도 없다. 알팔파를 수분시킬 다른 방법은 비용이 엄청나게 많이 들 것이다. 그런데 신기하게도 벌들이 사라지고 있다. GMO 작물의 영향일까? 과학자들이 이 가능성을 집중적으로 연구해왔지만, 지금까지 확실한 대답은 찾지 못했다.

알팔파는 젖소에게 먹이는 가장 중요한 고단백 사료이기 때문에 낙농가에는 중요한 문제다. 알팔파 소 사료는 연간 47억 달러 규모의 사업이다. 낙농의 역사가 거의 없는 아이다호주가 어떻게 미국에서 두 번째로 큰 우유 생산지가 됐을까? 관개 사업으로 경작지가 엄청나게 넓어졌고, 그 땅에 거의 알팔파를 심었기 때문이었다. 이런 일이 가능할 수 있었던 단 한 가지 이유는 1950년대에 벌 전문가들이 다소 까다로운 알팔파 꽃 수분을 잘하는 알칼리벌(alkali bee)을 아이다호로 대량 이동시키는 방법을 알아낸 덕분이었다. 하지만 꿀벌이나 다른 종의 벌들과 마찬가지로 이 벌들이 사라지고 있는 지금, 아이다호 낙농 산업과 서부 낙농 산업 대부분의 운명은 어떻게 될 것인가?

벌들이 사라지고 있는 이유에 관해서는 휴대전화 확산부터 살충제 사용, GMO 작물 개발까지 여러 설이 있다. 이런 이론 중에서 휴대전화 확산 같은 일부 가설은 틀렸다는 게 입증됐지만 대개는 그렇지 않다. 하지만 GMO 작물 때문이라는 주장의 문제는 GMO 작물이 금지된 국가에서도 벌들이 사라지고 있다는 사실이다.

몬산토에서 주장하는 만큼 GMO 제품이 안전하다면, GMO 기업들은 엄격한 규정에 따라 제품을 생산하지 않는 엄청난 실수를 저질렀다. 그리고 미국 정부 역시 더 엄격한 규정을 시행하지 않는 실수를 범하고 있다. GMO 과학자들은 GMO 제품이 안전하다는 걸 입증하지 못했고, 과학자들을 포함해 GMO에 반대하는 사람들은 GMO 제품이 안전하지 않다는 걸 설득력 있게 보여주지 못했다. 이런 상황으로 인해 대중은 어느 쪽도 믿지 못하고 불신만 남았다. 중국 국영 유제품 기업에서 오랫동안 관료로 일한 차오 엔핑은 GMO를 어떻게 생각하냐는 질문에 이렇게 대답했다. "전 GMO 사용을 좋아하지 않습니다. GMO 알팔파 수입도 반대했고요. 위험하지 않을지는 몰라도 과학적으로 안전하다는 게 충분히 입증되지도 않았으니까요. 지금은 안전이 제일 중요한 문젭니다." 다른 나라의 많은 사람도 그의 말에 공감한다.

2016년 10월, 〈뉴욕타임스〉가 GMO 관련 연구 결과를 발표했다. 학술자료, 독립 데이터, 산업 연구를 바탕으로 한 이 연구에서는 이들이 무얼 발견했는지가 아니라 무얼 발견하지 못했는지가 가장 주목할 만하다. 이 연구에서는 GMO가 해롭다는 주장을 뒷받침할 과학적인 증거를 찾지 못했다. 연구가 발표된 시점에서 이 결과는 놀라울 게 없었다. 하지만 정말 놀라운 것은 GMO 사용의 이점을 전혀 찾을 수 없었다는 사실이었다. 미국과 캐나다의 GMO 작물은 유럽의 Non-GMO 작물과 비교해 생산량이 증가하지 않았고 살충제 사용량도 감소하지 않았으며, 제초제 사용량은 오히려 증가했다. 20년 동안 GMO 찬반을 두고 치열하게 싸워왔지만 얻은 것도 잃은 것도 없었다.

하지만 이 GMO 싸움이 기회를 만들었다. 소규모 낙농장들은 항상 자신들의 우유를 특별하게 만들 방법을 찾고 있는데, 찾기만 한다면 그에 대한 비용을 제품 가격에 반영해 살아남을 수 있기 때문이다. 뉴욕, 시카고, 샌프란시스코, 로스엔젤리스, 그밖에 다른 도시 주변에 Non-GMO 작물을 먹인 소의 우유 같은 특별한 우유를 생산하는 낙농가들이 점점 늘고 있다. 도시에는 특별한 우유에 기꺼이 지갑을 열 뿐 아니라 그러기를 간절히 바라는 고학력 고소득자들이 산다. 웨일스의 열정적인 유기농 농부 패트릭 홀든은 이렇게 말했다. "도시 사람들이 혁명을 이끌 겁니다."

하지만 대다수 농부는 혁명을 이끌기 위해서가 아니라 수익을 내려고 애쓰는 중이다. 뉴욕 북부에 있는 유제품 전문점 로니브룩은 호르몬 프리 우유를 일반 우유 가격의 거의 두 배를 받고 파는 데 성공했다. 이 가게 사장인 로니 오소프스키는 'GMO-프리'도 도입하려고 애쓰는 중이다. "쉽진 않아요." 그가 말했다. "콩 90퍼센트, 옥수수 80퍼센트가 GMO 작물이니까요." GMO를 사용하는 게 해롭다고 생각하냐는 질문에 그가 대답했다. "해롭다고 생각하진 않아요. GMO에 대한 사람들 반응 때문에 사용하고 싶지 않은 거죠." 그는 호르몬제 역시 해롭다고 확신하진 않지만, 같은 이유에서 호르몬제를 사용하지 않는다. 그는 단지 손님들이 싫어하는 걸 사용하고 싶지 않을 뿐이다.

오소프스키는 우유, 요거트, 치즈, 아이스크림 등 자기가 파는 고가 제품들의 인기를 뉴욕에서 실감하고 있다. 그가 판매하는 우유는 호르몬-프리일 뿐 아니라 유리병에 담겨 있어서 더 특별하다. "우유를 유리병에 담아 팔면 돈이 더 많이 들지만 그만큼 맛이 더 좋아요." 그가 말했다. 게다가 유리병에 든 우유는 우유갑에 든 뻔한 우유가 아니라 뭔가 더 특별한 고급 제품 같은 인상을 준다.

오소프스키는 그가 '엠앤엠', '탈리아' 같은 이름으로 부르는 젖소 중에서도 특히 큰 품종인 홀스타인 100마리를 잘 돌본다는 사실에 자부심을 느낀다. "전 소들한테 다정하게 대해요." 그가 말했다. "소는 개랑 비슷하죠. 내가 잘해주면 소들도 나한테 잘해주거든요." 그리고 여기에 중요한 사실이 있다. 소 100마리를 기르는 농부는 소를 반려동물처럼 대할 수 있지만 1,000마리를 기르는 농부는 그럴 수 없다. 오소프스키

　　　　　　　　　　　　　　　— 우유의 역사

네 소들은 풀을 뜯지 않을 때는 검은색 고무로 마감된 발포고무 매트리스가 깔린 헛간에서 휴식을 취한다. 그는 소들에게 거의 풀을 먹이지만 곡식도 조금 먹인다. 오로지 풀만 먹여 키운다고 말하고 싶지만, 단백질을 좀 보충해줘야 젖이 더 잘 난다는 걸 알게 됐기 때문이다. 그래도 부담은 여전하다. "가격이 낮으면 낮아서 많이 팔아야 하고, 높으면 높아서 많이 팔아야 하는 게 유제품 가격의 현실이에요." 그가 말했다.

그는 유기농 낙농업을 고려했지만, 감염된 소에게 항생제를 주지 않는 건 잔인하다는 걸 깨달았다. 일단 항생제 치료를 받고 나면 약이 소 체내에서 모두 빠져나간 뒤에도 그 소의 우유는 유기농으로 팔 수 없다. 몇천 마리 규모의 대규모 농장이야 비유기농 소들을 따로 관리할 수 있지만 50마리에서 100마리 정도 규모의 농장에서는 그렇게 할 여유가 없다. 다른 많은 농부도 유기농 농장이 지켜야 하는 규정들이 소들에게 너무 잔인하다고 말한다. 심지어 그것보다 더 많은 농부가 소규모 농장에서 그 규정들을 따르기에는 돈이 너무 많이 든다고 말한다. 〈뉴욕타임스〉는 로니브룩을 "유기농 그 이상"이라고 묘사했다.

2002년, 뉴욕시의 한 기업 간부로 일했던 댄 깁슨^{Dan Gibson}이 뭔가 다른 유형의 낙농장을 시작해야겠다고 결심했다. 그는 허드슨 밸리에 있는 1,000에이커 규모의 농장을 사들였다. 처음에는 그 농장에 살고 있던 사람이 계속 낙농장을 운영하도록 허락했지만, 이내 농장에 변화를 주기로 마음먹었다. "소를 우유를 얻는 수단으로만 생각하는 그런 낙농업이 너무 싫다는 걸 깨달았어요." 그가 말했다. 그는 자신의 낙농장을 "동물 친화적인 농장"으로 바꿀 수 있다고 생각하기 시작했다. 우유 가격을 더 비싸게 받아야겠지만 뉴욕 사람들은 그가 제품을 생산하는 방식을 좋아할 테고 당연히 품질도 더 좋을 것이기 때문에 비싸도 기꺼이 사줄 거라고 믿었다. "사람들은 정말 이런 걸 간절히 원해요." 그가 말했다. "마케팅 일을 하면서 뭔가를 팔려면 그걸 차별화시켜야 한다는 걸 배웠어요. 더 좋고 더 특별하게 만들어야 한다는 걸요. 전 목초 사육하는 순종 저지 소로 동물복지인증 우유를 생산합니다."

2006년에 시작된 미국 동물복지인증(Certified American Welfare Approved by AGW) 라벨은 그 라벨이 표시된 고기와 유제품이 동물에게 친절한 농장에서 생산된 제품이라는 걸 소비자에게 확인시켜주기 위한 것이다. 동물들은 방목시켜 풀을 뜯게 해줘야 하고, 농부는 환경에 해가 되지 않는 관행을 따라 농장을 운영해야 한다. AWA 인증을 받은 농장은 유기농 낙농장은 될 수 없는데, AWA 인증을 받기 위한 요건 중 하나가 필요한 경우 아픈 동물들에게 항생제를 줘야 하기 때문이다.

험난한 유기 농업의 길

댄 깁슨의 농장에서는 갓 태어난 송아지가 어미 곁에서 몇 달 동안 같이 지낸다. 농장이 강조하는 것은 질이고, 양에 대해서는 걱정하지 않는다. AWA를 받지 않은 뉴욕 농부 에릭 움즈가 덩치 큰 홀스타인 한 마리에서 얻을 수 있는 우유의 양은 깁슨이 몸집이 작은 저지 소 50마리에서 얻는 우유의 총량과 비슷하다. 깁슨의 반 갤런(약 1.9리터)짜리 우유 한 병은 7달러인데, 2년 동안 최대치로 생산하고 있고 높은 가격으로 꾸준히 판매되고는 있지만, 그의 농장은 수익은 고사하고 아직 손익분기점도 넘지 못했다. 그렇게 할 수 있는 농부는 그리 많지 않다.

아이다호 폴스의 앨런 리드는 유기농으로 전환할까 고민했었다. 하지만 그는 땅이 부족했다. 유기농 사료를 재배하고 유기농 인증의 방목 요건을 충족시키려면 굉장히 넓은 땅을 소유하고 있어야 한다. 하지만 그가 덧붙였다. "내 가족들이 먹을 건 되도록 유기농을 사려고 합니다."

뉴욕 쿠퍼스타운 근처 구릉지대에 있는 벨티드 로즈 농장(Belted Rose Farm)을 운영하는 코리 업슨Cory Upson은 생존을 위해 낙농업에 대한 자신의 접근법을 완전히 바꿔야 했다. 1988년 그는 당시 정부가 정한 최저가격 — 100파운드, 혹은 11.6갤런(약 45리터)당 10달러 미만 — 에 판매되는 일반적인 A등급 우유를 생산하는 홀스타인 55마리가 있었다. 하지만 이후 유기농으로 바꿨다. 바꾼 이유를 묻자 그가 솔직하게 대답했다. "돈을 하나도 못 벌었거든요." 그의 소는 대부분 홀스타인이었는데, 두 마리 있던 더치 벨티드 소는 홀스타인에게는 꼭 필요해 보이는 곡물 없이도 번성했다. 그래서 그는 언덕에서 풀만 먹어도 되는 더치 벨티드 소로 서서히 바꿔 지금은 더치 벨티드 소 23마리로 운영하는 유기농 낙농가로 탈바꿈했다.

"돈을 더 많이 벌려면 수입을 늘리거나 지출을 줄여야 합니다." 그가 설명했다. 그는 유기농 농장으로 바꿔 운영비를 획기적으로 줄였다. 이제 곡물을 사지 않고, 연료비를 줄이기 위해 말을 훈련시켜 트렉터를 대체했다. 소의 마릿수가 전보다 절반 이하로 줄었고, 우유 생산량도 절반 이하로 줄었다. 하지만 유기농 우유는 사람들이 더 비싼 값을 기꺼이 지불할 거라는 가정하에 가격이 책정되고, 그는 미국 최대 유기농 우유 생산기업인 호라이즌Horizon에 높은 가격으로 우유를 팔고 있다. "부자가 되지는 못하겠지만 그래도 지금은 돈을 법니다." 그가 말했다.

미국인들은 유기농 우유를 사면서 그 우유가 가족이 운영하는 작은 농장에서 왔을 거라고 상상하지만 미국에서 유통되는 거의 모든 유기 농 우유는 코리 업슨이 우유를 파는 곳과 같은 거대 기업들 제품이다. 다른 나라에는 홀든의 웨일스 농장 같은 몇몇 소규모 유기농 농장이 있 지만, 그런 농장은 드물다. 영국 윌트셔에는 80~100마리 규모의 작은 유기농 농장이 몇 군데 있다. 하지만 거기서 생산하는 양은 얼마 안 된 다. 채드 크라이어가 말했다. "세상을 유기농으로만 먹일 순 없어요."

호주 남부 지방에서는 유기농 우유가 일반 우유의 두 배 가격에 팔 리지만, 그래도 여전히 수익을 내는 데 애를 먹고 있다. 하인드마시 밸 리 낙농장(Hindmarsh Valley Dairy)의 데니스 리치Denise Richie는 자기가 생 산하는 염소 우유에 유기농 인증을 받고 싶어 했다. "정말 희한하고 터 무니없는 걸 요구하더라고요." 그녀가 불평했다. 그녀는 연거푸 말도 안 되는 요건을 따르면서 비용이 점점 늘어나는 걸 지켜봤다. 그러다 마침 내 울타리 치는 데 사용한 나무에 화학약품 처리를 했으니 울타리를 전 부 교체하라는 요구를 듣고 포기해버렸다.

아이다호 중부 매직 밸리의 농부들은 유기농 우유를 생산해왔다. 관 개가 알팔파로, 알팔파에서 낙농으로 이어진 이 지역에는 소규모 가족 낙농업의 전통이 거의 없었다. 캘리포니아에서 옮겨온 몇몇 기업들을 비롯한 대규모 농장들이 들어선 곳이기 때문이었다. 이런 곳에서 펑크 씨 가족은 '지평선 위의 남쪽 언덕(South Hills)'이라고 불리는 눈 덮인 울퉁불퉁한 산자락에 있는 계곡에 넓은 평지를 소유하고 있다. 조던 펑 크가 말했다. "동양인들한테는 이게 산이겠지만 우리한테는 언덕이에 요." 펑크 씨네 가족은 4대째 이곳에서 농사를 짓고 있다. 이들의 가족 사가 그대로 이 지역의 농경 역사인 셈이다. 처음에는 아이다호 농업의

── 우유의 역사

주축이었던 감자로 농사를 시작했다. 그러다 사탕무로 바뀌었다. 하지만 1997년에 아이다호에 우유가 호황인 걸 보고 유기농 낙농업을 시작하기로 했다.

처음부터 이 가족은 낙농을 유기농으로 하려면 상당한 노력과 비용이 든다는 걸 이해하고 있었다. 이들이 하려는 더블 이글 농장(Double Eagle Farm)은 더 이상 가족 사업이 아니었다. 이들은 이 일을 시작하기 위한 최적의 규모가 땅 8,500에이커에 소 4,400마리, 직원 75~100명을 관리하는 거라고 판단했다. 일단 결론이 이렇게 나자 이들은 농장을 기업처럼 운영해야 했다. 조던 펑크가 말했다. "제가 아버지한테 말했어요. 유기농으로 갈 거면 서류 작업을 맡아서 처리할 비서를 둘 만큼 커야 한다고 말이죠." 무엇보다 유기 낙농업은 대다수 농부가 익숙한 것보다 처리해야 할 서류 작업이 훨씬 많다.

유기농 낙농장으로 인정받으려면 아주 길고 복잡한 과정을 거쳐야 한다. 농약, 제초제, 화학 비료를 사용하지 않고 땅에 대한 유기농 인증을 받는 데만 3년이 걸린다. 그러고 나면 사료는 전부 유기농만 써야 한다. 유기농 사료는 가격도 엄청나게 비싸고 재배하기도 힘들다. 잡초 저항성 GMO 작물은 허용되지 않기 때문에 펑크 씨 가족은 들판에 난 잡초를 주기적으로 뽑아줘야 한다.

펑크 씨 가족은 소가 병들면 항생제를 주고 경매에 내놓는데, 다른 낙농장에 팔 때도 있고 고기용으로 팔 때도 있다. 매주 몇 마리씩 아픈 소가 나오지만 4,400마리가 있으면 몇 마리 정도는 포기할 여유가 있다. 이들은 우유를 저온 살균해서 송아지들에게 먹인다. 송아지에게 우유를 먹이는 건 유기농 낙농장이 부담해야 할 또 다른 추가 비용이다. 일반 낙농장에서는 송아지들에게 분유를 먹이는데, 분유는 순 우유보다 훨씬 저렴히다. 하지만 유기농 낙농장에서는 순 우유를 먹어야 한다.

유기농 낙농장의 관건은 소가 감염되지 않게 하는 것인데 개체 수가 수천일 때는 훨씬 달성하기가 힘든 목표다. 펑크 씨네 농장 근처에 있는 선라이즈 유기농 낙농장(Sunrise Organic Dairy)의 더크 라이츠마Dirk Reitsma 가 말했다. "유기 농업은 예방이 최우선이에요." 그는 이스라엘에서 개발된 시스템을 사용하는데, 모든 소 다리에 체온계를 부착해놓고 착유장에 있는 '실험실'에서 소들의 건강을 모니터링하다가 질병의 징후가 보이는 소를 발견하면 농부들에게 즉시 알린다. "초기에만 발견하면 비타민만 좀 주면 돼요. 항생제를 쓸 필요가 없죠." 라이츠마가 말했다.

유기농은 일 년에 최소 120일 이상 방목해야 하고, 그 기간 소가 먹는 건초의 30퍼센트는 그 농장의 목초지에서 수확한 것이어야 한다. 펑크 씨네 가족은 농장에서 사용하는 건초의 절반과 보리 거의 전량을 기르지만, 엄청나게 비싼 카놀라, 대두, 아마 같은 Non-GMO 단백질은 따로 구매해서 사용한다.

펑크 씨네 생우유는 일반 우유 가격의 두 배 내지 세 배 높은 가격으로 호라이즌사에 판매된다. 게다가 한 번 정해진 가격은 3년 또는 5년 단위 계약으로 보장되기 때문에 대단히 안정적이다. 이게 대기업 납품의 장점 중 하나다. 대부분 낙농가 농부들에게는 불안정한 우유 가격이 해결해야 할 가장 큰 고민거리 중 하나다. 가격이 불안정하면 계획을 세우기가 대단히 어렵기 때문이다.

유기 농업은 1960년대에 시작됐지만 유기농 우유는 1990년대가 되어서야 인기를 끌었다. 1991년 비유기농 우유에 항생제 잔여물이 있다는 사실이 드러나면서 몇몇 사람들이 비유기농 우유에서 유기농 우유

── 우유의 역사

로 갈아탔다. 사람들은 자기가 먹는 우유가 특별하게 관리되고 생산되는 우유인지 알고 싶어 했다. 유기농 우유가 널리 보급되자 유기농 제품 중에서 가장 잘 팔리는 상품이 됐다. 유기농 우유는 온갖 뜨거운 이슈들을 몰고 다녔다. 유기농 우유를 생산하는 소에게는 호르몬제나 항생제를 투여하면 안 되고, GMO 곡물도 먹일 수 없었다. 이 소들이 비좁은 공장식 낙농장의 소들보다 나은 삶을 산다는 일반적인 믿음도 있었다.

우유의 경우 과학보다 대중의 인식이 더 중요하다. 문제는 소비자들이 특별하게 생산된 우유에 더 높은 가격을 책정하는 것을 받아들일 것인지이기 때문이다. 1997년 미 농무부가 규정을 정하기 전까지는 유기농이 무엇인지에 대한 명확한 정의가 없었다. 1998년 미국에서 유기농 우유가 새로웠던 시기의 매출액은 6,000만 달러였다. 하지만 불행하게도 정부가 유기농 농장에 요구하는 조건을 갖추는 건 소규모 농장으로서는 엄두도 못 낼 만큼 돈이 많이 들었다. 현재 유기농 우유의 최대 생산자인 호라이즌은 한 해에 5억 달러 상당의 유기농 우유를 판매한다. 이 기업은 유기농 우유 시장의 90퍼센트 이상을 장악하고 있는 3대 기업 중 하나다.

호라이즌사는 전국 600여 곳의 유기농 낙농장에서 우유를 공급받는데, 그중에는 업슨 씨의 벨티드 로즈 농장만큼 규모가 작은 곳도 있다. 하지만 크고 작은 농장에서 구매한 모든 우유는 거대한 탱크에서 혼합돼 호라이즌의 상표를 달고 출시된다. 유기농 식품 운동의 열렬한 지지자들은 그런 전국적 규모의 대기업을 염두에 뒀던 게 아니었다. 유기농 운동은 로커보어 locavore (지역을 뜻하는 'local'과 먹을거리를 뜻하는 'vore'를 결합한 신조어로, 거주 지역에서 재배한 제철 음식을 그때그때 소비하는 트렌드나 사람을 가리키는 신조어 −옮긴이) 철학과 일맥상통한다. 즉, 질 좋은 식재료는 기대하는 모든 고객이 아는 사람이어서 처음부터 세심한 주의를 기울여 생산하는 거주 지역의 작은 농가들에서 나온다는 믿음 말이다. 일부 도시 소비자들이 유기농 유제품보다 로니브룩 같은 가게에서 파는 비유기농 유제품을 선호하는 이유다.

호르몬제, 항생제, 유전자 변형, 화학 물질 같은 현대의 쟁점들 너머에는 만 년이 지난 지금도 답을 찾지 못한 근본적인 질문이 하나 있다. 낙농장에서 모든 걸 제대로 했고, 우유가 완벽하다면, 과연 그 우유가 당신에게 이로운가?

어쨌든 성인이 우유를 마시는 건 자연스럽지 않다. 그 점에 있어서는 아기가 모유 이외의 우유를 마시는 것 또한 자연스럽지 않다. 유당불내증이 있는 세계의 60퍼센트는 자연이 의도한 대로 만들어진 결과다.

하지만 생물학자 에드워드 오스본 윌슨E. O. Wilson이 말하는 "자연적 오류(natural fallacy)"도 고려해야 한다. 윌슨에 따르면, 자연적 오류란 '무엇이든 자연스러운 게 최선'이라는 믿음을 말한다. 약을 먹고, 옷을 입고, 책을 읽는 건 부자연스럽다. 야생에서 채집하지 않고 농장에서 재배하는 건 부자연스럽다.

자칭 책임 있는 의료를 위한 의사회(The Physicians Committee for Responsible Medicine)라는 단체는 유제품 없는 식단을 권장하고 아이들에게 동물의 우유를 먹이는 걸 비난한다. 미국낙농협회에서 우유가 건강에 좋다는 그들의 주장을 뒷받침해줄 의사들을 모아 "우유 마셨어요?" 캠페인을 벌이자, 이 의사회는 "맥주 마셨어요?"라는 조롱 섞인 캠페인으로 응수했다.

전유(지방을 빼지 아니한 자연 상태의 우유)를 많이 먹으면 콜레스테롤이 증가하고 심장병을 유발할 수 있다는 상당한 증거가 있다. 저지방 우유와 무지방 우유가 그토록 인기인 이유가 이거다. 우유가 난소암 같은 특정 암을 유발할 수 있다는 주장도 있지만 이를 뒷받침하는 연구만큼 반박하는 연구도 많다. 일부에서는 우유가 골다공증을 유발한다고 주장하지만, 그건 우유를 훨씬 적게 먹는 동양인들이 이 병에 덜 걸린다는 사실에 상당한 근거를 둔 것처럼 보인다. 여기에는 일반적으로 아시아인들이 서양인들보다 운동을 더 많이 하고 채소는 더 먹고 단백질은 덜 먹는다는 사실도 영향을 미치는 것 같다. 아시아의 우유 소비가 늘어나고 있는 지금, 골다공증 환자도 함께 늘어날지 지켜보는 건 흥미로울 것이다.

한편 우유가 뼈 손실을 유발한다고 주장하는 사람들이 있는 반면, 뼈 형성에 도움이 된다고 생각하는 사람도 많다. 주류 과학과 의학에서는 우유가 칼슘, 비타민 D, 그 밖에 뼈 형성에 필요한 영양소의 주요 공급원이며 고혈압 예방에도 도움이 된다고 말한다.

1915년 우유를 홍보하기 위해 미국낙농협회가 결성된 이후, 그들은 아이들이 우유를 먹으면 크고 튼튼하게 자란다고 말하기 시작했고, 일본 천황이 우유 마시기를 장려했던 것도 이 때문이었다. 낙농협회의 첫 번째 소책자 제목은 이거였다. "우유, 성장과 건강에 꼭 필요한 식품." 운동선수들이 우유를 지지하는 게 전통이 됐고, 1960년대 유제품 업계는 미식축구 역사 상 가장 긴 연승 기록을 보유한 그린베이 패커스Green Bay Packers 팀 코치인 빈스 롬바디Vince Lombardi의 말을 적극 홍보했다. "우유를 잘 안 마시면서 뛰어난 기량으로 성공한 선수는 본 적이 없습니다."

소련의 젖 짜는 여성.

과학적인 증거는 빈약하지만, 우유가 아이들 키 크는 데 도움이 된다는 믿음은 늘 있어왔다. 우유는 IGF-1이라는 걸 증가시키는데, IGF-1은 키를 크게 하는 역할을 하지만 몸속에서 분해될 뿐 아니라 우유로 보충되는 양은 성장에 거의 아무런 영향을 미치지 않을 정도로 미미하다. 우유와 키의 상관관계에 대한 믿음은 아이들 키가 가장 많이 자라는 시기에 우유를 가장 많이 마신다는 우연의 일치에서 비롯된 것인지 모른다.

── 우유의 역사

낙농업에도 기술이 도입됐고, 착유에서부터 소의 영양 관리까지 모든 과정에 컴퓨터가 사용되고 있다. 회전식 착유장 같은 장치들은 점점 자동화되는 추세다. 영국의 일부 농부들은 이동식 착유장을 도입해 소들의 수고를 덜어주고 있다. 착유장을 목초지로 가져가 그곳에서 젖을 짜면 되기 때문에 굳이 소들을 농장으로 이동시킬 필요가 없다. 또 새로운 기계 장치들은 점점 로봇들이 작동시키는 추세인데, 현재로서는 고가의 기술이지만 많은 농부가 로봇이 더 많아지기를 간절히 바란다. 전세계적으로 숙련된 일꾼을 구하기가 점점 어려워지고 있기 때문이다. 일은 고되고, 근로 시간은 길고, 보수는 짜다.

미래에도 우유와 갖가지 유제품을 생산하는 낙농장은 여전히 존재할 것이며, 우유에 관한 오래된 쟁점들도 대부분 그대로일 것이다. 하지만 미래에 먹게 될 유제품 대부분은 로봇이 생산하고 있을 것이다. 그리고 당연히 로봇이 생산한 우유의 상대적인 장단점에 대한 새로운 논쟁도 뜨거울 것이다. 역사는 우유에 관한 논쟁이 문명이 발전함에 따라 줄어드는 게 아니라 늘어난다는 사실을 보여준다.

============= 감사의 말 =============

앤 메리 가드너가 자신이 발행하는 멋진 잡지 〈모던 파머^{Modern Farmer}〉
에 우유에 관한 글을 써보지 않겠냐고 제안하기 전까지는 우유에 대해
생각해본 적이 없었다. 그녀는 말했다. "나중에 책을 쓸 수도 있지 않겠
어요?"

아이슬란드에서 큰 도움을 준 친절하고 헌신적인 환경운동가 오르
리 비그푸손에게 깊은 감사의 마음을 전한다. 그는 우유하고는 전혀 관
련이 없는데도 내가 이 책을 쓴다는 소식을 듣고 약속을 잡기 시작했다.
그는 정말 그리워하지 않을 수 없는 그런 특별한 사람이다.

귀중한 조언과 도움을 아낌없이 해줬던 로렌 르완드로스키, 또 금쪽
같은 시간을 쪼개 농장을 보여주고 이야기를 들려준 전 세계 농부들에
게 고마움을 전한다.

월트셔 야생으로 나를 데려가 준 멋진 친구 크리스틴 투미와 숨 막힐
듯 아름다운 바스크산맥의 친구들에게 나를 소개해준 든든한 벗 베르
나르 카레르에게도 고마움을 전한다. 중국과 티베트에서 한도 없는 요

버몬트 농장에서 새끼 염소에게 우유를 먹이는 저자(사진작가 도나 앤 맥아담스Dona Ann McAdams)

거트 공세는 물론이고 신나는 모험과 재미, 크나큰 도움을 주었던 로라 트롬베타에게 감사한다.

　인도에서 도움을 준 라타 가나파시와 라크나 싱 다비다르, 그리고 내 온갖 질문에 그렇게 많은 통찰력으로 시원한 대답을 들려준 판카자 스리니바산에게 깊은 감사의 뜻을 전한다.

　그리스에서 도움을 준 미르토 소토와 남호주 주정부(PIRSA, 일차산업자원부)의 마이클 블레이크에게 감사드린다.

아이다호폴스 여행길에 큰 도움을 준 잭슨홀의 천재적인 셰프 웨스 해밀턴에게 감사한다. 아이다호 중부에서 도움을 준 던컨 풀러에게도 고마움을 전한다.

버몬트 염소 농장에서 나를 반갑게 맞아 그 많은 걸 가르쳐준 브래드 키슬러와 도나 앤 맥아담스 그리고 아이들에게 감사한다.

그녀가 맡았던 열일곱 권의 책과 똑같은 관심으로 내 책을 편집해준 낸시 밀러에게 고마움을 전한다. 능숙한 도움을 준 크리스티안 버드에게도 감사한다. 내 친구이자 조언가이며 최고로 멋진 에이전트인 샬럿 쉬디에게 고마움을 전한다.

탁월한 언어 능력으로 중국, 인도, 아이슬란드에서 여러모로 도움을 준 용감무쌍한 탈리아에게 감사한다. 그리고 도움을 주었던 아름다운 메리언에게도 고마움을 전한다.

Achaya, K. T. *A Historical Dictionary of Indian Food*. New Delhi: Oxford University Press, 1998.

Apple, Rima D. Mothers and Medicine: *A Social History of Infant Feeding, 1890–*. Madison: University of Wisconsin Press, 1987.

Ashton, L. G., ed. *Dairy Farming in Australia*. Sydney: Hallsted Press, 1950.

La Association Buhez, eds. *Quand les Bretons passent à Table*. Rennes, Éditions Apigée, 1994.

A. W. *A Book of Cookrye with Serving in of the Table*. London, 1591, Amsterdam: Theatrum Orbis Terrarum, 1976.

Anonymous, edited by a Lady. *The Jewish Manual*. London: T. & W. Boone, 1846.

Artusi, Pellegrino. *La Scienza in Cucina e L'Arte Di Mangiare Bene*. San Casciano, Italy: Sperling & Kupfer Editori, 1991.

Bailey, Kenneth W. *Marketing and Pricing of Milk and Dairy Products in the United States*. Ames: Iowa State University Press, 1997.

Barnes, Donna R., and Peter G. Rose. *Matters of Taste: Food and Drink in Seventeenth-Century Dutch Art and Life*. Syracuse, NY: Syracuse University Press, 2002.

Baron, Robert C., ed. *Thomas Jefferson: The Garden and Farm Books*. Golden, CO: Fulcrum, 1987.

Basu, Pratyusha. *Villages, Women, and the Success of Dairy Cooperatives in India*. Amherst, NY: Cambria Press, 2009.

Battuta, Ibn. Samuel Lee, trans. *The Travels of Ibn Battuta in the Near East, Asia and Africa 1325–1354*. Mineola, NY: Dover, 2004 (reprint of 1829 edition).

Baumslag, Naomi, and Dia L. Michels. *Milk, Money, and Madness: The Culture and Politics of Breastfeeding*. Westport, CT: Bergin & Garvey, 1995.

Beecher, Catherine, and Harriet Beecher Stowe. *The American Woman's Home*. Hartford: Harriet Beecher Stowe Center, 1998 (first edition 1869).

Beeton, Isabella. *Beeton's Book of Household Management*. London: S. O. Beeton, 1861.

———. *Mrs. Beeton's Cookery Book*. London: Ward, Lock and Company, 1890.

Boni, Ada. *Il Talismano Della Felicità*. Rome: Casa editrici Colombo, 1997 (first edition 1928).

Bradley, Alice. *Electric Refrigerator Menus and Recipes: Recipes Especially Prepared for General Electric*. Cleveland: General Electric, 1927.

Brothwell, Don, and Patricia Brothwell. *Food in Antiquity*. Baltimore: Johns Hopkins University Press, 1998.

Burton, David. *The Raj at Table: A Culinary History of the British in India*. London: Faber & Faber, 1993.

Campbell, John R., and Robert T. Marshall. *The Science of Providing Milk for Man*. New York: McGraw-Hill, 1975.

Cato. Andrew Dalby, trans. *De Agricultura*. Devon: Prospect Books, 1998.

Chang, Kwang-chih, ed. *Food in Chinese Culture*. New Haven: Yale University Press, 1977.

Charpentier, Henri. *The Henri Charpentier Cookbook*. Los Angeles: Price/Stern/ Sloan, 1945.

——— and Boyden Sparkes. *Those Rich and Great Ones, or Life à la Henri, Being the Memoirs of Henri Charpentier*. London: Voctor Gollancz, 1935.

Chen, Marty, Manoshi Mitra, Geeta Athreya, Anila Dholakia, Preeta Law, and Aruna Rao. *Indian Women: A Study of Their Role in the Dairy Movement*. New Delhi: Shakti Books, 1986.

Child, Lydia Marie. *The American Frugal Housewife*. New York: Samuel S. and William Wood, 1841.

———. *The Family Nurse or Companion of The American Frugal Housewife*. Boston: Charles J. Hendee, 1837.

Cleland, Elizabeth. *New and Easy Method of Cookery*. Edinburgh: Elizabeth Cleland, 1755.

Corson, Juliet. *Meals for the Millions*. New York: NY School of Cookery, 1882.

Coubès, Frédéric. *Histoires Gourmandes*. Paris: Sourtilèges, 2004.

Couderc, Philippe. *Les Plats Qui Ont Fait la France*. Paris: Julliard, 1995.

Crumbine, Samuel J., and James A. Tobey. *The Most Nearly Perfect Food*. Baltimore: Williams & Wilkins, 1930.

Cummings, Claire Hope. *Uncertain Peril: Genetic Engineering and the Future of Seeds*. Boston: Beacon Press, 2008.

Da Silva, Élian, and Dominique Laurens. *Fleurines & Roquefort*. Rodez: Éditions du Rouergue, 1995.

Dalby, Andrew. *Siren Feasts: A History of Food and Gastronomy in Greece*. London: Routledge, 1996.

——and Sally Grainger. *The Classical Cookbook*. Los Angeles: J. Paul Getty Museum, 1996.

David, Elizabeth. *Harvest of the Cold Months: The Social History of Ice and Ices*. New York: Viking, 1994.

Davidson, Alan. *The Oxford Companion to Food*. Oxford: Oxford University Press, 1999.

De Gouy, Louis P. *The Oyster Book*. New York: Greenberg, 1951.

Diat, Louis. *Cooking à la Ritz*. New York: J.B. Lippincott Company, 1941.

Dods, Margaret. *Cook and Housewife's Manual*. London: Rosters Ltd, 1829.

Dolan, Edward F., Jr. *Pasteur and the Invisible Giants*. New York: Dodd, Mead & Company, 1958.

Drummond, J. C., and Anne Wilbraham. *The Englishman's Food: Five Centuries of English Diet*. London: Pimlico, 1994.

DuPuis, E. Melanie. *Nature's Perfect Food: How Milk Became America's Drink*. New York: New York University Press, 2002.

Dumas, Alexandre. *Mon Dictionnaire de Cuisine*. Paris: Éditions 10/18, 1999.

Edwardes, Michael. *Every Day Life in Early India*. London: B. T. Batsford, 1969.

Ekvall, Robert B. *Fields on the Hoof: Nexus of Tibetan Nomadic Pastoralism*. New York: Holt, Rinehart, and Winston, 1968.

Ellis, William. *The Country Housewife's Family Companion (1750)*. Totnes, Devon: Prospect Books, 2000.

Erdman, Henry E. *The Marketing of Whole Milk*. New York: Macmillan, 1921.

Escoffier, Auguste. *Le Guide Culinaire: Aide-Mémoire de Cuisine Pratique*. Paris: Flammarion, 1921.

Estes, Rufus. *Good Things To Eat: As Suggested by Rufus*. Chicago: Rufus Estes, 1911.

Fildes, Valerie. *Breasts, Bottles and Babies: A History of Infant Feeding*. Edinburgh: Edinburgh University Press, 1986.

Farmer, Fannie Merritt. *The Boston Cooking School Cook Book*. Boston: 1896.

Flandrin, Jean-Louis, and Massimo Montanari, eds. *Food: A Culinary History*. New York: Columbia University Press, 1999.

Fussell, G. E. *The English Dairy Farmer 1500–1900*. London: Frank Cass, 1966.

Gelle, Gerry G. Filipino Cuisine: *Recipes from the Islands*. Santa Fe: Red Crane Books, 1997.

Geison, Gerald L. *The Private Science of Louis Pasteur*. Princeton: Princeton University Press, 1995.

Giblin, James Cross. *Milk: The Fight for Purity*. New York: Thomas E. Crowell, 1986.

Giladi, Avner. *Muslim Midwives: The Craft of Birthing in the Premodern Middle East*. Cambridge: Cambridge University Press, 2015.

Glasse, Hannah. *The Art of Cookery Made Plain and Easy Which Far Exceeds Any Things of the Kind Yet Published by a Lady*. London: 1747.

———. *The Compleat Confectioner: or the Whole Art of Confectionary Made Plain and Easy*. Dublin: John Eashaw, 1752.

Golden, Janet. *A Social History of Wet Nursing in America: From Breast to Bottle*. Cambridge: Cambridge University Press, 1996.

Gozzini Giacosa, Ilaria. Anna Herklotz, trans. A Taste of Ancient Rome. Chicago: University of Chicago Press, 1992.

Grant, Mark. *Anthimus: De Observatione Ciborum*. Devon, England: Prospect Books, 1996.

———. Galen: *On Food and Diet*. London: Routledge, 2000.

Grigson, Jane. *English Food*. London: Ebury Press, 1974.

Grimod de La Reynière, Alexandre-Laurent. *Almanacs des Gourmands*. Paris: Maradan, 1804.

Guinaudeau, Zette. *Traditional Moroccan Cooking: Recipes from Fez*. London: Serif, 1994 (first published 1958).

Hagen, Ann. *A Second Handbook of Anglo-Saxon Food & Drink: Production and Distribution*. Norfolk, England: Anglo-Saxon Books, 1995.

Hale, Sarah Josepha. *Early American Cookery: The Good Housekeeper*. Mineola, NY: Dover Publications, 1996 (first published 1841).

Harland, Marion. *Common Sense in the Household: A Manual of Practical Housewifery*. New York: Charles Scribner's Sons, 1871.

Hart, Kathleen. *Eating in the Dark*. New York: Pantheon, 2002.

Hartley, Robert M. *Historical, Scientific, and Practical Essay on Milk as an Article of Human Sustenance*. New York: Jonathan Leavitt, 1842.

Harvey, William Clunie, and Harry Hill. *Milk Products*. London: H. K. Lewis, 1948.

Heatter, Maida. *Maida Heatter's Cookies*. New York: Cader Books, 1997.

Heredia, Ruth. *The Amul India Story*. New Delhi: Tata McGraw-Hill Publishing, 1997.

Herter, Christian Archibald. *The Influence of Pasteur on Medical Science*. An address delivered before the Medical School of Johns Hopkins University. New York: Dodd, Mead & Co, 1902.

Hieatt, Constance B., ed. *An Ordinance of Pottage*. London: Prospect Books, 1988.

Hickman, Trevor. *The History of Stilton Cheese*. Gloucestershire: Alan Sutton Publishing, 1995.

Hill, Annabella P. *Mrs. Hill's Southern Practical Cookery and Receipt Book*. New York: Carleton, 1867.

Hooker, Richard J. *The Book of Chowder*. Boston: Harvard Common Press, 1978.

Hope, Annette. *A Caledonian Feast*. London: Grafton Books, 1986.

——. *Londoner's Larder: English Cuisine from Chaucer to the Present*. Edinburgh: Mainstream Publishing, 1990.

Huici Miranda, Ambrosio. *La Cocina Hispano-Magrebí: Durante La Época Almohade*. Gijón, Asturias, Spain: Ediciones Trea, 2005.

Irwin, Florence. *The Cookin' Woman: Irish Country Recipes*. Belfast: Oliver and Boyd, 1949.

Jackson, Tom. *Chilled: How Refrigeration Changed the World and Might Do It Again*. London: Bloomsbury, 2015.

Jaffrey, Madhur. *Madhur Jaffrey's Indian Cookery*. London: BBC, 1982.

Jost, Philippe. *La Gourmandise: Les Chefs-d'oeuvre de la Littérature Gastronomique de L'Antiquitéà Nos Jours*. Paris: Le Pré aux Clercs, 1998.

Jung, Courtney. *Lactivism: How Feminists and Fundamentalists, Hippies and Yuppies, and the Physicians and Politicians Made Breastfeeding Big Business and Bad Policy*. New York: Basic Books, 2015.

Kardashian, Kirk. *Milk Money: Cash, Cows, and the Death of the American Dairy Farm*. Durham: University of New Hampshire Press, 2012.

Kelly, Ian. *Cooking for Kings: The Life of Antonin Carême, the First Celebrity Chef*. New York: Walker & Company, 2003.

Kessler, Brad. *Goat Song: A Seasonal Life, A Short History of Herding, and the Art of Making Cheese*. New York: Scribner, 2009.

Kidder, Edward. *Receipts of Pastry and Cookery*. Iowa City: University of Iowa Press, 1993.

Kiple, Kenneth, and Kriemhild Coneè Ornelas, eds. *The Cambridge World History of Food*, vols. 1 and 2. Cambridge: Cambridge University Press, 2000.

Kirby, David. *Animal Factory: The Looming Threat of Industrial Pig, Dairy, and Poultry Farms to Humans and the Environment*. New York: St. Martin's Press, 2010.

Kittow, June. *Favourite Cornish Recipes*. Sevenoaks, England: J. Salmon Ltd., undated.

Kuruvita, Peter. *Serendip: My Sri Lankan Kitchen*. Millers Point, New South Wales: Murdoch Books Australia, 2009.

Kusel-Hédiard, Benita. *Le Carnet de Recettes de Ferdinand Hédiard*. Paris: Le Cherche Midi Éditeur, 1998.

La Falaise, Maxime de. *Seven Centuries of English Cooking*. London: Weidenfeld & Nicolson, 1973.

Latour, Bruno. Alan Sheridan and John Law, trans. *The Pasteurization of France*. Cambridge, MA: Harvard University Press, 1988.

Lambrecht, Bill. *Dinner at the New Gene Café: How Genetic Engineering Is Changing What We Eat, How We Live, and the Global Politics of Food*. New York: St. Martin's Press, 2001.

Laxness, Halldór. J. A. Thompson, trans. *Independent People*. New York: Vintage, 1997 (Icelandic original, 1946).

Le, Stephen. *100 Million Years of Food*. New York: Picador, 2016.

Leslie, Eliza. *Miss Leslie's Complete Directions for Cookery*. Philadelphia: E. L. Carey and A. Hart, 1837.

Lysaght, Patricia, ed. *Milk and Milk Products from Medieval to Modern Time: Proceedings of the Ninth International Conference on Ethnological Food Research*. Edinburgh: Canongate Press, 1994.

MacDonogh, Giles. *A Palate in Revolution: Grimod de La Reynie and the Almanach des Gourmands*. London: Robin Clark, 1987.

Markham, Gervase. Michael R., Best, ed. The English Housewife (1615). Montreal: McGill–Queen's Press, 1986.

Marshall, A. B. *Ices Plain & Fancy*. New York: Metropolitan Museum of Art, 1976.

——. Mrs. A. B. *Marshall's Cookery Book*. London: Ward, Lock & Co., 1887.

Mason, Laura, and Catherine Brown. *The Taste of Britain*. London: Harper Press, 2006.

Masters, Thomas. *The Ice Book: A History of Everything Connected with Ice, with*

Recipes. London: Simpkin, Marshall & Company, 1844.

May, Robert. *The Accomplisht Cook*. London: Bear and Star in St. Paul's Churchyard, 1685.

McCleary, George Frederick. *The Municipalization of the Milk Supply*. London: Fabian Municipal Program, 2nd series, no. 1, 1902.

Mendelson, Anne. *Milk: The Surprising Story of Milk through the Ages*. New York: Alfred A. Knopf, 2008.

Milham, Mary Ella, trans. *Platina: On Right Pleasure and Good Health*. Tempe, AZ: Medieval and Renaissance Text and Studies, 1998.

Montagne, Prosper. *Larousse Gastronomique*. Paris: Larousse, 1938.

Pant, Pushpesh. *India Cookbook*. London: Phaidon, 2010.

Peachey, Stuart. *Civil War and Salt Fish: Military and Civilian Diet in the C17*. Essex, England: Partizan Press, 1988.

Pidathala, Archana. *Five Morsels of Love*. Hyderabad: Archana Pidathala, 2016.

Pliny the Elder. John F. Healy, trans. *Natural History: A Selection*. New York: Penguin, 1991.

Polo, Marco. Ronald Latham, trans. *The Travels*. New York: Penguin, 1958.

Porterfield, James D. *Dining by Rail*. New York: St. Martin's/Griffin, 1993.

Powell, Marilyn. *Ice Cream: The Delicious History*. Woodstock, NY: Overlook Press, 2005.

Prasada, Neha, and Ashima Narain. *Dining with the Maharajahs: A Thousand Years of Culinary Tradition*. New Delhi: Roli Books, undated.

Prato, C. *Manuale di Cucina*. Milan: Anonima Libraria Italiano, 1923.

Prudhomme, Paul. *Chef Paul Prudhomme's Louisiana Kitchen*. New York: William Morrow, 1984.

Quinzio, Jeri. *Of Sugar and Snow: A History of Ice Cream Making*. Berkeley: University of California Press, 2009.

Raffald, Elizabeth. *The Experienced English Housekeeper: For the Use and Ease of Ladies, Housekeepers, Cooks etc*. London: 1782.

Ragnarsdóttir, Thorgerdur. *Skyr: For 1000 Years*. Reykjavik: MensMentis ehf,

2016.

Randolph, Mary. *The Virginia Housewife: or Methodical Cook*. Baltimore: Plakitt & Cugell, 1824.

Ranhofer, Charles. *A Complete Treatise of Analytical and Practical Studies of the Culinary Art*. New York: R. Ranhofer, 1893.

Rawlings, Marjorie Kinnan. *Cross Creek Cookery*. New York: C. Scribner's Sons, 1942.

Reboul, J.-B. *La Cuisinière Provençale*. Marseille: Tacussel, 1897.

Rorer, Sarah Tyson Heston. *Fifteen New Ways for Oysters*. Philadelphia: Arnold and Company, 1894.

——. *Ice Creams, Water Ices, Frozen Puddings, Together with Refreshments for All Social Affairs*. Philadelphia: Arnold and Company, 1913.

Richardson, Tim. *Sweets: A History of Candy*. New York: Bloomsbury, 2002.

Riley, Gillian. *The Dutch Table*. San Francisco: Pomegranate Artbook, 1994.

Rodinson, Maxime, A. J. Arberry, and Charles Perry. *Medieval Arab Cookery*. Devon, England: Prospect Books, 2001.

Rose, Peter G. *The Sensible Cook: Dutch Foodways in the Old and New World*. Syracuse, NY: Syracuse University Press, 1989.

Rosenau, M. J. *The Milk Question*. London: Constable & Co., 1913.

Sand, George. *Scènes Gourmandes*. Paris: Librio, 1999.

Schama, Simon. *The Embarrassment of Riches: An Interpretation of Dutch Culture in the Golden Age*. London: Harper Perennial: 2004.

Scully, Eleanor, and Terence Scully. *Early French Cookery: Sources, History, Original Recipes and Modern Adaptions*. Ann Arbor: University of Michigan Press, 1995.

Scully, Terence, ed. *Chiquart's "On Cookery:" A Fifteenth-Century Savoyard Culinary Treatise*. New York: Peter Lang, 1986.

——. *The Viandier of Taillevent*. Ottawa: University of Ottawa Press, 1988.

Seely, Lida. *Mrs. Seely's Cook Book: A Manual of French and American Cookery*. New York: Macmillan, 1902.

Selitzer, Ralph. *The Dairy Industry in America*. New York: Dairyfield, 1976.

Sereni, Clara. Giovanna Miceli Jeffries and Susan Briziarelli, trans. *Keeping House: A Novel in Recipes*. Albany: State University of New York Press, 2005.

Simmons, Amelia. *American Cookery*. Albany: George R. & George Webster, 1796.

Smith, Eliza. *The Compleat Housewife*. London: 1758.

Smith-Howard, Kendra. *Pure and Modern Milk: An Environmental History Since 1900*. Oxford: Oxford University Press, 2014.

Spargo, John. *The Common Sense of the Milk Question*. New York: Macmillan, 1908.

Spaulding, Lily May, and John Spaulding, eds. *Civil War Recipes: Receipts from the Pages of Godey's Lady's Book*. Lexington: University Press of Kentucky, 1999.

Spencer, Colin. *British Food: An Extraordinary Thousand Years of History*. New York: Columbia University Press, 2003.

Stout, Margaret B. *The Shetland Cookery Book*. Lerwick: T. & J. Manson, 1965.

Straus, Nathan. *Disease in Milk: The Remedy, Pasteurization*. New York, 1913.

Sullivan, Caroline. *The Jamaican Cookery Book*. Kingston: Aston W. Gardner & Co., 1893.

Terrail, Claude. *Ma Tour d'Argent*. Paris: Marabout, 1975.

Thibaut-Comelade, Éliane. *La Table Medieval des Catalans*. Montpellier: Les Presses du Languedoc, 1995.

Thornton, P. *The Southern Gardener and Receipt Book*. Newark, NJ: by the author, 1845.

Toomre, Joyce, ed. *Elena Molokhovets' "A Gift to Young Housewives."* Bloomington: Indiana University Press, 1992.

Thorsson, Örnólfur. *The Sagas of the Icelanders*. New York: Penguin, 2001.

Toklas, Alice B. *The Alice B. Toklas Cook Book*. New York: Harper & Brothers, 1954.

Tschirky, Oscar. *The Cookbook by "Oscar" of the Waldorf*. New York: Werner

Company, 1896.

Twamley, Josiah. *Dairy Exemplified, or the Business of Cheese Making*. London: Josiah Twamley, 1784.

Valenze, Deborah. *Milk: A Local and Global History*. New Haven: Yale University Press, 2011.

Vallery-Radot, Rene. *Louis Pasteur*. New York: Alfred A. Knopf, 1958.

Van Ingen, Philip, and Paul Emmons Taylor, eds. *Infant Mortality and Milk Stations*. New York: New York Milk Committee, 1912.

Vehling, Joseph Dommers, ed. and trans. *Apicius: Cookery and Dining in Imperial Rome*. New York: Dover, 1977.

Verrall, William. *Cookery Book*. Lewes, East Sussex: Southover Press, 1988. First published 1759.

Walker, Harlan, ed. *Milk: Beyond the Dairy: Proceedings of the Oxford Symposium on Food and Cookery, 1999*. Totnes, Devon: Prospect Books, 2000.

Wilkins, John, David Harvey, and Mike Dobson, eds. *Food in Antiquity*. Exeter: University of Exeter Press, 1995.

William of Rubruck. William Woodville Rockhill, trans. *The Journey of William of Rubruck to the Eastern Parts of the World, 1253–55*. London: Hakluyt Society, 1940.

Wilson, Avice R. *Cocklebury: A Farming Area and Its People in the Vale of Wiltshire*. Chichester, Sussex: Phillimore, 1983.

———. *Forgotten Harvest: The Story of Cheesemaking in Wiltshire*. Wiltshire: Avice R. Wilson, 1995.

Articles

American Academy of Pediatrics. "Breastfeeding and the Use of Human Milk." *Pediatrics 115*, no. 2 (February 1, 2005).

Biotechnical Information Series, "Bovine Somatotropin (bST)," Iowa State

University, December 1993.

Couch, James Fitton. "The Toxic Constituent of Richweed or White Snakeroot (*Eupatorium urticaefolium*)," *Journal of Agricultural Research 35*, no. 6 (September 15, 1927).

Hakim, Danny. "Doubts about a Promised Bounty." *New York Times*, October 30, 2016.

McCracken, Robert D. "Lactase Deficiency: An Example of Dietary Evolution." *Current Anthropology 12*, no. 4–5: 479–517.

Noble, Josh. "Asia's Bankers Milk China Thirst for Dairy Products." *Financial Times*, November 12, 2013.

Poo, Mu-chou. "Liquids in Temple Ritual." UCLA Encyclopedia of Egyptology, September 25, 2010.

Tavernise, Sabrina, "F.D.A. Restricts Antibiotics Use for Livestock." *New York Times*, December 11, 2013.

25p   Etching by Jean-Louis Demarne, 1752–1829. *A cow and calf with goats in background.* (Author's collection)

27p   *Milking of the reindeer in Lapland, the northernmost region of Finland. An engraving from* The Art-Union Scrap Book, *London, 1843. Artists Sly and Wilson.* (HIP/Art Resource, NY)

28p   *Man milking cow in detail of a relief on a limestone sarcophagus of Queen Kawit, wife of Pharaoh Mentuhotep II. Egypt, Middle Kingdom, 2061–2010 B.C. From Deir el-Bahri, Werner Forman Archive, Egyptian Museum, Cairo, Egypt.* (HIP/Art Resource, NY)

37p   *Stone receptacles for milk from Vanous, Cyprus, ca. 2200–2100 B.C. Cyprus Museum.* (SEF/Art Resource, NY)

58p   Madonna of the Milk *by Ambrogio Lorenzetti (ca. 1311–1348) depicts the Virgin Mary breastfeeding Christ. Oratorio di S. Bernardino, Siena, Italy.* (HIP/Art Resource, NY)

72p   *An Icelandic milkmaid, 1922, from* People All Nations: Their Life Today and the Story of Their Past, volume IV: Georgia to Italy, *edited by JA Hammerton and published by the Educational Book Company, London, 1922.* (HIP/Art Resource, NY)

76p   *Making ricotta, from* Tacuinum Sanitatis, *originally* Taqwim es siha *[The preservation of health], ca. 1445–1451 by Ibn Butlân, an Iraqi physician. Painting on paper.* (Bibliotheque Nationale de France, Paris © BnF, Dist. RMN-Grand Palais/Art Resource, NY)

115p   *Etching by Jean-Louis Demarne, 1752–1829. Milking a cow was one of many farm activities.* (Author's collection)

125p   *"Cutting up curd,"* The Illustrated London News, *November 4, 1876.*

127p   *"Milking Time" engraving by John Godfrey from the Art Journal of 1856, from a 1649 painting by Paulus Potter.*

132p   *The cheese market at Hoorn, a town in North Holland, from an 1880 issue of* La Tour du Monde, *a popular French travel weekly. The artist, Ferdinandus, was a popular illustrator for the magazine.*

148p   "Churning butter," The Illustrated London News, *November 4, 1876.*

183p   *Agnes Bertha Marshall, "The Queen of Ices." (ICES: Plain and Fancy, 1885)*

184p   *Ice cream freezer. (Mrs. A. B. Marshall's Cookery Book, 1888)*

185p   *Agnes Marshall's ice cream molds. (ICES: Plain and Fancy, 1885)*

197p   *Milk delivery in Jamaica, c.1900: This stereograph depicts a woman carrying milk in a can on her head and pouring it into a cup, while a girl waits nearby with her own cup.* (Card by Keystone View Company, author's collection)

208p   *The Prince of Wales, the future King George IV (born 1762) churning butter on a farm near Windsor in 1786.* From Social Caricature in the Eighteenth Century *by George Paston (pseudonym for Emily Morse Symonds), London, 1905.* (HIP/Art Resource, NY)

223p   *In New York in the 1850s, cows were fed swill that contained residue from nearby distilleries. The milk these cows produced became known as swill milk and resulted in a major adulterated food scandal as it killed thousands of infants in a single year. (Harper', August 17, 1878)*

235p   *Advertisement for Borden's condensed milk, c. 1888.*

238p   *1926 French 90-centime Louis Pasteur stamp.*

246p   *Nathan Straus's milk station in City Hall Park, Manhattan.* (Museum of the City of New York/Art Resource, NY)

250p   *Union Settlement House, New York City, free milk program. Photo by Roy Perry.* (Museum of the City of New York/Art Resources, NY)

253p   *1883 condensed milk advertisement for the Anglo-Swiss Condensed Milk Company, founded in 1881 by Charles Page, the American consul in Zurich. Seeing the success of Borden, he started his company with Swiss milk but aimed at the British market. The company became one of Borden's main competitors until it merged with Nestlé.*

267p   *1960 advertisement for Velveeta cheese.*

272p   Milk below Maids *by Luigi Schiavonetti (1765–1810), milk vendors on a London street.* (HIP/Art Resource, NY)

273p M for Milkmaid *by William Nicholson, from an alphabet in lithographs from an original series of woodcuts, 1898. (Author's collection)*

281p *"The milk will get through." This image of a milkman delivering in the London Blitz, 1940, is staged, with the photographer's assistant dressed as a milkman.* (HIP/Art Resource, NY)

316p *Tibetan yak cheese label. This yak cheese is made by Tibetan Buddhist monks, but it is not traditional and has not been a commercial success.*

340p *This twelfth-century Khmer sandstone relief depicts the Hindu creation myth: Vishnu creates the world by churning a sea of milk.* (Musée des Arts Asiatiques-Guimet, Paris © RMN-Grand Palais/Art Resource, NY)

374p *Frenchman and women at work in a dairy, ca. 1910.* (Adoc-photos/Art Resource, NY)

380p Burru beltza *(black face), in Euskera, the Basque language.* (Print from a woodcut by Basque artist Stephane Pirel)

382p *Basque Cheese label.*

392p *Milk Street, London, mentioned as far back as the twelfth century for selling milk (near Honey Street and Bread Street). This illustration by William Blake shows May Day, 1784. Milkmaids in garlands and chimney sweeps are dancing down Milk Street.* (HIP/Art Resource, NY)

398p *"Stilton,"* The Illustrated London News, *November 4, 1876.*

427p *1920s ad for cow feed "guaranteed" to increase cow's milk production. milk production.*

452p *Soviet milk maid.*

455p *Author feeding a kid on a Vermont farm.* (Photo by Dona Ann McAdams)

| 옮긴이_ 김정희 |

철이 들 무렵부터 번역이라는 일에 끌렸고, 돌고 돌아 결국 번역가가 되고야 말았다. 넘쳐나는 정보로 점점 복잡해져만 가는 삶의 미로에서 우리를 이끌어줄 아리아드네의 실은 책 속에 있다고 믿는다. 오늘도 그 실을 찾아 두근대는 마음으로 문장들과 숨바꼭질 중이다. 현재 바른번역 인문, 심리, 자기계발 분야 전문 번역가로 활동하고 있으며, 옮긴 책으로는 《복수의 심리학》, 《재능은 어떻게 단련되는가》, 《발칙한 진화론》, 《철학자처럼 질문하라》, 《내 곁에, 당신》, 《최고가 되라》, 《몸값 높이기의 기술》, 《탄력적 습관》, 《페어 플레이 프로젝트》 외 다수가 있다.

우유의 역사

초판 1쇄 발행 2022년 8월 15일
초판 2쇄 발행 2022년 9월 15일

지은이 | 마크 쿨란스키
옮긴이 | 김정희

발행인 | 유영준
편집팀 | 오향림, 한주희
디자인 | 김윤남
인쇄 | 두성P&L
발행처 | 와이즈맵
출판신고 | 제2017-000130호(2017년 1월 11일)

주소 | 서울 강남구 봉은사로16길 14, 나우빌딩 4층 쉐어원오피스 (우편번호 06124)
전화 | (02)554-2948
팩스 | (02)554-2949
홈페이지 | www.wisemap.co.kr

ISBN 979-11-89328-42-9 (03900)